교육심리학

곽유미 · 김경 · 김경희 · 김수정 · 이유미 · 차영희

창지사

머리말

이 책은 대학에서 교육심리학을 처음 공부하는 학생들을 위해 집필하였다. 저자들은 교육학을 전공하고 그것을 후배 교육학도들에게 전수하는 일을 해 오면서 학생들에게 교육심리학을 좀 더 쉽게 소개할 수 있는 방법들을 고민해 왔다. 교수자라면 누구나 해 보았음직한 고민거리이지만 실천으로 옮기기기에는 의지가 부족했음을 인정한다. 저자들은 그동안 여러 가지 공부거리로 만나서 의견을 나누던 중 교육심리학 교재를 집필하고자 펜을 들었다.

물론, 서로 다른 대학에서 근무하는 6명의 교수들이 의견을 나누고 집필하는 것이 그리 쉬운 일은 아니었다. 하지만 학생들 입장에서 교육심리학을 다시 관망해 보고 전문가로서 교육심리학을 재조명해 보자는 의지는 분명하였기에 이 책이 출간될 수 있었다.

교육심리학은 흥미로운 교과목이지만 그 이론이나 학자들이 많고 개념도 생소하여 학생들이 쉽게 접근하기에는 까다로운 교과목이다. 따라서 각 장에 들어가기 전에 명료하고 구체적인 학습목표를 알리고 사례를 삽입함으로써 이해를 도울 수 있도록 노력하였다. 또한, 각 장의 내용을 교육현장에 활용할 수 있는 능력을 함양하기 위해 교육적 시사점을 소개하였다. 교재 내용을 선택적으로 집중하여 소개하는 것은 교수자의 몫으로 남긴다.

책의 내용은 5개의 파트로 나누어 총 14장으로 구성하였다. 제1부는 교육심리학의 이해, 제2부는 학습자에 대한 이해, 제3부는 학습에 대한 이해, 제4부는 수업에 대한 이해, 제5부는 교육평가에 대한 이해로 구성하였다.

집필을 끝낸 저자들은 원래 의도가 충분히 반영하지 못한 미흡한 점을 반성하였고 앞으로 계속 보완해 나갈 생각이다.

이 책의 출간을 허락해 주신 창지사 김기섭 사장님의 배려에 감사 드리고 짧지 않은 탈고 기간동안 격려를 아끼지 않고 인내하며 기다려 주신 김영식 부장님을 비롯한 편집 직원 선생님께도 감사를 전한다.

2019년 6월

저자일동

차례

제 1 부

교육심리학의 이해

제 1 장

교육, 교사와 학생

학습목표

1. 효율적인 교사가 되기 위한 예비교사의 준비 자세를 갖춘다.
2. 교사전문성을 이해하고 예비교사의 역량을 기른다.
3. 교사효능감의 개념을 이해하고 교사효능감 향상을 위한 역량을 기른다.
4. 유능한 학생이 되기 위한 준비 자세가 무엇인지를 알고 실천한다.

1 교육

"교육이란 무엇일까?"의 질문에 대해 가장 먼저 떠오르는 것이 있다면 아마도 가르치는 것이라 할 수 있다. 교육은 그것이 전제하고 있는 다양한 가정과 철학적 입장에 따라 여러 가지로 정의된다. 그렇다면 '무엇을 가르쳐야 하느냐?', '어떻게 가르쳐야 하느냐?', '무엇 때문에 가르쳐야 하는가?' 등의 질문이 생길 수 있다. 이 질문에 적합한 대답은 다양할 수밖에 없다. 그 이유는 교육은 학자마다, 그 시대의 인간관 등에 따라 다양하게 정의할 수 있기 때문이다.

이와 같이 다양한 교육의 정의 중에서 정범모(1968)와 피터스(Peters, 1966)의 정의로 국한하여 제시해 보고자 한다.

정범모(1968)는 교육을 인간행동의 계획적 변화과정으로 정의하고 있다. 여기서 인간행동이란 외현적 행동(overt behavior)과 내재적 행동(covert behavior)을 포함하고 있으므로 행동주의에서 말하는 관찰 가능성과 측정이 가능한 행동만을 의미하지는 않는다. 가치, 태도, 자아개념 등과 같은 내재적 행동도 포함하기 때문이다. 계획적이란 말은 교육의 의도성을 의미하는 것으로 이론과 경험에 근거한 실천을 전제하고 있다고 볼 수 있다. 그리고 변화란 인간행동의 변화 중에서도 바람직한 변화를 의미한다. 교육을 통한 인간의 변화는 바람직하지 않은 방향으로의 변화도 있을 수 있기 때문에 바람직한 방향으로의 변화에 관심을 갖는 태도가 중요하다.

피터스(Peters, 1966)는 교육이 성립되기 위한 세 가지 기준을 제시하고 있다. 첫째, 인류가 보편적으로 받아들이고 있는 학교 교과에서 다루는 바람직한 것의 전달이다. 둘째, 인지적 관점을 강조하고 있다. 인지적 관점이란 어떤 현상의 원인과 결과를 고려하고, 피상적인 현상보다는 심층적인 현상을, 부분보다는 전체를 고려해야 함을 의미한다. 셋째, 학습자의 의지와 자율성을 강조하고 있다. 학습자가 무엇을 배워야 하는지를 알게 하고 스스로 배울 수 있는 동기부여가 되도록 하는 것이 중요함을 제시하고 있다.

이와 같은 교육의 정의에 비추어 본다면 학교학습에서 교사는 학생의 인지적 · 정의적 발달의 촉진을 위해 중요한 변인이다.

일반적으로 교육의 3요소는 교수자(교사), 학습자, 교육내용이다. 변화할 수 있는 학습자를 양성하기 위해 교수자인 교사와 학습자인 학생의 역할은 가장 핵심적이다. 왜냐하면, 교육은 교사와 학생의 상호작용을 통해 이루어지는 과정이기 때문이다. 이처럼 교육에서 교사와 학생은 매우 중요하므로 효율적인 교사(effective teacher), 유능한 학생(effective student)이 되기 위한 주요 변인들을 제시하고자 한다.

교수자: 여러분! 여러분이 지난 학창 시절 경험을 되돌아볼 때 어떤 교사가 가장 기억에 남나요? 생각나는 대로 말씀해 주세요. (4~5인 그룹으로 논의 후 발표)

A조: 학생의 고민을 잘 들어 주고 학생들의 입장을 충분히 이해해 주시는 분이 기억에 남습니다. 친구 같은 느낌이 들 때 충고해도 잘 들립니다. 친구 같은 교사가 되어야겠다는 의견으로 모아졌어요.

B조: 성적이 나빠도 화내지 않고 "수학은 못 하지만 ○○는 잘할 수 있지? 수학도 ○○ 과목처럼 잘할 수 있을 거야."라고 따뜻하게 격려해 주신 선생님이 유능한 교사라고 생각하고 있어요.

C조: 수업 태도가 바르지 못한 학생에게 "정신 차려! 지금 무슨 생각을 하고 있는 거니? 지금 이 순간 네가 해야 할 일이 뭐지? 방금 내가 무슨 설명을 했는지 말해 줄래?"라고 혼내시면서 강하게 밀어붙이시는 선생님이 기억에 남는다는 의견에 모두 동의했어요.

D조: 누구보다도 열정이 넘치고 인격이 훌륭해야 한다고 생각합니다. 교사는 학생들의 모델링이 되기 때문에 사소한 거짓말도 하지 않고 교사 자신의 생각을 강요하지 않으면서 학생들의 의견을 수용해 주면서 훈육하는 분이 유능한 교사라고 생각합니다.

E조: 성적, 가정환경 등이 교사의 마음에 들지 않더라도 차별하지 않고 인간적으로 대해 주는 교사가 유능한 교사라고 생각합니다.

교수자: 지금까지 유능한 교사에 대한 여러분의 다양한 의견을 들어 보았습니다. 동료들의 발표 내용에 대해 여러분은 어떤 생각이 드나요?

⋮

2 효율적인 교사가 되기 위한 준비

1) 교사전문성의 정의

교사가 갖추어야 할 교사전문성이란 교사의 역량, 교사의 자질 등과 유사한 개념이다. 슐만 외(Shulman et al., 1986)의 연구에서는 교사전문성을 인지적 · 정의적 · 행동적 측면으로 설명한다.

인지적 측면에서는 지식 차원의 교과 지식, 교수-학습 관련 지식, 학습자 발달 이해, 정의적 측면에서는 신념 차원의 교육적 가치관, 인성, 태도, 교직소명의식, 행동적 측면에서는 학생상담 및 지도능력, 수업계획 및 수업실행, 학급경영, 학교행정업무 처리 등으로 나타나는 능력을 중심으로 구분한다.

이와 같이 교사전문성 구성요소는 상호 간에 서로 관련되어 있음을 알 수 있다.

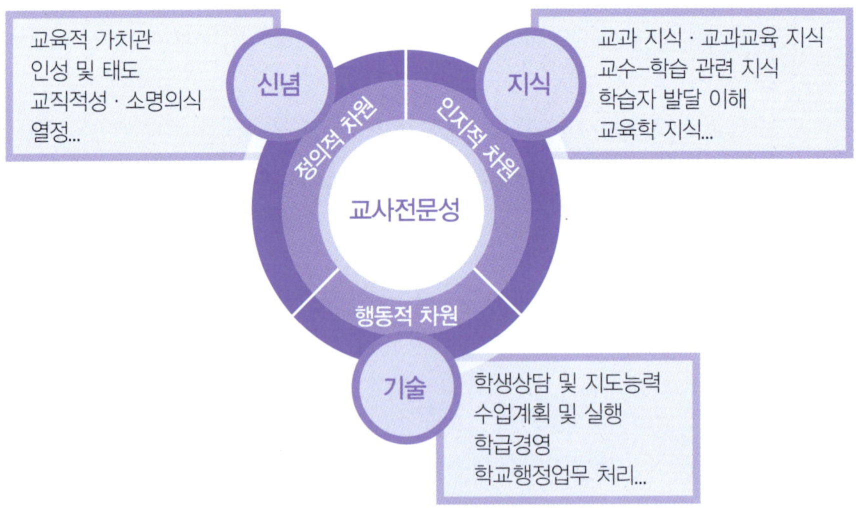

[그림 1-1] 교사전문성의 구성

(1) 인지적 측면

❶ 교과 전문지식 및 교과교육에 관한 지식 이해

교사는 인지적 측면에서 교사의 필수요건인 교과내용 지식, 교과교육 지식, 교수-학습 관련 지식 등을 이해하고 있어야 한다. 즉, 무엇이 특정 주제의 학습을 쉽게 하는지 또는 어렵게 하는지를 이해하고 학습자가 이해할 수 있도록 표상하는 방법을 알고 있어야 한다.

효율적인 교사가 되기 위해 교사는 전문지식을 갖추고 교육 대상을 객관적으로 이해하기 위해 다음과 같은 노력이 필요하다.

첫째, 교육내용 지식, 즉 가르칠 과목에 대한 지식을 알기 위해 내용 지식과 관련된 과목의 수강과 더불어 그 밖의 경험을 통해 배울 수 있는 기회를 갖는다.

둘째, 교육학 지식인 학생의 동기를 향상시키는 방법, 교실에서 학생을 관리하는 방법, 시험을 계획하고 시행하는 방법 등을 포함하여 교수방법에 관한 지식을 습득한다.

셋째, 지식 구성을 위한 노력과 구성되는 지식의 경험을 병행하면서 전문지식을 이해하려는 지식의 구조화 능력을 갖추도록 노력한다. 지식을 구조화하는 과정은 눈에 보이지 않는 정신적인 영역이기 때문에 일반 교사와 초보 교사의 차이점을 쉽게 발견하기 어렵다. 그러나 유능한 교사는 일반적으로 문제들의 심층구조에 민감하다.

넷째, 수업내용을 구조화하는 데 있어서 내용 지식과 교수법 지식이 통합되도록 수업지도안 작성능력을 기른다.

❷ 통찰력을 통한 문제해결능력 소유

효율적인 교사의 첫 출발은 실제 수업 연습과 경험 있는 역할 모델에게 배우는 교육현장 실무실습, 교육실습에서 비롯된다. 효율적인 교사가 되려면 계획(행동하기에 앞서 생각하기), 점검(스스로에게 내가 잘하고 있는지 묻기), 평가(무엇이 효과가 있고, 무엇이 효과가 없는지 확인하기)를 습관적으로 실천한다.

또 효율적인 교사가 문제를 바라보는 방법에는 세 가지가 있다. 첫째, 문제해결에 필요한 정보와 관계없는 정보를 구별한다. 둘째, 문제해결에 유용하도록 정보를 결합한다. 셋째, 한 상황에서 얻은 정보를 다른 문제에 적용한다. 이와 같이 효율적인 교사는 문제를 즉시 해결하지 않는다. 문제를 표면적으로 보지 않고 문제의 본질을 생각하고 그 문제를 새로운 관점에서 연구하거나 생각한다. 문제의 본질을 규명함으로써 정교하고 통찰력 있는 해결책에 도달한다.

❸ 학습자의 특성 및 발달 이해

우리는 교사 자신의 지적 능력, 즉 실력이 뛰어나더라도 가르치는 방법이 미숙하면 유능한 교사라고 지각하지 않는다. 교육전문가의 역할을 성공적으로 수행하기 위해서는 일반교육학 지식에 해당하는 인간발달의 특징을 이해하고 있어야 한다. 교사는 가르칠 대상의 인지적 · 정의적 발달 수준은 어떠한지, 어떻게 사고하는지, 어떻게 반응하는지를 이해해야 한다. 즉, 학습자의 발달단계가 유아기인지, 아동기인지, 청소년기인지를 살피고 발달단계의 인지 · 정서 · 사회발달 등을 알고 대처한다. 다시 말하면, 학습자의 발달단계를 충분히 이해하는 것이 성공적으로 가르치기 위한 첫 단추라고 할 수 있다. 같은 발달단계에 있는 학습자일지라도 성장속도가 다르기 때문에 개개인의 행동특성을 이해하고 환경, 유전, 성별 등을 고려하여 학습자에게 적절한 학습지도를 할 수 있어야 한다.

효율적인 교사가 되기 위해서는 특정 시점에서 학습자의 지능, 언어능력 등의 인지적 특성과 흥미, 동기, 자아개념 등과 같은 정의적 특성을 고려한 학습능력 및 준비성의 관점에서 학습자를 이해하고 평가한다.

(2) 정의적 측면

교사는 교육현장에서 긍정적인 정서를 경험하기도 하고 부정적인 정서를 경험하기도 한다. 교사가 긍정적인 정서를 느낄 때는 교사효능감과 목표지향에 긍정적인 영향을 미치지만, 스트레스로 인해 부정적인 정서를 느낄 때는 교사의 육체적 · 심리적 소진(burn-out)으로 이어질 수 있고, 이는 곧 수업의 질에도 밀접한 영향을 준다.

교사의 말과 행동은 학습에의 열정과 신념이며, 학생에게 전달되는 영향력은 매우 크다. 교사와 학생의 관계는 학교적응 및 학업성취에 영향을 미치므로 학생에 대한 기대, 관심, 배려 등의 태도가 중요하다. 효율적인 교사는 교사의 열정, 가치관, 인성이 학생에게 강력한 영향을 주는 모델임을 알고 있다. 교사에게는 흥미 없는 학습과제일지라도 큰 관심을 갖고 열정적으로 가르치면 학습자의 동기와 성취도가 높아짐을 알고 있으므로 실천하려고 노력한다.

(3) 행동적 측면: 성공적인 수업능력 개발

효율적인 교사는 다양한 지식과 함께 수업을 위한 전략과 문제해결을 효과적으로 접근한다. "나는 어디를 향해 가려고 하는가?"라는 질문을 통해 가르치는 목적 및 목표를 정한다. "나는 그 목적과 목표를 달성하고자 어떤 교수방법을 선택할 것인가?"라는 질문으로는 수업방법을 탐색한다. 또한, "그 목표 도달점을 언제, 어떻게 평가할 것인가?"에 대해 사전에 계획하면서 수업능력을 개발한다.

효율적인 교사가 되기 위해서는 학습이란 무엇이고, 어떤 과정을 통해 일어나며, 학습을 촉진하거나 방해하는 요인이 무엇인가에 대해 체계적인 지식을 갖추어 학습의 효과를 극대화하기 위해 노력해야 한다. 가르치는 동안 광범위하고 구조화된 지식을 갖추어 자신이 말하려는 요점과 개념을 쉽고 명확하게 설명하여 학생들이 이해 가능하도록 해야 한다. 그리고 교사는 학습자를 학습활동에 참여시키는 방법, 학습자의 이해를 점검하는 기법, 수업을 자연스럽게 진행하는 방법을 이해해야 한다.

또한, 효율적인 교사는 자신의 수업을 반성해 보고 잘하고 있는 것과 그렇지 못한 것에 대해 이해하려는 노력, 즉 반성적 사고를 위한 글쓰기, 교사용 체크리스트 등을 통해 더 많이 생각하고 분석결과를 반영하는 준비된 교사의 역량을 기른다.

그리고 학생들과 친밀한 관계 유지, 학습활동에 도움이 되는 교실 환경 구성, 교구와 학급 비품의 활용 및 관리능력, 지속적으로 학생들의 필요와 요구를 파악하는 능력, 학급업무에 대한 문서 처리 등에 시간을 투자한다.

2) 교사효능감의 이해

교사효능감(teacher-efficacy)이란 학생들을 효과적으로 교육할 수 있다는 교사로서의 능력에 대한 신념을 의미한다.

(1) 교사효능감이 높은 교사와 교사효능감이 낮은 교사

교사효능감이 높은 교사는 학생을 가르치는 직무가 중요하고 의미가 있다고 생각하며, 교사 자신이 학생의 학습에 긍정적인 영향을 준다고 판단하여 개인적인 성취감을 맛본다. 또한, 학생의 발전을 기대하며 대부분의 학생이 그 기대를 충족시켜 준다고 보고 학습책임감을 갖고 학생에게 도움이 되는 교수방법을 검토한다. 또한, 자신과 학생에게 알맞은 목표를 정하여 성취전략을 세우며, 학생과 교사 자신에게 긍정적인 생각을 하여 학생의 학습에 영향력이 있다고 확신한다.

교사효능감이 높은 교사의 특성은 다음과 같다.

첫째, 학생과 함께하는 일을 긍정적으로 여기며, 긍정적인 영향을 미칠 수 있다고 본다.

둘째, 학생의 진보를 기대하며, 학생이 자신의 기대를 실현해 줄 것으로 기대한다.

셋째, 학생이 학습한 정도를 아는 것은 자신의 책임이며, 학생의 실패를 자신의 실패라 생각하고 좀 더 도움이 될 만한 방향으로 자신의 교수기술을 검토한다.

넷째, 교수-학습을 계획하고 목표를 수립하고 달성하기 위한 전략을 세운다.

다섯째, 가르치는 행위와 학습자에 대하여 존재 가치를 인정한다.

여섯째, 자신에게 학생의 학습에 대한 영향력이 있음을 확인한다.

일곱째, 성취목표 달성을 위해 목표와 전략을 결정하는 데 학생을 포함시킨다.

반면에 교사효능감이 낮은 교사는 가르치는 직무에 실망하고 좌절하며, 학생이 실패할 것을 예상하지 못하며, 수업에 노력을 기울이지 않는 편이다. 교사는 학생의 학습에 대해 책임감을 갖기는 하지만 실패의 원인을 학생 개인이나 학생의 환경 탓으로 돌린다.

(2) 교사효능감과 학생의 학업성취도 간의 관계

교사효능감은 성취 수준이 높은 학생의 포부 수준이나 자아개념에 큰 영향을 미치지 않는다. 다시 말하면, 교사효능감이 높고 낮음에 상관없이 학업성취도가 높은 학생의 경우에는 자신의 수행이 적절하다고 느끼며, 자신의 능력에 대해 긍정적으로 평가한다.

반면, 학업성취도가 낮은 학생에게는 교사효능감이 중요한 영향을 미칠 수 있다. 학업성취도가 낮은 학생은 일반적으로 자신의 학습능력을 부정적으로 평가하고, 미래에 대해서도 확신을 가지지 못하기 때문에 외재적으로 동기화되는 경향이 있다. 이런 측면에서 볼 때 교사효능감이 낮은 교사는 학업성취도가 낮은 학생의 학생의 외적 동기유발을 어렵게 만들 수 있다.

3) 교사의 기대 중요성

(1) 교사의 긍정적 기대와 부정적 기대

교사가 학생에게 갖는 기대는 학생에게 큰 영향을 준다. 교사가 특정 학생에 대해 사실이 아니더라도 큰 발전이 있을 것이라고 기대하여 학생을 자극하고 격려한다면 실제로 교사의 기대가 실현된다는 것이므로 중요하다.

[그림 1-2] 피그말리온 효과

교사의 기대가 학생의 성취에 미치는 이러한 현상을 피그말리온 효과(Pygmalion effect)로 설명할 수 있다. 이는 자기충족적 예언(self-fulfilling prophecies) 혹은 자성예언(自成豫言)으로 불린다. '자기충족적(自己充足的)'이란 기대가 스스로 이루어진다는 것을 뜻한다. 이는 교사의 기대가 그릇된 정보에 근거하고 있을지라도 학생들의 학습에 큰 영향을 준다는 것을 나타낸다.

긍정적인 기대와 마찬가지로 부정적인 기대도 자기충족적 성질이 있음을 유념해야 한다. 부정적인 기대가 실제로 실현되는 현상을 골렘 효과(Golem effect or stigma effect)라고 한다(Babad, Inbar, & Rosenthal, 1982). 이 효과는 교사가 부정적인 기대를 갖고 있을 경우 그 기대가 실제로 이루어지는 현상을 지칭한다. 교사의 기대 수준이 낮으면 학생은 그 기대에 부응하기 위해 노력을 하지 않으며, 그 결과 성취도가 낮아지게 된다.

(2) 교사의 기대 형성요인

교사는 가정 배경(부모의 학력과 직업, 부모의 교육적 관심, 학교 임원 또는 학교 후원, 지역사회 유지 등), 신체적 특성(성별, 단정한 용모, 건강한 신체 등), 누가기록 정도(이전 학업성취도, 지능검사 점수 등 각종 심리검사 기록, 이전 담임교사 정보 등), 수업 태도, 성격특성 등의 다양한 요인에 근거하여 학생에 대한 기대를 형성하게 된다.

4) 평가의 기능과 평가결과 활용

교사는 현재 교실에 있는 학생들의 수업평가를 통해 미래 수업계획을 위한 정보를 수집한다. 이때 수집된 정보를 가지고 학생 개개인을 평가하고, 피드백의 기초를 구성하여 학생들의 잠재력을 최대한 발휘하도록 돕는다.

평가의 첫 번째 기능은 학습자의 목표달성도를 측정한 결과를 제공하는 것이다. 평가내용과 피드백 결과는 학습자에게는 이후의 학습과정에 변화를 가져오고, 교사에게는 교수자의 수업 개선 자료를 제공한다.

평가의 두 번째 기능은 평가결과가 학습자와 교수자에게 피드백 정보를 제공하는 것이다.

평가가 없다면 학생들은 어떻게 될까? 학생들 스스로 자기주도적으로 자기평가를 통해 더 발전적일까? 평가의 공포에서 벗어난 학교생활이기 때문에 즐거울까? 평가는 학생들의 동기와 학습을 증가시키며, 학생들이 학교생활에서 더 많은 것을 배우도록 한다는 긍정적 측면이 있다. 그리고 교사는 객관적인 평가를 통해 학생들이 교육목표를 얼마만큼 달성했는지를 알 수 있고 학생들이 목표를 더 잘 달성하는 데 도움이 되도록 자신의 수업을 개선시킨다. 학생들은 수업활동 후 긴 시간이 지난 뒤에 실시하는 평가보다는 짧은 시간이 지난 뒤에 자주 실시하는 평가에서 더 많은 것을 학습한다(Dempster & Perkins, 1993).

교사는 평가계획을 구체적으로 공지하고 평가결과 활용의 목표를 제시한다. 평가의 유일한 목표는 학생들이 무엇을 알고 있는지를 결정하는 것이다. 평가결과의 활용은 학생들에게 공부하려는 자극을 주어 학생들의 동기에 영향을 주고자 하는 것이다.

5) 비차별적인 교사

필자가 속한 대학에서 사범계열 교직학생을 대상으로 "유능한 교사는 어떤 교사를 의미하는지?"를 조사한 결과에 의하면 '비차별적인 교사' 항목에 응답한 반응률이 가장 높게 나타났다. 유능한 교사는 학습자를 차별하지 않는 교육활동 및 지도를 행한다. 교사는 새로운 학습자료와 어려운 자료를 배울 수 있는 기회를 제공하면서 우수한 학습자와 좀 더 낮은 학습자를 차별하지 않고 평등하게 대한다. 교사는 높은 기대 학습자에게는 학문적 의견 등 공적인 상호작용을 하고 낮은 기대 학습자에게는 사적이거나 개인적인 상호작용을 시도하여 학습자가 소외감을 느끼지 않게 한다. 교사가 의식하지도 못한 채 차별적인 수업을 한다면 학생은 낮은 학업성취를 보일 가능성이 있으므로 교사편견이 낳을 수 있는 부정적 효과로 남을 수 있다.

3 유능한 학생의 이해

교수자: 그동안 여러분은 학생의 역할을 해 왔는데 이번에는 어떤 학생이 유능한 학생이라고 생각하는지 말씀해 주실래요?

A 학생: 유능한 학생이란 학업 정진은 물론이고 스스로 책임감을 가지고 자신에게 주어진 역할에 최선을 다하는 학생이라고 생각합니다.

B 학생: 성적이 우수하면서 친구들이나 선생님, 부모님 등 인간관계를 잘하는 학생을 의미한다고 생각합니다.

C 학생: 중요한 것을 잘 알아차리고 자기 생각을 말할 수 있는 학생을 유능한 학생이라고 생각합니다.

D 학생: 학업 수행 기간에도 미래 삶의 목표를 세우고 끊임없이 개발하는 학생이 유능한 학생이라고 생각합니다.

교수자: 네! 여러분이 유능한 학생의 역할을 잘 표현해 주었습니다.

1) 효과적인 학습방법 사용

유능한 학생은 학습정보를 배우고 익히는 데 도움이 되는 효과적인 전략을 사용하며, 스스로 자기만의 전략을 개발해 내는 경우도 자주 있다. 교사나 유명한 전문강사에게 직접 배울 수도 있지만 친구들과 함께 공부하다가 터득한 학습방법으로 학습자료를 깊이 이해할 수 있는 전략을 사용한다.

학습전략에는 수많은 작은 정보를 몇 개의 큰 묶음으로 구성해서 정보의 양을 늘리는 묶기(chunking)가 있다. 또한, 교사가 말한 그대로를 받아 적는 게 아니라 자신의 말로 바꾸어 노트 필기를 하는 것을 말하는 정교화 전략 방법이 있다. 토마스와 로빈슨(Thomas & Robinson, 1972)의 PQ4R 과정을 설명하는 학습전략을 주로 사용한다. PQ4R이란, 사전검토(Preview), 질문하기(Question), 읽기(Read), 반영하기(Reflection), 암송하기(Recite), 복습하기(Review)를 말한다.

2) 만족 지연을 잘 하기 위한 주의 분산 책략 사용

만족 지연을 잘 하는 아동은 보상에 주의를 두는 책략(not cue)을 사용하지 않고 주의를 분산하는 책략을 사용한다. 효과적인 주의 분산 책략을 사용한 아동이 더 나은 미래의 보상을 위해 만족을 지연하고 있음이 밝혀졌다. 이와 같이, 미셸과 에이덕(Mischel & Ayduk, 2004)은 만족을 미룰 수 있는 아동이 학업성취 등 삶의 여러 측면에서 더 성공적이었다는 것을 연구하였다. 한편, 대부분의 학생은 자기가 수행한 결과에 대한 즉각적인 보상에 만족을 하는 경향이 있다. 장기목표를 추구하다 보면 즉각적인 성취결과는 안 보이지만 미래에 효과가 나타나는 경우가 많다. 그렇다면, 유능한 학생이 되려면 즉각적인 보상보다는 미래에 오는 보상에 관심을 두어야 할 것이다.

3) 높은 포부 수준을 지님

유능한 학생은 높은 성취를 할 수 있다고 믿고 그러한 믿음을 이루기 위해 노력하는 높은 포부 수준(level of aspiration)을 가지고 있다. 즉, 자기가 열심히 할 수 있다고 믿고 그러한 믿음을 이루기 위해 노력하며, 자기가 열심히 노력하면 성공할 수 있다고 믿는다. 여기서 유의할 점은 포부는 현실적이어야 한다는 것이다. 모든 사람이 유명한 연예인이 될 수 없다. 또 유능한 프로그래머가 될 수 없다. 그러나 높은 포부 수준은 학생들의 삶에 긍정적 동기로 작용하는 경향이 있다.

많은 교사는 학생들에게 학교를 졸업한 후에 얻게 되는 좋은 직장 혹은 안정된 수입, 지속적으로 좋아할 수 있는 일, 유망 직업을 안내하면서 성공을 위해서는 도전 정신이 중요하며, 그 과정에는 위기가 존재한다는 것을 가르치고 있다. 그리고 교과과정에는 없더라도 경험에서 나오는 지혜를 전달하기도 한다. 이러한 가르침을 이해하고 노력하고자 하는 학생이 바로 유능한 학생이다.

4) 자기효능감이 높음

반두라(Bandura, 1986)는 특정한 상황에서 요구되는 행동을 성공적으로 달성할 수 있다는 개인의 믿음을 자기효능감(self-efficacy)이라고 하였다. 유능한 학생은 자기가 학교에서의 수행에 성공할 능력이 있다고 생각하는 믿음, 즉 자기효능감이 높다. 자기효능감이 높은 학생은 어떠한 과제 혹은 상황에서도 자신감 있게 행동하며, 자신이 관심을 갖고 노력하면 그 과제나 상황에서 성공적인 성과를 낼 수 있다고 믿는다.

5) 과제 완성 추구

학생의 의지력에 대해 연구한 린(Lyn, 2001)에 의하면 의지력이란 학생이 목표에 도달하기 위해 지속적으로 목적을 추구하면서 하는 행동을 의미한다. 유능한 학생은 과제를 끝까지 해결하려는 의지가 있으며, 필요한 정보를 찾기 위해 여러 가지 방법을 동원하여 장애를 극복하고 과제를 마친다. 성공한 과제에 대해서는 자신에게 보상을 주며, 과제가 완수된 후에는 그 방법을 기억해 두었다가 재활용한다. 특히, 자신이 선호하는 학습환경을 알며, 자신을 동기화하는 방법을 알고 있으며, 필요할 때 다른 사람의 도움을 구할 줄 안다.

6) 지능의 향상 가능성에 대한 믿음

많은 사람들이 지능은 타고나기 때문에 고정불변이라 여기고 거의 변하지 않는다고 생각한다. 그러나 스턴버그(Sternberg, 1997, 2006)는 지능은 향상시킬 수 있다고 하였다. 연구결과에 의하면 유능한 학생은 지능이 노력과 훈련으로 향상될 수 있다는 관점을 가진다. 지능이 노력과 훈련으로 향상될 수 있다면 유능한 학생이 되는 것은 어렵지 않다(김정섭 외, 2017). 발달 측면에서 보면 지능은 연령이 증가함에 따라 점점 상승하다가 30대 후반에서 40대를 기점으로 하향 곡선을 띠게 된다. 노화가 진행되면 지적 능력도 감퇴하는 것은 당연하다.

따라서 지능이 고정되어 있다는 믿음보다는 향상될 수 있다는 믿음을 가질 때 성취동기가 생기기 쉽다. 지능이 고정되어 있다고 보는 것은 비생산적이며, 자기의 능력과 수행에 대해 부정적으로 평가하는 경향이 있어서 자신이 성공할 수 없다고 예단해 버린다. 지능의 향상성을 믿는 학생들은 부정적 평가를 받을 가능성이 있다 하더라도 더 열심히 공부하여 실패에 도전하면서 그 도전을 학습경험으로 생각하고 추구한다.

7) 자신의 행동에 대한 책임을 받아들임

책임감이란 우리가 결정한 것의 결과를 받아들이는 것을 의미한다. 인간은 실패한 결과에 대해서는 다른 사람이나 건강 등의 환경 탓을 하기 쉽다. 그러나 유능한 학생은 그 결과가 성공적이든 실패든 기꺼이 과제에 대한 책임을 받아들이고 발전적인 수행전략을 세운다.

로터(Rotter, 1996)는 인간의 성격 유형을 내재적 성향과 외재적 성향으로 구분하였다. 내재적인 사람들은 자기 삶에 대한 책임을 진다. 일이 잘되면 자신의 노력 덕분으로 생각하고 잘 안되면 책임을 느끼고 더 잘하려고 노력한다. 반대로 외재적인 사람은 특히 일이 잘 안될 때 자신의 책임이 아닌 외부의 탓으로 돌리는 경향이 있다. 실패에 대해 환경을 탓하기 쉽고 성공했을 때도 외부 환경 덕택으로 자주 생각한다. 로터에 의하면 유능한 학생은 내재적 성향인 경우가 많다(김정섭 외, 2017).

[학습과제]

Q1. 유능한 학생이 되기 위해서 어떤 노력을 하겠습니까?

항목	구체적 실천
예) 질문하기	*예) 수업시간 전 질문거리 2개 만들어 오기(반드시 예습)*
	① ② ③
	① ② ③
	① ② ③

Q2. 한 학기 동안 교육심리학을 수강한 후 유능한 학생이 되기 위해 노력한 정도를 평가해 봅시다.

항목	구체적 실천
	① 매우 많이 노력 ② 약간 노력 ③ 그저 그렇다 ④ 많이 노력 ⑤ 매우 많이 노력
	① 매우 많이 노력 ② 약간 노력 ③ 그저 그렇다 ④ 많이 노력 ⑤ 매우 많이 노력
	① 매우 많이 노력 ② 약간 노력 ③ 그저 그렇다 ④ 많이 노력 ⑤ 매우 많이 노력

제 2 장

교육심리학의 특성

학습목표

1. 교육학과 심리학의 개념에 근거하여 교육심리학의 학문적 정체성을 설명할 수 있다.
2. 교육심리학에서 다루는 주요한 영역을 나열할 수 있다.
3. 교육심리학에서 사용하는 주요 연구방법의 특징을 비교할 수 있다.

1 교육심리학의 개념

교육학이 가르치고 배우는 과정을 통하여 인간을 완성해 가는 실천적인 학문이라면, 심리학은 인간의 정신과정과 행동을 과학적으로 연구하는 학문이다. 교육심리학은 학습과 인지, 사회적 행동, 인간발달, 개인차, 측정과 통계 등 일반심리학의 관심 영역과 밀접한 연관성을 갖고 연구되었다(Glover & Ronning, 1987). 이 가운데 교육심리학의 학문적 정체성에 대해 상반된 두 가지 입장에서 100년 가까이 논의가 이루어져 왔다. 첫 번째는 교육심리학을 일반심리학의 연구 내용과 원리를 교육의 실제에 적용한 '응용학문'이라고 보는 입장이고, 두 번째는 교육심리학을 자체적인 고유의 개념구조를 가진 독립적 '기초학문'으로 보는 입장이다. 이 논의에 대한 핵심은 교육심리학이 심리학의 이론과 법칙을 교육 실제에 적용하는 심리학의 응용분야인지, 아니면 그 자체의 이론구조를 가진 독립적인 기초학문인지에 있다. 이러한 논쟁 가운데서도 학자들이 동의하는 일반적인 견해는 교육심리학이 이론이나 방법을 교실과 학교에서 그대로 적용하는 응용학문이 아니라, 그 자체의 이론과 연구주제, 연구방법을 가진 독자적인 학문이라는 것이다(신명희 외, 2018).

교육심리학은 가르치고 배우는 과정과 관계된 인간의 생각과 행동을 과학적으로 연구한다. 교수-학습과정에 과학적인 이해를 통해 인간을 만들어 가는 교육에 대한 연구를 하며, 교육현장에 내재하는 모든 심리적인 과정을 과학적으로 연구하는 학문이다.

2 교육심리학의 영역

교육이 일어나는 과정은 일반적으로 ① 교육목표의 설정, ② 교육내용(학습경험)의 선정과 조직, ③ 교수-학습활동, ④ 교육성과의 평가의 네 단계로 볼 수 있다. 이 중 교육목표를 설정하고 이를 달성하기 위해 적절한 교육내용(학습경험)을 선정하고 조직하는 ①, ②단계는 주로 교육철학과 교육과정에서 이루어지는 영역이며, 교육심리학에서 중점적으로 다루는 영역은 바로 ③, ④단계에 해당된다. ③단계에서는 교사와 학습자가 교육내용을 매개체로 하여 활발한 상호작용, 즉 교수-학습활동이 이루어진다. 이 단계에서 효과적인 상호작용을 위해서는 교사와 학습자에 대한 이해가 선행되어야 한다. 교수-학습활동이 종료되고 나면 ④단계에서는 교육목표에 비추어 교수-학습활동이 효과적으로 이루어졌는가를 평가하게 된다.

이러한 교육과정을 기초로 하여 교육심리학의 주제를 영역별로 분류해 보면 다음과 같이 정리할 수 있다.

1) 학습자

교육심리학에서 가장 비중 있게 관심을 두어야 하는 부분은 학습자에 대한 이해이다. 교육과 관련된 학습자의 심리적 특성을 이해하기 위해 먼저 그들의 지능, 창의성, 인지양식 등의 인지적 특성을 파악해야 한다. 이러한 인지적 특성은 교육과 가장 밀접하게 연관된 부분이고 학업성취와 관련이 높은 변수이므로 중요하게 다루어져야 한다. 다음으로 고려해야 할 부분은 학습자의 정의적 특성이다. 흥미, 동기, 자아개념, 성격, 사회성 등의 정의적 특성은 지적 특성과 맞물려 학습이라는 결과를 가져오게 된다. 따라서 교사는 학습자의 인지적·정의적 특성에 대한 이해를 바탕으로 각각의 학습자가 지닌 개인차를 파악하여 학습자에게 적절한 도움을 제공할 수 있다.

이와 더불어 학습자의 발달과정에 대한 이해가 필요하다. 발달은 인지, 성격, 사회성, 도덕성 등 다양한 측면에서 이루어지며, 발달 수준에 따라 발달특성에 차이를 보인다. 특히, 단계(stage)이론에서는 발달이 이루어지는 구체적인 시점과 특성에 대한 정보를 제공해 준다. 그러므로 학습자에게 적절한 시기에, 학습자의 발달 수준에 적절한 교육내용을 적절한 방법으로 전달하기 위해서는 발달이론의 단계별 특성을 파악해야 하며, 각각의 단계는 교육계획의 기준점이 될 수 있다.

2) 교사

학습자와 함께 교육의 주체로 꼽히는 교사에 대한 이해가 필요하다. 교육은 교사와 학습자의 상호작용을 통해 이루어지는 과정이기 때문이다. 교사는 학습자에 대한 이해를 기반으로 학습자에게 최적의 수업을 제공하게 된다. 이때 교사의 인성, 교사의 전문성, 교사효능감, 교사기대 등은 유능한 교사로서 반드시 갖추어야 할 자질로 꼽힌다. 즉, 교사가 어떠한 자질을 갖추었는가는 교사 자신의 교수활동뿐만 아니라 학습자의 학업성취와 태도 등에 영향을 미치는 중요한 변수로 작용한다. 또한, 교사의 교수기술과 학급관리능력, 생활지도, 상담능력은 교육의 성과를 결정하므로 학습자의 이해 못지않게 중요히 다루어져야 한다.

3) 교수-학습

교육은 교수와 학습의 상호작용을 통해 일어난다. 교수는 학습자가 특정한 목표에 도달할 수 있도록 학습자의 모든 능력을 극대화하기 위해 학습자의 내적 조건과 외적 환경을 체계적으로 형성하는 일체의 과정이다. 지금까지 수많은 학자들은 학습자가 교육목표를 성취하는 효과적인 방법에 대해 다양한 교수모형과 교수법을 제시해 왔다.

이러한 교수의 결과 학습자는 비교적 지속적인 행동의 변화를 보이게 되는데 이것이 학습이다. 학습이론은 학습이 어떠한 심리적 기제로 이루어지며, 어떠한 힘이 학습을 성립시키는가를 해명해 주는 이론체계이다. 행동주의, 인지주의, 구성주의 이론은 대표적인 학습이론으로 꼽힌다.

교수와 학습은 동전의 양면과 같은 관계에 있다. 학습이 전제될 때 수업이 존재할 수 있기 때문이다. 효과적인 교실 수업을 위해 교사는 다양한 교수이론과 교수방법을 파악하여 학습자에게 최적의 수업을 제공해야 한다. 또한, 다양한 학습이론과 학습원리를 바탕으로 학습과정에 영향을 주는 기제를 파악하여 효과적인 학습으로 이끌어야 한다.

4) 평가

일련의 교수-학습과정이 끝나는 시점에서는 그동안의 교육이 적절했는가, 바람직한 행동변화가 일어났는가 등을 평가하게 된다. 교육성과 평가는 두 가지 측면에서 이루어진다. 하나는 '학습' 측면에서 학습자의 학습과정과 학업성취도를 평가하는 것이고, 다른 하나는 '수업' 측면에서 교사의 교수활동을 평가하는 것이다.

평가결과는 이후에 각기 다른 두 가지 기능을 수행하는 것으로 볼 수 있다. 첫 번째 기능은 교육목표에 비추어 학습자에게 얼마만큼의 행동변화가 일어났는가, 즉 학습자의 목표달성도를 측정한 결과를 제공하는 것이다. 두 번째 기능은 평가결과가 학습자와 교수자 모두에게 각각 피드백 정보를 제공하는 것이다. 평가내용과 피드백 결과가 학습자에게는 이후의 학습과정에 변화를 가져오고, 교사에게는 수업 개선 자료로 제공되어 이후의 수업에 반영할 수 있다.

3 교육심리학의 연구방법

1) 기술연구

기술연구(descriptive research)는 연구자가 관심 있는 하나 이상의 현상이나 특성에 대해 있는 그대로 관찰하고 측정하여 체계적으로 기술하는 것을 목적으로 한다. 따라서 기술연구에서는 어떤 현상의 형태나 구조, 시간에 따른 변화, 다른 현상과의 관계 등을 기술하게 된다. 이러한 기술연구방법은 단순한 사실의 조사에서부터 가설검증연구에 이르기까지 폭넓게 채택되고 있다. 기술연구의 하위 유형은 다음과 같다.

첫째, 조사연구(survey research)는 통제되지 않은 자연스러운 상황에서 질문을 통해 현재의 사실을 파악하는 연구이다. 조사내용은 개인의 의견, 건강 상태, 습관, 느낌 등의 단순한 내용에서부터 복합적인 내용에 이르기까지 다양하다. 인쇄된 질문지를 활용한 우편조사, 컴퓨터를 통한 전자우편이나 웹을 이용한 설문조사, 연구대상에게 직접 질문하여 응답을 얻는 개별 면접법, 면접요원이나 자동응답을 이용한 전화 인터뷰 등이 조사방법으로 주로 사용된다. 각종 여론조사기관에서 실시하는 설문조사나 대학에서 실시하는 재학생 실태조사, 수업 만족도 조사 등은 모두 조사연구에 해당된다.

둘째, 발달연구(developmental study)는 인간의 전 생애에 걸친 발달과정에 따른 변화에 초점을 두고 변화과정을 기술하는 연구이다. 발달연구의 내용은 신체, 인지, 정서, 언어, 도덕성 등 인간의 모든 영역을 포함한다. 발달연구는 주로 인간의 연령 증가에 따른 발달경향과 속도, 발달유형이나 한계 등을 기술하며, 이러한 변인들 간의 관계를 탐구한다.

발달연구 설계방식은 횡단연구, 종단연구, 계열연구로 세분화할 수 있다. 먼저, 횡단연구(cross-sectional study)는 각기 다른 연령층의 연구대상을 한 시점에 동시에 비교하는 방법이다. 예를 들어, 2020년도를 기준으로 20세, 30세, 40세인 사람들을 대상으로 동시에 자료를 수집한 경우이다. 다음으로 종단연구(longitudinal study)는 동일한 연구대상을 장기간에 걸쳐 추적하여 관찰하는 방법이다. 예를 들어, 1980년생인 연구대상을 2000년, 2010년, 2020년에 반복적으로 측정하여 추적연구가 이루어진 경우이다. 횡단연구와 종단연구의 설계방식은 [그림 2-1]과 같다.

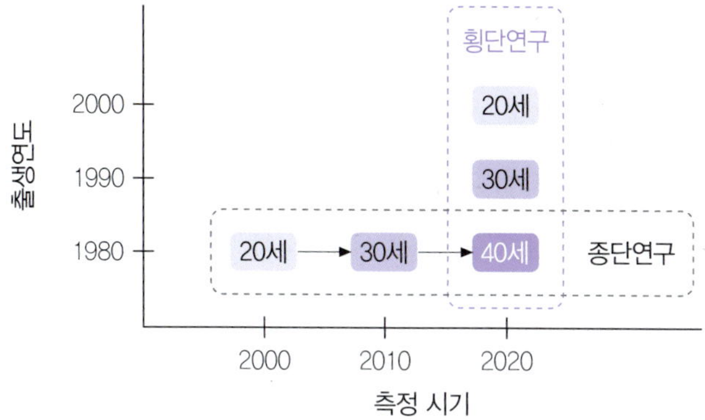

[그림 2-1] 발달연구 설계방식 1: 횡단연구와 종단연구

마지막으로 계열연구(sequential study)는 횡단연구와 종단연구의 장단점을 보완하기 위해 고안된 설계로, 서로 다른 연령의 세 동시대 집단을 종단적으로 연구하는 방법이다. 즉, 2000년에 30세, 40세, 50세인 사람들의 세 집단을 표집하여 특정 차원에서 측정하고, 2010년과 2020년에 세 집단을 다시 측정하는 방법이다. 계열연구를 통해 광범위한 발달적 자료를 수집하게 되므로 측정 시기에 따른 변화, 동시집단 간 발달 추세의 차이, 그리고 횡단적 자료와 종단적 자료를 비교할 수 있다. 계열연구 설계방식은 [그림 2-2]와 같다.

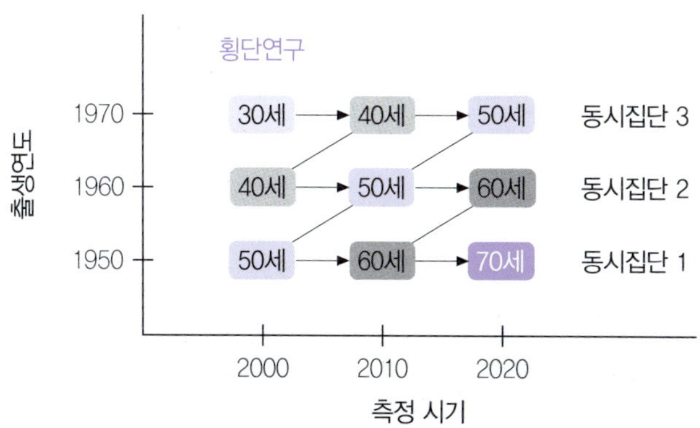

[그림 2-2] 발달연구 설계방식 2: 계열연구

셋째, 사례연구(case study)는 두드러지는 행동특성을 보이는 특정 개인이나 집단을 대상으로 선택하여 그의 발달에 대한 여러 가지 측면을 심층적으로 관찰하거나 조사하는 방법이다. 대개 사례연구는 소수의 연구대상을 선정하여 다양한 방법으로 자료를 수집해서 심층적으로 조사하고 구체적으로 기술한다. 학교와 관련된 사례연구는 주로 교사나 학생, 특정 집단을 대상으로 하지만 특정 교육 프로그램 또는 사건이나 학교, 기관 등도 연구대상이 될 수 있다.

교육심리학에서 대표적인 사례연구는 프로이트(Freud)와 피아제(Piaget)의 연구이다. 프로이트는 안나 오(Anna O.)를 비롯한 여러 히스테리 사례를 분석하여 『히스테리 연구(*Studien über Hysterie*)』(1895)를 집필하였고 후에 정신분석이론을 만들어내는 데 결정적 역할을 하였다. 피아제 역시 자신의 세 자녀 루신, 로랑, 자끄랭을 관찰한 결과를 토대로 인지발달이론을 정립하였다.

넷째, 문화기술적 연구(ethnography)는 현지인 혹은 관찰대상의 관점에서 그들의 생활방식과 문화를 기술하는 연구방법이다. 따라서 한 집단 속에서 발생하는 자연적인 사건들이 그 집단에 속해 있는 구성원들에게 미치는 의미를 파악하기 위해 사용된다. 대개 장기간에 걸친 심층조사를 기반으로 연구가 이루어지며, 참여관찰이나 심층면접을 사용하여 정보를 수집한다.

지금까지 살펴본 기술연구는 현상이나 특성에 대해 있는 그대의 정보를 제공하지만 변수들 간의 관계를 발견하거나 가설을 검증하는 것은 한계가 있다. 이를 위해 사용하는 연구방법이 상관연구와 인과비교연구이다.

2) 상관 · 인과비교연구

상관(correlation)이란 두 변수들 사이, 또는 두 측정치나 점수들 간 관계의 정도와 방향을 나타낸다. 즉, 한 변수 X의 값이 증가함에 따라 다른 변수 Y의 값이 증가 또는 감소하는 정도를 뜻한다. 따라서 상관은 방향에 따라 두 가지로 구분된다. 먼저, 정적 상관(positive correlation)은 한 변수 X의 값이 증가함에 따라 다른 변수 Y의 값이 증가하는 관계를 의미한다. 예를 들어, 지능지수가 높을수록 학업성취도도 높게 나타났다면, 지능지수와 학업성취도 간의 관계는 정적 상관관계이다. 다음으로 부적 상관(negative correlation)은 한 변수 X의 값이 증가함에 따라 다른 변수 Y의 값이 감소하는 관계를 의미한다. 예를 들어, 스마트폰 사용 시간이 많을수록 학업성취도가 낮게 나타났다면, 스마트폰 사용과 학업성취도 간의 관계는 부적 상관관계이다. 상관의 정도는 상관계수(correlation coefficient)로 표시하며, −1.00에서 +1.00 사이의 값을 가진다. 즉, 상관계수가 절댓값 1에 가까울수록 두 변인 간의 상관관계가 강하다. 상관계수의 크기와 방향에 따른 산포도의 모양은 [그림 2-3]과 같다.

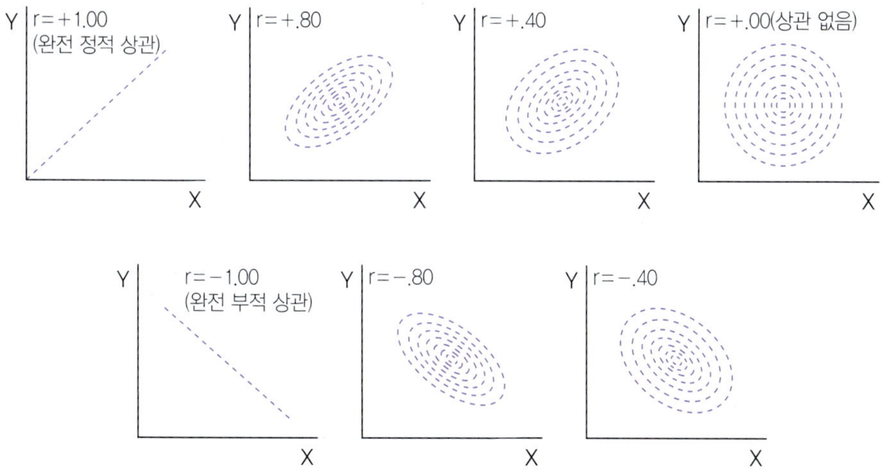

[그림 2-3] 상관계수의 크기와 방향에 따른 산포도

상관연구는 전형적으로 상관계수를 사용하여 현상 간 관계를 연구한다. 상관계수의 해석에 절대적 기준은 없으나 일반적으로 〈표 2−1〉의 기준에 따르며, 두 변수의 관계가 부적인 경우에도 이와 마찬가지로 해석한다.

〈표 2-1〉 상관계수의 해석

상관계수 범위	상관관계의 언어적 표현
.00 ~ .20	상관이 거의 없다
.20 ~ .40	상관이 낮다.
.40 ~ .60	상관이 있다.
.60 ~ .80	상관이 높다.
.80 ~ 1.00	상관이 매우 높다.

출처: 윤영선(2000) p. 31.

상관계수를 해석하는 또 다른 방법으로 상관계수의 제곱, 즉 결정계수 r^2을 사용하기도 한다. 결정계수(coefficient determination)는 변수 X와 변수 Y의 상관이 r일 때, X가 Y를 예측(또는 설명)할 수 있는 비율을 말해 준다. [그림 2-4]는 상관계수 r=.0, r=.2, r=.8일 때 각각의 결정계수 r^2, 그리고 변수 X가 변수 Y를 설명해 주는 비율을 음영으로 표시한 것이다.

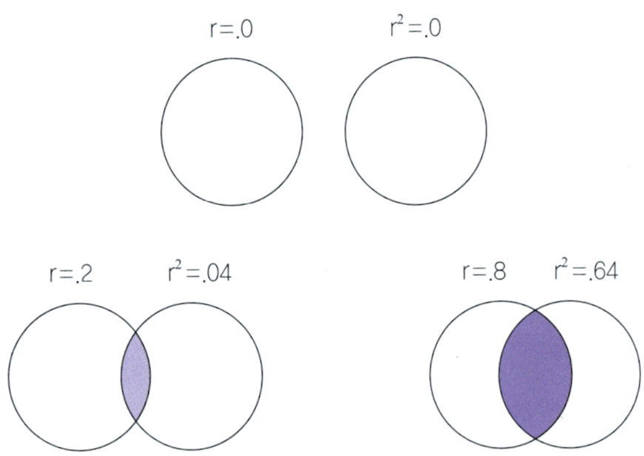

[그림 2-4] 결정계수의 설명 비율

출처: 윤영선(2000). p. 33.

상관연구는 다음의 특성을 지니므로 해석 시 유의해야 한다. 첫째, 상관연구는 연구자가 관심을 갖고 있는 변수에 영향을 주지 않은 자연적인 상태에서 변수들 간 관계를 연구한다. 만약, 연구자가 대상자에게 어떠한 처치를 가한 후 변수들 간의 관련성을 분석했다면 그것은 상관연구가 아닌 실험연구가 될 것이다. 둘째, 상관연구는 변수들 간 관계 유무만을 확인할 뿐 인과관계를 규명하지는 않는다. 따라서 인과관계를 밝히기 위해서는 인과연구나 실험연구가 이루어져야 한다. 이때 상관연구의 결과는 실험연구의 가설이 될 수 있다.

다음으로 인과비교연구(causal-comparative research)는 두 개 혹은 그 이상의 집단 간 차이의 원인이나 그 원인에 의해 나타난 결과를 측정하기 위한 연구방법이다. 이때 원인으로 작용하며 영향을 주는 변수를 독립변수(independent variable), 결과로 작용하며 영향을 받는 변인을 종속변수(dependent variable)라고 한다. 예를 들어, 성별에 따른 친사회적 행동의 차이를 연구한다고 가정할 때, 성별은 원인으로 추정되는 변수(독립변수)이고 친사회적 행동은 결과(종속변수)이다.

인과비교연구는 원인(독립변수)과 결과(종속변수) 모두 이미 발생한 현상이라는 점이 특징이다. 특히, 독립변수는 성별, 사회경제적 지위와 같이 실험적으로 조작할 수 없는 변수라는 점에서 실험연구의 대안으로 사용되는 연구방법이다. 연구자가 독립변수를 통제하거나 조작할 수 있다면 이 경우에는 인과비교연구가 아닌 실험연구를 사용하는 것이 바람직하다.

인과비교연구는 실험설계와 유사한 연구설계와 통계적 분석과정을 거치지만 실험연구에 소모되는 노력과 비용을 절감할 수 있다는 장점이 있다. 따라서 인과비교연구는 상관연구와 실험연구 사이의 가교 역할을 한다고 볼 수 있다.

3) 실험연구

실험연구(experimental research)는 변수들을 조작하여 다른 변수에 미치는 영향을 분석하는 연구이다(Campbell & Stanley, 1963). 연구자는 변수 간의 인과관계를 규명하기 위해 변수를 체계적으로 조작한다. 즉, 연구자가 관심을 갖고 있는 변인에 인위적인 실험적 처치(experimental treatment)를 가하고 그에 따라 나타나는 종속변인의 변화, 즉 효과(effects)를 분석한다. 실험연구에서 연구결과의 변화를 유도하는 변수를 처치변수(treatment variable)라고 하고, 처치로 인해 영향을 받는 변수를 종속변수라고 한다. 따라서 실험연구의 목적은 두 이론적 변인인 처치변수와 종속변수 사이의 인과관계를 확립하는 것이다. 처치변수 이외에 다른 변수가 종속변수에 영향을 주는 경우 이를 외재변수(extraneous variable)라고 한다. 실험연구에서 처치에 따른 순수한 효과를 도출하기 위해서는 실험조건을 계획적으로 조작해야 하며, 조작의 대상이 되는 처치변수 이외의 모든 외재변수를 엄격하게 통제해야 한다.

실험연구에서는 처치변수의 효과를 도출하기 위해 처치 전후에 사전검사와 사후검사를 실시하고 두 검사점수를 비교하여 변화량을 처치의 효과로 간주하게 된다. 그러나 동일한 집단에 사전검사와 사후검사를 실시하는 경우 연습효과로 인해 사전검사 경험이 사후검사에 영향을 줄 수 있다. 이러한 문제를 제거하기 위해 연구대상을 두 집단으로 나누어 한 집단에만 처치를 가하고 다른 집단에는 처치를 가하지 않고 비교할 수 있다. 이때 처치를 가하는 집단을 실험집단(experimental group), 처치를 가하지 않은 집단을 통제집단(control group)이라고 한다.

예를 들어, 새로운 교수법이 학생들의 학업성취도에 미치는 효과를 검증하고자 할 때 실험연구 순서는 다음과 같이 이루어진다. 먼저, 연구대상을 두 집단으로 무선 배치(random assignment)한다. 그리고 통제집단에는 기존의 교수법만을 사용하고 실험집단에만 실험처치, 즉 새로운 교수법을 사용한다. 실험이 끝난 후에는 실험집단과 통제집단의 종속변수(학업성취도 점수) 차이를 통계적으로 검증한다. 통계적으로 유의한 차이가 나타난 경우 처치변수의 효과에 대해 결론을 도출한다.

실험연구는 다음의 몇 가지 특징을 지닌다(권대훈, 2015). 첫째, 실험연구는 모집단에서 무선 표집(random sampling)한 연구대상을 실험집단과 통제집단으로 무선 배치한다. 이때 연구대상을 무선 표집하는 이유는 표본의 대표성을 높여 연구의 외적 타당도를 높이기 위해서이다. 그리고 다시 이들을 두 집단에 무선 배치하는 이유는 특정 집단에 연구대상이 편중되지 않도록 외재변수를 통제하여 연구의 내적 타당도를 높이기 위해서이다. 둘째, 실험연구에서는 독립변수를 조작한다. 즉, 실험처치를 가하여 그 효과를 분석하게 된다. 앞에서 언급한 대로 독립변수를 조작하지 않는 연구는 실험연구로 볼 수 없으며, 성별과 같이 조작이 불가능한 경우에는 실험연구가 아닌 인과비교연구를 사용해야 한다. 셋째, 실험연구는 외재변수를 통제한다. 실험연구의 목적은 처치변수가 종속변수에 미치는 영향, 즉 인과관계를 검증하는 것이므로 외재변수를 엄격히 통제하여 내적 타당도를 높여야 한다. 넷째, 실험연구는 실험집단과 통제집단의 종속변수 차이를 비교하는 것이다. 실험 전에 연구대상의 무선 배치를 통해 실험집단과 통제집단의 동등성을 확보해야 한다. 따라서 두 집단이 종속변수에서 차이가 나타난 경우 그 차이는 처치변수에서 기인한 것으로 볼 수 있다.

실험연구는 외재변수를 엄격하게 통제하기 때문에 처치변수의 효과를 알 수 있다는 장점이 있다. 그러나 통제된 실험실 상황에서 도출된 연구결과를 실제 상황에 일반화시키는 데는 제약이 따른다. 또한, 변수의 처치나 조작이 불가능한 경우에는 실험연구를 진행할 수 없다.

제 2 부

학습자에 대한 이해

제 **3** 장

발달

학습목표

1. 발달의 개념과 원리를 설명할 수 있다.
2. 유전과 환경이 발달에 미치는 영향에 대하여 설명할 수 있다.

어느 날 선생님이 초등학교 5학년 학생에게 "사람이 발달한다고 할 때의 발달이란 무엇일까?" 하고 질문하자 민지가 손을 들어 "발달이란 자라는 것을 말해요. 그리고 모르는 것을 배우면서 알게 되는 것이에요."라고 답하였다. 그러자 선생님은 "아, 민지는 그렇게 생각하는구나. 그러면 사람이 나이가 들어 기억력이 나빠져서 배운 것을 자주 잊어버리고, 몸이 쇠약해지고 늙게 된다면 그것은 발달일까?"라고 물었다. 그러자 민지는 "아니요."라고 답하였다. "그러면 사람은 언제까지 발달할까?" 선생님이 다시 묻자 민지는 "응, 스무 살 때쯤? 잘 모르겠어요."라고 말하고는 고개를 갸웃거렸다.

위 사례에서 본 바와 같이 발달은 성인이 되는 스무 살 무렵에 끝나는 것일까? 발달이란 무엇일까?

1 발달의 특성

1) 발달의 개념

인간의 삶은 한마디로 연속적인 변화의 과정이다. 인간은 수정된 순간부터 죽음에 이르기까지 유전과 환경의 상호작용 속에서 끊임없이 변화한다. 인간의 발달은 넓은 의미에서 인간이 겪는 모든 양적이고 질적인 변화과정을 포함한다. 그러므로 발달이란 연령이 증가함에 따라 나타나는 모든 인간의 신체적 · 심리적 변화를 말하며, 이때의 심리적 변화는 지능, 언어, 정서, 사회성, 도덕성과 같은 측면을 두루 포함하고 있다.

코프카(Koffka)는 "발달은 유기체와 기관이 양적으로 증대하고 구조적으로 정밀화하며, 기능적으로 유능화되어 가는 과정"이라고 하였다. 그러므로 발달은 진보 · 향상 · 증가되는 것과 같은 상승적 변화뿐만 아니라 감소 · 퇴화 · 쇠퇴와 같은 하강적 변화도 포함한다. 따라서 인간이 발달한다는 것은 성장하고 성숙되며 정교화되는 모든 활동과 함께 쇠퇴하고 늙으며 노화되는 모든 상태도 포함한다.

발달과 유사한 개념으로 성장과 성숙, 학습의 개념이 있다. 성장이란 키가 자라고 몸무게가 늘어나는 등의 신체적 변화와 같은 양적 측면에서의 변화를 의미하며, 성숙이란 외부 환경의 영향과는 비교적 무관하게 유전인자에 의해 나타나는 특정한 변화를 의미한다. 학습은 유전적 · 선천적 행동 이외에 외부의 환경이나 후천적 경험 또는 연습에 의한 행동의 변화를 말한다. 따라서 위에서 언급한 발달의 개념은 신체적 · 심리적 측면의 변화뿐만 아니라 유전적 · 환경적 요인의 상호작용에 의한 변화라는 점에서 볼 때 성장, 성숙, 학습과 같은 유사 개념들을 포함하고 있다고 볼 수 있다.

2) 발달의 원리

인간의 발달은 어느 정도의 규칙성과 일반적 원리에 의해 이루어진다.

(1) 발달은 연속적이며 점진적인 과정이다

인간의 발달은 일련의 연속선상에서 지속적이고 점진적으로 이루어진다. 양적인 성장뿐만 아니라 질적인 면의 변화도 연속적으로 이루어진다. 인간이 발달하는 과정 중 어느 한순간 멈추는 경우는 없다. 그런데 발달은 결정적 시기(critical period)가 있다. 대개 유아기와 사춘기에 급격한 신체적 발달이 이루어지며, 유아기에 언어발달이 집중적으로 이루어지는 것과 같이 특정 시기에 급속한 발달이 일어난다. 그러나 전반적으로 볼 때 인간의 발달은 연속성, 계속성, 지속성을 띤다.

(2) 발달은 성숙과 학습 두 가지 요인의 상호작용 결과이다

연령이 증가함에 따라 나타나는 인간의 발달적 변화는 성숙과 학습의 상호작용에 따른다. 오랫동안 유전적 요인과 환경적 요인의 중요성은 인간의 발달에 지속적인 논쟁거리였으나 오늘날에는 두 요인의 상호작용으로 인간의 행동변화가 일어난다고 보고 있다. 유전적 특징은 한 개인의 성취도의 상한선을 정해 놓지만,

환경은 특정 범위 내에서 한 개인이 속하는 위치를 결정한다. 즉, 유전적 요인은 타고난 재능을 나타내는 중요한 요인이 되지만 뛰어난 유전적 요인을 가지고 태어났더라도 문화적 결손이 심한 환경에서 자라난다면 타고난 유전적 요인이 제대로 발휘될 수 없다는 의미이다.

(3) 발달은 일정한 방향과 순서가 있으며 예측할 수 있다

태아나 신생아의 경우 신체 비율에 비춰 볼 때 머리가 매우 크다거나, 유치가 나는 순서가 대개 일정하다거나, 언어표현방식이 울음에서 옹알이로 변화는 점 등을 볼 때, 발달에는 일정한 방향과 순서가 있음을 알 수 있다. 발달의 순서는 간단한 것에서 복잡한 것으로, 전체적인 것에서 특수한 것으로 진행된다.

신체발달은 일반적으로 상부에서 하부로, 중심에서 주변으로, 전체 활동에서 특수 활동으로 진행된다. 이는 인간의 신체발달 방향이 머리에서 아래쪽으로, 신체의 중심부인 중추기관에서 말초기관이나 모세혈관 쪽으로 이루어진다는 뜻이다.

언어발달의 경우, 갓 태어난 아기의 언어는 울음에서 시작되어 옹알이, 한 단어 문장, 두 단어 문장, 복잡한 문장 순으로 발달해 간다.

정서발달은 출생 초기의 막연한 흥분 상태에서 좋고 싫음과 같은 쾌와 불쾌의 감정으로 나뉘며, 점차 사랑, 미움, 분노, 두려움 등의 특수한 정서 형태로 세분화된다.

인간의 발달에 일정한 순서와 방향이 있다는 것은 발달에서 이전 단계가 다음 단계의 기초가 되며, 한 단계에서 다음 단계로 이행할 때 발달이 보다 고차원적으로 이루어진다는 것을 나타낸다.

(4) 발달의 각 측면은 서로 관련되어 있다

인간의 신체발달, 언어발달, 인지발달, 정서발달, 사회성 발달 등은 서로 영향을 미친다. 신체발달은 사회성 발달에 영향을 주고 사회성 발달은 인지발달에 영향을 준다. 예를 들어, 신체발달이 뛰어난 아동은 주변으로부터 긍정적인 피드백을 받아 주변 사람들과의 관계에서 쉽게 사회성을 키우게 되고, 긍정적인 사회성은 아동이 긍정적 자아개념을 갖게 하여 자신을 표현하는 데 자신감을 가지며, 결국 언어발달과 학업 성적을 향상시키게 된다.

(5) 발달은 연속적이나 발달의 속도는 일정하지 않다

인간의 모든 발달은 끊임없이 연속적으로 일어난다. 그러나 발달의 속도는 일정하지 않고 급하게 발달하기도 하고 때로는 서서히 발달하기도 한다. 신체가 급속도로 성장하는 기간이 있는가 하면, 심리적 발달이 급속하게 이루어지는 시기가 있다. 예를 들면, 출생 후 첫 돌까지는 신장과 체중이 크게 증가한다. 사춘기에도 신장과 체중이 급격히 성장하는데, 이것을 청년기 성장급등(adolescent growth spurt)이라고 한다(정옥분, 2002). 아동기에는 생식기관의 발달이 매우 느리지만, 사춘기에는 급속도로 발달한다. 언어발달은 유아기에 어휘력이 갑자기 풍부해지고, 청년기에는 논리적인 문제해결능력이 눈에 띄게 향상된다.

(6) 발달에는 개인차가 있다

앞서 언급한 바와 같이 인간의 발달은 일정한 순서에 따라 이루어지지만, 성장의 속도와 발달 시기는 사람마다 다르다. 이러한 개인차는 두 가지 측면에서 이루어진다. 하나는 성, 연령, 지능, 성격, 적성, 환경, 성장 배경 등과 같이 서로 다른 개인 간 차이(inter-individual difference)에서이다. 또 다른 하나는 개인 내 차이(intra-individual difference)로서 한 개인 내에서도 잘하는 능력과 그렇지 못하는 능력이 있어 개인의 능력 간에 차이가 있다는 것이다. 결국, 모든 인간의 발달속도와 양상은 사람마다 다르므로 사실상 발달의 각 측면의 발달지수가 자기 나이의 평균치에 해당하는 아동은 한 명도 없다고 해도 과언은 아니다.

2 발달이론의 쟁점

인간의 발달에 영향을 미치는 요소로서 유전과 환경에 관한 논쟁은 오랜 세월 동안 지속되어 왔다. 즉, 인간의 발달을 생물학적으로 타고난 선천적 유전자가 결정하는가 아니면 후천적으로 영향을 주는 환경이 결정하는가에 관한 논쟁이다. 그러나 오늘날에는 유전과 환경 모두 인간발달에 중요한 요소로 작용한다고 본다. 근래에는 이러한 문제가 환경에 대한 인간의 능동성과 관련되며, 발달단계의 이행원리가 양적 변화에 의한 것인가 또는 질적 변화에 의한 것인가가 쟁점이 되고 있다. 이러한 쟁점은 근래 인간발달의 맥락적 접근에서 본격적으로 다루어지고 있다.

인간발달에서의 유전과 환경에 대한 논쟁은 교육의 시기와 방법에도 영향을 미친다. 다시 말해서, 이는 인간의 학습준비도와 관련하여 아동이 스스로 준비가 될 때까지 기다려야 하는가 아니면 준비도를 갖추도록 적절한 환경을 제공해야 하는가의 문제와 직결된다. 이와 관련된 입장으로는 자연성숙론(natural readiness)과 환경경험론(produced readiness)이 대표적이다.

1) 유전과 발달

1854년 오스트리아의 멘델(Mendel)이 완두콩 인공교배 실험을 통해 유전에 관한 법칙을 발견한 후에 생물학적 특성의 유전은 불변의 사실로 받아들여지게 되었고 인간의 모든 특성 역시 유전에 의하여 결정되는 것으로 생각하였다.

자연성숙론 입장에서의 인간발달은 저절로 일어나며, 아동 스스로 학습에 대한 준비를 갖추게 되므로 발달이 일어날 때까지 기다려야 한다. 유전에 의한 인간의 발달은 자연성숙론적 입장이라고 볼 수 있다. 하임즈(Hymes, 1958)는 "준비도는 건강한 아동이 성장하고 성숙함에 따라 나타난다. 특별한 훈련이나 연습이 아니라 시간이 답이다."라고 말했다. 인간발달의 유전적인 영역을 설명할 수 있는 이론은 생물학적 접근의 성숙이론과 동물생태학을 들 수 있다. 생물학적 접근은 인간발달이 모두 인간의 생물학적 계획에 따라 발달한다고 보며, 신체적 발달은 물론 인지 · 정서 · 사회성 발달 등의 심리적 발달에서도 생득적인 근원을 강조한다.

(1) 성숙이론

Arnold Gesell
(1880~1961)

대표적 성숙론자인 게젤(Gesell)은 인간발달이 태어날 때부터 정해져 있는 선천적 계획에 따라 이루어진다고 주장하였다. 그의 이론에 따르면 발달이란 단순하게 생득적인 발달시간 예정표에 따라 자연적으로 나타나는 과정이다. 예를 들어, 기고, 걷고, 뛰는 신체발달과 모국어를 습득하는 언어발달을 포함한 인간의 모든 발달은 태어날 때부터 결정된 발달시간 예정표에 따라 서서히 성숙해지면서 나타나는 것이다. 그는 발달이 대부분 성숙에 의해 일어나며, 환경의 영향력은 거의 없다고 주장하였다.

(2) 동물행동학 이론

동물행동학은 인간행동의 발달을 진화론적 관점에서 본다. 동물행동학에서는 동물의 적응이 진화 과정과 밀접한 관계가 있다고 보고 행동의 적응력 또는 생존적 가치와 진화적 근거에 관심을 갖는다(최경숙 외, 2010). 동물행동학에서는 모든 동물 종이 각자의 '생물학적으로 프로그램된' 행동을 가지고 태어난다고 가정한다. 생물학적으로 프로그램된 특성들은 다윈식의 자연선택 과정에 의해 진화한 결과로 본다. 동물행동학자는 종의 구성원들이 가지고 있는 고유한 선천적 또는 본능적인 반응에 초점을 두고 생의 초기경험이 매우 중요하다고 믿었다.

동물행동학의 기원은 로렌츠(Lorenz)와 틴베르헌(Tinbergen)(Dewsbury, 1992)에 의해 그 기초가 확립되었고 1960년대에 인간발달에 적용되기 시작하였다. 로렌츠와 틴베르헌은 자연 상황에서 동물의 생존을 증진시키는 행동 패턴을 발견하였다. 그중 가장 잘 알려진 것이 새끼 새가 부화 직후부터 어미를 따라다니는 행동에서 볼 수 있는 각인으로 새끼가 어미 곁에 있음으로써 먹이를 얻고 위험으로부터 보호받을 수 있게 해 준다. 각인은 생후 초기 제한된 시간 내에서만 일어난다. 이 시간 내에 어미가 없다면 대신 어미를 닮은 대상에 각인이 일어날 수도 있다(Lorenz, 1952).

각인현상은 아동발달에 광범위하게 적용되어 온 결정적 시기라는 개념을 이끌어 냈다. 결정적 시기는 제한된 시간 내에 아동이 특정한 적응적 행동을 학습하도록 생물학적으로 준비되어 있으며, 그 행동을 학습하기 위해서는 환경 내의 적절한 자극이 있어야만 한다는 것을 의미한다.

보울비(Bowlby, 1969)는 각인현상을 영아와 양육자 간의 관계에 적용시켰다. 영아가 웃고, 옹알이하고, 울고, 매달리는 것 같은 애착행동은 선천적인 사회적 신호로 양육자가 자기에게 접근하여 돌보는 행동을 하게 한다고 보았다. 영아의 애착행동으로 양육자가 가까이 있게 됨으로써 영아는 먹고 보호받고 건강한 성장을 위한 자극과 사랑을 받을 수 있다. 영아의 애착발달은 새끼 새의 각인현상과는 달리 양육자와의 장기간의 과정을 통해 깊은 애정적 관계를 형성하게 된다.

동물학자들은 애착행동 이외에 아동이 보이는 정서적 표현, 공격 행동, 협동, 사회적 놀이와 같은 사회적 행동은 영장류의 행동과 유사하다고 보고하였다.

동물행동학적 접근은 정신분석학과 같이 검증이 매우 어렵다. 다양한 동기, 독특한 버릇이나 행동이 선천적인 것인지, 적응적인 것인지 아니면 진화역사의 산물인지 증명하기 어렵기 때문이다. 이 접근은 특정한 인간 동기와 행동에 대한 생물학적 기초가 있더라도 이러한 성향들이 학습에 의해 수정될 수 있음을 인정한다. 그럼에도 불구하고 동물행동학적 접근은 인간발달에 대한 중요한 생물학적 기여 등을 확인시켜 줌으로써 환경 일변도의 설명으로 나아가던 유전-환경 논쟁의 균형을 잡는 역할을 하였다.

청둥오리 새끼가 로렌츠를 따르는 행동을 보이는 각인현상

로렌츠(Lorenz, 1903~1989)의 '각인(刻印, imprinting) 효과'라는 동물행동학이론이 있다. 로렌츠는 1937년에 회색기러기를 키우면서 전문적인 관찰 연구를 시작하였고 이것은 훗날 비교행동학의 기초를 만들었다. 그는 이 연구에서 '각인현상'을 발견한다. 청둥오리 새끼가 알에서 부화했을 때 처음 본 것을 그의 어미로 인식하고 따라다니는 것을 목격한 것이다. 각인현상을 발견한 그는 니콜라스 틴베르헌(Nikolaas Tinbergen)과 함께 『회색기러기가 알을 굴리는 행동에 나타나는 본능동작과 자극에 의한 동작』을 집필하였다.

각인(刻印, imprinting)

그는 어미 오리가 낳은 알을 두 집단으로 나누어 다르게 부화시켰다. 한 집단의 알은 어미가 부화시키고, 다른 집단의 알은 자신이 직접 부화시켰다. 자신이 직접 부화시킨 집단의 새끼 오리들은 그를 어미로 알고 졸졸 따라다녔다. 그는 오리 새끼들이 부화된 직후 어떤 결정적인 시기에 그들을 낳아 주었거나 기른 부모를 따라 배운다는 것을 알아차렸다. 결정적인 시기에 동물들(오리 등)은 부모역할 대역(代役)을 통해 '각인'시키면 대역이 사람이든 다른 동물이든 각인된 대상을 그들의 부모로 인식하고 꽁무니를 쫓아다니게 되는 것도 확인할 수 있었다. 새끼 오리의 결정적인 시간대는 부화 후 36시간 정도인데, 부화 후 13~16시간대에 가장 민감하게 반응하였다. 결정적 시기 이전에는 유전적인 요인이 작용하고, 그 이후에는 주위 환경이 발달에 영향을 준다고 생각했다. 이처럼 새끼 오리가 어미 역할을 하는 개체를 따르는 추종 행동에 대해 그는 '각인'이라는 이름을 붙였다. 각인시키는 방법은 어미의 울음소리나 형상인데 각인된 울음소리의 자극을 받거나 형상을 보면 대상과 관계없이 같은 발음이나 형상을 어미라고 여기고 따라다니게 된다.

출처: 박광하의 생명과학 이야기(http://chedulife.com.au.).

(3) 유전의 영향에 대한 연구

인간의 유전적 영향을 알아보기 위해 쌍생아 연구나 입양아 연구 등과 같이 함께 사는 가족을 비교하여 그들이 하나 이상의 속성에서 얼마나 유사한지 연구하기도 한다. 지능의 경우는 중간 정도로 유전 가능한 속성이라고 알려져 있다. 아동이 성숙해 감에 따라 유전이 실제로 지능의 개인차에 더 많은 기여를 하는 것 같다(이성진 외, 2009).

2) 환경과 발달

만약, 인간이 유전적 요인에 의해서만 정의된다면 교육을 통한 긍정적 효과를 설명할 일은 별로 없을 것이다. 반면에 인간이 경험에 의해서만 정의되는 백지와 같은 존재라면 교육자의 책임이 막중할 것이다. 인간의 발달이 유전적 요인에 의하여 이루어진다는 주장에 대립하여 그보다는 출생 후 개체가 경험하는 환경적 자극이나 훈련의 결과에 따라 발달이 이루어진다는 주장이 출현하였다. 이들은 환경적 조작에 의하여 인간의 발달도 자유롭게 변경시킬 수 있다고 생각하였다.

극단론적 환경결정론의 입장을 취한 행동주의 심리학자 왓슨(Watson)은 20세기 들어 환경이 학습의 주요 요인이라 믿고, 어떤 바라는 목표행동은 통제된 환경을 통해 성취될 수 있다고 생각하였다. 그는 출생 때부터 환경을 통제할 수 있다면 과학자, 운동가, 정치가 등 어떤 종류의 사람도 만들 수 있다고 주장하였다.

이러한 견해는 과학 이전의 시대인 17세기에 영국의 경험론자인 존 로크(John Locke, 1632~1704)에 의하여 주창된 백지설에도 나타나 있다. “타불라 라사(Tabula rasa)”란 ‘라틴어로 아무것도 쓰여 있지 않은 백지’라는 말이다. 로크의 주장에 따르면 인간은 백지와 같은 상태로 태어나며, 그 후 그를 둘러싸고 있는 환경에 의한 경험을 통해 인간의 본성과 발달이 이루어진다고 보았다.

(1) 생태학적 접근

Urie Bronfenbrenner
(1917~2005)

브론펜브레너(Bronfenbrenner)는 사회적 맥락에서 개인의 발달을 이해해야 한다고 보는 생태학적 이론을 주장하였다. 브론펜브레너 이전의 이론에서는 환경이란 아동에게 직접 영향을 미치는 사물이나 조건에만 한정된 좁은 의미였다. 그러나 생태학적 이론은 개인에게 동시에 영향을 주는 다섯 가지 수준의 환경을 미시체계, 중간체계, 외체계, 거시체계, 시간체계로 제시하고 아동이 생활하는 가정, 학교와 이웃을 넘어선 여러 층의 구조로 개념화하여 개인과 환경의 다양한 상호작용을 보여 준다.

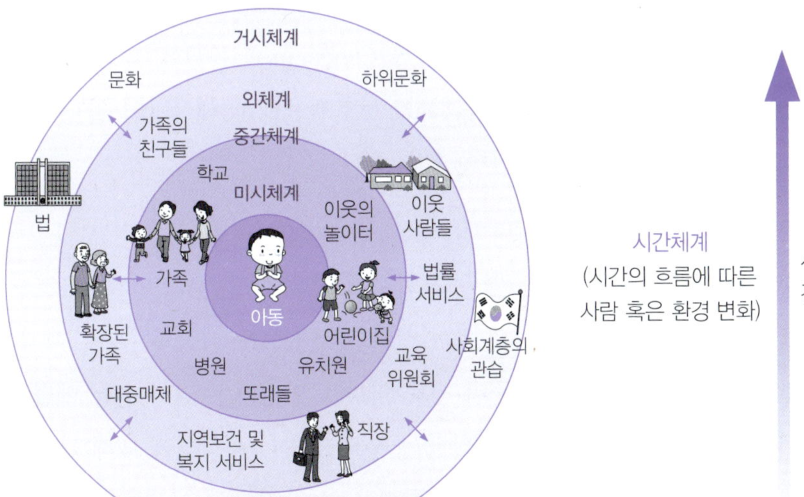

[그림 3-1] 브론펜브레너의 생태체계 모형

❶ 미시체계(microsystem)

미시체계는 환경의 가장 안쪽에 있는 층으로 아동이 활동하거나 아동과 상호작용하는 가정, 학교, 부모, 친구, 선생님 등을 포함한 직접적인 환경을 말한다. 최근까지 미시체계 내에서 아동과 환경과의 관계를 분석할 때는 성인이 아동에게 미치는 영향만을 주로 강조해 왔으나 브론펜브레너는 미시체계에서의 아동발달을 이해하기 위해서는 모든 관계가 양방향적이고 상호 교류적으로 일어나고 있음을 알아야 한다고 강조하였다. 이 체계에서 아동은 직접적 환경의 영향을 강하게 받고 아동의 기질, 성격과 같은 특성은 성인의 행동에도 영향을 미치므로 이러한 상호작용은 시간이 경과함에 따라 지속되면서 발달에 큰 영향을 미치게 된다(Bronfenbrenner, 1995).

그러나 부모-자녀 관계가 아동발달에 어떠한 영향을 주는지는 부모-자녀 관계에서의 제3의 요인을 보면 알 수 있다. 예를 들어, 부모가 서로의 자녀양육 역할을 지원해 주고 격려해 준다면 각자 좀 더 효율적인 부모역할을 할 수 있을 것이지만 반대로 결혼 생활에 갈등이 있다면 불일치한 훈육과 아동에 대한 적대적 반응으로 연결될 수 있다(Hetherington & Clingempeel, 1992). 따라서 미시체계 내에서의 아동발달은 아동과의 직접적인 상호작용에 의해서만이 아니라 환경요인 간의 상호작용에 의해서도 영향을 받게 된다.

❷ 중간체계(mesosystem)

중간체계는 다양한 미시체계들 간의 상호작용을 말한다. 이는, 가정생활과 학교생활, 가정생활과 친구 관계 등의 상호 관련성으로 아동과 부모, 학생과 교사, 학부모와 교사, 아동과 친구들이 서로 영향을 미친다는 의미이다. 예를 들면, 아동이 높은 학업성취를 이루기 위해서는 부모가 자녀의 학업에 대해 관심을 가지고 있고, 아동이 원만한 교우 관계를 이루며, 교사가 열정적인 가르침을 통해 아동의 집중력과 흥미를 향상시켜야 하는데 이때 중간체계가 아동발달에 긍정적인 영향을 미친다고 볼 수 있다.

❸ 외체계(exosystem)

외체계는 아동을 직접 포함하지 않으나 아동의 경험에 영향을 미치는 사회적 상황을 말한다. 이는 아동에게 간접적으로 영향을 미치는 기관과 미시체계 사이의 연결로 이루어진다. 외체계는 지역사회 수준에서 기능하고 있는 사회의 주요 기관으로 대중매체, 정부기관, 교통 · 통신 시설 등과 부모의 직업, 가족의 친구 등은 개인에게 더 큰 영향을 미친다. 예를 들어, 엄마의 직장으로 인해 아동의 일상생활이 달라질 수 있을 것이며, 아동이 살고 있는 지역의 놀이터나 문화시설 등은 아동을 양육하는 데 도움을 주거나 아동의 경험의 폭을 다르게 할 것이다(최경숙, 2011).

외체계에는 부모의 사회적 관계망인 부모의 친구나 확대가족 구성원 같은 비공식적 조직도 포함된다. 외체계 활동이 제한되어 있으면 아동발달에 부정적인 영향을 미칠 수 있다. 예를 들어, 사회적으로 소외된 가정에서 갈등과 아동학대가 증가되는 것을 볼 수 있다(Garbarino & Kostelny, 1992).

❹ 거시체계(macrosystem)

거시체계는 문화적 영향을 의미하는 것으로 대부분 비형식적인 관습과 일상생활 습관 등이 포함된다. 즉, 개인에게 영향을 미치는 가치, 신념, 법, 관습 등을 말한다. 특히, 이러한 가치관이나 관습 중에서도 아동의 욕구를 충족시키는 순위를 어떻게 정하고 있느냐가 아동 환경에 직접적인 영향을 미친다. 아동이 속해 있는 사회의 공통된 가치가 부모의 양육태도 등의 가치관에 영향을 미치며, 이러한 신념이나 가치관은 아동의 발달에 지속적으로 영향을 준다. 예를 들어, 아동의 양육수준에 관심을 갖고 직장에서도 자녀를 양육하는 어머니를 특별히 배려해야 한다는 방침을 가진 국가에서는 아동이 직접적인 환경에서 보다 편안하고 긍정적인 경험을 가질 가능성이 크다.

❺ 시간체계(chronosystem)

브론펜브레너의 마지막 체계인 시간체계는 시간적으로 한 시점의 사건이나 경험이 아닌 일생동안 일어나는 인간의 변화와 사회역사적 환경변화를 포함한다. 환경은 아동에게 항상 일정하게 영향을 주는 정체된 상태가 아니고 역동적이며

늘 변화한다. 동생의 출생, 입학, 이사 또는 부모의 이혼 등의 중요한 사건이 아동과 환경과의 관계를 변화시키고 발달에 영향을 미치는 새로운 환경을 조성하게 된다. 이러한 환경변화는, 특히 시기가 중요한 영향요인이 된다. 동생의 출생 시기가 아동이 걸음마 시기인지, 학교에 다니는 시기인지에 따라 아동은 전혀 다른 영향을 받게 된다.

한편, 발달에 영향을 미치는 사건은 외적으로 부과될 수도 있지만, 아동 내에서 일어날 수도 있다. 아동은 자신의 주위 환경과 경험을 선택하고 수정하고 창조할 수 있다. 아동에게 주어지는 다양한 환경 중에서 아동이 어느 측면의 환경에 반응하느냐에 따라 아동의 환경은 달라진다. 어떤 환경을 선택하느냐는 아동의 신체적 · 지적 · 인성적 특성과 부여된 환경적 기회의 영향을 받는다. 따라서 생태체계이론에서의 발달은 환경에 의해 통제되거나 내적인 힘에 의해 결정되는 것이 아니라, 아동이 환경의 산물이면서 동시에 환경을 변화시키는 산출자로, 상호 의존적인 영향을 주고받으면서 나타나는 변화를 통해 이루어진다.

(2) 환경의 영향에 대한 연구

할로우와 짐머만(Harlow & Zimmerman, 1959)은 그들의 연구에서 출생 직후에 어미로부터 분리된 어린 원숭이가 6개월간 고통스러운 경험을 함으로써 발달에 심각한 결과를 가져온다고 보고한 바 있다.

또 연구자들은 특수한 부분의 경험이 결여된 어린이를 찾아내어 그들과 정상아의 발달상의 차이를 발견하고자 고아원이나 특수 지역의 아동들을 연구하는 시도를 하였다. 이를 통해 정상 환경에서 제공되는 다양하고 복잡한 경험이나 자극이 아동의 신체적 · 지적 성장에 크게 영향을 준다는 사실을 발견하였다.

가드너(Gardner, 1972)는 환경적 자극의 결여 혹은 부모와의 부적절한 상호작용이 발달 면에 여러 가지 지체현상을 일으키고, 개념파악능력이나 대인관계 문제 또는 행동상의 여러 가지 곤란을 가져온다고 주장하였다 .

인간발달 과정에 필요한 환경적 자극이 결여되거나 시기적으로 부적절하게 제공되어 지적 · 사회적 또는 정서적 발달이 지체되었거나 왜곡된 현상을 문화실조현상(cultural deprivation)이라고 하며, 이런 현상에 처한 아동을 문화실조아(culturally deprivated child)라고 한다. 환경론자의 주장에 근거하여 문화실조아에게 제공하는 보수교육 프로그램은 발달상의 장애를 극복하도록 여러 가지 경험을 통한 자극을 주고 보다 양질의 환경적 자극을 제공하여 아동의 발달이나 잠재능력 개발을 최대한 신장시키도록 도울 수 있다.

3) 유전과 환경의 상호작용

인간발달에 대한 현재까지의 연구결과로 볼 때 유전과 환경은 다 같이 상호작용하는 것으로 볼 수 있으며, 이 주장은 이제 보편적으로 받아들여지고 있다. 유전과 환경의 상호작용 원리를 설명하는 세 가지 개념적 모형은 다음과 같다.

(1) 반응의 범위 모형

고츠만(Gottesman, 1963)은 유전과 환경의 관계에 대하여 반응의 범위(range of reaction)라는 개념을 제안하였다. 반응의 범위란 유전자형이 표현형으로 나타나는 과정에서 유전적 소인이 환경적 경험에 의해 변화될 수 있는 크기를 의미한다. 즉, 사람들은 유전적으로 다르기 때문에 특정한 환경에 대해 아주 똑같은 방법으로 반응하지 않는다는 것이다. 따라서 반응 범위의 크기만이 아니라 범위의 가장 낮고 높은 경계도 개인마다 다르다. 이러한 개념은 사람의 유전자형이 어떤 특정한 속성에 대하여 가능한 결과의 범위를 설정하고, 환경은 유전자가 정한 범위 내에서 그 사람의 위치를 결정해 준다는 것을 가정하는 것으로 유전과 환경의 상호작용에 대하여 비교적 명확한 설명을 하고 있다. 예를 들어, 아동이 아무리 이상적인 환경에서 자라더라도 신장과 체중이 유전적으로 부여받은 소인의 범위를 넘을 수는 없다. 그런데 아동이 동일하게 풍요로운 환경조건에서 성장할 때 큰 폭의 발달적 증가를 보이는 유전형을 가진 아이와 그렇지 못한 아이가 있다. 상이한 심리적 특성이나 유전자형이 상이한 환경조건이 주어졌을 때 나타낼 수 있는 반응의 범위 차이를 도식화하면 [그림 3-2]와 같다(이달석, 1997).

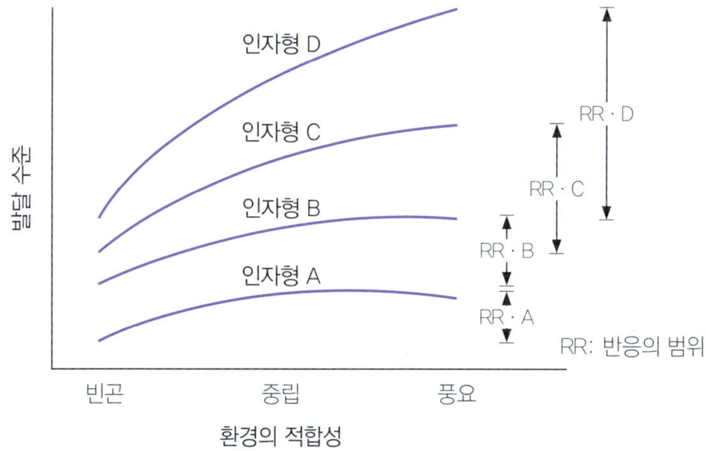

[그림 3-2] 반응의 범위 모형

출처: Gottesman(1974).

(2) 수로화 모형

수로화(Canalization)란 웨딩턴(Waddington, 1966)이 발생형태적 관점에서 제시한 개념으로 환경의 영향력에도 불구하고 유전의 영향력에 의해 불가피하게 특정 행동이 나타나는 현상을 의미한다(한국교육심리학회, 2000). 수로화된 속성은 유전자 프로그램에 따라 전개되기 때문에 환경의 영향을 거의 받지 않으므로 보다 깊게 수로화된 특성일수록 환경적인 경험의 차이에 의해 변화될 수 있는 가능성이 작다. 예를 들면, 앉기, 기기, 걷기 등의 신체운동이나 옹알이와 같은 초기 언어능력은 환경이 별 영향을 미치지 못하여 어떤 환경에서 자라건 비교적 정상적으로 나타난다. 그러나 수로화 정도가 약한 지능이나 기질 또는 인성과 같은 속성은 다양한 생의 경험에 의해 유전적 경로로부터 벗어날 수 있다. 만약, 지능이 사회 · 교육적 경험에 의해 더욱 발달된다면 이는 덜 수로화된 특징이다.

이러한 개념은 개인이 발달할 수 있는 방향은 다양할 수 있고, 유전과 환경이 결합하여 이러한 방향을 결정한다는 것, 유전자나 환경 중 하나가 다른 요인이 발달에 영향을 주는 정도를 제한할 가능성이 있다는 사실을 쉽게 설명해 준다.

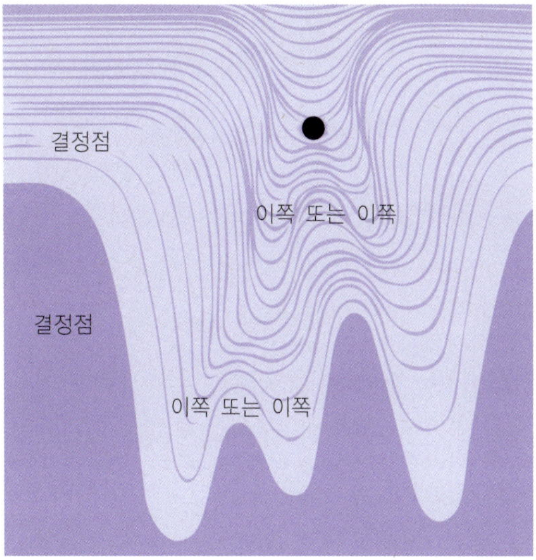

[그림 3-3] 수로화 모형

중앙 상단에 위치한 검은 공은 발달하는 유기체를 말하며, 각 결정점에서 유기체는 두 개의 통로 중 하나를 선택할 수 있다. 발달이 진행됨에 따라 다른 통로로 옮기는 것은 점차 더 어렵게 된다.

출처: 이달석(1997).

(3) 거래적 상호작용 모형

거래적 상호작용 모형(transactional model)은 유전자형이 환경에 미치는 영향과 그러한 영향이 다시 유전자형의 발달로 송환(feedback)되는 과정에 주목하는 모형이다. 예를 들면, 선천적으로 활동적이고 적극적인 기질을 타고난 아이는 그렇지 않은 아이보다 부모나 환경에 대하여 더 많이 적극적으로 행동하고 대처하여 더 많은 바람직한 자극이나 반응을 이끌어 낸다.

이 같은 과정을 통하여 적극적인 아동은 더욱 적극적이고 활동적인 특징을 형성하게 된다. 이는 유전적 요인의 차이가 동일한 환경에서 다르게 작용하여 환경을 변화시키고 이러한 환경의 변화가 유전적 요인의 변화와 발달에 다시 영향을 주는 것이다. 따라서 유전과 환경의 끊임없는 거래적 상호작용으로 인간의 성장과 발달에 영향을 미치게 된다(김춘경, 2016).

4) 교육적 시사점

첫째, 발달과 발달원리에 대한 이해는 학습자의 신체적 · 정신적 · 지적 · 사회적 성장과 발달을 돕고 원만한 인격을 형성하며, 사회에 적응할 수 있는 지식과 능력 신장을 도모할 수 있다.

둘째, 인간은 발달속도가 가장 더디며, 긴 성장 기간을 보내는 존재로 교육이 필요한 유일한 존재이다. 교육활동은 성장과 변화의 가능성을 전제로 하며, 발달 정도에 따라 적절한 방법과 절차 및 내용 선정이 이루어져야 한다. 인간이 가진 잠재능력은 가능성이지 현실적인 능력이 아니다. 극단적으로 말하면 가능성은 무능력의 미사여구에 불과하다. 따라서 성인은 아동이 현실적인 능력을 발휘하지 못한다고 실망하지 말고 아동이 그들의 잠재력을 실현시키도록 지도하며, 그들의 능력을 무시하기보다 있는 그대로 존중해 주는 것이 올바른 교육적 태도이다.

셋째, 일반적으로 인간의 발달은 유전과 환경의 상호작용 결과라 할 수 있다. 개인의 선천적 특성은 잠재적 변화의 한계를 규정하지만 이러한 한계는 적절한 환경이 뒷받침된 상태에서만 충분히 실현될 수 있다. 따라서 사회는 개인의 유전적 잠재력이 최대한으로 발휘될 수 있는 최적의 환경조건과 상황을 조성하도록 노력해야 한다(Salkind, 1985).

제 4 장

인지발달

학습목표

1. 피아제의 인지발달이론의 주요 개념을 설명할 수 있다.
2. 피아제의 인지발달 4단계를 설명할 수 있다.
3. 비고츠키의 사회 · 문화이론의 주요 개념을 설명할 수 있다.
4. 피아제와 비고츠키 이론을 교육현장에 적절하게 활용할 수 있다.

1 피아제(Piaget)의 인지발달이론

1) 피아제의 인지발달 개념

인지(cognition)란 지각, 상상, 추리, 판단 등과 같은 지각활동을 포함하는 개념으로 정보를 얻고 저장하고 활용하는 과정을 의미한다. 인지발달은 기존의 정보를 보존하고 새로운 사실이나 개념을 추가하는 것이라고 할 수 있다.

피아제(Piaget)는 인지가 조직화(organization), 적응(adaptation), 평형화(equilibration)라는 선천적 경향성을 통하여 발달한다고 하였다.

조직화(organization)란 지식을 일관성 있게 체계화하거나 범주를 만드는 경향성을 말한다. 피아제는 행동과 생각의 조직화된 형태를 도식(schema)이라고 하였다. 그에 의하면 아동은 도식이라고 하는 인지구조를 점점 더 복합적으로 만들어 간다. 도식은 사고의 기존 단위로서 아동이 세계를 이해하고 반응하기 위해 사용하는 지식, 절차, 관계를 뜻하는 일종의 환경에 대한 이해의 틀(frame of understanding)이라고 할 수 있다. 예를 들면, 영아는 단순한 빨기 도식을 가지고 있지

Jean Piaget
(1896~1980)

피아제(Piaget)는 1896년 8월 스위스 작은 마을 뉴샤텔(Neuchatel)에서 태어났다. 어려서부터 과학자의 자질을 보였고 생물학에 관심이 많았으며, 10세에 발표한 논문은 큰 호평을 받았다. 1918년에 생물학 박사학위를 딴 후 심리학에 관심을 가져 연구를 시작하였다. 1920년 프랑스 Binet연구소에서 아동용 지능검사 제작에 관여하면서 아동의 실수와 오답은 일정한 유형을 지니고 있음을 발견하고 아동의 사고체계는 전적으로 어른과 다르다는 사실을 확인하였다. 아동정신세계의 독특성과 사고의 질적 변화를 전제로 하는 그의 발견은 인지발달이론을 형성하는 계기가 되었다. 그는 생의 마지막 해인 1980년 9월 16일 임종까지 그의 집에서 아동의 사고의 본질과 발달에 관한 연구를 계속하였다.

만, 엄마의 젖, 젖병, 손가락을 빨 때 각각 달라지는 복합적인 도식으로 발전한다. 즉, 아동은 기존의 도식들을 하나의 통합된 체계로 만들어 가는데 이것을 조직화라고 한다. 그는 인지발달이 도식에 기초하여 이루어지며, 도식으로 이루어진 인지구조는 안정성을 추구하면서 동시에 새로운 자극에 새로운 도식을 추구하며 발전해 간다고 하였다.

적응(adaptation)은 환경과의 직접적인 상호작용을 통해 도식이 변화하는 과정이다. 피아제는 적응을 강조하면서 모든 유기체는 환경에 적응하려는 경향성을 가지고 있는데 적응은 동화와 조절이라는 두 개의 상호 보완적 과정을 통하여 이루어진다고 하였다. 동화(assimilation)는 현재의 도식에 의해 새로운 자극을 해석하는 것이다. 새로운 정보나 개념, 경험을 접할 때 이미 자신이 가지고 있는 도식에 비추어 별다른 조절 없이 그대로 기존 도식을 활용하여 새로운 자극을 해석하는 것이다. 조절(accomodation)이란 새로운 도식을 만들어 내거나 새로운 사물을 인식하기 위해 도식을 바꾸는 것이다. 아동이 강아지를 보고 "고양이."라고 말할 때 누군가가 "고양이가 아니고 강아지야."라고 말해 주면 아동은 강아지라고 불리는 새로운 도식을 형성한다. 조절은 기존 인지구조의 부적합성으로 인해 인지갈등이 일어나고 이로 인해 평형상태가 깨지면 다시 평형상태를 얻기 위해 재평형화가 이루어지는 일련의 과정에서 일어난다. 동화와 조절에 의해 평형화가 이루어지는 과정의 원리는 모든 연령과 인지발달단계에서 동일하다.

평형화(equilibration)란 동화(assimilation)와 조절(accomodation) 두 기능의 통합과정이다. 현재의 인지구조와 새로운 경험 간의 균형을 회복하려는 경향성을 의미하며, 동화에서 조절로 넘어갈 것을 지시하고 동화와 조절 중 어느 한쪽에 치우치지 않게 두 과정의 평형 혹은 균형을 유지하는 것을 말한다. 이처럼 평형화는 조직화와 적응을 추구하는 자기조절기제로 유기체가 평형상태를 유지하기 위해 불변성을 갖고 자신의 인지구조를 발달시켜 간다.

끝으로 동화, 조절, 평형화가 어떻게 이루어지는지 예를 들어 보자. 유아가 다리가 네 개인 동물을 맨 처음 '멍멍이'라고 알았다고 해 보자. 그 후 다리가 네 개의 동물을 보고 무조건 멍멍이로 인지하는 것은 동화, 동물의 울음소리를 듣고 멍멍이와 다르다는 사실을 알고 고양이로 인지하는 것을 조절이라고 한다. 이때 유아는 불평형상태에 놓이게 된다. 엄마가 이 새로운 동물을 고양이라고 가르쳐 주지 않으면 도대체 무엇인지 알 수 없다. 그래서 엄마가 설명해 주는 말을 듣고 멍멍이와 고양이의 차이를 알게 되는데 이것이 평형화이다.

2) 피아제의 인지발달단계

피아제는 인지발달단계를 연속적이라고 보고 각 인지발달단계는 서서히 계속적으로 발달하는 것으로 어느 단계에서도 몇 단계를 뛰어넘어 발전하는 도약이란 없다고 하였다. 인지발달은 인지구조의 계속적인 질적 변화의 과정이며, 서로 명확하게 구분되는 네 단계를 거친다. 각 단계마다 인지기능의 수준은 확연히 다르며, 개인차는 있을 수 있지만, 단계의 순서에는 변함이 없다. 피아제의 인지발달 4단계를 요약하여 표로 제시하면 다음과 같다.

〈표 4-1〉 피아제의 인지발달단계

<table>
<tr><th colspan="2">단계</th><th>연령</th><th>주요 특성</th></tr>
<tr><td colspan="2">감각운동기</td><td>0~2세</td><td>• 감각운동적 도식 발달
• 반사행동에서 목표지향적 사고로 이동
• 대상영속성 개념 습득
• 모방, 기억, 사고, 언어의 시작</td></tr>
<tr><td rowspan="2">전조작기</td><td>전개념적 조작기</td><td>2~4세</td><td rowspan="2">• 언어와 상징과 같은 표상적 사고능력의 발달
• 직관적 사고와 중심화
• 자아중심성
• 물활론적 사고</td></tr>
<tr><td>직관적 사고기</td><td>4~7세</td></tr>
<tr><td colspan="2">구체적 조작기</td><td>7~11세</td><td>• 구체적 상황에서의 논리적 사고발달
• 가역성, 유목화, 서열화, 보존의 개념 습득
• 사회지향성</td></tr>
<tr><td colspan="2">형식적 조작기</td><td>11세 이후</td><td>• 논리적으로 추상적인 문제해결
• 가설연역적 추리 가능
• 조합적 추리 가능</td></tr>
</table>

출처: 신명희 외(2018).

(1) 감각운동기(sensorimotor period, 출생~2세)

피아제는 인지발달단계에서 영아기를 감각운동기라 하였으며, 출생 후 2세까지가 이 단계에 해당한다. 이 시기에 영아의 세상에 대한 인식은 감각기관과 운동기능을 통해 이해하는 것에 국한한다. 영아가 기억하는 것은 직접 보고, 듣고, 느끼고 행동하는 것에 의존한다. 즉, 빨기와 잡기를 통해 무엇이든 입안에 넣는 것을 좋아하며, 이를 통해 점차 빨 수 있는 것과 빨 수 없는 것으로 구분한다. 주로 감각기관을 통해 받아들인 정보가 인지발달의 중요한 내용이 된다는 것이다.

영아는 태어나면서 반사행동을 보이나 이러한 반사행동은 다양한 감각운동적 도식으로 변화한다. 또 주위 환경에 반응하면서 도식이 형성될 뿐만 아니라 그것이 끊임없이 주위 환경에 반응하면서 도식을 수정해 나가므로 언어발달 이전의 지적 행동의 시기라 볼 수 있다. 즉, 갓 태어난 신생아는 입속에 들어온 모든 대상을 무조건적으로 빠는 빨기반사행동을 보이나, 점점 자신이 배고플 때만 빠는 행동으로 바꾼다.

감각운동기에 일어나는 가장 중요한 인지발달은 획기적 사건인 대상영속성(object permanence)의 습득이다. 대상영속성은 대상이 시야에서 사라지더라도 계속 존재한다는 것을 인식하는 능력이다. 영아는 어떤 물체가 시야에서 사라지면 그 물체는 더 이상 존재하지 않는다고 지각한다. 그러나 이 단계(8~12개월)에서는 어떤 물체가 눈앞에서 사라지더라도 그 물체가 없어진 것이 아니라는 것을 인식할 정도로 대상영속성의 개념이 발달하기 시작한다. 즉, 영아는 엄마와 같이 놀다가 엄마가 이불 속에 숨으면 엄마를 찾지 못한다. 그러나 영아는 자라면서 엄마가 눈앞에서 사라진다고 하더라도 엄마가 여전히 존재한다는 것을 알고 엄마를 찾는 행동을 하게 된다. 피아제는 이 능력들이 감각운동기 동안에 단계적으로 서서히 발달하는 것임을 보여 준다.

(2) 전조작기(preoperational period, 2~7세)

피아제는 2세에서 7세까지의 유아기를 이리저리 돌려서 생각하려 해도 생각이 안 되는 전조작기에 해당된다고 하였다. 그는 전조작적 단계를 다시 전개념적 사고(preconceptual thinking) 단계와 직관적 사고(intuitive thinking) 단계로 구분하였다. 상징도식이 활발하게 발달하는 시기로서 표상적 사고(representational thought)를 시작하고 논리적 조작이 불가능하기 때문에 전조작기라 부른다. 조작(operation)이란, 과거에 일어났던 사건들을 내면화시켜 서로 관련지을 수 있는, 즉 논리적인 관계를 지을 수 있는 사고를 의미한다. 유아의 인지발달은 자아중심성을 보이므로 잘못된 개념, 현실에 위배되는 개념을 가지는 경향이 있다.

❶ 전개념적 사고기(preconceptual thinking, 2~4세)

전개념기는 상징적 사고의 출현과 언어의 급격한 발달이 이루어진다. 최초로 형성되는 심상은 대상의 모습, 동작 등 영상적 표상이 주를 이루며, 대상의 속성을 언어적 개념을 통해 의미적으로 표상하기 어렵다. 전개념기 유아는 환경 내의 대상을 상징화하고 이를 내면화시키는 과정에서 개념을 발달시키지 못한다. 예를 들어, 4세 이전의 유아에게 "강아지에 대해 엄마한테 말해 줄래?"라고 물으면 "털이 있고 다리가 네 개다."라고 설명하지 못하고 꼬리를 흔드는 강아지 흉내를 낸다.

피아제는 전개념적 사고기의 특징을 상징적 사고, 중심화, 물활론적 사고, 인공론적 사고, 전환적 추론으로 설명한다.

가. 상징적 사고(symbolic thought)

피아제는 전조작기의 인지발달 성취는 상징적 사고(symbolic thought)의 출현이라고 하였다. 상징은 어떤 다른 것을 나타내는 징표를 말한다. 자신의 행동이나 감각에 의존하는 영아는 유아기로 넘어오면서 가상놀이, 정신적 표상, 자연모방 등이 가능해진다. 특히, 가상놀이는 유아기 인지발달에 대단히 중요한 의미가 있다. 가상놀이란 가상적인 사물이나 상황을 실제 사물이나 상황으로 상징화하는 놀이이다. 예들 들면, 자동차 놀이를 한다고 했을 때, 이제 유아는 머릿속으로 '자동차'라는 단어(상징물)를 떠올리면서 움직인다는 이미지를 떠올릴 수 있다. 이러한 표상적 사고(representational thought)능력이 생기면서 유아의 사고는 이전과는 질적으로 다른 도약을 하게 된다. 이 시기의 유아는 가상놀이를 할 때 현실과 환상을 구분하지 못해 소꿉놀이, 인형에게 밥 먹이기, 병원놀이를 하면서 가상적인 상황을 실제 상황으로 상징화하는 놀이를 한다.

이러한 가상놀이는 놀이치료 상황에서도 재현되므로 놀이의 상징적 의미는 중요하다. 하지만 이 단계의 유아는 아주 단순한 수준의 정신적인 조작을 할 수 있으며, 논리적 추리보다는 비논리적 추리를 한다.

나. 중심화(centration)

중심화(centration)는 전조작기 사고의 한계를 보여 주는 전조작기 인지발달의 특성에서 나타난다. 자아중심성은 타인의 생각, 감정, 관점 등이 자신과 동일한 것으로 가정하는 전조작기 사고의 특징을 의미한다. 중심화의 한 형태로 이기적인 사고를 의미하는 것이 아니라 타인이 자신과 동일하게 생각하고 느낀다고 여기고 타인의 관점에서 조망하지 못함을 의미한다. 이 시기 유아의 특징은 다음과 같다.

첫째, 자아중심적 시각 조망(egocentric visual perspective)이다. 피아제는 '세 산 모형 실험'을 통해 자아중심성(egocentrism)을 측정하였다. [그림 4-1]과 같이 3개의 산 모형을 탁자 위에 놓고 인형을 A, B, C 위치에 두어 마주 앉도록 한다. 그리고 유아에게 세 산의 여러 면을 보여 주고 인형이 보는 쪽의 산 모양을 사진에서 찾아보도록 하였다. 그랬더니 3세는 자신이 보는 쪽의 사진을 집었고 6~7세는 자신이 보는 쪽의 산과 인형이 보는 쪽의 사진이 다르다는 것을 알고 인형이 바라보는 쪽의 사진을 집었다. 이는 전조작기의 유아가 자신의 조망과 타인의 조망을 구별하지 못하고 타인의 위치에서 보이는 사물의 모습을 추론하지 못한다는 것을 의미한다.

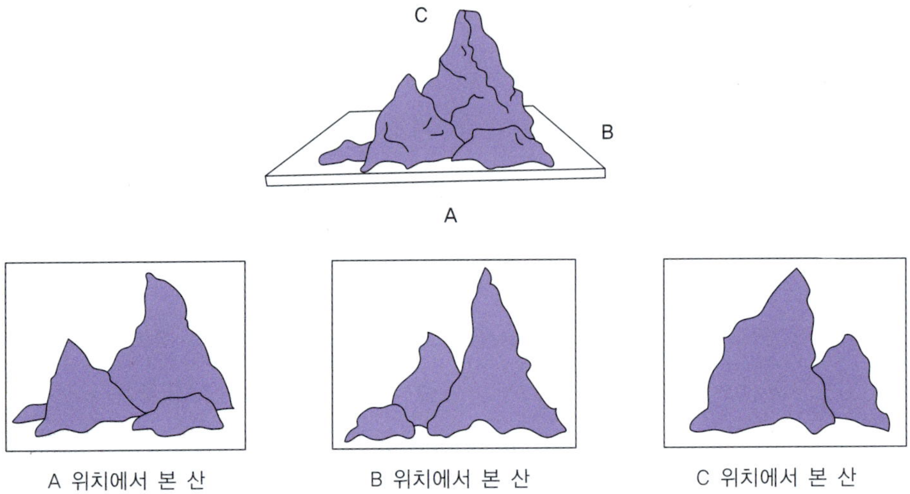

[그림 4-1] 피아제의 세 산 모형 실험

둘째, 자아중심적 언어(egocentric speech)의 사용이다. 유아가 자신이 하는 말을 상대방이 이해하든 못하든 상관없이 자기 생각만을 전달하는 전조작기 특유의 의사소통 양상을 의미한다. 피아제는 자아중심성으로 인해 의미 전달이 어려운 유아기 특유의 대화 형태를 집단적 독백(collective monologue)이라고 하였다. 유아가 모여 노는 모습을 멀리서 지켜보면 서로 잘 노는 것처럼 보인다. 하지만 가까이 다가가서 대화 내용을 들으면 실제적인 상호작용이나 대화 없이 각자 자신의 말을 열심히 할 뿐이다.

다. 물활론(animism)적 사고

전조작기의 또 다른 특징이 물활론적 사고를 하는 것이다. 물활론적 사고란 무생물이 생명과 감정을 갖고 있다고 생각하는 것이다. 전조작기의 유아는 생물과 무생물을 구분하는 방식이 성인과 다르다. 전조작기의 유아는 인형도 밥을 먹고 잠을 자야 한다고 생각한다. 예를 들면, 아이가 걷다가 돌부리에 걸려 넘어졌을 때 엄마가 돌을 때리며, "나빠! 맴매!" 하면서 아이를 위로하는 모습을 발견할 수 있다. 이러한 행위가 물활론(animism)적 사고에 기인한 것이다. 물활론적 사고는 4~5세경이면 감소한다.

라. 인공론(artificialism)적 사고

인공론(artificialism)과 물활론(animism)은 자아중심성의 특별한 형태로 볼 수 있다. 인공론적 사고란 세상의 모든 것이 사람을 위해, 사람의 필요에 의해 만들어졌다고 믿는 사고이다. 예를 들어, 이 시기의 유아는 '사람들이 길을 찾을 수 있도록 해와 달이 만들어졌다', '하늘은 파란색으로 칠했기 때문에 파랗다'고 믿는다.

마. 전인과적(precausal reasoning) 사고(전환적 추론)

유아는 논리적으로 원인과 결과를 연결 짓지 못하는 전인과적 사고를 한다. 전인과적 사고란 원인과 결과에 대한 논리적 추론능력이 부족하여 나타나는 비논리적이고 주관적인 인과적 사고를 말한다.

이 시기의 유아는 전개념적 한계 때문에 귀납적 추론이나 연역적 추론을 하지 못하고 관련 없는 사실들을 결합하여 전환적 추론(transductive reasoning)을 한다. 단지, 사태들이 시간적 · 공간적으로 함께 가까이 일어나는 것으로 인과관계를 추론한다. 예를 들면, 이 시기의 유아는 아침밥을 먹지 않았으면 오후가 되더라도 시간이 아침이라고 말한다. 아침밥을 먹었을 경우에만 아침이라는 시간이 있는 것으로 이해하기 때문이다.

❷ 직관적 사고기(intuitive thinking, 4~7세)

직관적 사고는 어떤 사물을 볼 때 상징적 매체(언어)보다 직관(보이는 그대로), 즉 가장 두드러진 지각적 속성을 바탕으로 그 사태의 성격을 판단하는 유아기의 중심화된 사고 양상을 의미한다. 유아는 판단이 직관에 의존하기 때문에 전체와 부분의 관계를 정확하게 파악할 수 없으며, 과제에 대한 이해나 처리방식이 그때그때의 직관에 의해 좌우되기 쉽다. 즉, 유아교사가 마주 보고 있는 유아에게 오른손을 들면서 "오른손을 들어 보세요."라고 말하면 유아는 교사가 드는 대로 그대로 왼손을 든다. 이는 겉모습(appearance)과 실재(reality)를 구별하지 못하고 겉모습이 곧 실재라고 생각하기 때문에 나타나는 현상이다. 자아중심성과 직관적 사고는 7~8세경에 구체적 조작기에 접어들면서 동시에 극복된다.

가. 보존개념(conservation)에서의 직관적 사고

보존개념이란 어떤 대상의 외양이 바뀌어도 그 양적 속성이나 실체는 변하지 않는다는 사실을 이해하는 것을 의미한다. 예를 들어, 유아에게 모양과 크기가 같은 두 개의 컵에 담긴 물의 양이 같음을 보여 준 후, 크기가 다른 하나의 컵에 같은 양의 물을 옮겨 담고 양이 같냐고 물으면 다르다고 대답한다. 즉, 유아는 같은 양을 크기가 다른 컵에 넣었을 때 외양이 달라져도 양이 같다는 보존개념이 아직 형성되지 않았으며, 이는 가역성(reversibility)이라는 논리적 조작을 획득하지 못한 것이다.

나. 유목포함(class inclusion)조작에서의 직관적 사고

유목포함조작이란 부분과 전체의 논리적 관계 및 상위 유목과 하위 유목 간의 위계적 관계를 의미한다. 이것은 상위 유목이 하위 유목보다 그 양이 많다는 것을 뜻한다. 예를 들면, 노랑 장미꽃 3송이, 빨강 장미꽃 8송이를 가지고 "장미꽃이 많니? 빨강 장미꽃이 많니?"라고 물으면 빨강 장미꽃이 많다고 대답한다. 이 시기의 유아는 어렴풋이 이해하기 시작하지만 이처럼 유목포함조작에서 실패한다.

(3) 구체적 조작기(concrete operational period, 6~7세경부터~11세경)

구체적 조작기는 인지발달단계 중 세 번째 단계이며, 6~7세경부터 11~12세경에 해당한다. 이 시기에는 체계적이고 논리적인 사고가 발달한다. 구체적 조작기의 인지발달은 보존개념, 분류, 서열화, 탈중심화 능력을 획득하지만, 그것은 구체적인 사물로 제한한다. 아동의 사고는 자신이 직접 경험한 구체적인 세계에 한정되고 추상적이고 가설적인 문제의 해결에는 아직까지 어려움을 보이므로 구체적 조작기라 부른다.

이 시기에는 동일성(identity), 가역성(reversibility), 상보성(compensation)의 개념을 이해하는 보존개념이 획득된다.

❶ 보존개념(conservation)

피아제에 의하면 구체적 조작기에 아동은 보존개념의 원리인 가역성의 개념을 획득하여 보존과제를 성공적으로 수행할 수 있다. 보존개념은 어떤 대상의 외양이 바뀌어도 그 속성이나 실체는 바뀌지 않는다는 것을 이해하는 능력이다.

예를 들면, 모양과 크기가 같은 A와 B컵에 들어 있는 물의 양이 같다는 사실을 아동에게 확인시킨 후 B컵의 물을 기다란 병 모양의 컵에 넣으면 물의 외양이 바뀌게 된다. 이때 컵의 외양이 바뀌었지만 물의 양이 같다고 판단하는 아동은 보존개념이 형성된 아동이다. 또한, 이 시기의 아동은 길고 좁은 컵으로 옮겨진 물을 다시 원래의 컵으로 옮길 수 있는 가역적인 정신작용이 가능하다. 즉, 3+2=5라는 것을 이해하는 동시에 5−2=3이라는 사실도 이해할 수 있다.

보존개념을 이해하기 위해 가역성, 동일성, 상보성의 원리로 설명할 수 있다.

첫째, 가역성(reversibility)은 처음의 상태로 돌이켜 생각할 수 있는 능력을 말하며, 아동의 조작행동 속에 나타나는 가장 중요한 특징이다. 보존개념 획득은 길이나 부피 등의 여러 영역에서 이루어지며, 과제의 형태에 따라 습득되는 시기가 다르다. 피아제에 의하면 수에 대한 보존개념은 6~7세경에, 면적에 대한 보존개념은 8~9세경에 습득하고, 무게는 9~10세경, 부피는 14~15세경에 습득한다. 피아제는 이렇게 동일한 개념이 과제의 형태에 따라 습득되는 시기가 달라지는 현상을 수평적 격차(horizontal decalage)라고 하였다.

둘째, 동일성(identity)은 어떠한 물체의 모양이 변해도 그 물체는 모양이 변하기 이전과 같은 대상이기 때문에 결국 질량의 변화는 없다는 개념이다. 실험에서 아동은 짧고 넓은 컵의 물을 길고 좁은 컵으로 옮겨 부었을 때 아무것도 더하거나 빼지 않았으므로 그 양은 같다는 사고를 하는 논리이다.

셋째, 상보성(compensation)은 한 가지 차원에서 잃어버린 것은 다른 차원에 의하여 보상될 수 있다는 개념이다. 컵의 넓이가 넓은 것에서 좁은 것으로 변화했지만 동시에 컵의 높이도 짧은 것에서 긴 것으로 변화했으므로 넓이의 변화가 높이의 변화로 보상되었다는 것을 의미한다.

❷ 분류조작

구체적 조작기의 아동은 공통된 속성에 따라 물건을 분류하고 일정한 물건이 다른 물건의 상 · 하위 범주에 속하는 것을 알 수 있다. 유목에 근거한 분류조작이 가능한 이 시기에 습득되는 유목화(class-inclusion) 개념은 부분과 전체의 논리적 관계, 상하의 위계적 관계를 이해하는 것이다. 즉, 전체는 부분보다 크며, 상위 유목은 하위 유목보다 많다는 것을 이해하는 것이다.

이 시기의 아동은 남자와 여자가 합쳐서 사람이 되며, 사람 중에서 어느 한 성을 빼면 나머지 성만 남는다는 반환성에 기초한 유목조작을 할 수 있게 된다. 예를 들면, 3명의 남자아이와 4명의 여자아이로 구성된 놀이반에서 "아이들이 많니, 여자아이들이 많니?"라고 물으면, 여자아이들이 많다고 대답한다.

❸ 서열화(seriation)

서열화는 수, 길이, 크기, 무게와 같은 하나의 기준에 따라 대상을 순서대로 배열할 수 있는 능력을 뜻한다. 구체적 조작기 아동의 사고는 전조작기 유아의 사고와 큰 차이를 보인다. 예를 들면, 막대기의 색깔을 달리 보이게 하는 지각적 혼란을 일으키는 요인이 있더라도 구체적 조작기 아동은 서열조작에 실패하는 유아기의 한계를 극복하고 비교적 안정된 서열조작을 보이게 된다.

❹ 탈중심화(decentering)

구체적 조작기의 아동은 타인의 관점과 생각이 자신과 다를 수 있음을 이해하게 됨으로써 탈중심화가 일어나게 된다. 탈중심화란 세 산 모형 실험에서 설명하고 있는데 아동이 자기 자리에서 바라보는 산과 다른 사람의 자리에서 바라보는 산의 모습이 다르다는 사실을 앎을 의미한다. 탈중심화가 된 아동이라도 다른 자리에서 본 산의 모습이 다르다는 사실을 추론하기까지는 상당한 시간이 걸린다. 타인의 시각에서 보는 조망을 추론해 내는 조망수용능력도 이 시기에 획득된다.

(4) 형식적 조작기(Formal operational period, 11~12세 이후)

인지발달단계 중 11~12세경에 시작하는 형식적 조작기는 성인기까지 지속되며, 피아제의 발달단계에서는 마지막 단계로, 고도의 사고능력이 형성되는 가설연역적 사고, 추상적 사고, 추론적 사고가 특징이다. 피아제는 형식적 조작기에 접어들면서 과거, 현재, 미래, 가설적 문제, 명제, 사고와 경험 등에 관해 추론할 수 있다고 하면서 청년이나 성인의 사고가 아동의 사고와 어떻게 다른지를 설명하고 있다. 추상적 사고는 눈에 보이지 않는 추상적 개념뿐만 아니라 추상적 관련성을 이해하는 것을 말하는데, 이 시기에 추상적 사고(abstract thinking)능력이 습득된다고 하였다. 구체적 조작기의 아동은 속담이 있을 때 글자만을 읽는데 형식적 조작기의 청소년은 속담 속에 숨어 있는 의미를 이해한다.

예를 들면, "미운 아이 떡 하나 더 준다."라는 속담이 있을 경우 구체적 조작기의 아동은 '미운 행동을 했는데 왜 떡 하나를 더 준다는 거야?'라고 이해하지 못한다. 그러나 형식적 조작기에서는 미울수록 더 아껴 주고 사랑해 주어야 미워하는 마음이 가신다는 숨은 뜻을 이해할 수 있다.

이 시기의 청소년은 가설을 추상적으로 사고할 수 있는 능력을 가지게 되어 가설연역적 추리(hypothetico-deductive reasoning)를 할 수 있다. 또 이 시기의 청소년은 '지금-여기'의 상황 그리고 가능성까지 논리적으로 생각할 수 있게 됨으로써 가설연역적 추리가 가능하며, 논리적인 사고능력이 완전하게 기능할 수 있게 된다. 또한, 현재의 경험뿐만 아니라 과거와 미래를 연결하여 사고할 수 있고 분류와 관계적 추론능력이 획득되며, 가역적 사고가 융통성 있게 이루어진 관계로, 사회적 · 철학적 · 정치적 생각이나 문제에 관심을 갖기 시작한다.

예를 들면, 진로 과제에 있어서 대학원 진학, 전공 분야 고려, 근무 조건, 보수, 안정성, 근무지 등 고려해야 할 변인들의 기능과 상호 관련성을 검토하여 결론을 도출해 내며, 체계적인 논리적 사고가 가능하다는 것이다. 이는 성인기 삶에서 중요한 의미를 지닌다.

3) 피아제 이론의 평가

피아제 이론은 현대 교육과정의 구성과 교수방법에 많은 교육적 시사점을 제공하였다. 교육은 아동의 지적 발달단계에 알맞도록 조정되고, 학습이란 아동의 능동적 발전과정이므로 자발성에 의존해야 한다는 것, 아동의 인지발달 기초를 넓히는 일에 노력해야 하고, 아동의 지적 발달을 불필요하게 가속화시키기보다는 정상적으로 발달해야 할 인지에 관심을 두어야 한다고 하였다. 그럼에도 불구하고 이론의 구체적 면에서 어떤 인지기술은 그가 제시하는 시기보다 더 이른 시기에 아이들에게 나타난다고 비판하였다. 일부 학자들은 그가 무엇을 못 하는가에 초점을 두었기에 무엇을 할 수 있는가에 초점을 둔다면 다른 실험결과가 나올 수 있을 것이라고 주장한다. 예를 들면, 전조작기 유아가 보존 실험에서 실패한 것과 세 산 모형 실험에서 실패한 이유는 그 과제에 친숙하지 않았기 때문으로 해석하면서 산 실험이 아니고 자동차 실험이라면 가능할 수도 있다는 관점이다.

피아제가 제안한 인지발달단계를 보면 서로 질적으로 다른 인지발달단계가 실제로 존재하는지에 대해 의심을 갖는다. 예를 들면, 보존개념에서 질량에 관한 보존과제는 구체적 조작기에 해결할 수 있으나, 수에 대한 보존과제는 전조작기 유아도 성공할 수 있고, 부피에 관한 보존과제는 형식적 조작기에 이르러야 해결할 수 있다는 점에서 알 수 있다. 인지발달단계의 보편성에 관한 의문은 어느 사람들은 그가 말하는 가장 높은 수준, 형식적 조작기에 도달하지 못한 것으로 보였는데 이는 인지능력의 미성숙이라기보다는 경험적 지식의 부족이라는 주장도 제기되었다.

가장 큰 비판적 평가는 피아제는 인지발달이 4단계를 지닌다고 하였는데, 다른 관점에서 발달은 이전의 지적 기술들이 점차 축적되는 과정에서 자연스럽게 얻어지는 것이라고 주장하는 견해도 있다.

4) 피아제 이론의 교육적 시사점

첫째, 아동의 인지발달 수준에 기초한 적정 수준의 내용을 선정하여 아동의 인지발달단계에 맞는 눈높이 교육을 실시한다.

둘째, 아동의 인지발달을 유도하기 위해서는 인지 불균형이 유지될 필요가 있으며, 아동의 능동적인 발견 과정이 중요하므로 인지발달 수준에 따른 구체적 정보를 고려한 교수방법을 채택해야 한다.

셋째, 아동에게 약간의 새로운 내용을 제시하여 동화와 조절의 인지활동을 원활하게 할 수 있도록 유도한다. 그러나 아동의 인지발달단계보다 높은 수준의 새로운 환경을 제시하지는 않는다.

넷째, 아동이 직접 실험하고 탐구하며 발견할 수 있는 환경이 중요하다. 전조작기 유아에게는 가상놀이를 통한 상징도식이 활발하게 일어나도록 하며, 구체적 조작기 아동에게는 직접 경험하게 하는 체험학습의 기회를 제공한다.

2 비고츠키(Vygotsky)의 사회 · 문화이론

비고츠키는 인지발달을 설명하면서, 사회 · 문화적 영향력을 중요시했으며, 특히 교육은 인적 환경이 중요한 요인이라고 강조했다. 부모, 교사, 뛰어난 또래는 단순한 지식 전달자가 아닌 지식 형성의 촉진자로서 아동에게 영향을 주므로 이들과의 사회적 상호작용을 강조하였다. 비고츠키는 인지발달에 있어서 사회 · 문화 · 역사적 측면을 강조하였는데 그 이유는 인간은 사회적 존재로서 타 동물과 달리 문화를 창조하므로 사회 환경을 고려한 개체의 발달을 이해해야 한다고 보기 때문이다. 인간의 정신은 독립적인 활동이 아니라 사회학습의 결과이며, 일상에서의 과제해결은 부모, 교사 혹은 우수한 또래와의 대화로부터 영향을 받으며, 이들과 상호작용하는 동안 자신이 속한 사회 · 문화에 적합한 인지과정이 아동에게 전이된다고 하였다(문은식 외, 2015).

비고츠키는 모든 아동이 부모와 교사, 또래와의 상호작용을 통해 많은 것을 배운다는 사실에 주목하고 이러한 사회관계 속에서 인지발달이 이루어진다고 보았다. 그는 매개(mediation)와 내면화(internalization)를 통해 지식을 획득하는 방식을 설명하고 있다. 사회적 상황에서 지식을 흡수하거나 받아들이는 상태를 내면화라고 한다. 사회와 문화에 대한 지식은 매개를 통해 아동에게 전달되며, 내면화는 사회적 현상을 심리적 현상으로 변형시키는 과정이며, 외적인 활동을 내적 수준으로 스스로 실행하는 과정이다. 따라서 아동의 지적 발달은 성인과 아동의 상호참여활동을 통해 촉진되는 것이다.

Lev Vygotsky
(1896~1934)

비고츠키(Vygotsky)는 1896년 11월 17일 러시아의 오르샤(Orsha)에서 은행원 아버지와 교사 어머니 사이에서 태어나 8남매 중 둘째로 자랐다. 그는 형제들과 토론을 즐겼으며, 모의재판이나 토론에서 친구들을 주도했다. 17세 때 대학 입학 정원의 3%만 유대인에게 허용되는 모스크바 대학교에 입학하여 1917년에 문학을 전공하고 철학, 심리학 등 다양한 학문 분야를 섭렵 후 졸업하였다. 1917~1924년에는 고등학교에서 문학을, 지방사범대학에서 심리학을 가르쳤으며, 신체부자유아에 대한 교육에도 관심을 가졌다. 1924년 모스크바 심리연구소의 연구원이 되었고, 1925년 예술심리학에 관한 박사논문을 출판하였다. 특히, 그는 내적 인지발달의 중요성을 인지하였고, 사회역사적 맥락 내에서의 발달을 고려하였다. 폐결핵으로 삶이 다해 가고 있었던 그는 생의 몇 년을 강의와 저술활동에 광적으로 매달리며 보냈고 「*Thought and language, Mind in society*」 원고는 마지막 숨을 거두는 순간까지 받아 적게 할 정도였으며, 1934년 6월 11일 숨을 거두었다.

그가 1934년에 사망했던 점을 비추어 볼 때 서방에 소개된 것은 비교적 최근의 일로서 엄청나게 늦은 셈이다. 그 이유는 소련 당국이 아동발달에 대한 그의 연구를 '부르주아의 사이비과학'으로 규정하여 연구와 출판을 철저하게 금지했기 때문이다. 다행히도 그의 동료들과 학생들은 그의 연구를 계속하였으며, 1960년대 서구사회에 그의 이론이 세상에 알려지기 시작하였다. 그는 인간의 대외적 과정은 타인과의 상호작용에 그 근원이 있다고 하였다. 아동은 사람들 간에 상호작용을 지켜보고 타인과 상호작용하며, 발달하기 위하여 이러한 상호작용을 활용한다. 이 이론을 사회 · 문화이론(sociocultural theory)이라고 한다. 현재 비고츠키는 현대의 구성주의에 가장 큰 영향을 미친 학자로 알려져 있다.

1) 언어와 사고의 발달

비고츠키가 가장 중요하게 생각했던 상징체계 중 언어는 사고와 인지발달을 촉진하는 매개체 역할을 한다고 보았다. 언어와 사고는 밀접하게 관련되어 있다고 믿으므로 언어발달은 복잡한 개념을 내면화할 수 있게 하는 핵심적 요소라고 하였다. 언어는 지식을 내면화하는 과정에서 필수도구이므로 인지발달을 촉진하기 위한 수단으로 언어가 발달하게 된다.

유아기에는 언어와 사고의 기능이 달라서 사고는 언어와 관계없이 발달하고 언어는 사고의 기제가 아니라 의사전달의 수단이 된다. 그리고 언어와 사고는 처음에는 독자적으로 발달하지만 2세 무렵에는 상호 의존적으로 발달하여 사고와 언어가 통합되므로 말을 통해 사고를 표현하며, 단어를 통해 사고하게 된다. 언어를 사용하는 단계를 살펴보면, 처음에 아동은 자신에게 큰 소리로 말한다. 그러나 과제에 대한 경험이 증가하면서 자기지향적인 언어를 내면화한다. 비고츠키는 이를 사적 언어(private speech)라고 한다. 사적 언어는 아동의 사고를 위한 중재도구가 되고 아동은 사적 언어를 사용해서 생각하고 계획한다(Slater & Bremner, 2011).

2) 근접발달영역

근접발달영역(Zone of Proximal Development: ZPD)이란 혼자서는 해결할 수 없지만 다른 사람의 도움을 받으면 해결할 수 있는 영역을 의미한다. 비고츠키는 발달 수준을 크게 실제적 발달 수준(level of actual development)과 잠재적 발달 수준(level of potential development)으로 구분하였다.

실제적 발달 수준(level of actual development)은 아동이 주위의 도움 없이 현재 스스로 과제를 해결할 수 있는 수준을 의미하며, 잠재적 발달 수준(level of potential development)은 자신보다 유능한 성인이나 또래의 도움을 받아 과제를 해결할 수 있을 것으로 기대되는 더 높은 수준을 말한다. 두 아동이 현재 동일한 지적 발달 수준이라도 성인의 도움을 받아 개발될 수 있는 능력영역의 크기와 근접발달영역이 다르다면 이 두 아동의 지능은 동일하지 않다. 즉, 두 아동이 보여 주는 능력은 서로 달리 나타날 수 있다.

비고츠키는 근접발달영역을 통해 학습과 발달의 관계를 설명하는데, 학습이 발달보다 선행하므로 적절한 학습은 발달을 주도한다고 주장한다. 학습자가 교사 또는 유능한 또래의 도움을 받을 경우 학습은 근접발달영역 내에서 발달을 도모한다. 학습자가 학습을 통해 발달을 주도할 수 있도록 적극적으로 사회 · 문화적 환경을 조성해야 하며, 교사–학생 간의 상호작용이나 학생–학생 간의 상호작용을 중요시하는 수업을 해야 한다는 점이다. 한편, 교사가 수업시간에 학생들에게 문제만 제시하고 학생들의 수행에 피드백을 제시하지 않는다면 학습은 별 의미가 없다. 그러므로 교사는 문제를 내고 힌트를 제시하여 학생들이 근접발달영역 내에 들어갈 수 있도록 조력자의 역할을 해야 한다.

비고츠키는 아동이 과제를 통과할 수 있는지의 여부가 상황적 요인에 달려 있다고 주장하면서 어떤 과제는 도전적이지 않아 아동이 외부의 도움 없이도 해결할 수 있는 반면에 어떤 과제는 도전적이라 도움을 받아야 통과할 수 있다고 하였다. 더 도전적인 과제에서 아동은 성인이 제시하는 해결할 수 있는 수준의 직접 지시를 통해 안내받을 수 있다. 이 안내가 학습자에게 도움을 주기 위해서는 아동의 현재 수준에 맞아야 하는데, 이러한 종류의 교수를 비계설정이라고 한다.

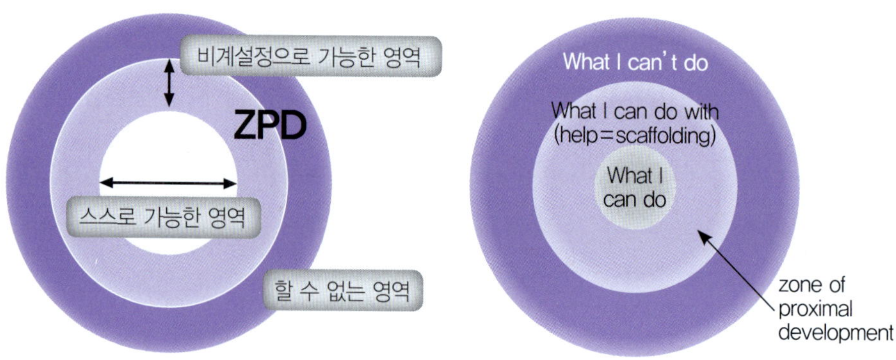

[그림 4-2] 근접발달영역

3) 비계설정

비계설정(scaffolding)이란 근접발달영역 내에서 아동의 인지적 · 사회적 · 정서적 · 행동적 발달이 이루어질 수 있도록 교사 혹은 부모가 도움을 제공하는 발판을 의미한다. 비고츠키는 아동이 홀로 인지적 조작의 원리를 발견하지 못한다고 생각하여 근접발달영역에서 제공되는 부모, 교사, 더 우수한 또래의 도움을 발판 또는 비계설정이라 하였다. 교수과정에서 비계설정의 대표적 기법은 시범 보이기, 협동학습, 힌트 제공, 질문하기, 수학 문제를 풀면서 소리 내어 생각하기 등이다. 그리고 교사는 수업시간에 학습자의 능력과 수행 수준에 맞추어 비계설정을 할 필요가 있다.

효과적인 비계설정은 아동의 수준에 적절한 도움을 주는 것으로서 아동이 어려움에 다다르면 처음에는 구체적이고 적극적인 도움을 주다가 점차 줄여간다. 비계설정을 제공할 때는 근접발달영역을 고려해서 실제적 발달 수준보다 약간 더 높은 수준의 과제를 제시한 다음 문제를 해결하는 과정에서 도움을 주는 것이 효과적이다. 학습에서의 비계설정은 초기 단계에는 많은 도움을 제공하다가 문제해결력이 높아지면 도움을 점차 줄여 가고, 마침내 스스로 문제를 해결할 수 있도록 하는 것이 중요하다. 이와 같이 근접발달영역에서의 발달은 타인의 도움을 받는 수행으로부터 타인의 도움 없이 자기조절에 의한 수행으로 나아가게 되는데 이는 점진적으로 이루어진다(문은식 외, 2013).

부모와 교사는 도움을 주는 제공자일 뿐이며, 실제 발달 수준보다 발달 가능한 잠재력을 고려하되 실제로 학습하는 주체는 학습자 자신이어야 한다. 또한, 잠재적 발달 수준보다 지나치게 어려운 과제를 제시하면 도움을 주더라도 학습효과가 나타나지 않으므로 학습과제의 수준을 결정하는 것이 매우 중요하다.

4) 피아제 이론과 비고츠키 이론의 비교

(1) 아동발달의 관점

피아제는 평형화를 중시하고 아동의 인지발달은 인지갈등을 해소하려는 평형화 과정에서 일어난다고 보았고, 비고츠키는 사회적 상호작용을 통한 내면화가 인지발달에 큰 영향을 미친다고 보았다. 피아제는 아동의 도식은 또래와의 상호작용을 통해 신속하게 발달한다고 하였으나, 비고츠키는 사회적 상호작용의 경험을 강조하였다.

피아제는 아동을 꼬마 과학자로 보고 개인의 내적 지식이 사회적 지식으로 확대되면서 지식이 형성되어 간다고 하였다. 그러나 비고츠키는 아동을 사회적 존재로 보고 혼자 행동할지라도 본질적으로 사회 · 문화적 존재라고 하였다. 즉, 인간은 외부 환경으로부터 자유로울 수 없고 사회 · 문화의 영향을 받으면서 성장하는 존재라고 하였다. 그러므로 인지발달을 위해서는 사회 · 문화적 환경과 역사적 환경이 중요한 것이다.

(2) 인지발달과 학습

피아제는 발달이 학습에 선행한다고 보았고, 발달에 기초하여 학습이 이루어진다고 하였다. 개인의 발달 수준이 사고의 질을 결정하며, 현재의 발달 수준보다 높은 교육을 한다면 학습은 이루어지지 않는다고 하였다. 그러나 비고츠키는 학습이 발달에 선행하며 발달을 주도한다고 하였다. 발달과정은 학습과정에 뒤따르는 것으로 보고 아동이 혼자 할 수 없더라도 성인, 즉 부모나 교사의 도움을 받는다면 학습이 이루어진다고 하였다.

(3) 인지발달과 언어

피아제는 언어를 인지발달의 부산물로 보았고, 인지발달의 수준에 따라 그 수준에 맞는 언어발달이 자연스럽게 뒤따른다고 하였다. 그러나 비고츠키는 인지발달과 언어발달은 상호 독립적이며, 언어는 학습과 발달을 매개하는 중요한 요소라고 하였다.

혼잣말에 대한 견해에도 차이가 있다. 피아제는 혼잣말을 자아중심적 언어로서 인지적 미성숙의 표현이며, 전조작기의 유아는 혼잣말을 가장 많이 하는데 이는 자아중심적인 성향을 설명해 주는 것이라 하였다. 그러나 비고츠키는 혼잣말을 사적 언어라 표현했고, 자신의 사고와 행동을 지도하기 위한 수단이며, 문제해결을 위한 사고의 도구로 기능한다고 하였다. 또한, 비고츠키는 처음에는 언어가 다른 사람과 상호작용을 하기 위해서 필요하지만 나중에는 내적 언어로 전환되어 아동의 사고를 조직화하는 데 중요한 역할을 한다고 하였다.

〈표 4-2〉 피아제 이론과 비고츠키 이론의 차이점

구분	피아제(Piaget)	비고츠키(Vygotsky)
주요 개념	• 동화, 조절, 평형화 • 조직화를 통해 환경과 접촉하여 스스로 인지발달	• 사회적 상호작용과 여기에서 얻은 고등 정신기능을 아동이 내면화하면서 인지발달 • 내면화, 근접발달영역, 비계설정
발달의 관점	• 단계적 발달 관점 • 영역 일반적 관점	• 연속적 발달 관점 • 영역 특정적 관점
아동에 대한 관점	• 아동은 스스로 학습해 나가는 독립적인 발견자	• 아동은 사회적 상호작용을 통해 인지발달을 이루는 능동적 학습자
발달의 방향	• 내부 → 외부 • 발달에 기초하여 학습이 형성	• 외부 → 내부 • 학습은 발달을 주도
지식 형성 과정	• 개인 내적 지식이 사회적 지식으로 확대 또는 외면화	• 사회적 지식이 개인 내적 지식으로 내면화
인지발달과 언어	• 언어는 인지발달의 부산물 • 인지발달 후 언어발달이 형성	• 언어는 지적 기능 수준을 높여 준다고 봄 • 언어는 학습과 발달의 매개 역할
혼잣말	• 미성숙하고 자기중심적인 성향을 대변하는 표상	• 자신의 사고와 행동을 지도하기 위한 수단 • 문제해결을 위한 사고의 도구
사회적 상호작용	• 사회적 상호작용은 불균형 상태 후 평형 상태로 되면서 인지발달을 촉진 • 동등한 수준의 또래 상호작용	• 이질적 수준의 학습자와 상호작용 (부모, 교사, 보다 앞선 또래)

5) 비고츠키 이론에 대한 평가

피아제가 발달에서 문화의 역할을 무시하고 개인의 역할을 강조하였다면 비고츠키의 이론은 다음의 이유로 비판을 받는다.

첫째, 비고츠키의 이론은 유럽 중심적이라는 비판을 받는다. 비고츠키는 다른 문화에 비해 우월한 문화가 존재하며, 유럽의 문화적 도구와 정신기능이 다른 민족의 문화보다 우월하다고 생각하였다.

둘째, 비고츠키는 생물학적인 인지발달에 대해 거의 언급하지 않았으며, 명확하게 설명하지 않았다. 그는 문화적 영향력이 생물학적인 인지발달에 어떠한 영향을 미치는지에 대해서는 거의 언급하지 않았다.

셋째, 비고츠키는 아동의 발달이 환경의 산물이므로 개체의 능동적인 발달이 일어나기 어렵다고 주장하였다. 비고츠키는 환경이 발달의 원천이므로 발달의 일차적인 힘이 개인 밖에서 온다고 설명하는데, 이런 관점에서 보면 개인이 발달을 위해 능동적으로 할 수 있는 것은 거의 없어 보인다. 따라서 그의 이론은 인간의 창의성과 개혁성을 충분히 설명하지 못한다.

6) 비고츠키 이론의 교육적 시사점

첫째, 비고츠키는 학교교육에서 학생들이 혼자 공부를 하도록 하는 것은 아동의 인지발달을 지연시킨다고 표현했으므로 교사는 아동의 근접발달영역 내에서 수업을 진행해 가야 한다. 즉, 실제적 능력보다 발달 가능한 잠재력을 고려한 수업이 이루어지려면 발달보다 선행하는 수업을 계획한다.

둘째, 아동이 사적 언어를 사용하는 것을 수용하여 교실 환경이 시끄럽더라도 감내할 필요가 있다.

셋째, 학습자에게 다양한 비계설정을 제공해 준다면 학생들의 문제해결력이 향상될 것이다. 학생들이 다소 어려워하는 경우에는 힌트를 제공한다거나 부분적인 답을 제공해서 학생들이 자신 있게 표현할 수 있는 교육 환경을 조성해야 한다.

넷째, 친구들과 과제를 수행하면서 상호작용이 이루어지는 가운데 통찰을 얻을 수 있도록 협동학습을 적극적으로 활용한다.

[토의활동]

Q1. 피아제 이론을 교육에 적용한다면 '무엇을 할 수 있는가'에 역점을 두어야 할까요?

① Yes ② No

Q2. 비고츠키 이론을 교육에 적용한다면 교사는 아동에게 역할 모델이 되어야 할까요?

① Yes ② No

제 5 장

정의적 발달

학습목표

1. 프로이트의 성격발달이론의 기본 견해와 발달단계를 설명할 수 있다.
2. 에릭슨의 성격발달이론의 기본 견해와 발달단계를 설명할 수 있다.
3. 마르시아의 자아정체성 지위이론에서 정체성 유형을 비교하여 설명할 수 있다.
4. 콜버그의 도덕성 발달이론의 기본 견해와 발달단계별 특징을 설명할 수 있다.
5. 길리건의 도덕성 발달이론을 설명할 수 있다.

1 프로이트(Freud)의 심리성적 성격발달이론

> 어느 날 주아와 형우는 K몰을 구경하면서 다음과 같은 대화를 나누고 있었다.
>
> 형우: 저기 새로 나온 게임기 갖고 싶어. 그러면 우리가 즐겁게 놀 수 있을 거야.
> 주아: 하지만 그 게임기를 사기에는 우리가 가진 돈이 부족해.
> 형우: 아무도 없는데 우리가 가진 돈만 계산대에 올려놓고 가지고 나가면 안 될까?
> 주아: 그건 훔치는 것과 같아서 나쁜 행동이야. 우리 저 게임기를 살 수 있는 방법을 생각해서 다시 오자.

위 대화의 내용을 프로이트(Freud) 이론에 비추어 살펴보면, 형우는 쾌락을 추구하는 본능(id)이 우선이지만 주아는 도덕적 판단(훔치는 것은 나쁜 행동)을 할 수 있는 초자아(superego)가 발달하였으며, 현실의 원리(게임기를 살 수 있는 방법)인 자아(ego)에 입각하여 대화를 하고 있다.

프로이트가 창시한 정신분석학의 기본 가정은 다음과 같다(권재환 외, 2010).

- 모든 행동은 원인 없이 우연하게 일어나는 일은 없다고 보는 정신결정론적 입장을 취하고 있다.
- 인간의 행동은 의식보다 무의식의 영향을 더 많이 받으므로 무의식을 분석해야 인간이해가 완전하다고 보았다.
- 인간의 자유의지 자체를 부정한다. 모든 행동이 무의식에 의해 결정되므로 인간이 자유의지에 따라 의식적으로 행동을 했다는 것을 인정하지 않는다.
- 인간의 무의식적 동기 중 '성적 욕구'와 '공격성 욕구'가 가장 중요하다고 가정하였다.
- 어린 시절의 경험은 성격의 기초를 이루는 중요한 바탕이 되므로 생애 초기의 경험을 중요시하였다.

프로이트(Freud)는 오스트리아의 유대인이며, 정신과 의사로서 히스테리 환자를 관찰하고 최면술을 행하면서 인간의 마음에는 무의식이 존재하는 것을 발견하였다. 그는 최면술을 이용한 치유법 대신 자유연상법을 사용하여 히스테리를 치료하는 방법을 발견하였고, 1896년 이 치료법에 '정신분석'이라는 이름을 붙였다. 결국, '정신분석'이라는 용어는 그가 수립한 심리학의 체계까지 지칭하는 말이 되어 프로이트를 정신분석학파의 창시자라고 일컫는다.

Jigmund Freud
(1856~1939)

1) 정신의 구조

프로이트는 인간의 정신을 의식, 전의식, 무의식으로 나누고, 이를 물 위에 떠 있는 빙산으로 비유하였다. 수면 위에 떠 있는 작은 부분인 빙산의 일각을 의식, 수면에 찰랑거리는 영역은 전의식, 수면 밑에 잠겨 있는 빙산의 큰 몸통 부분을 무의식으로 보았다.

의식(consciousness)이란 현재 사고하거나 지각할 수 있는 모든 정신작용이다. 의식은 인간의 감각기관을 통하여 알아차리는 모든 정신영역을 말하며, 특정 시점에서 인식하고 있는 감각, 지각, 경험, 기억, 언어, 감정 등을 포함한다. 예를 들어, 어제 점심 메뉴는 무엇이었고 현재 어디에 있는지 등을 알고 있는 것이다.

전의식(preconsciousness)은 의식과 무의식 사이에 존재하며, 의식이 되기도 하고 무의식이 되기도 한다. 전의식은 주의를 집중하고 노력하면 언젠가는 의식이 될 수 있는 정신영역을 말한다. 예를 들어, 우연히 초등학교 동창이라며 상대방이 아는 척을 했는데 그 당시에는 바로 기억이 나지 않았지만 며칠 후 졸업앨범 사진을 보면서 곰곰이 떠올려 보았더니 기억이 나는 경우가 있다.

무의식(unconsciousness)은 인간 정신의 대부분을 차지하고 있는 정신영역이다. 무의식은 의식이 없다는 것이 아니라 자각할 수 없다는 의미이다. 이는 감각기관을 통해 알아차릴 수 없는 정신의 심층에 자리 잡고 있기 때문에 기억하지 못한다. 프로이트는 우리 정신의 대부분을 차지하는 무의식이 우리의 행동과 사고 전반에 끊임없이 영향을 미친다고 하였다. 또한, 무의식은 본능, 열정, 억압된 관념 및 감정 등이 잠재되어 있는 곳으로 인간의 거의 모든 행동이 무의식의 지배를 받는다고 강조한다. 예를 들어, 신생아 시절 또는 아주 어린 시절은 거의 기억나지 않는데 이는 무의식에 해당한다.

프로이트는 인간을 완전하게 이해하기 위해서는 인간 정신의 대부분을 차지하고 있는 무의식을 분석해야 한다고 주장한다. 따라서 정신분석학의 연구대상은 무의식이다. 무의식은 의식할 수 없는 영역이기 때문에 자유연상기법, 꿈의 해석, 전이 등의 기법을 통해 분석한다.

무의식의 사례

현재 10살인 은재는 돌 무렵 깜깜한 안방에서 혼자 약 2~3시간 동안 울었던 경험이 있다. 당시 엄마는 은재를 재우고 복도 맨 끝 작업실에서 음악을 들으면서 작업을 하고 있었다. 안방에서 잠을 자다가 잠이 깬 은재는 혼자 있다는 사실을 알고 방문을 열려고 하였으나 손이 닿지 않아 방문에 기댄 채 울고 있었던 것이다. 하지만 엄마는 소리를 듣지 못했고 은재가 잠을 잘 자고 있다고 생각하였다. 한참 후 엄마가 작업실에서 나올 때 은재의 울음소리를 들었고 달려가 안아서 달래 주었다.

그 후 은재는 폐쇄된 어두운 공간에 혼자 있게 되면 소스라치게 놀라며 울음을 터뜨린다. 화장실이나 욕실에 있을 때 불을 끄면 소리를 지르면서 그 자리에 주저앉아서 운다. 은재는 돌 무렵을 기억하지 못하지만 무의식에 잠재되어 있는 기억으로 인해 반응한 것이다.

2) 성격의 구조

프로이트는 인간의 성격을 원초아, 자아, 초자아라는 세 가지 구성요소로 나누었다. 이 요소들은 독립된 것이지만 한 개인의 성격 내에서 역동적으로 상호작용을 한다. 이 세 가지 요소는 누구나 가지고 있으며, 개인의 성격특성은 이 요소들의 역할이나 균형 조절 등의 상호작용 결과에 따른 것이다.

(1) 원초아(id)

원초아(id)는 원초적이고 본능적인 생물학적 충동을 저장하고 있으며, 인간은 출생 직후에는 원초아만 존재한다. 원초아는 쾌락원리(pleasure principle)에 따라 작동하며, 선천적이고 본능적인 성격특성을 가지기 때문에 자신의 욕구를 즉각적으로 충족시키려고 할 뿐 욕구를 지연시킬 줄을 모른다.

예를 들어, 길에서 지갑을 주었을 때 지갑 안에 들어 있는 현금을 보고 가지고 싶다는 충동을 느낀다. 그러한 충동을 참지 못하고 지갑을 갖는 경우에는 원초아가 우세하게 작동한 행동이다.

(2) 자아(ego)

자아(ego)는 원초아로부터 분화된 것으로 약 2~3세 정도에 발달한다. 원초아의 욕구 충족이 현실과 갈등을 일으킬 수 있다는 것을 이해하고 충동을 지연시키는 행동을 선택하게 하는 역할을 한다. 자아는 사회의 가치, 규범, 예절, 규칙 등에 관해 학습하며, 현실원리(reality principle)에 따라 작동한다. 사회적 규범을 고려하여 원초아의 충동을 유보시키거나 다른 방식으로 욕구를 표출하도록 한다. 이와 같이 자아는 더 큰 보상이나 만족을 얻기 위해 원초아를 통제하면서 원초아와 초자아 사이의 갈등을 조정한다.

예를 들어, 위의 사례에서 그 지갑을 가지고 싶다는 욕망(id), 경찰서에 반드시 신고해야 한다는 양심의 목소리(superego)를 고려하여 지갑에 들어 있는 돈의 액수, 받을 수 있는 사례금, 지금의 갈등 상황에서의 불안감 등 여러 가지 가능성을 생각하면서 행동을 하는 경우에는 자아가 우세하게 작동한 것이다. 결국, 자신이 지갑을 가지든지 또는 경찰서에 신고를 하든지 간에 자아는 원초아와 초자아 사이의 갈등을 조정하게 된다.

(3) 초자아(superego)

초자아(superego)는 자아로부터 발달하며, 약 4~5세 정도에 형성되기 시작한다. 도덕적 이상, 양심, 완벽을 추구하는 속성과 관련되어 부모나 사회로부터 배운 옳고 그름에 관한 가치와 이념으로 구성되어 있다. 초자아는 도덕원리(moral principle) 또는 양심원리(conscience principle)에 따라 작동하며, 효율성보다는 도덕성에 비중을 두어 자아에 압력을 가한다. 양심이란 잘못했을 때 죄책감을 느끼는 것이므로 초자아가 너무 강력하면 죄책감을 자주 느끼는 상황이 되어 자아의 불안을 야기할 수 있다. 초자아의 도덕적 기준은 사람마다 차이가 있다. 같은 상황에서도 도덕적 기준이 높은 사람과 낮은 사람이 느끼는 죄책감은 다를 수 있다는 것이다.

예를 들어, 위의 사례에서 지갑은 반드시 돌려주어야 한다는 강한 양심의 목소리에 의존하여 경찰서에 신고하는 경우 초자아가 우세하게 작동한 행동이다. 또한, 교통신호를 지키지 않았을 때 양심의 가책을 느끼는 사람이 있지만 아무렇지도 않은 사람이 있다는 것은 사람마다 도덕적 기준이 다르기 때문이다.

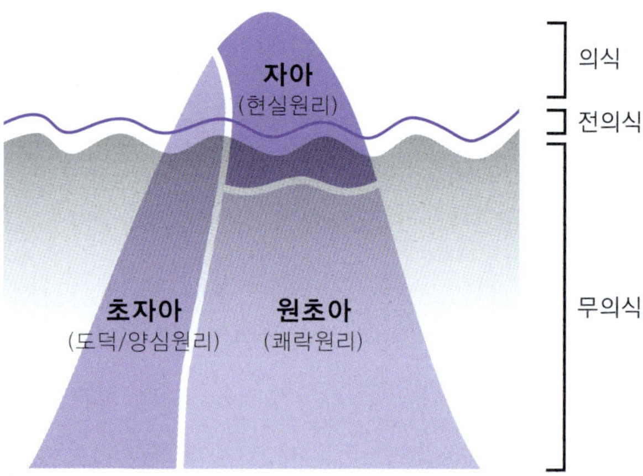

[그림 5-1] 프로이트의 정신 및 성격의 구조

이와 같이 원초아, 자아, 초자아는 끊임없이 상호작용하며, 세 체계가 상황에 따라 원만한 합의를 이끌어 내지 못하고 부조화를 이루면 내적 갈등을 유발한다. 지나치게 본능적이거나 지나치게 도덕적인 성격은 갈등과 불안을 야기할 수 있으므로 자아를 강화시켜서 원초아와 초자아 사이에서 적당하게 균형을 이루도록 해야 한다.

3) 심리성적 발달단계

프로이트는 개인의 성격은 출생 후 5~6년 동안 거의 형성된다고 주장하면서 아동의 초기경험의 중요성을 강조하였다. 그는 인간의 성격과 행동을 활성화시키는 원동력을 성적 본능으로 보고 성적 에너지인 리비도(libido)가 집중적으로 표출되는 신체 부위에 따라 성격의 발달단계를 구분하였다. 또한, 발달단계별로 충분히 욕구가 충족되지 못하면 계속 그 시기에 머무르는 고착(fixation) 상태에 빠지기도 한다고 주장한다.

〈표 5-1〉 프로이트의 심리성적 발달단계

단계	연령	리비도 집중 및 성적 욕구	특징
구강기	출생~18개월	구강(입), 수유 및 이유	빨기, 깨물기, 씹기 등의 욕구를 충족함으로써 만족을 얻음
항문기	2~3세	항문, 배변	대소변을 보유하였다가 배설하면서 만족을 얻음
남근기	4~5세	성기	오이디푸스와 엘렉트라 콤플렉스를 거쳐 성정체성을 형성하고 초자아가 발달함
잠복기	6~11세	성적 욕구 잠복	또래 친구를 통한 사회적 기술을 습득하고 적절한 성역할을 습득함
생식기	12세 이후	성적 욕구 충동	이성친구에 대한 관심과 성적 만족을 얻으려는 이성 애착적 경향이 나타남

(1) 1단계: 구강기(oral stage)

구강기는 출생 후 약 18개월까지에 해당되는 시기로 리비도가 구강에 집중된다. 이때의 유아가 경험하는 쾌감의 주요 원천은 구강(빨기, 깨물기, 씹기 등)과 관련된 활동이다. 출생 후 초기에는 젖을 빨거나 마시는 행동을 통해 욕구를 충족하다가 후에 치아가 나기 시작하면서 물어뜯거나 씹는 것과 관련된 구강 만족을 통해 쾌락을 얻으려고 한다. 이 시기에는 유아가 이유 및 섭식 문제를 어떻게 해결했는지가 성인 성격의 기반을 형성하는 데 커다란 영향을 준다. 즉, 성인이 되어서도 구강기적 행동양태가 결정적인 행동변수로 작동할 수 있다는 뜻이다.

이 시기에 구강욕구가 과도하게 만족되거나 결핍되면 구강기 단계에 고착되어 식탐, 과도한 흡연, 손가락 빨기, 손톱 물어뜯기, 언어적 공격성, 알코올 의존 및 중독 등의 행동으로 나타난다.

구강기 고착

KFC(Kentucky Fried Chicken)의 창업자 커넬 샌더스(Colonel Sanders)는 유년 시절에 아버지가 정육점을 운영하였는데 샌더스는 소고기의 간을 특히 좋아했다. 그래서 유년 시절 샌더스의 걱정거리는 손님이 자기가 좋아하는 소고기의 간을 모두 사 가면 어떡하나 하는 것이었다. 그래서 손님이 고기를 사러 오면 울음을 터뜨리고는 했다. 그는 이처럼 어려서부터 식탐이 많은 것으로 유명했다. 성인이 된 샌더스는 자신이 근무하던 회사에서 실수로 직원을 해고한 것을 알고 인사담당자에게 압력을 넣고 주장하였고, 결국 그 직원이 복직되었지만, 샌더스가 그 일을 처리하는 과정 대부분은 욕설이었다고 한다. 샌더스의 어릴 때의 식탐과 언어적 공격 성향은 구강기 고착 증세이다.

(2) 2단계: 항문기(anal stage)

항문기는 약 2~3세에 해당되는 시기로 리비도가 항문에 집중된다. 유아는 자신의 의지로 대소변을 보유하였다가 배설하면서 욕구를 충족시키면서 쾌감을 느낀다. 이때 중요한 활동은 배변훈련이고, 그것은 유아가 대소변을 보유하고 배설지연을 하는 등 본능적인 충동을 조절하기 위한 최초의 체계적인 노력을 하는 시기이다.

이 시기에 과도한 처벌적 배변훈련은 항문기 단계에 고착되어 항문기 보유적 성격(고집이 세고, 인색함, 질서정연함, 청결 및 결벽증) 또는 항문기 폭발적 성격

(낭비와 사치, 무질서함, 잔학하고 파괴적임, 지저분하고 비위생적)과 같은 결과를 나타낼 수 있다.

항문기 고착

세계적인 석유 재벌 중 한 명인 존 록펠러(John D. Rockefeller)는 스탠더드 오일(Standard Oil) 사의 설립자이다. 록펠러는 항문기 고착증세인 항문기 보유 유형에 속하는데 일단 들어온 것은 되도록 배출하지 않고 쌓아 두려고 한다. 록펠러는 어린 시절 도매로 사탕을 구입한 뒤 형제들에게 소매로 판매해서 이윤을 남길 정도로 경제 관념이 철두철미하였다. 스스로를 '숫자 인간'이라고 할 정도로 회계에 능했으며, 돈을 아끼는 일화가 많다. 경비를 절감하는 데 대가였던 그는 불필요한 지출을 하지 않았지만 손해를 입으면 앓아눕기도 했다. 록펠러는 50대 초반까지 수전노처럼 돈에 집착하는 '악덕 기업주'의 모습을 보였다. 하지만 건강이 악화되어 병상에서 성경을 낭독한 후 돈으로 타인을 행복하게 만들어 주는 일을 시작했다. 그는 경영에서 물러날 때 60억 달러를 사회에 기부하고 죽을 때까지 검소하고 성실한 농부로 살았다.

이처럼 특정 시기 성격에 고착되지 않고 극복한 형태를 '성숙인격'이라고 하는데 심리테스트를 통해 고착된 발달유형을 파악하고 단점을 개선해 나가면 '성숙인격'을 가진 리더로 거듭날 수 있다.

(3) 3단계: 남근기(phallic stage)

남근기는 약 4~5세에 해당되는 시기로 리비도가 성기에 집중된다. 이 시기가 되면 성(性)에 눈을 뜨게 되며, 이성 부모에게 성적 애정을 느끼는 동시에 동성 부모에 대한 경쟁의식과 질투를 발달시킨다. 정신발달의 중요한 단계이며 자신의 성정체성을 갖게 된다.

이 시기의 남아는 어머니에게 성적 애정을 느끼며, 아버지를 어머니의 애정의 경쟁자로 생각하여 적대감을 느끼는 오이디푸스 콤플렉스(oedipus complex)를 경험한다. 이때 남아는 우세한 아버지가 자신의 성기를 제거할 것이라는 거세불안(castration anxiety)을 유발하는데, 이 거세불안을 감소시키기 위해 어머니에 대한 성적 욕망과 아버지에 대한 적대감을 억압하게 된다. 또한, 어머니가 인정하는 아버지의 남자다움을 갖기 위한 기제로 자신과 아버지를 동일시하고 초자아를 발달시킴으로써 오이디푸스 콤플렉스가 해소되어 다음 단계인 잠복기로 넘어가게 된다.

프로이트는 오이디푸스 콤플렉스와 같은 현상이 여아에게도 나타난다고 하였는데, 여아가 아버지에게 성적 애정을 품으면서 어머니를 경쟁자로 질투하고 적대시하는 감정을 엘렉트라 콤플렉스(electra complex)라고 불렀다. 여아의 경우에는 자기에게 없는 남근에 대한 부러운 감정, 즉 남근선망(penis envy)을 갖는다. 하지만 여아는 거세불안이 없기 때문에 어머니를 동일시하는 시기가 남아보다 늦게 나타난다.

이 시기에 고착되면 성인이 되었을 때 성숙한 사랑을 할 수 없고 이성과의 원만한 관계를 가질 수 없는 이성과의 적응 곤란, 일반적 권위에 대한 반항심이 생길 수 있다.

(4) 4단계: 잠복기(latency stage)

잠복기는 약 6~11세의 초등학교에 해당하는 시기로 성욕은 크게 억압되어 무의식에 잠재하게 된다. 이 시기에는 리비도가 지적 활동이나 운동, 사회적 활동에 집중되어 에너지를 쏟는 경향이 있다. 이때 중요한 활동은 실생활을 살아가는 기본적인 기술과 사회 속에서 다른 사람과의 관계를 맺는 것을 배우는 것이다. 잠복기의 아동은 동성 친구에게 관심이 많고 비교적 평온하고 침착하며, 자기통제적(self-control) 성격특성을 보이게 된다.

프로이트는 이 단계에서는 특별히 성(性)적 갈등이 없기 때문에 성격발달에서 크게 중요하지 않다고 주장하였다. 이 시기에 고착될 경우에는 과도한 성욕의 억압에서 오는 수치심, 성(性)적 혐오감 등이 생길 수 있다고 하였다(신명희 외, 2014).

(5) 5단계: 생식기(genital stage)

생식기는 사춘기(puberty)가 시작하는 청소년기부터 그 이후에 해당되는 시기로 잠복기 단계에서 무의식에 잠재되어 있던 성(性) 에너지가 의식의 세계로 나온다. 이 시기의 청소년은 이런 성(性)적 충동을 현실적으로 수행할 신체적 · 생리적 능력을 갖추게 되어 이성에 대한 진정한 관심을 갖게 되고, 점차 성숙한 애정으로 발전시켜 갈 수 있게 된다. 따라서 이성으로부터 성적 만족을 얻으려고 하는 이성애착적 경향을 보인다(권재환 외, 2010).

이 시기에 원만한 발달을 보인 청소년은 세상에 대한 객관적 시각을 갖게 되어 이성 간의 서로 다른 성적 정체감을 이해하고 타인에 대해 관심을 갖게 되는 이타적인 사람으로 성장하여 성숙한 성격의 소유자가 된다.

4) 비판점

프로이트는 통찰력 있는 탐구를 통하여 최초의 체계적인 성격발달이론을 수립하였고 지금도 임상심리학이나 심리치료 분야에 널리 활용되고 있다. 하지만 정신질환 성인을 대상으로 한 연구를 정상 아동에 적용하여 유아기부터 성욕을 지나치게 강조하였으며, 여성을 열등한 존재로 보는 등 비판점을 정리하면 다음과 같다.

첫째, 정신적으로 문제가 있는 환자들의 사례에 근거하여 자료를 수집하여 일반화했다는 점이다. 정상인이 아닌 성인 신경증 환자들을 대상으로 연구한 결과를 정상아동의 성격발달을 설명하기에는 한계가 있다는 비판이다.

둘째, 인간의 성격발달은 성적 본능에 의해 좌우된다고 하는 이론으로 성적 욕구를 지나치게 강조하고 있다는 점이다. 그는 구강기, 항문기, 남근기, 잠복기, 생식기 등의 시기에 성적 리비도에 따라 성격이 형성된다고 하였다. 인간의 성격은 성적인 만족감에 따라 형성되기보다는 복합적인 요인에 의해 형성된다. 성격형성 요인은 성적 리비도보다 자신의 태어난 특질과 환경에 기인한다고 본다.

셋째, 성격발달이 남근기에 완성된다는 주장에 대한 비판이다. 인간을 성욕과 거세불안에 지배되는 수동적이고 소극적인 존재로 보았지만 성격발달은 남근기 이후에도 계속 발달한다.

넷째, 여성에 대한 편견을 갖고 있다는 점이다. 오이디푸스 콤플렉스와 엘렉트라 콤플렉스 등 모두 남근에 초점을 두고 초자아를 설명함으로써 여성을 남성보다 열등한 존재로 본다.

5) 교육적 시사점

프로이트는 인간 성격은 남근기까지의 초기경험이 결정적인 영향을 미친다고 하였는데, 이 시기에 유아는 부모 또는 주 양육자와 거의 모든 경험을 하게 된다. 따라서 성격형성에 있어서 부모 또는 주 양육자의 역할을 강조하고 있다. 즉, 자녀양육에 있어서 바람직한 부모의 역할과 양육태도, 유아교육의 중요성을 시사해 주고 있다. 또한, 각 단계의 욕구를 이해하고 충분하게 충족되어야 다음 단계로 넘어가고 고착증세가 없는 건강한 성격이 형성될 수 있음을 시사한다.

프로이트 성격발달이론의 교육적 시사점을 정리해 보면 다음과 같다.

첫째, 대부분의 성격은 남근기에 형성되므로 유아 · 아동기 교육이 중요함을 시사한다.

둘째, 성격발달에 큰 영향을 주는 인간의 초기경험의 강조는 유아교육의 중요성을 시사하며, 그 시기의 상호작용 대부분은 부모와 이루어지기 때문에 부모의 역할을 강조하고 있다.

셋째, 아동의 부적응행동은 무의식적인 갈등과 욕구 충족과 관련되고 있음을 시사한다.

넷째, 효과적인 학습은 학습자의 욕구가 적절하게 충족되었을 때 극대화할 수 있으므로 욕구 충족에 관심을 가져야 한다.

2 에릭슨(Erikson)의 심리사회적 성격발달이론

엄마(내담자): 4살 남자아이를 키우고 있는데 요즘 아이로 인해 고민이에요. 친구들과 놀면서 자주 싸우기 때문에 차라리 혼자 놀게 하는 것이 좋지 않을까 생각이 들기도 해요.

상담자: 4살의 경우 타인 입장에서 생각하는 능력이 미숙하고 자기중심성이 강한 시기이기 때문에 서로 자기주장을 하면 싸우기도 합니다. 하지만 자기주장을 할 기회가 없거나 자기주장 시도에서 좌절이나 부적절한 피드백을 받았을 때 죄책감이 발달하는데 아이를 혼자 놀게 한다면 이러한 기회를 갖지 못합니다. 아이가 건강하게 자라는 과정이니까 폭력을 사용하지 않도록 주의를 하면서 좀 더 지켜봐 주는 것이 좋을 것 같습니다.

에릭슨(Erikson)에 의하면 위의 대화는 심리사회적 발달단계 중 3단계인 '주도성 대 죄책감'의 시기이다. 또래와 놀면서 자기주장을 펴고 경쟁을 하는 상황에서 자신이 주도하는 데 성공적 경험을 가지거나 실패나 좌절을 경험하면서 주도성과 죄책감을 적절하게 발달시킨다. 또한, 긍정적인 '주도성 대 죄책감'의 경험은 다음 단계에도 영향을 미치며, 성장과정에서 주도성을 잘 활용하게 된다.

에릭슨(Erikson)은 덴마크계 유대인 자아심리학자이다. 그의 친부는 덴마크인, 친모는 유대인이었지만 이혼하고 어머니는 유대인 의사와 재혼을 하였다. 그는 정통 유대인이 아니었기 때문에 유대인 친구들과 어울리지 못하고, 또한 유대인이 아닌 친구들과도 유대인이라는 이유로 어울리지 못하는 등 자아정체성 혼란을 경험하였다. 그는 이러한 자신의 경험을 반영하여 '정체감 위기'라는 말을 만들어 냈으며, 심리사회적 발달이론을 창시하였다.

Erik Erikson
(1902~1994)

1) 기본 견해

에릭슨은 프로이트의 심리성적 발달이론에 심리사회적 차원을 첨가하여 새로운 이론을 발전시켰다. 그는 성격발달이 출생에서 사망에 이르는 생의 전 과정에 걸쳐 이루어진다고 보고 이를 8단계로 나누었다. 이 과정에서 인간은 발달단계마다 위기(crisis)를 경험하는데 이 위기는 서로 대립되는 양극의 개념으로서, 단계마다 특정의 발달과업 성취 여부에 따라 이 위기를 극복하느냐 못하느냐가 결정된다. 또한, 위기를 어떻게 극복하느냐에 따라 긍정적 성격 또는 부정적 성격이 된다고 하였다. 그러므로 인간의 심리사회적 위기를 극복하기 위해서는 자아의 역할이 중요하다. 이와 같이 에릭슨은 성격발달의 주요인을 긍정적 경험과 부정적 경험이 교차하는 과정에서 심리사회적 위기의 극복 양상에 의해 결정된다고 보았다.

프로이트는 성격발달이 인생 초기경험의 욕구 충족과 고착으로 거의 결정되며 본능적인 충동과 성적 욕구를 중시한 반면, 에릭슨은 성격발달이 성인 후기까지 계속되는 발달과업을 사회적 환경 속에서 해결하여 심리사회적 위기를 극복하는 것과 관련이 있다고 보았다. 하지만 전 단계의 위기 극복 양상이 다음 단계의 이행에 영향을 미치므로 아동기에 달성하지 못한 갈등요인이 성인기까지 장애요인으로 작용할 수 있음을 강조하고 있다. 다음의 〈표 5-2〉는 프로이트 이론과 에릭슨 이론의 차이점을 정리한 것이다.

〈표 5-2〉 프로이트 이론과 에릭슨 이론의 차이점

프로이트(Freud)	에릭슨(Erikson)
심리성적 발달이론	심리사회적 발달이론
성격은 5세 이전에 기본적으로 발달	성격은 일생을 통해 발달
원초아(id), 무의식을 중시	자아(ego), 의식을 중시
성(性)적인 면에 초점	사회조직 내에서의 경험에 관심
성격발달의 주요인은 리비도, 부모의 영향	성격발달의 주요인은 사회적 · 환경적 영향
신경증 환자들을 대상으로 자료 수집	정상인을 대상으로 자료 수집
무의식과 그 작용을 입증하는 일에 초점	발달적 위기의 성공적 해결에 초점

2) 심리사회적 발달단계

에릭슨의 발달이론은 인간의 심리사회적인 측면에서 발달이 이루어진다고 보았기 때문에 심리사회적 이론이라고 한다. 그의 성격발달이론은 전 생애를 8단계로 나누어 설명하고 있다. 각 발달단계마다 겪는 위기가 다르고, 그 기간도 짧게는 1년에서 노년기는 수십 년이 될 수도 있기 때문에 각기 다르다. 다음의 〈표 5-3〉은 에릭슨의 심리사회적 발달단계를 나타낸 것이다.

〈표 5-3〉 에릭슨의 심리사회적 성격발달단계

단계	위기	주요 발달과업	긍정적 결과	부정적 결과
1단계 (0~1세)	신뢰감 / 불신감	신체적 · 심리적 욕구 충족, 애착 형성	신뢰한다.	불신감을 발달시킨다.
2단계 (1~3세)	자율성 / 수치심	배변 훈련, 걷기, 언어 발달	자기 스스로 통제하는 데 자신감을 갖는다.	자기 스스로에 대해 부끄럽게 여긴다.
3단계 (3~5세)	주도성 / 죄책감	새로운 시도를 통한 자신감, 목표지향적 행동	자신의 활동에 자율적이며 자신감을 갖는다.	스스로를 부족하게 여기고 죄책감을 갖는다.
4단계 (5~12세)	근면성 / 열등감	인지적 · 사회적 기술 습득	성취감을 갖고 노력한다.	열등감을 갖는다.
5단계 (청소년기)	정체성 / 정체성 혼미	자아정체성 형성	자기정체성을 확립한다.	자신의 정체성에 혼미함을 갖는다.
6단계 (성인 초기)	친밀감 / 고립감	친밀감 형성, 배우자 선택	타인과 원만한 관계를 맺는다.	사회적 관계를 형성하지 못한다.
7단계 (중년기)	생산성 / 침체성	자녀 양육, 후세대 양성	가정과 사회에 대한 책임감을 갖는다.	침체감에 빠진다.
8단계 (노년기)	통합성 / 절망감	삶의 통찰, 죽음 대면	자신의 삶을 통찰하고 기꺼이 죽음을 대면한다.	자신의 삶에 대한 불만과 죽음을 부정한다.

(1) 1단계: 기본적 신뢰감 대 불신감(basic trust vs. distrust: 0~1세)

이 시기의 영아는 자기를 주로 돌봐 주는 사람(어머니 또는 주 양육자)에게 자신의 모든 것을 의존하게 되는데, 이때 돌봐 주는 사람은 출생 후 처음으로 맺게 되는 사회적 관계이기도 하다. 이 단계에서 영아는 어머니(주 양육자)와의 사회적 관계를 통해 신뢰감이나 불신감을 형성하게 된다.

어머니가 영아의 신체적 · 심리적 욕구나 필요를 일관성 있게 충족시켜 주면서 피부 접촉을 하며 돌봐 주면 영아는 안정감과 편안함을 느끼면서 어머니를 신뢰하게 된다. 그러나 만약에 어머니가 영아의 필요와 요구에 잘 응해 주지 못하거나 영아와의 관계에서 반응을 할 때 일관성을 지속시키지 못하면 영아는 두려움과 불안을 느끼면서 불신감을 갖게 된다.

(2) 2단계: 자율성 대 수치심(autonomy vs. shame: 1~3세)

이 시기의 유아는 신체에 대한 자율적인 통제가 가능하게 되면서 처음으로 혼자 힘으로 일을 수행해야 하는 도전에 직면하게 된다. 이 과정에서 타인에게 의존하지 않고 스스로 힘으로 무엇인가를 시도하고 행동을 통제해 보려고 한다(문은식 외, 2007). 운동능력과 근육의 발달로 스스로 대소변을 통제할 수 있으며, 음식도 남의 도움을 받지 않고 자신의 힘으로 먹으려고 한다.

또한, 이 시기는 언어발달이 함께 이루어져서 유아가 사용하는 언어에서도 자율성의 표현이 나타나는데 "내 거야.", "나" 등의 말을 자주 사용할 뿐만 아니라 "아니야.", "안 해." 등의 말을 자주 하면서 자기주장을 나타낸다.

이 시기의 유아는 배변훈련을 통해 사회적으로 적합한 행동을 하도록 훈련받고 사회의 기대와 사회적으로 적합한 행동을 알게 되면서 이러한 행동을 스스로 하려고 하는 자율성이 발달한다. 그러나 사회적 기대에 적절한 행동을 잘 수행하지 못하면 수치심을 발달시키게 되는데 이는 타인의 눈에 자신이 좋게 보이지 못한다고 느끼거나 타인의 통제를 받는다는 것을 느끼는 데서 생기는 것이다.

(3) 3단계: 주도성 대 죄책감(initiative vs. guilt feeling: 3~5세)

이 시기의 유아는 무엇을 할 수 있는가를 시험해 보고 스스로 어떤 목표나 계획을 세워 이루려는 목표지향적인 행동을 하게 되며, 자유롭게 활동하는 것을 격려하는 부모와 주변 사람들에 의해 적극적으로 환경을 탐색하고 시도하는 열정을 보이게 된다.

주도성은 자율성에 적극적이고 활발한 과업의 계획과 수행, 그리고 과업성취의 질이 더 첨가된 것인데 부모가 유아의 주도적 행동에 어떻게 반응해 주는가에 크게 영향을 받는다(오만록, 2008). 특히, 부모가 하는 일에 주도적으로 참여하려고 하는데 부모가 이를 인정해 주고 활동에 참여할 수 있는 자유를 부여하고 격려하면 자신이 독립적이라고 인식하면서 주도성을 발달시키게 된다. 그러나 유아가 주도적으로 하는 일에 대해 비난이나 질책을 하고 지나치게 엄격하거나 윤리적 태도를 강요하면 유아는 위축되고 자신의 주도적 활동에 대해 죄책감을 느끼게 된다.

주도성 vs. 죄책감

4살 아이가 설거지를 하겠다면서 스스로 식탁 의자를 가져다가 올라가서 열심히 혼자 설거지를 한다. 그 과정에서 아이의 옷과 식탁 의자, 싱크대 바닥까지 물이 흥건하게 되었다. 이때 부모가 심하게 야단을 치거나 잘못한 점을 지나치게 지적하면 아이는 수치심을 느끼고 죄책감을 발달시켜서 앞으로 자기주도적인 활동을 꺼리게 된다. 비록 아이가 주도적으로 한 설거지 결과가 마음에 들지 않더라도 인정과 격려를 해 준다면 더욱 독립적이고 자기주도적인 아이가 될 것이다.

(4) 4단계: 근면성 대 열등감(industry vs. inferiority: 5~12세)

이 시기의 아동은 기초적인 인지적 기능과 사회적 기술을 습득하게 된다. 인간관계도 가족으로부터 사회로 보다 넓어지고 뇌의 발달과 함께 지적 욕구가 활발해지는 시기이다. 사회에 적응할 수 있는 여러 가지 기능을 배우고자 하는 시기로서 읽기, 쓰기, 셈하기 등의 인지적 기능과 동시에 또래들과 어울려 또래문화를 만들고 또래에 적응하는 사회적 기술도 배운다. 그러므로 이 시기에 아동이 성공을 경험하면 근면성을 키우고 자신에 대해 유능감을 갖게 되지만, 학습에서나 놀이에서 실수나 실패를 반복적으로 경험하면 열등감을 갖게 된다.

따라서 부모나 교사는 아동의 근면성을 발달시킬 수 있도록 아동 수준에 적합한 과제를 제시하여 실패 확률을 줄이고 성공감과 성취감을 경험할 수 있도록 학습환경을 계획해야 한다. 또한, 아동이 일상생활에서도 보다 적극적이고 능동적인 태도로 자신감을 가질 수 있도록 도와야 한다(문은식 외, 2007).

(5) 5단계: 정체성 대 정체성 혼미(identity vs. identity confusion: 청소년기)

이 시기의 청소년은 급격한 신체적 변화를 겪게 되며, 이를 정신적인 성장이 따라가지 못하는 변화의 시기이다. 청소년은 다른 사람들이 어떻게 자신을 생각할 것인지에 관심이 많다. 또한, 청소년 스스로 자신은 누구이고 어떤 직업으로 어떻게 살아가야 하는지에 대한 질문을 던짐으로써 갈등에 직면하게 된다.

자아정체성(ego-identity)이란 자기동일성에 대한 자각인 동시에 자신의 위치, 능력, 역할 및 책임에 대한 분명한 인식과 수용을 말한다. 자아정체성 확립은 쉽게 답을 얻을 수 없기 때문에 고민, 갈등, 방황을 하게 되고 이것이 길어지면 정체감 혼미가 오게 된다. 이 과정에서 청소년은 종교 또는 또래집단이나 위인에게서 동일시 대상을 찾으려 노력한다. 에릭슨은 이러한 자기 실험기간을 심리적 유예기(psychological moratorium)라 하고, 심리적 유예기는 어떤 문화권이든 모든 청소년에게 나타난다고 하였다. 이 시기에 긍정적 자아정체감을 확립한 청소년은 이후에도 여러 가지 심리적 위기를 무난히 극복할 수 있지만, 그렇지 못한 청소년은 부정적 자아정체감을 형성하거나 계속 방황하여 정체성 혼미를 겪게 된다(권재환 외, 2010).

특히, 에릭슨은 청소년기의 자아정체성 위기 해결을 중시했는데, 그 이유는 심리사회적 위기 해결이 성인기 성격에 가장 중요한 영향을 미친다고 보기 때문이다(오만록, 2008).

(6) 6단계: 친밀감 대 고립감(intimacy vs. isolation: 성인 초기)

이 시기는 부모로부터 독립을 성취하여 직업을 선택하고 배우자를 만나게 되며, 성인으로서의 역할을 수행하기 시작한다. 청소년기에는 자기 자신이 주요 관심의 대상이었으나 성인기에는 사회의 구성원으로서 역할과 책임을 하며 인간관계의 폭이 더욱 넓어지면서 자신의 정체성을 타인과 조화시켜야 할 필요가 있다.

따라서 타인과의 관계에서 친밀감을 형성하는 것이 이 시기의 주요 발달과업이 된다. 이전 단계에서 긍정적인 자아정체성을 확립한 사람은 보다 쉽게 타인과 친밀한 관계를 형성하지만, 그렇지 못한 사람은 자기 자신에 대해 자신감을 갖고 있지 못하므로 타인과의 접촉을 피하거나 사회적 관계에서 고립감을 느끼게 된다.

(7) 7단계: 생산성 대 침체성(generativity vs. stagnation: 중년기)

이 시기는 중년기로서 사회적 관계 영역이 확대되고 다음 세대를 돌보는 데 관심과 노력을 기울이게 된다. 가정에서는 자녀를 낳아 양육하고 사회적으로는 다음 세대를 양성하는 데 능동적이고 직접적으로 관여함으로써 생산성을 발휘한다. 또한, 직업적 성취나 학문적 · 예술적 업적, 사회봉사 등에서도 생산성이 나타난다.

생산적인 성인은 보다 나은 사회를 만드는 데 기여하지만, 생산성을 제대로 발달시키지 못하게 되면 침체성이 형성되어 타인의 관심보다는 자신의 욕구에 더 치중하는 경향을 나타내며, 타인에 대해 관대하지 못하는 등 빈곤한 대인관계에 빠지게 된다.

(8) 8단계: 통합성 대 절망감(integrity vs. despair: 노년기)

요즘 노년기는 늦은 나이에 시작되지만 인간의 수명이 연장되는 추세에 따라 그 기간도 길어지고 있다. 마지막 단계인 노년기에 들어서면 신체적인 노쇠와 사회활동에서의 은퇴, 친구나 배우자가 사망함으로 인해 허탈감을 경험하게 된다.

대부분의 경우 노년기에 들어서면 지금까지 살아온 생애를 돌아보면서 자신의 생애가 가치 있는 삶이었는지를 음미해 보게 된다. 이러한 과정에서 자신의 삶이 성취감과 만족감으로 생을 회고하는 경우 통합성을 갖게 된다. 하지만 자신의 삶이 가치가 없고 무의미하며, 후회스럽게만 느끼게 되면 절망감에 빠지게 된다. 자신의 위치와 과거를 잘 수용하고 통합한 사람은 다가올 죽음을 겸허하게 받아들이게 되지만, 그렇지 못한 사람은 죽음을 부정하게 된다.

3) 비판점

에릭슨은 정상인을 대상으로 연구 자료를 수집하여 이론을 제시하였고 프로이트의 이론을 확대시켜 개인의 외적 요인들이 여러 단계를 통하여 인간발달에 어떠한 영향을 미치는가를 이해하고자 했다. 하지만 몇 가지 비판점도 제기되고 있는데 다음과 같다.

첫째, 에릭슨의 이론에는 애매모호한 개념이 많고 단계설정에서도 과학적 근거가 없다고 비판받는다.

둘째, 발달단계가 여성보다는 남성의 성격발달을 더 정확하게 기술하고 있다는 비판이다.

셋째, 초기 발달단계는 동일 특성을 강조하고 있어서 명확하게 구분하기 어렵다는 점이다.

넷째, 발달이 고정된 순서로 일어나는지 그리고 보편성을 가지고 있는지에 관한 점이다.

4) 교육적 시사점

에릭슨은 인간의 성격발달 과정을 8단계로 분류하고 있으며, 각 발달단계에서 형성되어야 할 발달과업을 제시하고 있다. 따라서 교육현장에서 학생들이 발달과정에서 겪는 갈등의 유형을 이해하는 데 도움을 주며, 평생교육에 있어서 많은 교육적 시사점을 주는데 정리하면 다음과 같다.

첫째, 유아기에는 아동의 욕구를 즉각적이고 충분하게 충족시켜 줌으로써 안정감과 신뢰감을 획득할 수 있도록 유의해야 한다.

둘째, 유치원 단계에서부터 아동에게 과제를 독립적으로 수행할 기회를 제공하고 자기주도적 활동을 최대한 보장해야 한다. 이 시기에는 자율성과 주도성을 발달시킬 수 있도록 잘못된 행동을 했을 때에도 수치심이나 죄책감을 느끼지 않도록 지도해야 한다.

셋째, 초등학교 시기에는 성공적으로 완수할 수 있는 과제를 제시하고 차근차근 난이도를 높이면서 자신감을 가지고 노력할 수 있도록 지도해야 한다. 이 시기에는 열등감을 발달시킬 수 있음을 유념하여 아동이 실패하였을 때 격려를 통해 열등감을 갖지 않도록 지도해야 할 것이다.

넷째, 중 · 고등학교 단계에서는 정체감 형성의 과정을 거치는 것이 정상적임을 인식하게 해 줌으로써 학생들을 격려한다. 또한, 청소년기 학생의 진로탐색을 적극적으로 도와주어야 한다.

다섯째, 평생교육에 많은 시사점을 준다. 인간의 자아의식은 평생에 걸쳐 꾸준하게 발달하기 때문에 교육은 인간이 지속적이고 건강하게 성장 · 발달할 수 있도록 도와주는 데 초점을 맞추어야 한다.

〈표 5-4〉 피아제 이론, 프로이트 이론, 에릭슨 이론의 발달단계별 관계

구분	인지발달이론	성격발달이론	
	피아제(Piaget)	프로이트(Freud)	에릭슨(Erikson)
유아기(만 1세 전후)	감각운동기	구강기	신뢰감 대 불신감
초기 아동기(유치원 전)	전조작기	항문기	자율성 대 수치심
학령전기(유치원)	전조작기	남근기	주도성 대 죄책감
학령기(초등학교)	구체적 조작기	잠복기	근면성 대 열등감
청소년기(중 · 고등학교)	형식적 조작기	생식기	정체성 대 정체성 혼미
성인기(대학교 이상)			친밀감 대 고립감
중년기(40~65세)			생산성 대 침체성
노년기(65세 이후)			통합성 대 절망감

3 마르시아(Marcia)의 자아정체성 지위이론

마르시아(Marcia)는 정체성에 대한 이론을 발전시켰다. 그는 정체성 지위를 정체성 탐색의 위기를 경험했는지의 여부와 주어진 역할과 과업에 참여(몰입)하는가 여부의 두 개의 차원의 배합에 의해 결정된다고 하였다. 여기에서 '위기(crisis)'란 자신의 현재 상태와 역할에 대한 의문을 제기하고, 여러 대안적 가능성을 탐색해 보는 과정을 뜻한다. '참여(commitment)'란 자신에게 주어진 역할과 과업에 대한 신념으로 전념하고 몰입하는 상태를 의미한다. 정체성을 확립하기 위해 심리사회적 과업을 다루는 방식을 의미하는 정체성 지위의 네 가지 유형을 살펴보면 다음의 〈표 5-5〉와 같다.

〈표 5-5〉 마르시아의 정체성 지위 유형

		정체성 위기 경험 여부	
		×	○
과업 참여 (전념, 몰입) 여부	×	정체성 혼미	정체성 유예
	○	정체성 폐쇄	정체성 성취

James Marcia

마르시아(Marcia)는 캐나다인으로 임상 및 발달심리학자이다. 캐나다의 사이먼 프레이저 대학교(Simon Fraser University)와 뉴욕 버펄로 주립대학교(The State University of New York at Buffalo)에서 교수로 재직하였다. 현재 그는 국제심리학회에서 풍부한 임상경험을 갖춘 임상심리학 슈퍼바이저로서 임상심리 연구와 교수를 하고 있다.

1) 정체성 혼미(identity diffusion)

정체성 혼미는 정체성 위기를 경험하지 않았고 직업이나 이념 선택에 대한 의사결정을 하지 않았을 뿐만 아니라 이러한 문제에 관심도 없다. 또한, 일을 해도 왜 하는지를 모르며, 다른 사람이 어떤 일을 하는지에 관심이 없기 때문에 과업에 헌신하지 않는 것이 특징이다.

정체성 혼미는 자신이 누구인지 혼란스러워하며, 자신에 대한 탐구를 시작하지 않은 상태이다. 이러한 점에서 정체성 혼미는 자아정체성과 관련된 갈등을 해결하기 위해 열심히 노력하고 있는 정체성 유예와는 차이가 있다.

이 지위의 청소년은 삶의 목표와 가치를 탐색하려는 시도를 보이지 않으며, 자신의 생애를 계획하고 설계하려는 욕구가 부족하여 과업에 대한 관심이 낮다. 이들은 부모와의 애착 관계가 없거나 부모로부터 거부당한 것으로 느끼는 경우가 많고 자아존중감이 낮으며, 흔히 혼돈과 공허감에 빠져 있다. 정체성 혼미는 청년 초기에 가장 보편적이지만 정체성 탐색과정의 가장 낮은 단계에 속하며, 그대로 방치해 두면 부정적 정체성으로 빠져들 위험이 있다.

2) 정체성 폐쇄(identity foreclosure)

정체성 폐쇄는 정체성 위기 경험이 없는 상태에서 과업에 헌신하는 상태이다. 현재의 주어진 과업에는 전념하지만 스스로 삶을 구성하는 과정이 결여되어 부모나 다른 성인들의 정체성을 자기 자신의 것으로 대체한 경우를 말한다. 자신의 정체성에 대해 심각하게 생각하거나 의문을 가지지 않고 타인의 가치를 그대로 받아들이며, 결국 자신의 정체성을 확립할 수 있는 가능성을 상실한 상태이다.

정체성 폐쇄는 수많은 대안에 대해 생각해 보지 않고 부모나 다른 역할 모델의 가치나 기대 등을 그대로 수용하여 그들과 비슷한 선택을 하는 경우를 말한다. 정체성 위기를 경험하지 않고 쉽사리 의사결정을 하는 사람들이 이 범주에 속한다. 자아정체성 확립을 위해 심각한 위기가 꼭 필요한 것은 아니지만 성숙하고 통합된 정체성 발달을 위해서는 위기를 경험하는 것이 필요하다.

정체성 폐쇄는 충분한 자아정체성의 탐색이 없이 과업에 몰입하여 안정적으로 보이기 때문에 마치 정체성을 확립한 것처럼 보일 수 있다. 즉, 이 지위의 청소년은 정체성 위기를 경험하지 않았으면서 자기 삶의 목표를 확립하고 몰입한다. 이들은 흔히 부모가 기대하거나 선택한 생애과업을 대안적 가능성의 검토 없이 수용하며, 다른 지위에 비해 사회적 인정 욕구가 강하고 부모와 긴밀한 관계를 유지한다. 부모의 과업을 물려받거나 일찍 결혼하여 안정된 가정을 꾸려 나가는 청년에게서 가장 흔히 발견된다. 이들은 청소년기를 매우 안정적으로 보내는 것 같지만 성인기의 뒤늦게 정체성 위기를 경험하는 경우도 적지 않다.

정체성 폐쇄

A 씨는 부유한 집안에서 태어나 중학교 때부터 미국에서 학교를 다니고 박사학위를 마친 후 귀국하여 대기업 간부직으로 부임했다. 얼마 후 맞선을 통해 만난 여성과 결혼을 하여 딸 하나를 두었다. 부모님은 늘 자신의 일을 열심히 하여 성공한 아들이 만족스럽고 자랑스러웠다. 결혼 3년 차 어느 날 A 씨는 자신을 찾기 위한 갈등과 고민에 빠졌으며, 자청하여 지방으로 1년간 파견근무를 갔다. 하지만 1년 뒤 복귀하지 않고 휴직을 하고 국내 여기저기 지역에서 지냈다. 결국, 휴직 기간이 끝난 뒤에도 복귀하지 않았으며, 회사에서 파면되고 이혼까지 하게 되었다. 결국, A 씨는 다시 미국으로 갔으며, 10년이 지났는데 귀국하지 않았다. 과연 A 씨는 자신을 찾았을까?

3) 정체성 유예(identity moratorium)

정체성 유예는 현재 정체성 위기나 변화를 경험하고 있으며, 무엇인가에 뚜렷이 전념하지 못하고 정체성이 없는 것처럼 보이지만 정체성 성취로 가는 과도기이다. 자아정체성 형성을 위해 다양한 역할, 신념, 행동 등을 실험하고 있으나 의사결정을 못 한 상태로서 정체성 확립을 위해 적극적으로 노력하는 과정이다.

정체성 유예로 분류된 사람 대부분은 정체성 성취로 옮겨 가지만, 그중에는 더러 정체성 혼미 쪽으로 기울어지는 사람도 있다. 에릭슨에 의하면 대학생은 인위적으로 청소년기가 연장된 상태이기 때문에 심각한 자아정체성 위기를 경험한다고 하였다. 정체성 위기의 극복과정에서 반드시 동반되는 심리적 유예기(moratorium)에서 목표와 가치에 대해 회의하고 대안을 탐색하지만 여전히 불확실한 상태에 머물러 구체적인 과업에 관여하지 못하는 상태를 가지다가 많은 경우 시간이 흐르면서 정체성을 확립하게 된다.

에릭슨과 마르시아에 의하면 정체성 유예는 정체성에 도달하기 위해 필요한 과도기적 단계이므로 정체성 혼미나 폐쇄보다는 앞선 단계이다.

4) 정체성 성취(identity achievement)

정체성 성취는 정체성 유예기를 성공적으로 극복하여 확실하고 변함없는 자아를 확립하여 직업, 종교, 정치적 견해 등에 대해 스스로 의사결정을 할 수 있는 상태이다. 이 지위는 4개의 정체성 지위 중에서 가장 앞선 단계이다. 에릭슨 이론에서 설명한 바와 같이 정체성이 성취된 청소년은 삶의 목표, 가치, 직업, 인간관계 등에서 위기를 경험하고 대안을 탐색했으므로 확고한 정체성을 갖게 된다. 부모를 포함한 인간관계에 있어서 현실적이고 안정되어 있으며, 자아존중감이 높고 스트레스에 대한 저항력도 높다.

하지만 정체성 성취로 분류되었던 사람이 후에 정체성 폐쇄로 나타나기도 하며 다시 정체성 성취 상태에 도달하기도 한다. 이러한 사실은 전 생애에 걸친 자아정체성 발달의 이해에 중요한 시사점이 된다. 즉, 자아정체성은 반드시 한 방향에서 최고의 성숙단계까지 직선적인 발달 양상을 보이지는 않는다는 것이다.

4 도덕성 발달이론

1) 피아제(Piaget)

존과 헨리 중 누가 더 나쁜가?

- 존은 저녁을 먹은 후 어머니의 설거지를 도와주다가 실수로 의자 위 쟁반에 있던 컵 15개를 깨뜨렸다.
- 헨리는 어머니 몰래 과자 통에서 과자를 꺼내 먹으려고 의자에 올라가서 과자 통에 손을 대다가 그 옆에 있는 컵 1개를 깨뜨렸다.

피아제는 도덕적 규칙에 관한 인식과 해석이 연령에 따라 다르다는 사실에 착안하여 면접과 관찰결과를 토대로 도덕성 발달을 크게 타율적 도덕성(heteronomous morality)과 자율적 도덕성(autonomous morality)의 두 단계로 구분했다.

(1) 타율적 도덕성

타율적 도덕성에 속하는 아동은 보통 10세 미만으로 규칙이나 질서는 절대적이고 고칠 수 없는 것이므로 반드시 준수해야 하는 것으로 인식한다. 타율적이란 규칙이 타인에 의해 결정된다고 믿는 것으로 이 단계의 아동은 행위의 결과를 중심으로 도덕적 판단을 한다.

이 단계의 아동은 존은 15개의 컵을 깨뜨렸고 헨리는 1개의 컵을 깨뜨린 객관적 결과에만 초점을 두기 때문에 컵을 더 많이 깨뜨린 존이 더 나쁘다고 말한다.

(2) 자율적 도덕성

자율적 도덕성에 속하는 아동은 규칙이나 질서는 임의로 정한 약속이기 때문에 사회적으로 합의하면 바꿀 수 있다는 것을 인식한다. 자율적이란 규칙이 양심처럼 자기 자신에 의해 결정된다고 믿는 것으로 상황에 따라 규칙을 지킬 수 없는 경우를 고려하는 도덕성이다. 이 단계에서는 행위의 결과보다는 상황이나 의도 및 동기를 기준으로 하여 도덕적 판단을 한다. 연령이 증가할수록 타율적 도덕성에서 자율적 도덕성으로 전환하며, 결과와 같은 객관적 관점에서 의도나 동기 같은 주관적 관점을 고려하게 되므로 이를 위해서는 인지적 성숙이 뒤따라야 한다.

이 단계의 아동은 어머니를 돕기 위한 의도를 가지고 컵 15개를 깨뜨린 존보다 어머니 몰래 나쁜 행동을 하려다가 컵 1개를 깨뜨린 헨리가 더 나쁘다고 말한다.

2) 콜버그(Kohlerg)

(1) 콜버그(Kohlerg)의 도덕성 발달이론의 기본 견해

콜버그(Kohlerg)는 미국의 심리학자이다. 시카고 대학교 대학원 시절 피아제의 도덕성 발달이론에 영향을 받아 그의 이론을 확장한 도덕성 발달연구에 몰두하여 1958년에 박사학위를 취득하였다. 예일 대학, 시카고 대학을 거쳐 1968년에 하버드 대학교의 교수가 되어 도덕이론을 둘러싸고 논쟁을 벌이게 될 길리건(Gilligan)을 만나게 된다. 1974년 하버드 대학교의 도덕교육센터 소장으로 취임했으며, 1987년 1월, 매사추세츠 병원에서 요양 중 사망했다.

Lawrence Kohlerg
(1927~1987)

콜버그는 학창 시절에 피아제의 이론에 영향을 받아서 인지적 관점에서 도덕발달이론을 연구하였으며, 박사학위 논문에 그 흔적이 강하게 나타난다. 그는 유년기에서 성년기까지의 도덕발달단계들을 확립하는 이른바 도덕성 발달이론을 일관되게 탐구했다. 그는 도덕성이 인지적 성숙과 함께 일정한 순서에 의해 발달한다고 제시하고 있다.

그는 도덕적 딜레마(moral dilemma) 상황에서 어려운 결정을 해야만 하는 갈등

상황의 예를 제시하고 '어떻게 하겠는가', '왜 그렇게 할 수밖에 없는가'를 질문하였다. 질문에 대한 응답인 '예', '아니오'라는 반응에 관심을 갖는 게 아니라 '왜 그렇게 생각하는가'의 이유를 분석함으로써 옳고 그름에 대한 도덕적 판단, 도덕적 추론의 발달순서를 3수준으로 구분하였다. 또 각 수준을 하위 단계로 나누어 6단계로 설명하였다.

도덕적 수준에서 가장 많이 사용되는 도덕적 딜레마의 이야기는 다음과 같다.

하인츠 딜레마(Heinz dilemma)

유럽의 하인츠라는 남성의 부인이 암으로 죽어가고 있다. 그의 부인이 병을 고칠 수 있는 유일한 방법은 같은 마을에 살고 있는 약사가 개발한 약을 먹는 것이다. 약사는 그 약을 개발하는 데 시간과 비용이 많이 들었으며, 원가는 200달러이지만 약사는 약값으로 2,000달러를 요구하였다. 가난한 하인츠는 여기저기 돈을 구해 보았지만 1,000달러밖에 마련하지 못했다. 그는 약사에게 부인이 죽어가고 있으니 약을 싸게 팔거나 다음에 모자란 약값을 갚겠다고 간청하였다. 그러나 약사는 거절하였고 하인츠는 그날 밤에 약국 문을 부수고 들어가서 약을 훔쳤다.

(2) 콜버그의 도덕성 발달단계

콜버그는 도덕성 발달을 전인습수준, 인습수준, 후인습수준 세 가지 수준으로 구분하고, 각 수준에 두 개의 구체적인 단계를 포함하여 3수준 6단계로 제시하고 있다. 다음의 〈표 5-6〉은 콜버그의 도덕성 발달단계 특징 및 하인츠 행동에 대한 도덕적 판단에 관한 내용이다.

〈표 5-6〉 콜버그의 도덕성 발달단계

수준	단계	도덕추론의 특징	하인츠 행동에 대한 도덕적 판단	
전인습 수준	단계 1 처벌 회피와 복종 지향	처벌을 피하기 위해서 권위에 복종하고 따른다. 처벌을 받기 때문에 나쁜 행동이며, 만일 그것이 들키지 않거나 처벌받지 않으면 나쁜 행동으로 생각하지 않는다.	찬성	약값을 내겠다고 했고 원가 200달러 약이기 때문에 2,000달러를 훔친 게 아니므로 약을 훔치는 것은 괜찮다. (행동 결과에 집중)
			반대	약을 훔치는 것은 결국 벌을 받기 때문에 나쁘다. (처벌받으므로 나쁜 행동)
	단계 2 욕구 충족을 위한 도구적 상대주의	자신이나 타인의 욕구를 충족시키는 행위가 도덕적이라고 판단한다. 상대주의적 관점에서 옳고 그름을 판단한다.	찬성	자신 스스로 약을 갖기 원해서 결정한 행동이며, 따라서 약을 훔칠 수도 있다. (자신욕구 충족)
			반대	약사는 약을 팔아서 돈을 벌려는 정당한 사업가이므로 약을 훔치는 것은 나쁘다. (타인욕구 충족)
인습 수준	단계 3 대인관계 조화를 위한 착한 아이 지향	사회적 관습에 의해 도덕성을 판단한다. 다른 사람을 기쁘게 하거나 인정받는 것이 도덕적이라고 생각한다.	찬성	약을 훔치는 것은 좋은 남편으로서 당연한 행동이며, 비난할 수 없다. (착한 아이 지향)
			반대	상황이 아무리 나빠도 약을 훔치는 것은 가족에게 치욕스럽기 때문에 나쁘다. (타인의 인정)
	단계 4 법과 질서준수 지향	법이나 질서를 준수하며, 사회 속에서 개인의 의무를 다하는 것을 기준으로 도덕성을 판단한다.	찬성	약을 훔치는 것은 부인을 살리려는 남편으로서의 의무를 다한 것이기 때문에 괜찮다. (개인의 의무)
			반대	아내를 살리려는 마음은 이해되지만 약을 훔치는 것은 위법 행위이다. 법은 어떠한 경우라도 지켜져야 하므로 훔치는 것은 법위반 행위로 나쁘다. (법 준수 지향)
후인습 수준	단계 5 사회적 계약 지향	법은 사회적 합의에 의한 것이며, 개인의 권리와 공익의 원칙에 맞지 않을 경우 고칠 수 있다는 법의 유동성을 인지한다.	찬성	약을 훔치는 것 자체는 잘못된 행동이지만 부인의 생명을 살리기 위한 행위이므로 정당화될 수 있다. (개인의 권리)
			반대	약을 훔치는 행동을 비난할 수 없지만 절망적 상황이 도둑질을 정당화시켜 주지는 않는다. (공익의 원칙에 근거한 사회적 계약)
	단계 6 보편적 원리 지향	보편적 원리(인간 존엄성, 평등, 정의, 공정성)에 의해 도덕성을 판단한다. 내적 양심 및 윤리적 원리에 맞지 않으면 법에 불복종한다.	찬성	법과 인간 생명 중에서 선택해야 한다면 인간의 생명존중이 절대적으로 중요하므로 훔치는 것은 괜찮다. (인간 존엄성)
			반대	하인츠는 부인을 향한 사적인 감정에 따라 행동할 것이 아니라 모든 생명의 가치를 고려하여 행동해야 하므로 훔치는 것은 옳지 않다. (공정성)

❶ 제 I 수준: 전인습수준(preconventional level)

이 수준의 특징은 자기중심적 윤리로서 피아제의 타율적 도덕성 단계처럼 권위적 인물의 규칙을 그대로 수용하여 자신의 행동을 판단한다. 따라서 권위적 인물에게 처벌받는 행동은 나쁘고 보상을 받는 행동은 좋은 것으로 도덕적 추론을 한다.

가. 제1단계: 처벌 회피와 복종 지향

처벌을 피하기 위하여 명령이나 요구에 복종하는 단계이다. 이 단계에서는 처벌을 피하기 위해 권위에 따르지만, 그것이 들키지 않거나 처벌받지 않는다면 나쁜 것으로 생각하지 않는다.

나. 제2단계: 욕구 충족을 위한 도구적 상대주의

자신과 타인을 만족시켜주는 수단으로 행동을 하는 단계이다. 이 단계에서는 자신에게 이익이 되는 행위가 옳은 것이며, 호의를 똑같이 교환하는 것이 상대방에게도 이익이 된다고 생각한다. 즉, 자신의 이익을 추구할 뿐만 아니라 상대방도 이익을 추구하도록 허용한다.

❷ 제 II 수준: 인습수준(conventional level)

이 수준의 특징은 타인에 의한 윤리로서 규칙을 지키는 것은 타인의 인정을 얻기 위함이거나 사회질서를 유지하기 위한 것이다.

가. 제3단계: 대인관계 조화를 위한 착한 아이 지향

타인의 인정과 칭찬 등의 승인을 구하고 비난을 피하기 위해 규칙에 합치하는 행동을 하는 단계이다. 타인으로부터 애정과 신뢰를 얻고 '착한 사람, 좋은 사람'이라는 인정받기를 원한다. 이 단계에서 도덕적 판단은 타인을 돕고 기쁘게 하며 인정을 받는 것이다.

나. 제4단계: 법과 질서 준수 지향

합법적 · 합리적 권위와 사회질서를 유지하는 차원에서 규칙에 합치하는 행동을 하는 단계이다. 이 단계에서는 사회적 법이나 규칙은 모든 사람에게 공정하고 공평하게 적용되어야 하며, 사회 구성원들은 그 법이나 규칙을 지키기 위해 개인적 의무를 가진다. 법은 사회질서를 보호하기 위해 중요하기 때문에 반드시 지켜야 하며, 법을 어긴다는 것은 어떤 이유에서든 정당화될 수 없다.

❸ 제Ⅲ수준: 후인습수준(postconventional level)

이 수준의 특징은 원리에 의한 윤리로서 사회적 법과 규칙을 절대적으로는 지지하지 않는다. 그 법과 규칙보다는 모든 상황과 사회에 적용되는 추상적 원리와 가치를 도덕성으로 정의한다. 즉, 도덕적으로 옳은 행위와 법적으로 적합한 행위가 항상 똑같은 것은 아니라는 입장을 가진다.

가. 제5단계: 사회적 계약 지향

사회계약에 의해 의무를 규정하고 타인의 권리를 침해하지 않으며, 공공복리를 증진하기 위한 행동을 하는 단계이다. 이 단계에서는 법이나 규칙을 인간복지를 촉진하는 유연하고 융통성 있는 도구로 간주한다. 법이란 맹목적으로 그 자체를 위해 준수해야 하는 것이 아니라 '최대 다수의 최대 행복'이라는 공익의 원칙에 기초해야 하며, 인간의 권리나 존엄을 위협하는 법은 부당한 것으로 간주한다.

나. 제6단계: 보편적 원리 지향

양심에 따른 행동을 하는 단계이다. 이 단계에서 옳은 행위란 모든 사람에게 가치가 있는 스스로 선택한 윤리적 양심의 원칙으로 정의되는데, 이는 법이나 사회적 동의와는 상관이 없다. 이 단계에 있는 사람들은 모든 인간의 권리를 동등하게 생각하고 개인의 가치와 권리를 존중한다.

(3) 비판점

콜버그는 어떤 국가나 문화와 관계없이 일정한 발달단계를 가지고 있다는 것을 발견하고 도덕성 발달이론을 제시하였다. 하지만 도덕적 가치추론은 서구적이고 남성적이라는 비판을 받고 있으며, 이를 정리하면 다음과 같다.

첫째, 콜버그는 가상적 상황에 대한 아동의 인지적 반응(도덕적 추리)을 통해 발달단계를 구분하고 있기 때문에 실제 상황에서 그러한 행동을 하는지, 즉 도덕적 판단이 도덕적 행위와 일치하는 것은 아니라는 점이다.

둘째, 인습수준 이후의 발달단계는 모든 문화권에서 동일하지 않다는 점이다. 가족 중심적이거나 집단 지향적인 동양문화에서는 양심보다는 집단 의견을 중시할 수 있기 때문이다.

셋째, 발달단계의 퇴행(regression)을 설명하지 못한다는 점이다. 콜버그는 발달 순서는 퇴행하지 않고 진보한다고 하였는데 여러 실험에서 퇴행의 사례를 보여 주고 있다. 예를 들어, 4단계인 대학생이 5단계로 진보하는 것이 아니라 2단계로 퇴행하는 것을 보인다는 점이다.

넷째, 도덕성 발달이론이 남성을 대상으로 한 자료 수집에 근거하기 때문에 여성의 도덕성을 제대로 설명하지 못하고 있다.

(4) 교육적 시사점

콜버그의 도덕성 발달이론은 도덕교육의 방향과 내용을 결정하는 이론적 근거 및 기준을 제시하고 있으며, 도덕성도 교육을 통해 발달시킬 수 있는 가능성을 열어 놓았다.

콜버그 이론의 교육적 시사점을 정리하면 다음과 같다.

첫째, 아동의 연령과 인지 수준에 따라 어떻게 도덕교육을 해야 할 것인지에 대한 지침을 제공하고 있다.

둘째, 딜레마 상황의 토론식 교육방법이 도덕성을 발달시킬 수 있음을 학교교육에 제안하고 있다.

셋째, 도덕적 사고의 발달을 위해 아동 스스로 판단의 이유를 설명하게 하고 도덕원리를 생성하도록 유도해야 한다.

넷째, 도덕 문제에 단계적 연계 토의로 도덕발달단계를 높여야 함을 시사한다.

다섯째, 교사는 아동의 도덕성 발달을 위한 촉진자 역할을 해야 한다.

3) 길리건(Gilligan)

길리건(Carol Gilligan, 1936~)은 미국 뉴욕에서 태어나고 자랐으며, 하버드 대학교에서 박사학위 취득 후 1967년부터 34년간 하버드 대학교 교수로 재직하였다. 1997년에는 하버드 대학교 최초의 여성학 교수직을 맡았고, 2001년 동 대학 내의 여성학 센터를 설립하는 데 공헌하였다. 2002년 뉴욕으로 돌아와 현재 뉴욕 주립대학교 교수로 재직 중이다.

Carol Gilligan
(1936~)

11세 남아 제이크와 13세 여아 에이미에게 '하인츠 딜레마' 실험을 진행하였다.

- 제이크는 사람의 생명이 돈보다 더 소중하기 때문에 약을 훔쳐야 한다고 대답한다. 왜 생명이 돈보다 소중한지 묻는 말에 약사는 나중에 돈을 다시 벌 수 있지만 아내가 죽는다면 하인즈는 똑같은 부인을 다시 구할 수 없기 때문이라고 대답한다. 다시 왜 그렇게 생각하는지 질문하자 모든 사람은 다 다르므로 부인도 모두 같은 사람이 아니라고 대답한다.
- 에이미는 훔치는 것보다 더 좋은 방법(필요한 돈을 누군가에게 빌리는 방식)이 있을 것 같다고 대답한다. 그러면서 부인이 죽어서는 안 되지만 그렇다고 하인츠가 약을 훔쳐서도 안 된다고 대답한다. 그 이유를 묻자 약을 훔치면 당장은 아내를 살릴 수 있겠지만 그 결과 하인츠가 감옥에 가면 부인이 다시 아플 경우 아내를 도울 수는 없기 때문이라고 대답한다. 그래서 약을 훔칠 게 아니라 돈을 구할 수 있는 방법에 대해 대화해야 한다는 것이다.

콜버그에 따르면 제이크는 법질서를 지키는 것을 넘어 경제적 가치와 인간의 생명이라는 가치를 놓고 비교하고 자신의 원칙에 따라 판단하기 때문에 무려 6단계에 해당한다. 반면에 에이미는 도덕적 가치를 추상화하지 못한 상태에서 인간 관계만을 중심으로 문제를 바라보고 있기 때문에 3단계를 머물러 있다.

그렇다면 에이미의 도덕발달 수준은 제이크에 비해 3단계 더 낮은 수준인가?

(1) 길리건의 배려윤리

앞의 예는 길리건이 실제로 실험한 내용을 편집한 것이다. 길리건이 판단하기에는 에이미가 도덕적으로 덜 발달한 것이 아니라 배려(돌봄, care) 중심의 가치관을 지니고 있었다. 제이크가 자신의 도덕적 기준에서 절도라는 폭력을 정당화시키는 반면, 에이미는 사람들 사이의 연결고리가 끊어지지 않는 것을 문제해결만큼 중요하게 판단한다. 제이크가 상황 속 사람들을 모두 독립된 개인으로 설정하고 문제를 바라보는 반면, 에이미는 이들의 관계를 중심으로 문제를 바라본다.

이밖에도 길리건은 많은 사람을 대상으로 실험을 하였으며, 이러한 연구를 바탕으로 여성의 자아관은 관계를 중심으로 하고 도덕관으로는 배려(돌봄)의 윤리(ethic of care)를 지지하며, 남성의 자아관은 독립성과 평등을 중심으로 하고 도덕관으로는 정의의 윤리(ethic of justic)를 지지한다는 귀결을 이끌어낸다. 그리고 이러한 두 특징(여성과 남성의 도덕관)은 단순히 어느 한쪽이 우위에 있거나 상호 배타적인 방식으로 판단할 수 있는 문제가 아니라 인간의 경험에 있어 모두 필요한 의미를 갖는다고 주장한다.

그녀는 『서로 다른 목소리(*In a different voice*)』(1982)에서 콜버그의 도덕성 발달이론이 남성 중심적이라고 비판하면서 남성과 여성이 서로 다른 목소리로 이야기하고 있음을 객관적으로 제시하였다. 소년은 독립적이고 추상적 사고를 할 수 있도록 교육받지만, 소녀는 양육적이고 돌봄을 중시하도록 교육받으므로 남녀는 각기 다른 유형의 도덕적 추론을 할 수밖에 없다고 하였다. 즉, 남성은 추상적 판단에 기초한 정의적 관점으로 도덕적 판단을 하고 여성은 인간관계와 타인을 중시하는 배려(돌봄)와 책임에 기초한 도덕적 판단을 한다. 따라서 길리건은 성별에 따라 도덕추론에 유의한 차이가 있으며, 여성의 도덕의 다른 측면에 해당되는 동정심이나 돌봄이 있는 배려윤리(ethic of care), 즉 배려지향성 도덕성을 주장한다.

이와 같이 길리건은 콜버그의 남성 중심 정의지향적 도덕성을 가장 높은 수준의 도덕추론으로 설정함을 비판하고, 성차의 문제를 넘어서 지나치게 인지적인 측면에서만 도덕성을 고려한 콜버그 이론의 한계를 보완하여 배려(돌봄)를 더 높은 도덕추론으로 제안하였다.

(2) 길리건의 도덕성 발달단계

길리건은 인간관계의 보살핌, 애착, 책임을 강조하는 여성의 도덕성 발달단계를 제시하였다. 이 도덕성 발달단계는 세 가지 수준의 단계(sequence of three levels)와 각 수준 사이의 2개의 전환기(transition periods)로 설명한다. 여기에서 세 가지 수준은 콜버그의 도덕성 발달 세 가지 수준과 유사하다. 즉, 콜버그의 전인습수준은 그녀의 제1수준인 자기이익 지향, 인습수준은 제2수준인 책임감과 자기희생 지향, 후인습수준은 제3수준인 자신 및 타인 배려 조화 지향으로 볼 수 있다.

여성의 도덕성은 자신의 필요에 몰두하는 이기적 단계에서 시작하여 자신의 욕구보다는 타인의 입장을 중시하는 도덕성 단계를 거쳐 타인은 물론 자신의 배려 및 책임의 중요성을 인식하고 자신 및 자신과 관련된 모든 사람에게 최선의 방법을 모색하는 도덕성으로 발달해 나간다. 다음의 〈표 5-7〉은 길리건이 제시한 여성의 도덕성 발달단계를 나타낸 것이다.

〈표 5-7〉 길리건의 여성의 도덕성 발달단계

수준	특징	내용
제1수준	자기중심적, 자기 이익 지향	자신의 이익과 관련된 욕구에만 관심, 자기중심적으로 몰두함
제1과도기	이기심에서 책임감으로 변화	자신의 욕구를 억제하고 타인의 요구에 응하려는 시도를 함
제2수준	타인에 대한 책임감과 자기희생 지향	타인에 대한 책임감을 지각하며 타인에 배려와 자기희생이 미덕이라 여김
제2과도기	동조에서 새로운 내적 판단으로 변화	다른 사람의 욕구뿐만 아니라 자기 자신의 욕구도 고려하여야 함을 인지함
제3수준	자신 및 타인 배려 조화, 비폭력적 도덕성 지향	자신에 대한 배려와 타인에 대한 배려의 충돌을 해결하는 데 비폭력적 원리를 추구하여 조화를 이룸

❶ 제1수준

도덕추론의 가장 초보적인 수준 단계로 자신의 이익 및 어떤 상황이나 사건이 자신의 욕구와 갈등을 일으킬 때에만 도덕적 사고와 추론을 시작하며, 어느 쪽이 자신에게 이익이며 중요한가가 판단의 준거가 된다.

❷ 제1과도기

이기심이 타인을 생각하는 책임감으로 서서히 변하기 시작하지만 여전히 자신의 행복이 삶의 목적이다. 자신이 하고 싶은 개인적 욕구와 자신이 해야 하는 책임이 구별되기 시작한다.

❸ 제2수준

타인에 대한 책임을 강조하며, 모성애적 도덕률을 채택하지만 자신은 배려의 대상에서 제외하기 때문에 불평등으로 인한 혼란을 겪는다. 자신의 욕구를 억제하고 타인의 요구에 응하려는 시도를 하는 단계로 타인에 대한 배려, 책임감, 자기희생을 지향하는 특징을 가진다.

❹ 제2과도기

다른 사람의 욕구뿐만 아니라 자기 자신의 욕구도 고려하는 수준으로 선에 대한 관심보다 진실에 대한 관심이 더 증가한다. 동조로부터 새로운 내적 판단으로서의 개인적 욕구와 타인에 대한 배려와 책임감 균형의 필요성을 깨닫기 시작한다.

❺ 제3수준

이기심과 책임감 간의 대립을 해소하며, 자기 자신도 배려의 대상이 되어야 한다는 것을 깨닫는다. 내적 자아와 타인에 대한 책임감의 균형 유지를 지향하는 단계로서 자신과 타인 간의 역동적 관계를 통해 개인의 권리를 주장함과 동시에 타인에 대한 책임이 조화를 이루게 된다. 도덕추론의 가장 상위 단계로 자신을 무력하거나 수동적인 존재로 고려하지 않고 의사결정과정에 적극적으로 참여하게 된다. 비폭력, 평화, 박애 등은 자신과 타인에 대한 배려가 조화를 이루는 도덕성의 주요 지표이다.

(3) 교육적 시사점

길리건은 여성에게 도덕 문제는 배려와 책임을 중심으로 하여 구성된다고 하였다. 여성의 사고는 자아개념과 도덕개념이 밀접하게 관련되어 있다는 점을 강조하고 있다.

따라서 그녀는 인간의 도덕발달을 제대로 이해하기 위해서는 남성과 다른 여성의 목소리를 배제하기보다는 여성의 관점을 포함하는 보다 확대된 이론이 필요하다고 강조한다. 이러한 포괄적 관점은 양성(兩性)에 있어 성인 도덕성의 특징과 단계들을 이해하는 데 필수적이라는 점이다.

다음은 길리건의 이론이 주는 교육적 시사점을 정리한 것이다.

첫째, 인간관계를 중시하고 대인 간 보살핌과 책임을 중시한다.

둘째, 도덕발달의 성차의 문제를 넘어서서 지나치게 인지적인 측면에서만 도덕성을 고려한 콜버그 이론의 한계를 보완한다.

셋째, 정의의 윤리와 돌봄의 윤리는 결국 인간이 동시에 도달해야 할, 도달할 수 있는 윤리적 상태로 규정한다.

넷째, 최근에 많은 발달 심리학자들의 관심의 대상이 되었으며, 도덕성 발달에 대한 우리의 시야를 넓히는 데 도움이 된다.

제 6 장

학습자의 개인차

학습목표

1. 지능이론의 주요 특징을 설명할 수 있다.
2. 지능을 통한 학생진단 시 유의점을 설명할 수 있다.
3. 창의성과 관련한 구성요소들을 설명할 수 있다.
4. 창의성 육성을 위한 방법을 학생들에게 적용할 수 있다.
5. 인지양식의 유형에 따른 행동과 특성의 개인차를 설명할 수 있다.
6. 다양한 학습양식과 학생의 성취 및 교사의 수업 선택의 관계를 설명할 수 있다.

1 지능

주연이는 이번 중간고사 성적표를 보고 실망이 이만저만이 아니다. 하지만 한편으로는 당연하다고 생각했다. 지난번 지능검사에서 지능지수가 91점으로 두 자릿수가 나왔던 기억을 떠올려 보면 당연지사였다. 지능지수가 두 자리인 사람은 주변에 별로 없는 것 같았다. 주연이는 그 뒤로 공부할 의욕이 사라지고 공부는 해도 안 되는 것이라는 생각이 많이 들었다. 그렇지만 반에서 꼴찌를 하는 친구들을 보면 '저 아이는 도대체 얼마나 지능이 낮기에 나보다 더 공부를 못할까?' 하는 생각이 들기도 했다. 아무것도 잘하는 것이 없다고 느껴지는 주연이는 무기력할 때가 많다.

지능과 학업 성적은 과연 관련이 깊은가?

1) 지능의 개념

학습자를 이해하기 위해서는 발달과 더불어 학습자 각 개인이 지니고 있는 다양한 차이에 대해 이해해야 한다. 학습자가 보이는 이러한 차이를 '개인차(individual difference)'라고 한다. 지능에 관한 연구는 영국의 프랜시스 골턴(Francis Galton)이 감각식별능력과 지적 능력 간 관련성을 알아보기 위해 감각기능의 개인차를 측정하고자 했던 것에서 출발하였다. 그는 천재 가문에서 태어난 아동이 다른 가문에서 양육되어도 천재성이 지속될 수 있는지 관심을 가지고 연구하였는데 이것이 곧 지능의 개인차 규명을 위한 최초의 연구였다. 그 후 1905년 프랑스의 알프레드 비네(Alfred Binet)가 정상교육을 받을 수 있는 아동과 그렇지 못한 아동을 구분하기 위한 과학적 지능검사지를 개발하여 지능연구가 확대되었다.

지능의 정의는 학자에 따라 다양하나 크게 세 가지로 요약할 수 있다(Snyderman & Rothman, 1987). 첫째, 아이디어, 상징, 관계성, 개념, 원리 등 추상적으로 사고하는 능력, 둘째, 새로운 문제나 상황에 대해 정신적으로 적응하고 문제를 해결하는 능력, 셋째, 언어와 상징을 포함한 추상개념을 배우고 사용하는 학습능력이다. 웩슬러(Wechsler)는 지능이란 합리적으로 사고하고 목적을 가지고 행동하며 환경을 효과적으로 다룰 수 있는 인간의 포괄적이고 종합적인 능력이라고 정의하였다. 학자들은 지능이 문화적인 영향을 받는다는 의견에 동의하고 있다.

2) 지능이론

(1) 일반요인이론

스피어만(Spearman)은 인간의 지능은 일반적인 단일능력으로 존재하며, 이 단일능력은 일반요인(general factor: g요인)과 특수요인(specific factor: s요인)으로 이루어진다는 지능의 2요인설을 제안하였다. 일반요인에 해당하는 지능은 경험의 인지, 관계의 추출, 상관의 추출을 들 수 있는데 이는 유전적으로 결정된 지능이다. 특수요인은 특수한 학습과 경험에 의해 결정되는 지능으로 언어, 수, 정신속도, 주의, 상상의 다섯 가지 요인이 공존하는 것으로 알려져 있다(박아청, 1997). 결국, 개인 간 지능 차는 특수요인(s요인)이 서로 다르게 형성됨으로써 나타난다.

(2) 다요인이론

서스톤(Thurstone)은 스피어만의 일반요인이론에 이의를 제기하면서 다요인이론을 제시하였다. 서스톤(Thurstone & Thurstone, 1941)은 21가지 지능검사의 결과를 요인분석하여 동일한 지능요인 7개를 발견하였다. 그는 공간지각, 지각속도, 수리력, 언어 이해력, 어휘 유창성, 기억, 추론을 지능을 구성하는 7가지 요인으로 보았고, 이 7가지 요인을 기본정신능력(primary mental abilities: PMA)이라 불렀다.

길포드(Guilford, 1959)도 인간의 지능에는 세 가지 기본 범주가 있다고 주장하면서 '지능구조 모델(structure of intellect model)'을 제안하였다. 그는 지능을 세 차원, 즉 사람이 생각하고 있는 내용(contents) 차원, 사람이 수행하고자 하는 사고의 종류나 조작(operation) 차원, 해답이나 지적 산출(product) 차원을 기준으로 요인을 구분하였고 각 차원을 5개의 내용, 6개의 조작과 6개의 산출로 구분해서 세 가지 차원이 조합되어 특정한 요인이 발생한다고 주장하였다. 1988년에는 '기억'이 기억기록(단기), 기억파지(장기)로 나뉘면서 총 180개의 상이한 정신능력이 구성된다고 하였다. 길포드의 지능이론은 지능에 대한 사람들의 관점을 넓혀 주었다는 점에서 중요한 의미가 있으나 실제 상황에서 교수계획을 세우기 위한 지침으로 사용하기에는 이론 자체가 너무 복잡하다는 단점이 있다(Woolfolk, 2007).

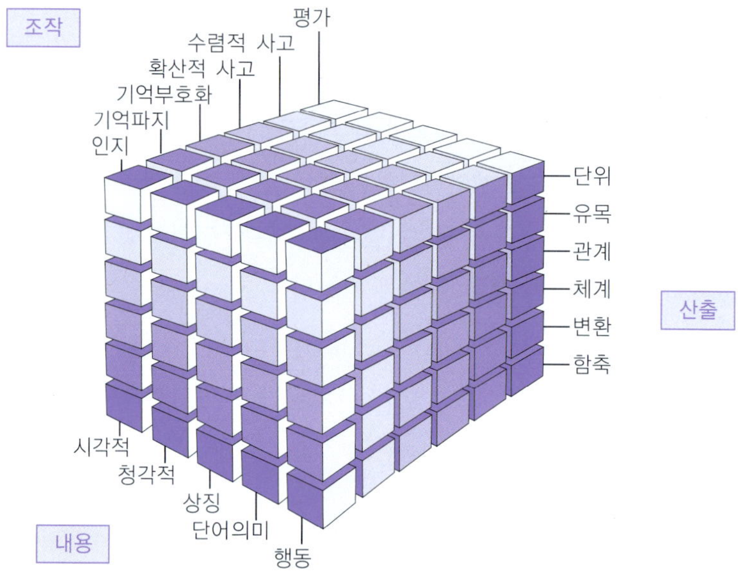

[그림 6-1] 길포드의 지능구조 모델

카텔(Cattell, 1963), 혼과 카텔(Horn & Cattell, 1982)은 스피어만의 일반요인과 서스톤의 기본 정신능력검사를 분석하여 지능의 일반요인을 유동성 지능과 결정성 지능 두 차원으로 추출하였다. 유동성 지능(fluid intelligence)은 유전적 · 신경생리적 영향에 의해 발달되는 지능으로 문화적 영향이 비교적 적고 배워 본 적 없는 새로운 문제를 풀 수 있는 능력을 말한다. 유동성 지능은 지각 및 일반적 추리능력, 기계적 암기, 정신속도 등의 능력에서 잘 나타난다. 반면에 결정성 지능(Crystallized intelligence)은 환경 및 경험, 문화적 영향에 의해 발달하는 지능으로 학교교육이나 다른 경험을 통해 획득된 지식에 의존하여 문제를 푸는 능력으로 가정환경 및 교육의 정도, 직업 등의 영향을 받는다. 따라서 결정적 지능은 환경적 자극이 지속되는 한 성인기 이후에도 꾸준히 발달할 수 있다. 결정적 지능은 논리적 추리력, 언어능력, 문제해결력, 상식 등의 능력에서 잘 나타난다.

(3) 가드너(Gardner)의 다중지능이론

가드너는 "지능이란 그 문화권에서 가치롭게 인정되는 특정 영역의 문제를 해결하고, 새로운 것을 창조해 내는 능력"이라고 정의하였다. 그는 인간은 인간의 사고를 이끄는 7가지의 서로 독립적인 지능을 가지고 있으며, 이 지능이 발현될 때는 상호 교류를 통한 복잡한 방식의 협응이 이루어진다고 하였다. 예를 들면, 교사의 경우 언어적 지능이나 논리수학 지능이 발달했을 수 있으나 그 지능만으로는 직업적으로 성공할 수 없고 학생을 이해하는 대인 지능이 필수적으로 필요하다. 즉, 모든 인간은 이와 같이 독특한 특성을 가진 지능의 조합을 가지고 있으며, 경우에 따라 모든 지능이 우수할 수도 있고(예: 레오나르도 다빈치), 한 가지 지능이 다른 지능에 비해 특별히 우수할 수도 있다(예: 축구선수 박지성)는 것이다. 그는 심리측정학적 관점에서 다루어진 지능이론과 지능검사, 지능지수 등을 비판하였다. 또한, 전통적 지능의 개념이 지능검사에 의해 측정되는 협소한 영역으로 규정되며, 언어 및 논리수학적 능력을 중심으로 필답식 · 선다형 위주의 측정방식으로 이루어진다고 비판하였다. 그는 인간의 지적 능력은 일상생활 속에서 다양한 방식으로 작용하는 기능적인 개념으로 단일능력이 아니라 서로 독립된 다수의 능력으로 이루어져 있다고 주장하였다(Gardner, 1983).

가드너는 그가 초기에 제안한 7가지의 지능이 가설적이고 유동적이라고 하였으며, 후에 몇 가지 다른 지능들을 제안하였다. 2000년 『*Intelligence reframed: Multiple intelligences for the 21st century*』에서 자연탐구 지능(naturalistic intelligence)과 실존 지능(existential intelligence)을 추가로 제안하였다. 또한, 사회에 따라 새롭게 제기될 수 있는 지능으로 영성 지능(spirituality intelligence), 도덕적 감수성(moral sensibility), 성(sexuality), 유머(humor), 직관(intuition), 창의성(creativity), 요리능력, 후각능력, 타 지능을 종합하는 능력 등도 설정될 수 있다고 하였다. 그는 이러한 각각의 지능은 풍부한 교육적 환경 조성과 훈련을 통해 어느 정도까지 발달시킬 수 있다고 보았다. 이러한 점은 교실현장에서 설득력 있게 작용하여 다중지능의 개발을 위한 다양한 교수법을 창출하는 데 응용되고 있다.

가드너(Gardner, 1999)가 제안한 다중지능 9개의 구성요인과 각 요인의 핵심능력, 관련 직업의 예는 〈표 6-1〉과 같다.

〈표 6-1〉 다중지능의 구성요인

지능	핵심능력	관련 직업의 예
언어적 지능	• 언어를 효과적으로 구사하는 능력 • 언어의 소리, 의미, 기능에 대한 민감성	작가, 정치가, 웅변가, 시인, 극작가, 언론인
논리수학 지능	• 논리적 · 수리적 유형에 대한 민감성과 구분능력 • 숫자를 효과적으로 사용하고 추론하는 능력	과학자, 수학자, 통계학자, 세무사, 컴퓨터 프로그래머
공간적 지능	• 시각적 · 공간적 세계를 정확하게 지각하는 능력과 지각을 통해 형태를 바꾸는 능력 • 시공간 세계에 대한 예민한 지각	화가, 건축가, 실내장식가, 발명가, 지리학자, 항해사
신체운동 지능	• 자신의 신체를 이용해서 생각이나 감정을 표현하는 능력과 자신의 손을 이용해서 사물을 만들거나 변형시키는 능력	배우, 운동선수, 무용수, 조각가, 기계공, 외과의사
음악 지능	• 음악적 표현형식을 지각 · 변별 · 변형 · 표현하는 능력 • 음정, 리듬, 음색 등을 만들고 평가하는 능력	연주자, 작곡가, 음악비평가
대인관계 지능	• 타인의 기분, 의도, 동기, 감정, 욕구 등을 지각하고 식별하고 적절하게 대응하는 능력	정치가, 종교인, 세일즈맨, 교사
내성 지능	• 자기 자신에 대한 객관적 이해능력 및 자신의 감정에 충실하고 정서를 구분하는 능력, 그에 기초하여 적절하게 행동할 수 있는 능력	철학자, 소설가, 임상학자, 상담심리사, 종교인, 수도자
자연탐구 지능	• 자연 친화적이며 사물을 구별하고 분류하는 능력, 환경의 특징을 사용하는 능력	생물학자, 동 · 식물학자, 수의사, 농부, 여행가
실존 지능	• 철학적 · 종교적으로 사고할 수 있는 능력으로 뇌에 해당 부위가 없으며 아동기에는 나타나지 않음	철학자, 종교인

가드너(Gardner, 1999)는 모든 학습자는 서로 다른 능력과 흥미, 동기를 가지고 있다고 보고 학습자의 능력 및 동기를 고려한 교수-학습법을 투입해야 하며, 학생들이 가능한 한 많은 종류의 지능을 활성화시킬 수 있는 방식으로 수업내용을 제시하는 것이 바람직하다고 제안하였다. 또한, 각각의 능력 차원에서 학생들이 자신의 강점과 약점을 이해하도록 돕는 데 초점을 두어야 한다고 하였다. 〈표 6-2〉는 이러한 몇 가지 가능성을 제시하고 있다.

〈표 6-2〉 교육에 가드너의 다중지능이론 적용

지능	교수활동	교재	교수전략
언어적 지능	강의, 토론, 낱말게임, 함께 읽기, 이야기하기	책, 책의 내용을 녹음한 테이프 및 CD	읽으라, 쓰라, 말하라.
논리수학 지능	문제 풀기, 실험, 퍼즐, 수게임, 비판적 사고	과학 실험 장비, 수게임, 계산기	측정하라, 개념화하라, 비판적으로 생각하라.
공간적 지능	시각적 제시, 미술활동, 상상하기	그래프, 지도, 사진, 그림, 미술 재료, 레고 세트	보라, 그리라, 시각화하라, 색칠하라.
음악 지능	노래, 연주, 랩 음악	악기, 음반, 오디오	랩으로 노래하라, 들으라.
신체운동 지능	체험학습, 드라마, 스포츠, 춤, 촉각활동	스포츠 장비, 촉각학습자료, 조작 가능한 물건	제작하라, 실연하라, 표현하라.
대인 간 지능	협동학습, 공동체 참여	역할극에 필요한 용품	협력하라, 상호작용하라.
개인 내 지능	개별화 수업, 자율학습, 학습과정 선택	일지, 자기점검식 교재	개인생활과 관련지으라, 선택하라.
자연탐구 지능	식물채집, 자연체험활동, 애완동물 돌보기	채집도구, 동식물 도표, 체험학습용 보고서	동식물 등 자연을 직접 느끼고 체험하라.

출처□ 신명희 외(2014). p. 126.

(4) 스턴버그(Sternberg)의 삼원지능이론

스턴버그는 지능을 사람들이 지적인 활동을 할 때 정보처리가 이루어지는 방법의 측면에서 광범위하게 이해하고자 하였다. 즉, 인간이 어떤 문제를 해결하고 지적으로 행동하기 위해 정보를 수집하고 사용하는 방법의 관점으로 지능을 보는 새로운 정보처리이론을 제안하였다. 그는 지능의 세 가지 측면, 즉 행동의 맥락, 과제와 관련된 개인의 경험, 과제에 적용하는 개인의 정보처리기술을 강조하였다. 스턴버그는 모든 사람에게 공통으로 나타날 수 있는 인지과정을 강조하며, 지능에 대한 전통적인 개념에 실제적 지능의 개념을 포함하였다. 그는 지능은 지능검사에 의해 측정된 IQ가 아니라 일상생활 속에서 문제를 해결하는 요소들과 관련이 있으므로 여러 개의 하위요소로 구성된 복잡한 개념이라고 주장하였다.

스턴버그는 『IQ를 넘어서: 삼위일체 지능이론(*Beyond IQ: A triarchic theory of human intelligence*)』(1985)에서 지능은 지적 행동의 기저를 이루는 기본인지과정을 다루는 요소 하위이론, 지능을 경험과 관련지어 창의적 행동의 기반이 되는 행동을 분석하는 경험 하위이론, 지능을 상황과 관련지어 여러 문화권에서 지적인 행동을 분석하는 맥락 하위이론으로 구성된다는 지능의 삼원론을 제시하고 이 세 가지 측면이 삼위일체가 되어야 지능의 본질이 드러난다고 주장하였다. 삼위일체 지능이론은 지능의 세 가지 측면, 즉 분석적 능력, 창의적 능력, 실제적 능력이 각각 세 하위이론을 이룬다.

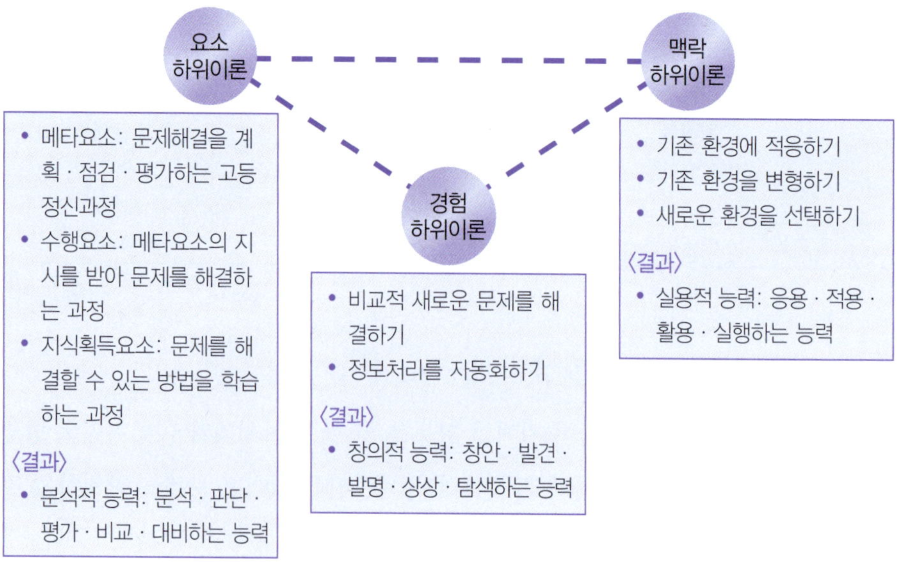

[그림 6-2] 삼원지능이론

출처: Sternberg & Williams(2002), p. 130.

❶ 요소 하위이론(componential subtheory)

요소 하위이론은 새로운 지식을 획득하고 이를 논리적 과제해결에 적용하는 능력으로 이것의 결과로서 분석적 능력을 제안하였다. 이것은 전통적인 지능의 정의와 유사하며, 사고와 문제해결에 사용된다. 이 지능은 기본적인 정보처리를 위한 메타요소, 수행요소, 지식습득요소로 구성되며, 이 요소들은 서로 상호작용한다. 메타요소는 인간의 고등정신과정을 의미하는 것으로 어떤 일을 사전에 계획하거나 일이 진행되는 동안 점검하는 것, 일을 평가하기 위하여 통제하는 것과 같은 정신과정을 의미한다. 수행요소는 메타요소인 고등정신과정을 이행하기 위한 하위수준의 과정을 의미하며, 지식습득요소는 메타요소와 수행요소가 하는 것을 실제로 자료를 조직하고 이용하거나 연구하는 방법에 대해 학습하는 것을 의미한다.

❷ 경험 하위이론(experiential subtheory)

새로운 생각을 형성하고, 관련되어 있지 않은 사실들을 조합하는 능력으로 이것의 결과로서 창의적 능력을 제안하였다. 이는 인간의 경험과 긴밀하게 연관되어 있으며, 창조적 지능을 의미한다. 이 지능은 인간의 신기성(novelty)을 다루는 능력과 정보처리를 자동화하는 능력으로 구성되어 있는데, 일반적으로 사람들은 새로운 경험을 과거의 경험과 관련짓고 익숙해진 과제는 보다 빠르고 효과적으로 자동화할 수 있다.

❸ 상황 또는 맥락 하위이론(contextual subtheory)

변화하는 환경에 적응하고 기회를 최적화하는 능력으로 이것의 결과로서 실제적 능력을 제안하였다. 이 지능은 일상적인 과제를 능숙하게 다루는 능력으로 전통적인 지능검사 점수나 학업성취도와는 무관한 실용적 능력을 말한다. 적응, 선택, 조성의 세 부분으로 구성된 이 지능은 실제적 적응능력이나 사회적 유능성 등과 같은 지능을 의미한다. 이는 일상생활에서 개인의 경험을 통하여 획득하고 발달한다. 이러한 능력이 뛰어난 사람은 환경에 적응하거나 환경을 변화시키거나 자신에게 적합한 환경을 필요에 따라 효과적으로 선택할 수 있다(Sternberg, 2007).

따라서 개인이 속한 문화나 환경에 따라 지적 기준은 달라질 수 있다.

스턴버그(1998)는 자신이 이미 알고 있는 것과 외부에서 새롭게 알게 된 내용을 서로 관련시킬 때 인간의 지능이 더욱 발전할 수 있다고 보았다. 그는 문제해결을 위한 구체적인 방법을 연습함으로써 지능이 더욱 발전될 수 있다고 보았다.

3) 지능의 측정

1883년 프랑스에서는 의무교육제도가 실시되면서 지적 수준이 낮아 주위로부터 비인간적인 처우를 받는 아동들이 교사들의 수업지도에도 큰 문제로 등장하였다. 또한, 학업에 실패한 아동을 퇴교 조치함에 따라 그들에 대한 교육적 대책 마련이 필요하였다. 이에 프랑스의 심리학자 비네(Binet)가 1905년 비네검사(Binet Test)라는 최초의 지능검사를 개발하였고 1908년에는 시몬(Simon)과 함께 정상아라면 90%가 해결할 수 있는 수준의 50문항으로 구성된 비네-시몬 척도(Binet-Simon Scale)를 다시 제작하였는데 이때부터 정신연령이라는 용어가 본격적으로 사용되었다.

1914년 독일의 심리학자 슈테른(Stern)은 정신연령(mental age: MA)과 생활연령(chronological age: CA)과의 비를 나타내는 지능지수(intelligence quotient: IQ)로 지능의 상대적 위치를 나타내야 한다는 제안을 하였다. 그 후 소수점을 없애기 위해 미국 스탠퍼드 대학의 터먼(Terman)이 MA/CA의 비에 100을 곱하여 $IQ=MA/CA \times 100$의 공식이 적용되어 지능지수를 산출하기 위한 공식으로 오늘날까지 사용되어 왔으며, 이를 비율지능지수(ratio intelligence quotient: RIQ)라고도 한다.

지능검사의 점수 분포는 정규분포를 따른다고 가정되며, 일반적으로 표준편차 ±2 수준까지가 정상 지능에 속하며, 그 외의 영역은 비정상 지능임을 말한다. 즉, +2 이상은 영재, −2 이하는 장애를 가진 아동의 지능에 해당한다고 심리학자들은 해석한다. 그러나 이러한 해석 역시 문제점이 있다. '과연, 경계선상에 있는 사람들의 지능은 어떻게 해석할 것인가?', '지능검사 점수 70과 69가 정상 지능과 비정상 지능을 구분해 주는 절대적 조건인가?'와 같은 점이 논쟁거리이다.

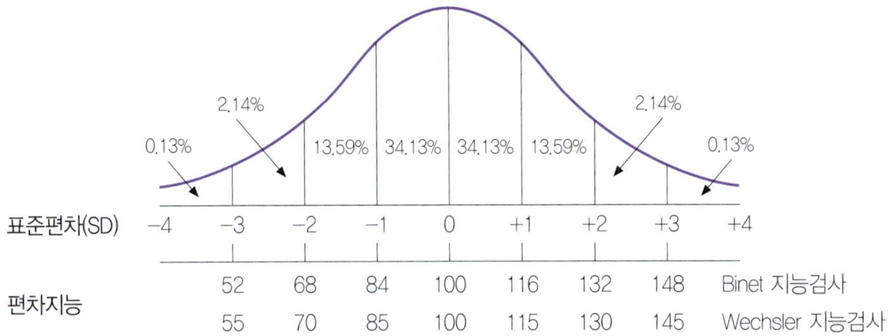

[그림 6-3] 지능검사 점수의 분포

터먼이 스텐포드-비네검사를 처음 만들었을 때는 3~13세까지의 아동을 대상으로 하였으나 현재의 개정판에서는 2~18세의 연령집단에 사용할 수 있으며, 우리나라에도 표준화되어 있다(전용신, 1971).

4) 지능과 학업성취

그동안 많은 교사는 학생의 IQ로 대표되는 머리의 좋고 나쁨이 학업성취도와 어느 정도 관계를 맺고 있는지에 대해 높은 관심을 보여 왔다. 교사들의 기대 대로 지능검사 점수는 학교에서의 학업성취도를 비교적 잘 예언해 줄 수 있는데 이는 지능검사 자체가 학업성취도 수준을 예언하여 학생들을 선별하도록 설계되었기 때문에 당연한 결과일 수 있다.

지능검사로서 측정한 IQ와 학업성취도 간의 관계를 표현하는 가장 대표적인 방법은 두 변인 간의 상관관계를 알아보는 것으로, 통계적으로 상관계수 계산을 통해 알 수 있다. 지능지수와 학업성취도는 대략 .50~.60 정도의 상관관계를 보인다. 이는 IQ가 학업성취도 차이의 25~35% 정도를 설명하고 있음을 의미하는데 나머지 65~75%는 다른 요인이 학업성취도 차이를 결정한다고 볼 수 있다. 학업 성적은 지능지수보다는 과거 성적과 더 높은 상관이 있다고 한다(Thorndike & Hagen, 1977).

5) 지능발달에 대한 유전-환경의 영향

헤른스테인과 머레이(Herrnstein & Murray)는 그들의 저서 『종형 곡선(*The Bell Curve*)』(1994)을 통하여 지능이란 40~80%의 범위 안에서 유전적 영향을 받는다고 주장하였고, 미국심리학회는 지능이란 유전과 환경 두 요인의 영향을 모두 받는다고 보고하였다. 결국, 유전은 지능의 범위를 정하고, 환경은 그 범위 내에서의 발달 수준을 결정한다고 볼 수 있다. 그러므로 부모 또는 교사는 인간의 지능이 향상될 수 있다는 점을 깨닫는 것이 매우 중요하다.

지능발달에 있어서 환경이 아동의 지각학습에 영향을 미치고 그것이 다시 지능발달에 영향을 미친다는 증거가 있다. 블룸(Bloom, 1964)은 초기의 문화결손이 성장 이후의 문화결손보다 지능발달에 더 나쁜 영향을 미치므로 초기 환경이 중요하다고 주장하였다.

〈표 6-3〉 세 연령단계에서 환경 차가 지능발달에 미치는 가설적 영향

나이(세)	지능성숙 백분율	결손	평균	풍요	풍요-결손
출생~4	50	−5	0	5	10
4~8	30	−3	0	3	6
8~17	20	−2	0	2	4
계	100	−10	0	10	20

출처: Bloom(1964).

결국, 지능발달을 위해서는 아동의 초기경험이 중요하며, 초기경험은 아동이 자유롭게 조작할 수 있는 활동과 지각경험을 할 수 있고 탐색적인 활동을 할 수 있는 경험이 제공되는 환경에서 가능하다고 볼 수 있다.

6) 교육적 시사점

첫째, 가드너는 개인의 궁극적 성취 수준을 결정하는 데 있어 조기개입과 일관성 있는 훈련이 중요한 역할을 한다고 하였다. 그는 지능발달은 발달단계에 따른 자연스러운 성장이 아니라고 보고 "지적 능력은 진공상태에서 발달하지는 않는다(Gardner, 1983)."라고 했다. 그러므로 지적 능력을 기르기 위해서는 직접 관련된 개인 · 사회 · 사용 가능한 자원에 따라 일반적인 전략이 결정되어야 하며, 개인이 원하는 능력, 기술, 역할을 달성할 수 있도록 도와야 한다.

둘째, 스턴버그는 지능은 훈련될 수 있으며, 훈련되어야 한다고 주장한다. 그는 지능이론가들이 지능의 측정도구를 세련화하는 데 관심을 기울일 것이 아니라 지능을 훈련하고 계발하는 데 보다 많은 관심을 가져야 한다고 제안하였다. 지능계발을 위한 훈련 프로그램은 개인차와 학생 개개인의 지적 욕구와 동기적 욕구에 민감해야 하며, 사회 · 문화적으로 적절해야 한다고 주장하였다.

셋째, 어떤 지능검사도 지능의 요인을 전부 대표하지 못하며, 지능의 일부만 다루고 있으므로 지능검사를 활용함에 있어서 지능지수의 측정결과를 개인의 지능 전부로 간주해서는 안된다.

넷째, 지능검사는 속도검사(speed test)로서 지적 능력을 정확하게 측정하였다고 보기 어렵다. 대부분의 검사는 단위시간에 이루어지는 지적 작업결과로 지능의 정도를 가늠하는 방법을 택하고 있으므로 작업속도가 빠른 사람에게 유리하게 되어 있다. 따라서 뛰어난 능력을 지니고 있다고 하더라도 작업속도가 느린 경우에는 지능검사가 개인의 능력을 정확하게 측정한다고 볼 수 없다.

다섯째, 지능에는 학력이나 문화적 영향이 너무 크게 작용한다. 즉, 교육을 많이 받을수록, 사회 · 경제적 지위가 높을수록 유리하게 작용한다.

여섯째, 개인의 지능지수가 인간을 수량적으로 이해하는 데 남용되어 개인의 학업성취나 장래 생활까지 규정하여 인간의 가치를 배제하는 일이 발생하여서는 안 된다. 따라서 지능지수에 대한 과잉해석과 적용은 피해야 한다.

일곱째, 지능검사의 결과를 융통성 있게 적용하며 다른 검사의 요소와 함께 사용하여야 한다.

2 창의성

석영이와 준영이는 팀 과제에 관해 대화를 나누고 있다.

석영 : 우리가 지금 해야 할 일은 주변에서 흔히 볼 수 있는 사물을 다른 용도로 어떻게 쓸 수 있는지 생각해 보는 거지? 우선 생각나는 물건을 몇 개 정한 다음에 그 물건들을 어떻게 쓸 수 있는지 다른 용도로 쓸 수 있는 방법을 종이에 차례대로 적어 보자. 그중에 가장 괜찮은 생각을 세 개 고르면 되겠지?

준영 : 그래, 음... 뭐가 있지? 뭐가 있을까? 어휴~ 왜 이런 걸 생각해야 하지? 그냥 원래 용도에 맞는 물건을 찾아 쓰면 좋을 것 같은데... 하나도 생각이 안 나!

석영 : 야~ 그러지 말고 생각해 봐. 이런 숙제가 다른 숙제보다 훨씬 재미있지 않니? 정답도 따로 없으니 우리 맘대로 생각해 보자. 이쑤시개를 묶어서 붓처럼 그림을 그리면 멋진 그림이 나올 것 같지 않냐?

준영 : 뭐?('말도 안 돼. 이쑤시개가 어떻게 붓이 되냐?'라고 생각한다.)

1) 창의성의 개념

창의성에 대한 관심은 1950년 미국 심리학회 회장이었던 길포드가 창의성에 관한 기조연설을 하면서부터 시작되었다. 그는 창의성이 수렴적 사고보다는 확산적 사고와 관련이 있으며, 창의적인 사람은 문제에 대한 새로운 답이나 아이디어를 많이 생성하는 능력이 있다고 가정하고, 확산적 사고를 통해 사람들의 창의적 잠재능력을 이해하고자 하였다. 오스본(Osborn, 1963)은 창의적 잠재력은 인간 모두가 갖고 있는 보편적인 능력이나 특성으로, 창의성이란 일상생활에서 겪는 문제를 나름대로 새롭고 특유한 방법으로 해결하는 활동이라고 하였다. 아마빌레

(Amabile, 1989)도 창의성이란 특별한 개인의 특성이 아니라 새롭고 적절한 아이디어, 행동이나 결과물을 의미한다고 하였다. 칙센트미하이(Csikszentmihalyi, 1990)는 창의성이란 특별한 사람들의 정신적 활동이 아니라 사람의 사고와 사회 · 문화적 맥락의 상호작용을 통해 새롭고 가치 있는 아이디어나 행동을 도출하는 것이라고 정의하여 하나의 체계적 현상이라고 설명하였다. 어반(Urban, 1996)은 창의성이란 주어진 문제나 직접 발견한 문제를 해결하여 새롭고도 비범하며 놀라운 산출물을 만들어 내는 것이라고 정의하여 문제해결과정의 결과라고 주장하였다. 길포드(1959)는 창의성의 요소로 문제에 대한 민감성을 주장하였다. 그는 창의성이란 문제를 발견하는 데 민감한 성질이라고 정의하고, 빠진 요소를 지각하는 과정, 그것들에 대한 아이디어나 가설을 추측하고, 가설을 수립 · 검증하고, 가설 검증한 결과를 전달하는 과정, 그리고 그 가설을 수정하며 재검증하는 과정이 포함된다고 하였다. 이러한 관점에서 볼 때 서두에 언급한 사례에서 석영이는 준영이보다 문제점 발견에 민감성이 있다고 볼 수 있다.

창의성의 정의에 대해 종합적으로 말하자면, 새로운 아이디어나 혁신적인 해결법을 산출하는 능력, 즉 단순히 새롭거나 독특한 것만이 아니라 주어진 맥락도 적절하고, 다른 사람들의 가치에도 부합되는 산물을 만들어 내는 능력이라고 말할 수 있다. 다시 말해, 새롭기는 하지만 쓸모가 없거나 적절하지 않고 가치가 없는 산출물이라면 창의적인 것이 아니며, 유용하기는 하지만 새롭거나 독창적이지 않은 것 역시 창의적인 것이 아니다. 또한, 사회적 맥락에 따라 새로움과 적절성의 정의나 평가가 달라질 수 있다. 즉, 한 사회에서 창의적인 것이 다른 사회에서는 창의적인 것으로 받아들여지지 않을 수도 있다.

2) 창의성의 구성요소

길포드는 1950년부터 10여 년간 창의적 사고와 관련된 일련의 요인분석적 연구를 통해 창의성과 관련된 53개의 변수와 1,400개의 상관계수를 얻어내어 창의적 사고와 관련된 6개의 기본요인을 제시하였다.

① 문제에 대한 민감성(sensitivity to problem)
② 유창성(fluency): 연상적 유창성(associative fluency)
언어적 유창성(word fluency)
표현적 유창성(expressive fluency)
관념의 유창성(ideation fluency)
③ 독창성(originality): 비범함(uncommonness)
원격연합(remoteness)
영리함(cleverness)
④ 유연성(flexibility): 자발적 유연성(spontaneous flexibility)
순응적 유연성(adaptive flexibility)
⑤ 정교성(elaboration)
⑥ 재정의성(redefinition)

한편, 어반(Urban, 1996)은 인지적 요소와 정서적 성향으로 구성된 창의성 구성요소 모델을 제안했다. 이 모형은 창의성의 구성요소를 크게 세 가지의 인지적 요소와 세 가지의 정서적 성향으로 분류하고 요소별 하위요소를 포함하였다.

인지적 요소에는 확산적 사고능력, 일반적 지적 능력, 구체적 지식과 기술이 포함된다. 확산적 사고능력에는 정교성(아이디어를 정교하고 세심하게 발전시키는 능력), 독창성(새롭고 흔히 볼 수 없는 반응을 도출하는 능력), 융통성(다양한 문제에 접근하는 방법을 사용하는 능력), 문제에 대한 민감성(문제를 빨리 알아채는 능력) 등의 요소가 포함된다. 일반적 지적 능력에는 기억력, 분석력, 종합력, 지각력, 논리적 사고력, 비판적 사고력 등의 하위요소가 있다. 구체적 지식과 기술은 특정 분야에 대한 구체적인 지식과 기술의 습득을 의미한다. 구체적 지식과 기술은 창의적 수행을 위해 필수적이다. 어떤 영역에 대하여 충분히 알지 못하면 그 영역을 발전시킬 수 없기 때문이다.

정서적 성향에는 집중력과 과제 집착력, 동기화와 동기, 개방성과 애매모호함에 대한 참을성이 포함된다. 집중력과 과제 집착력의 하위요소는 고집, 집중, 끈기 등이 있다. 동기화와 동기의 하위요소는 호기심, 지적 욕구, 자아실현, 헌신 등이 포함되며, 개방성과 애매모호함에 대한 참을성의 하위요소는 개방성, 위험에 대한 대처, 적응과 저항, 유머 등이다.

〈표 6-4〉 어반의 창의성 구성요소

창의성 구성요소	인지적 요소	확산적 사고능력	정교성, 독창성, 융통성
		일반적 지적 능력	기억력, 분석력, 종합력, 지각력, 논리적 사고력, 비판적 사고력
		구체적 지식과 기술	특정 분야에 대한 구체적 지식과 기술 습득(창의적 수행의 필수요소)
	정서적 성향	집중력과 과제 집착력	고집, 집중, 끈기
		동기화와 동기	호기심, 지적 욕구, 자아실현, 헌신
		개방성과 애매모호함에 대한 참을성	개방성, 위험에 대한 대처, 적응과 저항, 유머

출처: Urban(1996).

창의적인 사람들의 특성(Perkins, 1981)은 다음과 같다. 첫째, 애매모호하거나 복잡한 것을 견뎌 내며, 둘째, 문제를 발견하는 능력이 있고, 셋째, 문제를 새로운 각도로 재조명할 수 있는 정신적 활동능력이 있으며, 넷째, 기꺼이 모험을 즐기는 사람이고, 다섯째, 객관적인 성격을 가지며, 여섯째, 내적 동기 유발을 선호한다. 이 밖에도 데이시(Dacey, 1989a)는 창의성 연구와 관련된 여러 학자의 연구들(Grzeskowiak, 1996; Michel & Dudek, 1991; Mendecka, 1996; Csikszentmihalyi, 1996; Amabile, 1989)에서 창의성 발현에 영향을 미치는 가정환경의 중요성을 강조하였다.

창의적 가정환경의 특징

- 자녀에게 자유를 허용하고 자녀의 의견을 존중한다.
- 적당한 수준의 감정적 거리를 유지한다.
- 규칙보다는 가치를 우선시한다.
- 성적보다는 성취를 강조한다.
- 창의적 행동을 격려한다.
- 부모가 전문성을 추구하는 것이 얼마나 중요한가를 자녀에게 인식시킨다.
- 유머가 있는 가정의 분위기를 유지한다.
- 창의성이 발현되는 데 필요한 다양한 기회와 자원을 제공한다.

출처: Dacey(1989).

창의성 구성요소는 다양한 환경적 조건에 따라 창의성을 저해하거나 촉진시키기도 하는데, 이 요소들은 그 자체만으로는 창의성 발현에 영향을 끼칠 수 없으며, 하위요소들 간의 변증법적 조합은 무한히 계속될 수 있다(임정훈 외, 2014). 각 요소들이 특정한 상황과 수준에서 상호 협력하여 기능적으로 적절한 역할을 할 때 창의성이 발현될 수 있다.

3) 창의성 개발을 위한 교육적 적용

현대사회는 급속한 변화의 시대로 우리는 정보의 홍수 속에 살고 있다. 학생들이 학교에서 배운 지식은 그들이 성인이 되었을 때 이미 쓸모없게 될 가능성이 크다. 따라서 학교는 지식과 기술을 전달하기보다는 새로운 것에 대한 개방성과 사물을 새롭게 보는 안목, 예기치 못한 문제에 도전할 용기를 키워 주는 교육을 실시할 필요가 있다. 우리나라는 2009년부터 창의적 체험활동이 국가교육과정에 도입되었고 창의적 문제해결력을 강조하며 자유학년제 도입 등으로 학생의 미래탐색과 자기주도적 창의학습이 점차 강화되고 있다.

(1) 창의적인 교사의 태도

토랜스(Torrance, 1995)는 창의성은 개별적 차이는 있으나 누구나 가지고 있는 보편적 능력이며, 훈련으로 향상될 수 있다고 주장했다. 학생의 창의성을 개발하고 신장시키기 위해서는 무엇보다도 교사의 역할이 중요하다. 월러스(Wallas)의 창의적 사고과정의 원리는 교사에게 이에 대한 중요한 지침을 제공한다. 교사는 새로운 정보와 그 정보에 관해 독특하게 생각하는 방법, 해결책을 구할 때의 모험심, 아이디어를 평가할 수 있는 능력, 다른 사람들과 그 해결책에 대해 의사소통할 수 있는 능력과 의지, 그리고 현실 세계에서 그 해결책에 대해 평가하기 등을 고려해야 한다. 창의성 촉진 훈련을 일률적으로 실시하는 것은 창의적인 교육활동이 될 수 없다. 그보다는 교수와 학습의 모든 측면에서 창의성 촉진을 위한 기본적 원리들이 융합되어 이루어져야 한다. 학생은 복잡함, 애매모호함, 미지의 경험, 불확실성, 불완전성 등을 경험하여야 한다(이성진 외, 2009).

그러므로 교사는 창의성을 개발하기 위해 다양한 분야에 폭넓은 관심을 가지고 수업과 수업 이후 활동에서 학생들과 즐겁게 활동하며, 아이디어를 내는 것을 즐기고, 질문에 대한 많은 의견을 들어 주어야 한다.

창의적인 교사는 창의적 행동의 모델을 제공하고, 학생이 창의적인 행동을 할 때 강화해 주며, 창의적인 학생이 친구들로부터 남들과 같은 행동을 하도록 강요받을 때 압력으로부터 보호해 주고, 창의성을 지지하는 환경을 만들어 준다. 또 학생들이 독립적으로 학습하도록 격려하며, 협동적 · 사회적 · 통합적인 수업을 한다. 학생들이 실제적인 지식을 숙달하도록 동기를 유발하고 이를 통해 확산적 사고의 기초를 견고하게 다진다. 창의적인 교사는 학생들에게 유연한 사고를 하도록 격려하고 학생들이 자기평가를 하도록 장려한다. 또한, 학생들의 제안과 질문을 신중하게 받아들이며, 학생들이 다양한 수업자료로 다른 많은 환경에서 공부해 볼 수 있는 기회를 제공한다. 그리고 학생들이 좌절과 실패에 대처하는 법을 배울 수 있도록 도와주고 새롭거나 낯선 환경에서도 용기를 가질 수 있도록 도와준다(Cropley, 1992).

그러나 일반적으로 교사는 창의적인 학생을 선호하지 않는다(Westby & Dawson, 1995). 그 이유는 교사의 권위적인 태도와 성공과 경쟁 지향적인 수업풍토, 규칙과 규율, 절차를 중시하는 학교 분위기에 기인한다. 권위적인 교사는 학생을 평가하는 권한으로 아동의 자연스러운 호기심을 억제하고 동기유발을 제한하며, 아동에게 미치는 영향력이 부모보다 훨씬 더 크다(Amabile, 1989).

따라서 학생의 창의적 능력을 키워 주기 위해 교사는 새롭고 독창적인 답이 틀릴 가능성이 크더라도 학생의 상상적 노력과 새롭고 독특한 시도를 지지해 주고 보상해 주려는 태도를 가져야 하며, 학생의 내적 동기를 유발해야 한다. 학생의 내적 동기는 교사가 학생의 자율성을 인정해 줄 때 유발되므로 교사는 외적인 압력을 없애고 자유로운 교실 환경을 재구성함으로써 학생을 격려하고 인정해 주어야 한다.

(2) 창의성 증진을 위한 다양한 교수기법

❶ 브레인스토밍(Brainstorming)

오스본(Osborn, 1963)은 어떤 특정 문제나 토픽 또는 주제에 관한 아이디어를 창출하기 위해 상상력, 융통성, 토론기술을 강화시키는 기법을 제안하였다. 이 방법은 아이디어를 많이 생성하고자 할 때는 언제든 사용할 수 있으며, 집단이나 개인적 활동으로 활용할 수 있고, 사전계획 없이도 수시로 사용 가능하다. 일반적으로 한 팀에 4~6명이 적당하며, 서로 마주 보며 토론할 수 있도록 원형으로 좌석을 배치하는 것이 바람직하다. 우선 구성원들에게 논제를 제시하고 각자 브레인스토밍(Brainstorming)을 한 후 한 사람씩 아이디어를 발표한다. 모든 구성원의 아이디어가 조합되면 논제의 문제해결에 가장 적합한 아이디어를 평가하여 그 논제의 결론으로 삼는다.

브레인스토밍을 하는 동안 지켜야 할 기본 규칙은 다음과 같다(장미옥 외, 2009).

첫째, 브레인스토밍 중 떠오른 아이디어는 명사로 간결하게 요약하여 기록한다. 순간적으로 머리에 스쳐 가는 아이디어를 표출하는 작업이므로 브레인스토밍

중에는 토론을 피하는 것이 좋다.

둘째, 구성원들의 다양한 아이디어 창출이 목적이므로 창출된 어떤 아이디어도 비판하거나 평가해서는 안 된다. 아이디어를 자유롭게 발표하고 방해받지 않아야 한다.

셋째, 엉뚱하고 우스꽝스러운 아이디어도 일단 수용되어야 한다. 이상하거나 색다른 아이디어의 출현은 또 다른 아이디어를 이끌어 낼 수 있다.

넷째, 아이디어의 양이 중요하다. 아이디어의 질은 고려하지 않고 양이 많을수록 시행 가능한 아이디어를 판단하고 선택할 수 있는 가능성이 커진다.

다섯째, 아이디어가 서로 공유되어 다른 사람의 아이디어와 결합하여 새로운 아이디어를 생성할 수 있다.

❷ 포스트잇 활용 브레인라이팅 기법(Brainwriting)

포스트잇을 여러 개 붙인 A4용지를 구성원 수만큼 만들어 포스트잇 하나에 아이디어 1개씩 적은 다음 옆 사람에게 넘겨 계속 돌려가면서 아이디어를 모은다. 모인 아이디어 포스트잇을 모두 떼어 같은 주제로 분류하고 그중 가장 좋은 아이디어를 선정하여 아이디어를 구체화한다. 이 기법은 다른 사람이 아이디어를 기록하는 동안 기다리지 않으므로 아이디어 차단 효과를 줄일 수 있고, 익명성이 보장되며, 쉽게 아이디어를 분류할 수 있다는 장점이 있다.

❸ 여섯 색깔 모자 사고 기법(Six Thinking hats)

여섯 가지 색깔의 모자를 바꿔 쓰면서 각 색깔에 맞는 여섯 가지 역할과 방법을 정하는 창의적 사고방법이다(de Bono, 1985). 색깔이 다른 여섯 개의 모자를 준비한다. 구성원들은 사회자가 지시하는 모자를 다 같이 쓰고 그 모자가 의미하는 것만을 같이 생각하고 토의한다. 각 모자는 사고의 틀(frame of mind)을 나타내는 것으로 다양한 모자를 의도적으로 바꿔 써 봄으로써 새롭게 사고를 해 보고, 각각의 사고유형에 대해 집중하고 합리적인 해결책을 발견한다. 이 기법의 목적은 첫째, 한 번에 한 가지씩만 사고하게 함으로써 사고를 단순하게 하는 것이며, 둘째,

사고에 있어서 '교대'를 인정하는 것이다. 만약, 회의에서 어떤 사람이 너무 감정적이었다면 '빨간 모자'를 벗고 '하얀 모자'를 쓰라고 할 수도 있다. 이 기법의 장점은 첫째, 한정된 역할의 연기를 제안한다는 것이다. 이것은 자아에 대한 손상 없이 자유롭게 생각하고 말할 수 있도록 돕는다. 둘째, 다른 사고 양상으로 주의를 전환하여 새롭게 집중할 수 있고, 셋째, 이용이 쉽다. 유의할 점은 각 팀의 리더만이 모자의 전환을 지시할 수 있으며, 각 모자별로 시간을 너무 길게 잡지 않는 것이 바람직하다. 실제 모자를 활용하거나 색종이를 모자 대신 활용할 수 있다.

- 흰색 모자: 중립적 · 객관적인 사실이나 자료 및 정보
- 파란 모자: 목표, 개관, 순서, 규율 선정, 결론 및 요약
- 빨간 모자: 감정, 느낌, 분노, 격정
- 노란 모자: 긍정적 · 낙관적인 측면
- 검은 모자: 부정적인 판단, 실패할 만한 이유, 잠재된 위험요소
- 초록 모자: 창의적 아이디어, 다양한 해결책, 새로운 개념과 인식 생성

❹ If ~ then ~

'만일 ~이라면 어떤 일이 일어날까?'와 같은 질문을 통해 추론을 유도하는 방법(예: 만약 지구에서 전기가 사라진다면 어떤 일이 일어날까? 만약 외계인을 만난다면 어떤 일이 일어날까? 등)

❺ SCAMPER

질문에 따라 체계적으로 새로운 아이디어를 산출하는 방법으로 오스본이 확산적 사고를 향상시키기 위해 제안한 것을 에베를레(Eberle, 1971)가 재조직하여 개발하였다.

에베를레는 오스본이 제안한 핵심적인 질문을 모아 질문의 첫 글자를 모아 SCAMPER(스캠퍼)라고 명명하였다.

- Substitute(대체하기)- 대체할 수 있는 것은?
- Combine(결합하기)- 결합될 수 있는 것은?
- Adapt(동화시키기)- 이것과 비슷한 것은?
- Modify(수정하기)- 색깔이나 모양을 바꾸면 나아질 것인가?
- Magnify(확대하기)/Minify(축소하기)- 더 크게/작게 만든다면?
- Put to other uses(다르게 활동하기)- 다른 용도는?
- Eliminate(제거하기)- 제거할 수 있는 부분이 있는가?
- Rearrange(재배열하기) 혹은 Reverse(반전시키기) - 각 부분을 서로 바꿀 수 있는가?

앞의 질문을 활용하여 기존의 것을 변형하거나 대체, 확대, 축소하여 새로운 아이디어를 낼 수 있다(예: 전화, 사진, 계산기, 컴퓨터 → 결합 → 스마트폰).

❻ 발견적 문제해결법(Synectics)

고든(Gordon, 1961)이 개발한 방법으로 희랍어 'synecticos'가 어원이다. 이는 '서로 관련이 없는 요소들 간의 결합'을 의미한다. 이 방법은 평소 당연한 것으로 받아들이던 대상이나 요소를 이상한 것으로 간주한다거나 반대로 평소 이상한 것으로 여겼던 것을 친밀한 것으로 받아들임으로써 사고의 민감성을 증진시키는 방법이다. 시작단계에 광범위하고 추상적인 문제를 제시하여 확산적 사고를 유도하고 얻어진 해결책을 직접적인 문제와 관련하여 점진적으로 문제의 범위를 축소시켜 나가면서 구체적인 해결책을 찾게 하는 방법이다. 사고의 경직성을 조정하고 민감성을 증진시키는 기법으로 대표적인 예로 '스무고개'를 들 수 있다.

❼ 주의집중 기법 PMI(Plus, Minus, Interesting)

주의를 먼저 의도적으로 '강점(P)'에 집중시킨다. 다음으로 약점(M)이나 제한 또는 개선이 필요한 부분에 주목하여 생각한다. 마지막으로 그 아이디어가 가진 '흥미로운 점(I)'에 주목하여 각 대안들이 지닌 '독특한 특성'을 발견한다.

❽ 역브레인스토밍 기법(Reverse Brainstorming)

브레인스토밍한 아이디어가 가질 수 있는 약점들을 모두 찾아내고 그 아이디어가 실천될 때 잘못될 수 있는 것에 대한 예상을 해 보기 위한 기법이다. 브레인스토밍과 매우 유사하나 새로운 아이디어를 생성하는 것이 아니라 생성한 아이디어에 대해 '비판'하는 것이다.

창의성 증진을 위한 교수법 중 ①~⑤는 발산적 사고를 촉진하는 기법이며, ⑥~⑧은 수렴적 사고 개발을 위한 기법이라고 볼 수 있다.

(3) 창의성 증진을 위한 교수전략

창의성은 모든 인간에게 존재하는 것이므로 학교학습에서 다양한 경험을 통해 충분히 개발될 수 있다. 창의성 증진을 위한 원리는 판단을 보류하는 것, 새롭게 결합 · 구성하는 것, 독창적으로 표현하도록 강조하는 것, 다양한 측면에서 사물을 보도록 하는 것 등이다.

교사가 수업과 학급관리 과정 중에 학생들의 창의성을 촉진하기 위해 지녀야 할 태도는 다음과 같다.

- 학생들이 창의력에 가치를 부여하도록 하기 위해 학생들의 기발한 아이디어와 행동을 보상하는 것이다. 교사가 창의적 활동에 몸소 참여하는 것도 바람직하다.
- 학생들이 내재적 동기를 갖기 위해 학생들이 특별히 흥미를 느끼는 활동에 참여하도록 권장한다.
- 교과영역과 관련한 창의력을 키우기 위해 교과내용을 완전히 이해하도록 해야 한다.
- 새로운 관점에서 생각할 수 있는 창의적 사고를 유발하는 질문을 해야 한다.
- 학생들에게 자율성을 부여하고 실수를 허용하여 학생들이 안전감을 느끼도

록 해야 한다. 실패의 부담을 줄여 주기 위해 평가를 하지 않는 상황에서 활동하도록 하는 것이 바람직하다. 또한, 실수와 실패는 학습의 정상적인 한 부분으로 피할 수 없다는 것을 주지시켜 실패와 실수에 직면하고 극복하도록 돕는다.

- 학생들이 창의력을 발휘할 수 있는 충분한 기회와 시간을 주어야 한다.
- 각 분야에서 창의적인 인물을 모델로 제시하거나 교사 자신이 창의적인 모델이 될 수도 있다.

3 인지양식과 학습양식

자매 사이인 중학교 2학년 예리와 초등학교 6학년 슬기는 같은 방에서 지내고 있다. 그런데 예리에게 심각한 고민이 있다. 예리는 요즘 부쩍 아이돌 가수의 노래를 들으며 공부하거나 큰 소리로 책을 읽으며 독서하는 것이 즐겁다. 하루 중에서는 밤늦게 공부를 할 때 집중력이 강해지는 느낌을 받는다. 또 예리는 혼자 있을 때 깊은 사색을 할 수 있어 좋다. 그런데 동생인 슬기는 항상 언니와 같이 다니기를 좋아하고, 밤에 일찍 자고 새벽에 공부하는 것을 좋아한다. 특히, 수학 문제를 풀 때나 독서를 할 때는 주변 환경이 조용해야 더욱 집중이 된다. 둘이 함께 공부할 때면 자매는 점점 싸우는 경우가 늘어나고 있다. 특히, 예리는 자기 방이 따로 생기기를 정말 간절히 바란다. 그러나 엄마는 예리가 사춘기를 맞아 예민해져서 그런 거라고 여기며, 자매이니 서로 이해하고 배려하며 사이좋게 지내라고 한다.

지능, 창의성 이외에 인간의 능력에 대한 개인차는 각자가 지닌 사고유형에 따라 차이가 있다. 그러므로 모든 학생에게 가장 좋은 학습방법 또는 교수방법은 있을 수 없지만 어떤 특정한 학생에게는 특정한 학습방법이나 교수방법이 효과가 있다. 교사가 수업을 계획하고 지도할 때 학습자의 다양성이 미치는 영향은 매우 크다. 학습자의 다양성은 교사가 수업을 진행하는 데 어려움이 되는 요인이기도 하지만 수업내용과 방법을 풍부하게 해 주는 자원이 될 수도 있다.

보통 학습자의 다양한 개인차를 '인지양식(cognitive style)' 혹은 '학습양식(learning style)'이라고 부른다. 그러나 일반적으로 유사하게 사용되는 인지양식과 학습양식은 동일한 개념이 아니다. 메식(Messick)은 매우 일반적인 수준에서 인지양식은 인지과정의 조직과 통제를, 학습양식은 학습전략과 지식 획득의 조직과 통제를 의미한다고 하였다(임창재, 2005).

1) 인지양식(cognitive style)

올포트(Allport)는 적응의 문제를 설명하기 위해 인지양식(cognitive style)이라는 말을 처음 사용하였다. 인지양식(Cognitive style)이란 인간이 자신을 둘러싼 외부 환경이나 사물을 지각할 때 인지적 · 정의적 특성에 따라 주어진 상황이나 정보에 대해 독특한 방식으로 지각 · 기억 · 사고하는 인지활동을 말한다. 이러한 인지양식의 차이는 지적 수준이나 능력의 차이를 반영한 것은 아니며, 개인이 사물을 지각하고 인지하는 독특한 방식으로서 개인적으로 선호하는 사고유형에 따른 것이다. 예를 들면, 선생님이 아동에게 질문을 할 때, 어떤 아동은 질문에 재빠르게 답을 하는 반면, 어떤 아동은 심사숙고한 후 대답을 하는 경우를 말한다. 이러한 인지양식은 학생의 성격을 반영할 뿐만 아니라 인지적 수행에도 영향을 미친다.

인지양식의 정의는 학자에 따라 다양하게 설명되고 있으나 몇 가지 공통점이 있다. 첫째, 정보처리방식의 개인차를 의미한다. 둘째, 서로 상반되는 몇 개의 특성으로 분류할 수 있다. 셋째, 공통된 특성에 따라 분류할 수 있다. 넷째, 본질적으로 능력과 구분되는 성격적 특성 개념으로 구성되어 있다.

〈표 6-5〉 인지양식의 특성

인지양식		특성
장	의존성	지각 대상 유형을 전체로서 지각하는 인지양식. 다른 사람의 의견을 잘 받아들이고 자신의 의견을 수정한다.
	독립성	한 지각 대상 유형에서 여러 개의 부분을 지각하고 분석하는 인지양식. 자신을 다른 사람과 분리시켜 자율적으로 행동한다.
인지양식	충동적	주어진 문제에 빠르지만 자주 부정확하게 반응하는 인지양식
	반성적	주어진 문제에 천천히, 주의 깊게, 정확하게 반응하는 인지양식
사고양식	수렴적 사고	문제에 대한 해결책으로 한 가지 정답만을 추구하는 인지양식
	확산적 사고	다양한 해결책이나 답을 모색하는 인지양식으로 유창성, 융통성, 독창성 등이 포함된 인지양식

출처□Seifert & Hoffnung(1991); 정옥분(2002). p. 482. 재인용.

(1) 장 의존성과 장 독립성

위트킨(Witkin)에 의해 소개된 장 의존성(field dependence)과 장 독립성(field independence)은 인지과정에서 정보나 자극에 대한 심리적 분화(psychological differentiation) 정도를 나타내는 지표이다. 다시 말하면, 개인이 사물을 인식할 때 그 사물을 둘러싼 배경, 즉 장(field)의 영향을 많이 받거나 받지 않는 인지양식을 의미한다.

장 의존적인 사람은 장의 영향을 많이 받고, 사물을 전체로서 지각한다. 예를 들면, 이들은 산 그림을 볼 때 산 전체의 모양에 주목한다. 장 의존적인 사람은 상황의 한 면에만 집중하거나, 세부사항을 뽑아내거나, 한 요소를 다른 부분들로 분석하는 일에 어려움을 느낀다. 이들은 비교적 덜 분석적이고 직관적인 방식으로 자극을 지각하며, 주어진 대상을 있는 그대로 지각하는 경향이 있다. 사회적 관계에서도 장 의존적인 사람은 어려운 상황에 처하면 문제를 해결하기 위해 주위 사람들에게 의존하거나 다른 사람의 견해에 맞추어 자신의 의견을 쉽게 수정한다. 그들은 자신을 방해하는 주변 요인을 무시하지 못하며, 자신의 태도와 신념을 정할 때도 다른 사람의 태도나 신념에 의존한다. 사람들과 관계있는 사회과학 분야에 관심이 많으며, 사회적 관계를 잘 조율하고 사회적 정보를 잘 기억하기 때문에 사회사업이나 가르치는 직업을 선호하며, 매우 인간적이다. 문학이나 역사 같은 과목을 좋아하며, 집단으로 일할 때 좋은 성과를 거둘 수 있다.

반면, 장 독립적인 사람은 어떤 사물을 지각할 때 그 사물 주변 장의 영향을 받지 않거나 적게 받는 사람으로서 주변 사람과 주변 상황으로부터 자신을 잘 분리할 수 있다. 복잡한 자극을 대했을 때 자신에게 필요한 요소와 불필요한 요소를 구분하고 그들 간의 상호 독립성을 유지시키면서 자극을 지각하고 인식한다. 이들은 자기지향적이며, 내적인 준거체제에 따라 주어진 정보나 단서를 처리하는 경향이 있어 스스로 문제를 해결하고 매우 자율적이다. 개인주의적인 경향이 많아 타인에게 무관심하며, 다른 사람의 느낌이나 감정에 덜 예민하여 사회적 상황에서 효율적으로 대처하지 못한다. 집단 동조에 있어서도 장 의존적인 사람에 비해 자율성이 훨씬 더 강하게 나타나며, 대인관계의 의사소통에서도 개방적이다.

〈표 6-6〉 장 의존형과 장 독립형의 비교

	장 의존형	장 독립형
학습유형	• 전체적으로 지각 • 전체적 방식으로 경험: 주어진 구조에 고착 • 개념의 일반적인 관계를 봄: 폭넓은 구별 • 사회 과목을 가장 잘 학습 • 자신의 경험과 관련된 자료에 관심 • 외적으로 부과된 목표와 강화 요구	• 분석적으로 지각 • 세분화된 방식으로 경험: 독자적 구조나 제한조건을 부여 • 개념을 구체적으로 구분 • 사회 과목을 단지 과제로 학습 • 개념 그 자체에 관심 • 자기 자신이 세운 목표와 내적 강화
교수유형	• 학생들과의 상호작용이나 토론과 같은 교수상황 선호 • 수업상황을 확인하기 위해 질문 사용 • 학생 중심의 활동을 이용 • 교사는 사실을 가르치는 사람으로 인식 • 적은 피드백: 부정적 평가를 피함 • 따뜻하고 인격적인 학습환경 형성	• 강의법과 같은 교수상황 선호: 수업의 인지적 측면 강조 • 주제를 소개하기 위해 질문 사용 • 교수가 조직한 학습상황 이용 • 교사는 원리 적용을 조장하는 사람으로 인식 • 정확한 피드백: 부정적 평가 사용 • 학습을 조직 · 안내하는 학습환경 형성
학생동기화 방법	• 언어적 칭찬을 통해 • 교사를 돕는 것을 통해 • 외적 보상(별, 스티커, 상)을 통해 • 다른 사람에게 과제의 가치를 보여 주는 것을 통해 • 윤곽과 구조를 제시하는 것을 통해	• 점수를 통해 • 경쟁을 통해 • 활동의 선택, 개인 목표를 통해 • 과제가 그에게 얼마나 유용한지 보여 주는 것을 통해 • 구조를 디자인할 자유를 주는 것을 통해

출처□Garger & Guild(1984).

장 독립적인 사람은 방해요인의 영향을 덜 받고, 비사교적이며, 장 의존적인 사람들만큼 사회적 관계와 잘 조화를 이루지는 못하나 다양한 자극 중에서도 추상적인 것에 대해 더 많은 관심을 가진다. 사람 간의 상호작용을 덜 강조하는 천문학이나 분석적인 능력을 사용하는 공학과 관련된 직업을 선호하고 수학이나 과학 등 분석적 능력이 요구되는 일에 높은 적성을 보인다. 성격과 지각에 있어서도 장 독립적인 사람은 어떤 일을 해결하려는 성취동기가 강하다.

대부분의 사람들은 장 의존성과 장 독립성이 혼합되어 있다(Hardy, Eliot, & Burlingame, 1987). 그리고 이러한 차이는 어느 한쪽이 다른 쪽보다 더 낫다는 것을 의미하는 것은 아니다. 교사가 모든 학생의 각기 다른 인지양식의 차이를 모두 알 수는 없겠으나 학생들이 문제에 대해 각각 다른 방법으로 접근한다는 것을 기억할 필요가 있다.

(2) 충동적 인지양식과 반성적 인지양식

카간과 그의 동료들(Kagan, Moss, & Sigel, 1963)은 충동성과 반성적 경향을 제안하였다. 반성적 인지양식(reflective cognitive style)이란 몇 가지 대안들을 고려할 수 있는 문제상황에서 문제해결을 위해 차분하게 심사숙고하는 인지양식을 말한다. 사려성이 깊은 '반성적' 학생들은 일을 천천히 처리하나 실수가 적다. 이와 반대로 충동적 인지양식(impulsive cognitive style)은 가설을 성급하게 검토하고 즉각적인 반응을 보이면서 실수를 많이 하는 인지양식을 말한다.

충동적-반성적 인지양식은 대개 5~6세경에 나타나기 시작하며, 이후 이러한 성격적 특성이 변하지 않는다는 의견(messer, 1976)이 있는 반면, 이러한 특성은 안정적 성격특성이 아니라는 견해(Kagan, 1982; Jones & Duffy, 1982)도 있다. 장 의존성-장 독립성과 같이 충동적-반성적 인지양식은 지능과 높은 상관관계는 없다. 여러 연구결과에 따르면 반성적 아동이 읽기 과제, 인지기억력 검사, 추리력을 포함한 과제 및 창의적 과제에서 충동적 아동에 비해 수행 정도가 우수한 것으로 밝혀지고 있다. 학교에서 성공적인 학습을 위해서는 대부분 과제에 대한 주의집중과 습득할 개념에 대한 신중한 사고를 요구하기 때문에 충동적인 학생에게 불리하게 작용하는 경향이 있다(이용남 외, 1999). 그러나 일반적으로 학생들은 연령이 높아질수록 좀 더 반성적이 된다.

충동적 학생은 문제를 해결함에 있어 빠른 해결을 좋아하지만 반성적 학생은 행동하기 전에 정보를 수집하고 분석하기를 좋아한다. 따라서 단순한 문제해결에서는 충동적 학생이 더 나은 과제수행을 보이는 반면, 복잡하고 다차원적인 과제에서는 반성적 학생의 수행 수준이 높게 나타난다.

그런데 극단적인 충동적-반성적 인지양식은 모두 문제가 될 수 있다. 충동적인 학생은 읽기 과제나 기억 과제, 또는 추론 문제나 시각적으로 세밀한 구별이 필요한 과제 등에서 오답을 하는 경우가 많다.

충동적인 학생을 위한 반성적 학습훈련 방법으로는 비고츠키의 사적 언어의 이점을 활용하여 과제의 단계를 거칠 때마다 자신에게 말로 수행 내용을 말하는 자기 교수법과 사지선다형의 문제를 풀 때 먼저 전체적으로 훑어보기 전략(scanning strategies)을 사용하는 것이 효과적이다. 반면, 반성적인 학생은 어려운 문제를 만나면 한 문제를 너무 오랫동안 생각하다가 다른 문제를 놓치는 경우가 생길 수 있으므로 시간 내에 과제를 완성할 수 있도록 어려운 문제는 건너뛰도록 가르쳐야 한다(신명희 외, 2014).

(3) 수렴적 사고와 확산적 사고

수렴적 사고(convergent thinking)는 문제를 해결하기 위해 여러 가지 해결책 가운데 가장 적합한 해결책을 찾아가는 사고를 말한다. 학교 수업에서 요구하는 문제들 중에는 한 개의 정답만 있는 문제가 많으므로 수렴적 사고가 상당히 필요하다. 따라서 학생들은 수렴적 사고를 많이 사용한다. 예를 들어, 수학 문제를 풀거나 조각 그림 맞추기와 같은 활동은 수렴적 사고를 요구하는 과제이다.

길포드(Guilford)가 지능의 구조를 설명하며 제시한 확산적 사고는 문제를 해결하기 위해 다양한 해결책을 모색하고자 하는 사고를 말한다. 창의성과도 밀접한 관련이 있는 이 사고에는 사고의 유창성(fluency), 융통성(flexibility), 독창성(originality), 정교성(elaboration), 집착성(persistence) 등이 포함된다. 확산적 사고를 주로 하는 학생은 다양하고 독창성 있는 해결책을 제시할 수 있는 개방적이고 비구조화된 과제를 선호하며, 매우 구조화된 과제에서도 긴장하지 않고 즐기듯 문제를 해결하고자 한다(Runco & Okuda, 1988).

2) 학습양식

학습양식(learning style)이란 용어를 처음으로 사용한 사람은 그룹의 역동성을 설명하려 했던 텔렌(Thelen)이다(임창재, 2005). 학습양식은 구체적으로 학습상황과 연관하여 학습자가 새로운 정보에 집중하고 그 정보를 처리하고 기억하는 방식으로 특정 학습환경에 대한 개인적 선호도를 의미한다. 학습양식은 어떤 목표나 내용의 변화에도 불구하고 지속적으로 유지되는 심리적 특성이며, 후천적으로 획득되는 것으로 학습자가 환경으로부터 학습하고 적응하는 방식을 밝히는 징표이다. 이는 가치중립적인 개념으로서 어느 양식이 다른 양식보다 더 좋다고 말할 수 없다. 다만, 교사가 선호하는 학습양식은 수업 선택에 영향을 줄 수 있고 학생들이 선호하는 학습양식은 학생의 성취에 영향을 미친다.

학습양식의 정의는 학자마다 다양하게 설명되고 있으나 임창재(2005)는 대체로 다음과 같이 정리하였다. 첫째, 학습양식은 학습하는 과정에 나타나는 학습자의 특성으로 학습습관, 학습방법, 학습요령 등 여러 요소로 구성되는 복합적 개념이다. 둘째, 학습양식이란 학습자가 학습할 때의 상황이 전제되며, 여기서 나타나는 학습자의 독특한 행동양식이다. 이러한 행동양식은 상황이 바뀌더라도 어느 정도 지속성과 안정성을 지닌다. 셋째, 학습양식은 학습능력이나 지능 그리고 인지양식과는 구별되는 것이다. 넷째, 학습양식은 정신작용의 외면적 표출로서 학습자가 학습상황에서 학습환경과 상호작용하는 독특한 행동특성이며, 학습자의 행동이나 반응을 통해 알 수 있다.

(1) 던과 던(Dunn & Dunn)의 학습양식

학생에 따라 학습에 영향을 주는 학습 자세나 선호하는 학습환경은 서로 다르다. 던과 던(Dunn & Dunn, 1992)의 학습양식모형은 학습자의 환경적 요인, 정서적 요인, 사회적 요인, 생리적 요인, 심리적 요인과 관련된 21개의 학습양식요소로 구성되어 있다. 이들에 따르면 사람들은 21개 요소 전체의 영향을 받지는 않지만, 대략 6~14개 정도의 요소의 영향을 받는다고 한다.

❶ 환경적 요인

소리(sound), 빛(light), 기온(temperature), 가구나 의자의 디자인(design)과 같은 환경적 요소가 이에 속한다. 소리에 대한 반응에도 조용한 환경을 선호하는 학생이 있고, 음악을 듣거나 텔레비전을 켜고 공부하기를 좋아하는 학생이 있다. 빛에 대한 반응도 각자 달라서 밝은 곳을 좋아하는 학생이 있는가 하면, 아늑한 분위기나 집중된 조명을 선호하는 학생도 있다. 온도 역시 따뜻한 환경을 좋아하는 학생과 서늘한 환경을 좋아하는 학생이 있다. 가구 디자인도 학생에 따라 딱딱한 좌석을 선호하는 학생과 부드러운 좌석을 선호하는 학생이 있다.

❷ 정서적 요인

동기(motivation), 지속력(persistence), 책임감(responsibility), 과제의 구조화(structure) 등 정서적 요소가 이에 속한다. 새로운 것이나 어려운 과제에 대한 학습동기는 내적 동기에 의해 보다 수월하게 학습하는 학생이 있는가 하면, 다른 사람으로부터 자극을 받아야 하는 외적 동기가 필요한 학생도 있다. 지속력이란 시작한 과제를 끝까지 주의집중하는 것을 선호하는 학생과 과제를 완성할 때 중간에 상기시킬 필요가 있는 학생이 있음을 말한다. 책임감은 지시한 일을 잘 따르는 학생과 자신이 결정한 일에 대해서만 책임감을 느끼는 학생이 있음을 뜻한다. 과제의 구조화는 학습할 때 어떤 학생은 자세한 지시를 좋아하지만 다른 학생은 자기 방식대로 하는 것을 선호하며, 스스로 선택하기를 원하는 것을 말한다.

❸ 사회적 요인

학생이 학습할 때 혼자 공부하기를 선호하는 경우, 둘이서 짝을 이루어 공부하는 것을 좋아하는 경우, 동료들과 소집단으로 공부하기를 좋아하는 경우, 대집단 형태로 학습하기를 선호하는 경우, 성인과 함께 공부하기를 좋아하는 경우가 있고, 다양한 형태로 학습하기를 선호하는 학생이 있는가 하면 하나의 형태로만 학습하기를 좋아하는 학생도 있다.

❹ 생리적 요인

지각(perception: 시각적 · 청각적 · 촉각적 · 운동역학적 강점), 간식(intake), 시간대(time), 이동성(mobility) 등이 이에 속한다. 지각은 학습할 때 활용하는 감각기관의 지각 차이를 말한다. 어떤 학생은 청각적 자료를 가장 잘 학습하고, 다른 학생은 직접 보거나 읽는 시각적 정보를 더 선호하며, 또 어떤 학습자는 노트필기와 같이 손으로 조작할 수 있는 촉각적 자료를 가장 많이 사용한다. 다른 학습자는 움직일 수 있는 운동역학적 학습상황에서 가장 효과적으로 학습한다.

간식은 공부를 하는 중간에 음식이나 음료를 섭취하기를 즐기는 정도를 말하는데, 학업에 집중할 때 아무것도 먹지 않는 학생이 있는 반면에 간식이 있어야 학습능률이 높아지는 학생도 있다.

시간대란 학생이 최대능력을 발휘할 수 있는 때를 나타낸다. 어떤 학생들은 아침 시간에 능률이 오르지만, 또 다른 학생들은 오후 시간이나 늦은 밤을 더 선호하는 경우가 있다.

이동성이란 공부를 하는 동안 움직이려는 욕구를 말한다. 오랫동안 가만히 앉아 있는 것이 힘든 학생이 있는가 하면 오랜 시간 집중하여 움직이지 않는 학생도 있다.

❺ 심리적 요인

통합적 정보처리-분석적 정보처리(global-analytic) 경향성, 좌뇌-우뇌의 경향성이 이에 속한다. 통합적인 학생은 학습내용과 관련된 사실에 초점을 맞추기 전에 학습과제의 내용에 대한 개관을 하며, 학습을 시작한 다음 관련된 사실에 초점을 맞춘다. 분석적인 학생은 먼저 학습과제 사실에 대한 조사를 통해 이해하기 시작하고 그다음 개념에 대한 이해를 하는 방식으로 단계적 절차에 따라 사실을 학습한다. 어떤 학생들은 새로운 정보에 집중할 때 좌뇌를 사용하는 읽기학습을 선호하며, 다른 학생들은 우뇌 사용을 선호하여 직접 해 보거나 타인의 시범을 봄으로써 학습한다.

(2) 콜브(Kolb)의 학습양식

콜브(Kolb, 1985)는 학습자가 학습경험이나 정보를 이해하고 변형시키는 과정을 정보지각방식과 정보처리방식의 조합에 따라 네 가지의 학습양식으로 설명하였다. 정보지각방식은 학습경험이나 정보를 지각하는 방식에 따라 구체적인 경험(concrete experience)과 추상적 개념화(abstract conceptualization)를 한 축으로 놓고, 학습경험이나 정보를 처리하는 방식에 따라 반성적 성찰(reflective observation)과 활동적 실험(active experiment)을 다른 한 축으로 하여 학습자의 학습양식이 어느 쪽으로 많이 치우쳐 있는가를 측정하였다.

콜브는 이러한 조합에 따라 개인의 학습양식을 확산자, 적응자, 수렴자, 융합자의 네 가지 유형으로 분류하였다.

❶ 확산자(diverger)

구체적인 경험을 통해 지각하고, 반성적으로 관찰하는 학습방식을 가지며, 다양한 관점으로 구체적인 상황을 관찰하는 학습을 선호하고, 폭넓은 정보수집능력이 뛰어나다. 또한, 상상력이 풍부하고, 개방적인 마음과 사고를 가지고 한 가지 상황을 여러 가지 관점으로 조망할 수 있으며, 사람과 문화에 관심이 많다. '왜?'라는 질문을 선호하고, 정서적인 특징을 갖고 감수성이 뛰어나며, 아이디어가 풍부한 경우가 많다. 학습과정에서 교수자나 동료 학습자와 좋은 인간관계를 맺기를 선호한다.

❷ 적응자(accommodator)

구체적인 경험을 통해 지각하고 활동적인 실험을 통해 정보를 처리한다. 직접 경험해 보면서 깨달음을 얻고 구체적이고 직접적인 경험을 통한 학습에 뛰어나며, 실제 과제의 추진을 통해 경험을 체득해 나간다. 계획실행에 뛰어나며, 새로운 경험을 추구하고 새로운 상황에 적응을 잘한다. 환경변화에 즉각적이고 직관적으로 적응해 나가며, 긴박한 상황에서 놀라운 적응력을 발휘하여 활동적이거나 실질적인 분야의 마케팅이나 판매 부서 등에서 성과를 낼 수 있다. 문제를 해결할 때 자기의 기술적인 분석에 의존하기보다는 다른 사람들의 분석을 활용하며, 지도력이 탁월하다.

❸ 수렴자(converger)

추상적으로 개념화하여 지각하며, 활동적으로 실험하면서 정보를 처리한다. 지식과 이론 등의 실제적 활용을 잘하고 새로운 사고방식과 업무추진방식을 창출하는 데 능하며, 의사결정이나 문제해결능력에 뛰어나다. 과제에 대해 체계적이고 과학적으로 접근하며, 적극적 실험과 한정된 정답이나 해결안이 존재하는 상황에서 학습하기를 잘한다. 감정에 무관심한 편이며, 사회적인 문제나 사람과의 관계에 능숙하지 못하고, 대체로 관심의 영역이 좁은 편으로 자연과학 전공의 기술자가 많다. 과제를 이성적으로 접근하고, 기술적인 문제를 다루는 것과 능동적인 실험을 선호하는 경향을 보인다.

❹ 융합자(assimilator)

추상적으로 개념화하여 지각하고 반성적으로 관찰하며 정보를 처리한다. 다양한 정보를 통합하고 그것을 간결하고 논리 정연한 형태로 조직하는 능력이 뛰어나다. 논리성과 치밀성이 뛰어나고, 귀납적 추리에 익숙하며, 기초과학이나 수학 분야의 연구 개발, 기획 부서 등에서 일하는 사람이 많다. 넓은 범위의 아이디어를 잘 종합해 내며, 다각적으로 이해하는 논리적 추론과 자료의 체계적 분석이 뛰어나서 이론적으로 모형을 만드는 것을 좋아한다. 객관적이고 과학적인 사고를 중시하고 체계적 · 분석적이며, 추상적 개념에 대한 관심이 높다.

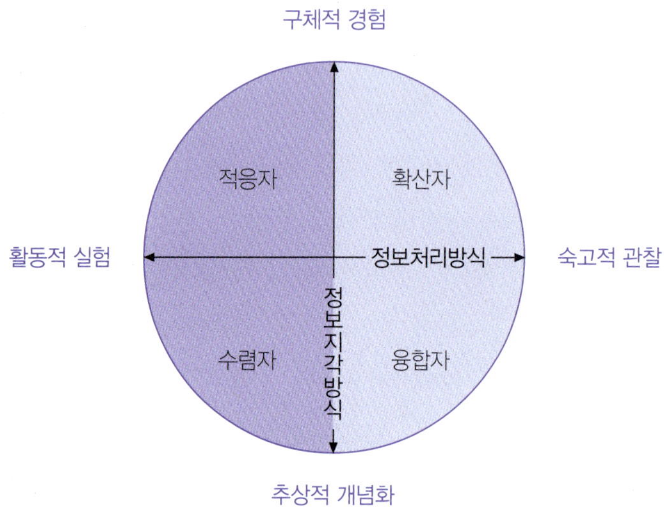

[그림 6-4] 콜브의 학습유형

3) 교육적 시사점

첫째, 인지양식과 학습양식은 학습자의 개인차를 낳는 중요한 요인이다. 그러나 이 개념은 개인의 능력이 아니라 선호하는 태도라는 점을 기억해야 한다. 이는 학습방법, 교수방법, 학생-교사의 상호작용, 전공 및 직업 선택에 영향을 준다. 그렇지만 어느 양식이 더 바람직하다고 할 수는 없다. 따라서 각각의 양식에 적합한 다양한 교육적 접근이 필요하다. 예를 들면, 강의식 수업 이외에도 협동학습, 토론식 수업, 문제중심학습 등을 활용하여 다양한 학생의 욕구를 충족시키도록 해야 한다.

둘째, 장 독립형 학습자는 사물을 지각함에 있어 그 사물의 배경이 되는 주변 장에 영향을 받지 않거나 적게 받는다. 장 독립형은 복잡한 상황을 분석하고 혼란스러운 상황에서 필요한 정보를 추출해 내는 데 능하지만 사회적 기술이 미숙하다. 따라서 이들은 사회적인 정보를 이해할 때 맥락을 활용한 방법을 학습하는 것이 좋다. 반면, 장 의존형 학습자는 주변 장의 영향을 많이 받는 사람으로 다른 사람과 관계를 형성하는 데 관심이 많지만 비교적 분석적이지 않고 직관적으로 자극을 지각하고 인지한다. 따라서 이들은 사회적인 정보를 더 잘 기억하는 경향이 있다. 그러므로 이들에게는 관심과 칭찬을 보임으로써 학습동기를 유발할 수 있다.

셋째, 수업 장면에서 교사의 인지양식과 학생의 인지양식 일치 여부에 따라 학습성과에 차이가 있을 수 있다. 그러나 이러한 인지양식의 일치 여부가 바람직한가 아닌가에 대해 논란이 있다.

넷째, 반성적 학습자는 충동적 학습자에 비해 읽기 과제, 인지기억력, 추리력 등에 우수하다. 학교학습에서 이러한 분야의 비중이 높아 반성적 학습자가 충동적 학습자보다 우수한 성적을 나타내는 경향이 있다. 따라서 학습자의 인지양식에 교수형태를 적절히 일치시키는 것이 학습의 효율을 높이는 면도 있으나, 반드시 그렇지 않은 경우도 있으므로 주의 깊게 검토하여 교수계획을 세워야 하며, 수업전략은 학생들과의 상호작용을 통해 이루어져야 한다.

제 7 장

학습자의 동기

학습목표

1. 동기 및 성취동기를 정의할 수 있다.
2. 조건형성이론과 인본주의의 동기에 대한 관점을 비교하여 말할 수 있다.
3. 귀인, 목표, 자기도식의 동기 관련 변인들의 역할을 말할 수 있다.
4. 귀인, 목표, 자기도식의 적응적 양식에 대해 설명할 수 있다.
5. 내재적 동기와 외재적 동기를 비교하고 내재적 동기를 높일 수 있는 방안을 제안할 수 있다.
6. 정서와 학습의 관련성 및 동기에 영향을 주는 교사특성을 말할 수 있다.

1 동기의 개념

경민이와 서연이는 수학 공부에 대해 이야기를 나누고 있다.

경민: 난, 수학은 정말 싫어! 지루하고 선생님이 무슨 말을 하는지도 못 알아듣겠어. 그래서 수업시간에 전혀 듣고 싶지 않아. 과제도 하고 싶지 않아.
서연: 그래? 난 수학 수업이 제일 좋은데. 수학 문제를 푸는 것이 정말 재미있어. 그리고 특히 어려운 문제를 고생해서 풀고 나면 뭔가 희열이 느껴져.
경민: 넌 머리가 좋은가 보다. 나에게 수학은 어렵기만 할 뿐인데. 난 머리가 나빠서 수학은 못해.
서연: 글쎄, 머리가 좋은 거랑은 별 상관이 없는 것 같은데? 나도 처음부터 수학 문제를 잘 푸는 것은 아니니까. 하지만 공식을 잘 이해하고 원리를 곰곰이 따지다 보면 대부분의 문제는 해결할 수 있는 것 같아. 난 수학 공부를 하는 데 최소한 하루에 한 시간은 쓰거든. 노력이 중요해.

1) 동기의 개념

동기란 '어떠한 행동을 하게 하는 힘'을 말한다. 동기라는 단어 'motive'는 라틴어 'movere'에서 왔는데, 이 단어는 '움직이다'라는 뜻을 가지고 있다. 즉, 동기란 유기체를 움직이게 하는 것으로 행동을 가능하게 하는 힘의 근원이다. 학자에 따라 동기의 개념은 조금씩 다르게 정의되나 가장 일반적인 정의는 "어떤 행동을 시작하도록 하고, 방향을 결정하며, 지속하게 하는 힘"이라는 것이다(김아영, 2010). 이러한 동기는 학습과 밀접한 관련이 있는 변인으로 학습자를 이해하기 위해서 학습자의 동기를 이해해야 한다.

동기는 심리적 현상이기 때문에 눈으로 확인하는 것은 불가능하다. 동기를 확인하기 위해서는 간접적으로 행동과 같은 다른 지표를 통해야 하는데 과제나 행동 선택, 과제 지속력, 노력 등을 통해 확인 가능하다.

2) 동기의 기능

동기는 행동의 출발점이자 시발점 기능으로 모든 행동의 전제조건이 되는 발생적 기능, 행동에 있어 구체적인 방향을 정하고 자극에 대한 선별적 반응을 통해 순조롭게 목표를 달성하며 결과적으로 긴장을 완화시키는 방향적 기능, 동기가 행동의 원동력이 되어 행동을 강화시키는 강화적 기능을 지닌다.

2 내재적 동기와 외재적 동기

동기는 내재적 동기와 외재적 동기로 분류될 수 있다. 내재적 동기는 다른 목적이 아니라 활동 자체를 위해 활동을 하고자 하는 것으로, 예를 들어 핸드폰으로 게임을 하는 것은 다른 어떤 것을 얻기 위한 것이 아니라 게임을 하는 데서 즐거움을 느끼기 때문에 하는데 이것이 내재적 동기에 의한 것이다. 내재적 동기는 호기심, 도전감, 흥미, 성취감, 유능감, 통제감과 같은 내적 보상과 관계가 있다.

이에 반해 외재적 동기는 다른 목적을 얻기 위한 수단으로 활동을 하는 것을 의미한다. 예를 들어, 수학 과제를 끝내면 엄마가 컴퓨터 게임을 할 수 있게 해 주기 때문에 수학 과제를 한다면 이는 외재적 동기에 의한 것이다. 외재적 동기는 취업, 사회적 지위, 돈, 인정과 같은 외적 보상과 관계가 있다.

동기는 학습자의 인지나 행동과 밀접한 관련이 있다. 내재적 동기가 높은 학생은 학습에 능동적으로 참여하며, 도전적인 과제를 선택하고, 과제수행 과정에서도 주의를 기울이며 심층적 학습전략을 사용한다. 실패를 경험하는 경우에도 포기하지 않고 다시 도전하는 경향을 보인다.

내재적 동기와 외재적 동기는 독립적이므로 둘 다 높을 수도 있고 어느 한쪽은 높고 다른 한쪽은 낮을 수도 있으며, 둘 다 낮을 수도 있다. 학습할 때 바람직한 상태는 내재적 동기와 외재적 동기가 모두 높은 경우로 즐거움을 느끼려고 하는 동시에 높은 점수를 얻기 위해 공부를 하는 것이 좋다. 권대훈(2015)에 의하면 내재적 동기가 높은 경우가 외재적 동기만 높은 경우보다 학습과정과 정서, 성취, 지속성에 더 적응적이므로 내재적 동기를 유발하는 것이 더 바람직하다. 그러나 내재적 동기가 아예 없는 학습자의 경우 외적 보상을 통해서라도 학습의욕이 일어난다면 바람직하다.

〈표 7-1〉 내재적 동기와 외재적 동기 비교

	내재적 동기	외재적 동기
목적	• 과제 자체	• 과제 이외의 목적을 위함
원천	• 호기심, 도전감, 통제감 • 성취감, 상상, 유능감, 흥미	• 성적이나 상 같은 외부의 보상물
통제 소재	• 내적 통제	• 외적 통제
특징	• 도전적 과제 선택 • 능동적 학습참여 • 심층적 학습전략 활용 • 높은 과제 몰입과 지속력	• 쉽거나 어려운 과제 선택 • 수동적 학습참여 • 표면적 학습전략 활용 • 낮은 과제 지속력

내재적 동기이론의 교육적 적용

- 중간 정도의 난이도를 지닌 과제를 제시함으로써 유능감과 통제감을 높여 준다.
- 호기심을 높일 수 있는 정보를 제공한다.
- 정보적 보상을 사용한다.
- 학습한 것을 연습하거나 적용해 볼 수 있는 기회를 제공하여 성취감을 느끼도록 한다.

3 동기에 대한 초기 관점

오늘날 인간의 동기에 대한 연구는 많은 부분 인지주의와 사회인지주의 이론가들에 의해 주도되고 있지만, 연구 초창기에는 행동주의 관점에서 항상성을 유지하려는 추동으로 동기를 설명하는 추동감소이론과 강화의 제공으로 동기를 설명하는 강화이론, 인본주의적 관점에서 욕구를 통한 동기에 대해 설명하는 욕구이론 등이 제안되었다. 그러나 이러한 이론들이 지니는 설명의 제한성이나 내적 동기와의 모순, 단순성으로 인해 한계를 드러내며 다른 이론들로 대체되었는데 이러한 초기 관점에 대하여 잠깐 살펴보기로 한다.

1) 추동감소이론

추동감소이론은 신행동주의자인 헐(Hull, 1943)에 의해 제안되었는데, 헐은 동기를 운동이나 행동의 습관 또는 패턴으로 보았다. 프로이트가 무의식적 욕망과 연결하여 추동을 설명하였던 것에 반해 헐은 추동의 개념을 확대하여 항상성을 유지하려는 유기체 내부의 힘으로 보았다. 유기체는 물이나 수면과 같이 생존에 필요한 요소를 박탈당할 때 추동을 경험하며 긴장을 느낀다. 그리고 이러한 긴장을 해소하기 위해 행동함으로써 추동을 감소시킨다. 즉, 추동을 경험한 유기체는 추동을 감소시키기 위해 행동을 한다. 예를 들어, 유기체가 물을 박탈당하면 갈증을 경험하며 긴장을 느낀다. 이러한 긴장을 해소하기 위해 물을 마시는 행위를 하게 된다.

그러나 추동감소이론은 인간이 잠이 오는데도 불구하고 다음 날에 있을 발표를 준비하기 위해 밤을 새우는 것과 같이 생리적 욕구를 포기하고 다른 목표를 추구하는 행위나 당장의 생리적 요구가 아닌 한 달이나 1년 후를 위해 장기적 목표를 설정하고 노력하는 것을 설명하기 어렵다. 또한, 노래를 부르는 것과 같이 생존을 위해서 당장 필요하지 않은 데도 불구하고 행하는 행동을 적절하게 설명하지 못한다는 문제가 있다.

2) 강화이론

전통적으로 행동주의 이론은 동기를 연구대상으로 삼지 않으나 강화와 연결된 관점에서 동기를 이해하고 설명하려 한다. 자극과 반응 사이 사고과정에 대해서 관심 없이 행위의 결과가 동기의 역할을 수행한다고 본다. 즉, 동기는 행위의 결과로 외부의 강화를 받았던 경험에 의해 형성된다. 결국, 강화를 받았던 행동은 반복되는 경향을 보이며, 처벌을 받았던 행동은 소거되는 경향성을 보인다.

강화는 인간의 행동을 빠르고 효과적으로 변화시킬 수 있어서 학습이나 치료, 스포츠, 경영 분야와 같이 수행과 성취와 관련되는 영역에서 많이 적용되는 동기유발 방법이지만 강화가 더 이상 주어지지 않게 되었을 때 행동을 유지시킬 수 없고 자칫 내재적 동기를 저하시키는 결과를 초래할 수 있으므로 적용에 신중을 기해야 한다.

3) 매슬로우(Maslow)의 욕구위계설

매슬로우(Maslow, 1954)에 의하면 인간은 욕구를 가지고 태어나며, 활동의 대부분은 이러한 욕구를 충족시키기 위한 과정이다. 즉, 인간의 동기를 욕구충족의 관점에서 설명한다. 우리의 욕구에는 위계가 있으며, 더 낮은 수준의 욕구가 충족이 되어야 높은 수준의 욕구를 충족시키기 위한 행동을 취할 수 있다. 가장 낮은 단계의 생리적 욕구부터 안전욕구, 소속의 욕구, 자존의 욕구, 지적 욕구, 심미적 욕구, 자기실현의 욕구까지 존재한다.

(1) 생리적 욕구

생리적 욕구는 생존을 위해 필요한 가장 기본적인 욕구로 식욕, 수면욕, 성욕 등이 이에 해당한다. 생리적 욕구는 가장 기본적이고 강력한 욕구로 이 욕구가 충족되지 않으면 더 높은 수준의 욕구가 출현할 수 없다.

(2) 안전 욕구

생리적 욕구가 충족되면 나타나는 안전욕구는 불안한 상태에서 벗어나 안전하고자 하는 경향성으로 신체적 안전뿐 아니라 심리적 안전, 경제적 안전 모두를 포함한 개념이다. 인간의 행동 중 저축이나 보험 등이 이러한 안전의 욕구를 보여주며, 목숨이 위협받는 상황, 즉 천재지변이나 전쟁 등을 경험할 때 강하게 나타난다.

(3) 소속의 욕구

소속의 욕구는 다른 사람과 좋은 관계를 유지하며 사람들의 집단에 소속되려 하는 욕구를 의미한다. 가족이나 친구와 같은 타인과 좋은 관계를 맺고 사랑받고 싶어 하며, 동아리 활동을 하거나 SNS 활동을 열심히 하는 것 등이 이러한 욕구에 의한 것이다.

(4) 자존의 욕구

자존의 욕구는 자기 스스로를 존중하고 다른 사람으로부터 존중받으려는 욕구를 의미한다. 다른 사람들의 존중을 받으려는 욕구는 사회적으로 인정받을 만한 행동을 하거나 높은 지위에 오르려고 하거나 존경받을 만한 행동을 하려는 경향으로 나타난다.

(5) 지적 욕구

지적 욕구는 인지적 성장을 위해 지식을 획득하고 세상을 이해하려는 욕구를 의미한다. 지적 욕구는 학습을 하거나 정보를 찾아보는 행위 등으로 나타난다.

(6) 심미적 욕구

심미적 욕구는 질서, 균형, 조화 등 아름다움을 즐기며 추구하려는 욕구를 의미하며, 예술을 감상하는 행위 등으로 나타난다.

(7) 자기실현의 욕구

가장 높은 단계의 욕구는 자기실현의 욕구로 자신이 지닌 잠재력을 최대한 실현하려는 욕구를 의미한다. 자기실현의 욕구는 자기역량을 최고로 발휘하려 하고 창의적인 행위 등으로 나타난다.

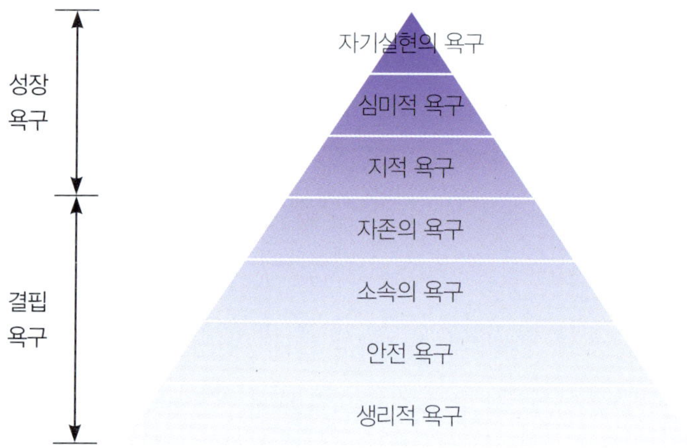

[그림 7-1] 매슬로우의 욕구위계단계

욕구위계설은 인간의 행동을 직관적으로 이해하는 데 유용한 개념이다. 학습과 관련해 보면 생리적 욕구나 자존의 욕구와 같은 기본적인 욕구가 충족되지 않은 상태에서 학습욕구는 발현되지 않을 것이란 것을 예측하게 해 준다. 즉, 가족이나 교사에게 존중받거나 사랑받는 경험을 하지 못하는 학생이 공부를 열심히 하는 것은 어렵다는 것을 의미한다.

욕구위계설이 비판받는 면도 있는데, 정치적인 이유로 단식을 하는 간디의 경우처럼 저차원의 욕구를 포기하고 고차원 욕구를 추구하는 경우가 있고, 단순한 몇 가지 욕구를 이용하여 복잡한 인간의 행동을 설명하려고 시도하고 있다는 점, 이 욕구들의 위계가 타당한지 등에 대한 논란이 존재한다.

4 주요 동기이론

1) 성취동기이론

(1) 성취동기

성취동기라는 개념은 머레이(Murray)에 의해 처음으로 제시된 심리발생적 욕구 20가지 중 하나로 어떤 어려운 일을 해내려 하는 것으로 인간이나 어떤 생각 등을 잘 다루거나 이해하고자 하며, 장애를 극복하려 하고 다른 이들과 경쟁하여 능가하려고 하는 경향성을 의미한다. 머레이는 인간행동의 동기를 이러한 욕구에서 발현된 것으로 본다. 이러한 성취동기는 지속적으로 연구되어 왔으며, 학습 등 다양한 성취상황과 관련된 것으로 나타났다.

(2) 기대-가치

성취동기를 설명하기 위해 앳킨슨(Atkinson)은 기대-가치이론을 개발하였다. 기대는 유능감과는 구별되는 개념으로 과제를 수행했을 때 성공할 가능성이 어느 정도인지에 대한 판단을 의미한다. 유능감과 달리 앞으로 얼마나 잘할 것인지에 대한 기대를 말한다. 또한, 그 행동을 통해 받을 수 있는 보상이나 처벌에 대한 기대까지 모두 포함하는 개념이다. 가치는 개인에게 바람직한 것으로 행동에 영향을 줄 수 있는 것이다.

기대-가치이론은 인간의 특정 행위를 위한 성취동기는 그 행동에 대해서 얼마만큼의 가치를 두는지와 그 행동이 성공할 가능성에 대한 기대에 의해 결정된다고 본다(Schunk, Pintrich, & Meece, 2013). 예를 들면, 상대 팀과 중요한 경기를 치르고 있는 농구선수가 덩크슛을 시도할 가능성은 매우 크지만, 농구를 한 번도 해 본 적 없는 여고생이 덩크슛을 시도할 가능성은 매우 작다. 그 이유는 농구선수에게 덩크슛은 자신의 팀이 이기는 데 중요한 가치를 지니고 있고, 성공할 가능성 또한 크지만, 여고생에게 덩크슛을 한다는 것은 중요하지 않을 뿐만 아니라 성공할 가능성도 거의 없기 때문이다. 이러한 상황을 잘 나타내는 우리나라 속담이 "오르지도 못할 나무 쳐다보지도 말아라."인데 성공기대가 없기 때문에 동기를 가지지 않는 것을 의미한다.

(3) 성취동기가 높은 사람의 특징

성취동기가 높은 사람은 특정 행동이나 학습의 결과에 대해 희망적이고 자신감과 자존감이 높으며 기대가 충족될 것이라고 믿는다. 과제 선택 시 중간 수준의 난이도를 지닌 과제를 선택하고, 학습과정에서 높은 수준의 노력과 끈기를 보이며, 학습과정에서 효과적인 인지전략(학습내용에 대해 깊이 생각해 보는 정교화나 학습내용요소끼리의 관련성을 생각해 보는 조직화)과 메타인지전략(학습과정을 점검 · 통제 · 조절하는 전략)을 사용한다. 이에 반해, 성취동기가 낮은 학습자는 아주 쉬운 과제나 아주 어려운 과제를 선택하며, 성취를 위해 적은 노력을 투자한다. 이들은 실패에 대한 공포감을 지니고 있다.

성취동기이론의 교육적 적용

- 학생에게 부여되는 학습과제가 자신에게 가치 있는 것이라고 여기게 해 준다.
- 학습하는 과정에서 즐거움을 경험할 수 있도록 학습과제를 제시한다.
- 과제 선택의 기회를 학생에게 제공하여 학생 개인의 흥미가 활성화될 수 있도록 한다.
- 성공확률을 높일 수 있도록 학생 개개인에게 적정 수준의 과제를 제시한다.
- 학생의 개인적 능력에 대한 상대적 순위를 알 수 없도록 한다.

2) 귀인이론

인지주의 심리학자는 인간을 자신을 둘러싼 세계를 이해하고 예측하려 하며, 통제하려는 특성을 지니는 소박한 수준의 과학자로 본다. 사람은 어떤 일이 일어났을 때 왜 이 일이 일어났는지, 그 이유가 어디에 있는지 알기 위해 정보를 찾는

데, 이러한 과정을 귀인이라고 한다. 귀인은 사람들의 인지 · 정서 · 행동에 영향을 미친다.

학생들은 학습과 관련한 성취상황에서 성공이나 실패를 경험하는 경우 왜 성공하게 되었는지 또는 왜 실패하게 되었는지 질문을 한다. 예를 들어, 중간고사 수학점수가 낮게 나왔다면 왜 이렇게 낮은 점수를 받게 되었는지 그 이유를 생각한다. 이러한 행위를 귀인이라고 하는데 귀인은 동기와 밀접한 관련이 있다. 학업상황에서 주로 경험하는 귀인 내용과 귀인 차원, 귀인의 심리적 · 행동적 결과를 다음과 같이 정리해 볼 수 있다.

(1) 귀인 내용/지각된 원인

웨이너(Weiner, 1974)는 성취상황에서 성공이나 실패의 원인을 능력, 노력, 과제난이도, 운 탓으로 돌린다고 본다. 예를 들어, 기말고사에서 낮은 영어점수를 받았을 경우, 자신이 능력 없는 사람이기 때문이라고 생각하거나 공부를 안 했기 때문이라고 생각할 수 있다. 이에 더해 적성, 소질, 기술, 일반적 노력, 일시적 노력, 다른 사람들의 도움, 기분, 흥미, 피로 등의 원인이 추가될 수 있다(Weiner, 1986).

(2) 귀인 차원

귀인이론은 인과구조를 분석함으로써 귀인의 각 차원을 구분하였는데 귀인 소재 차원, 안정성 차원, 통제 가능성 차원으로 표현되며, 이런 귀인 차원의 특성은 학생들의 인지 · 정서 · 행동에 대한 이해를 돕는다.

❶ 귀인 소재 차원

귀인 소재 차원은 지각한 사건의 원인이 자신의 내부에 있는지 아니면 외부에 있는지 여부이다. 예를 들면, 기말고사에서 국어 과목 성적이 낮게 나왔을 경우, 그 원인을 자신의 노력 부족에 돌리면 이는 내적 귀인을 한 것이지만, 운에 돌리면 외적 귀인을 하고 있는 것이다.

❷ 안정성 차원

안정성 차원은 지각한 사건의 원인이 안정적 요소인지 아니면 불안정한 요소인지 하는 측면이다. 만약, 기말고사에서 국어 과목 성적이 낮게 나왔을 경우, 이를 적성과 같이 변화하기 어려운 요소에 귀인을 하면 안정 귀인이고, 운과 같이 언제든 바뀔 수 있는 요소에 귀인하면 불안정 귀인이다.

❸ 통제 가능성 차원

통제 가능성 차원은 지각된 사건의 원인이 자신이 통제할 수 있는 요소인지, 아니면 통제력 밖에 있는 요소인지 하는 측면이다. 예를 들면, 기말고사에서 국어 과목 성적이 낮게 나왔을 경우 이를 노력과 같이 자신이 통제할 수 있는 요소에 귀인할 수도 있지만, 적성과 같이 자신이 통제할 수 없는 요소에 귀인할 수도 있다.

앞서 살펴보았던 지각된 원인을 귀인 차원에 의해 분류해 보면 〈표 7-2〉와 같다.

〈표 7-2〉 소재, 안정성, 통제 가능성의 차원에서 분류한 학업성취 귀인

	소재			
안정성	내적		외적	
	통제 가능	통제 불가능	통제 가능	통제 불가능
안정적	장기간의 노력	적성	교사의 편견/편애	학교나 수업의 요구 수준 정도 (난이도)
불안정적	기술/지식 시험을 위한 일시적 노력	시험 당일의 건강, 기분	교사나 친구로부터의 도움	기회

출처: Schunk, Pintrich, & Meece(2008); 신종호 외(2013) 재인용.

(3) 귀인의 심리적 · 행동적 결과

귀인은 행위자의 성공에 대한 기대나 정서적 반응, 성취행동에 영향을 미치고 귀인의 안정성 차원은 성공에 대한 기대에 영향을 미친다. 성공을 안정적인 원인(학교나 수업의 요구수준)에 귀인하였다면 희망참을 느끼고 다음 성취상황에서 성공기대가 높을 것이며, 불안정한 원인(운)에 귀인하였다면 다음 성취상황에서 성공기대가 반드시 높지는 않을 것이다. 예를 들어, 교육심리 중간고사에서 좋은 점수를 받았는데 그 이유를 교육심리교과 학습이 쉬웠기 때문으로 생각한다면 다음 기말고사도 준비하는 데 어려움 없이 좋은 점수를 받을 수 있을 것이라고 기대할 수 있다. 반면, 운이 좋아서 시험을 잘 보았다고 생각하는 경우 다음 시험에서도 또 운이 좋을 것이라고 기대할 수 없기 때문에 좋은 점수를 기대하지는 않을 것이다.

성공을 내적이고 통제 가능한 원인(장기간의 노력)에 귀인하였다면 자부심을 느끼고 다음 성취에 대한 성공기대가 높을 것이며, 통제 불가능한 원인(기분)에 귀인하였다면 다음 성취에 대한 성공기대는 반드시 높지 않을 것이다. 즉, 기말고사에서 수학 과목에서 좋은 점수를 얻은 이유가 장기간의 노력에 의한 것이라고 귀인을 하는 경우 노력은 통제할 수 있는 요인이므로 다음에도 노력을 통해 좋은 성적을 받을 수 있을 것으로 기대할 수 있지만, 그날 기분이 좋았기 때문에 시험문제를 집중하여 잘 풀었다고 생각한다면 기분을 통제할 수가 없으므로, 다음에도 기분이 좋아서 시험을 잘 볼 수 있을 것이라 기대하기 어렵다.

귀인의 통제 가능성 차원은 성취행동에 영향을 미친다. 만약, 실패를 통제 가능한 요소(노력)에 귀인한다면 다음 성취상황에서 좋은 성취를 얻기 위해 노력하겠지만 실패를 통제 불가능한 요소(적성)에 귀인한다면 자신이 노력을 통해서 변화시킬 수 없다고 보기 때문에 다음 성취상황에서 노력하지 않을 것이며, 수치심을 느낄 것이다. 그리고 이로 인해 높은 학업성취를 이룰 수 없는 결과를 초래할 것이다.

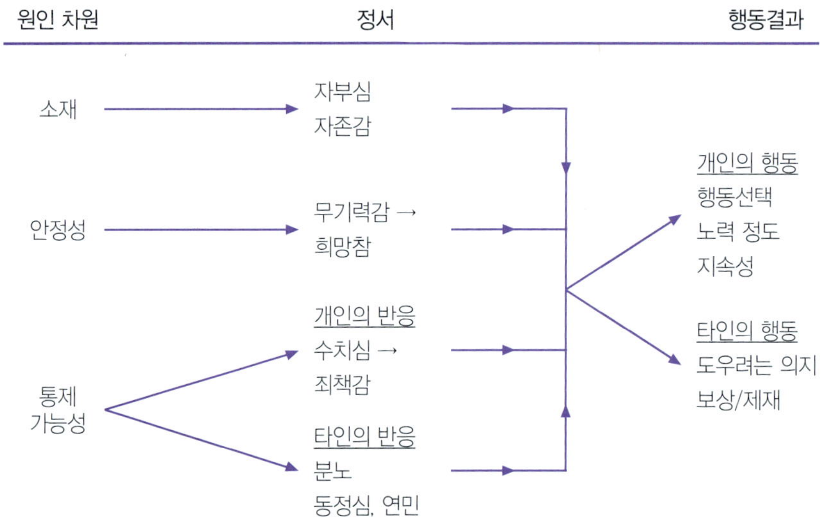

[그림 7-2] 원인 차원, 정서, 행동결과 간의 관계

출처: Weiner(1994) 재수정.

귀인이론의 교육적 적용

- 성공은 능력이나 노력에 귀인하게 한다.
- 실패는 통제 가능한 노력이나 학습전략에 귀인하게 한다.
- 노력 귀인은 지속되는 실패 상황에서는 좌절을 불러올 수 있으므로 학습전략을 확인하여 학습전략을 수정해 보도록 지도하고 학습전략에 귀인하게 한다.

3) 성취목표이론

성취목표는 학습자가 왜 학습을 하려 하는지에 대한 목적과 이유를 의미한다. 성취목표는 인간의 성취행동을 설명하기 위해 제안된 개념으로 목표와는 구별된다. 목표는 학습자가 학습을 통해 도달하려는 지점으로 "이번 주말까지 이 책의 3장까지 두 번 읽는다."로 표현될 수 있다. 이에 반해, 성취목표는 "내가 배우는 내용을 더 잘 이해하기 위해 공부를 한다."와 같이 목표에 도달하려는 이유에 가깝다. 성취목표는 목표를 달성하는 데 있어 성공이나 실패를 판단하는 기준이 된다. 성취목표의 유형은 여러 학자에 의해 다양하게 제안되었으나 숙달목표와 수행목표로 분류하는 것이 가장 일반적이다.

(1) 성취목표의 유형

성취목표에는 숙달목표와 수행목표가 있는데, 숙달목표는 학습하고 있는 과제를 잘 이해하고 숙달하거나 자기발전을 위하여 학습하는 것을 의미한다. 숙달목표를 지닌 사람들은 새로운 기술을 습득하고 자신의 역량을 더 발전시키고 개발하기 위해서, 또 주어진 과제에 대해 더 잘 이해하고 통찰력을 가지기 위해서 노력한다. 반면, 수행목표는 자신의 능력을 증명하고 다른 사람과 비교하여 더 잘하기 위해 노력하는 것을 말한다. 수행목표를 지닌 사람은 자기가 속한 집단에서 최고가 되거나 다른 사람을 이기기 위해서 노력을 한다.

숙달목표와 수행목표는 〈표 7-3〉과 같이 각각 접근목표와 회피목표로 다시 분류될 수 있는데, 접근목표는 긍정적인 결과를 얻는 것을 목표로 하는 데 반해 회피목표는 부정적인 결과를 회피하는 것을 목표로 한다.

숙달접근목표가 과제를 깊이 이해하고, 잘할 수 있게 되는 데 초점을 맞춘다면 숙달회피목표는 과제를 잘못 이해하게 되거나 전혀 못 배우게 되는 상황을 피하는 데 초점이 맞추어져 있다. 숙달회피목표에 대해서는 논란이 존재하는데, 학자에 따라서는 숙달목표가 긍정적인 속성을 지니고 있어서 회피목표의 성격과 모순되는 측면이 있다고 비판하기도 한다(김아영, 2010).

수행접근목표는 다른 사람을 이기고 집단에서 일등을 하는 것에 초점이 맞추어진 반면 수행회피목표는 다른 사람보다 못한 점수를 받거나 학급에서 가장 못하는 사람이 되지 않는 것에 초점이 맞추어져 있다. 성취목표는 동기의 중심적인 요인으로 학습자의 인지와 행동에 영향을 미침으로써 성취에 영향을 미친다.

〈표 7-3〉 성취목표 분류

	접근성향	회피성향
숙달목표 지향	• 과제를 숙달하는 데 초점 • 과제를 깊이 이해하는 데 초점 • 과거보다 더 나아지는 데 초점	• 과제를 숙달하지 못하는 것을 회피하는 데 초점 • 과제를 이해하지 못하는 상황을 회피하는 데 초점
수행목표 지향	• 타인을 이기는 데 초점 • 일등이 되는 것에 초점	• 과제를 못하는 것처럼 보이는 것을 회피하는 데 초점 • 꼴등을 하는 것을 회피하는 데 초점

(2) 성취목표의 결과

❶ 성취목표가 귀인에 미치는 영향

숙달목표를 지닌 경우 성취결과에 대해 적응적 귀인 양상을 보이며, 학습결과를 개인의 노력 정도와 연결하여 생각한다. 예를 들면, 기말고사에서 좋은 점수를 받지 못했을 경우, 그 원인을 노력에 귀인함으로써 다음에 더 열심히 노력하려는 태도를 보인다. 수행목표를 지닌 경우 성취결과를 능력에 귀인하는 경향을 보이며, 노력과 능력이 역의 관계를 지닌 것으로 생각한다. 예를 들면, 기말고사에서 좋은 점수를 받지 못했을 경우 이를 능력이 부족했기 때문이라고 생각하여 앞으로 더 이상의 노력을 기울이려 하지 않는 태도를 보인다.

❷ 성취목표가 인지과정에 미치는 영향

숙달목표를 지닌 경우 학습과정에서 학습내용에 대해 깊이 생각해 보는 정교화나 학습내용요소끼리의 관련성을 생각해 보는 조직화와 같은 심층적인 인지처리전략을 사용하는 경향을 보인다. 뿐만 아니라, 학습계획을 수립하고 자신의 학습과정을 지속적으로 점검하며 그 결과에 따라 학습을 조절하고 학습결과를 평가하는 것과 같은 자기조절전략을 사용하는 경향을 보인다. 이에 반하여 수행목표를 지닌 경우에는 학습과정에서 학습내용을 단순히 반복하는 시연과 같이 표면적이고 기계적인 학습전략을 사용하는 경향을 보인다.

❸ 성취목표가 행동에 미치는 영향

숙달목표를 지닌 경우 과제 선택에서 자신의 기술이나 지식을 향상시킬 수 있는 도전적인 과제를 선택한다. 또한, 새로운 과제도 열린 자세로 대하며, 성공적인 수행을 위해 노력을 기울이고, 그 결과로 높은 성취에 이를 수 있다. 이에 반해, 수행목표를 지닌 경우 쉬운 과제를 선택하는 경향이 있으며, 새로운 것을 시도하려는 의지가 부족하고 필요하다고 생각되는 정도의 노력만 기울인다. 따라서 낮은 수준의 성취도를 보인다.

수행목표를 연구한 모든 연구에서 이와 같은 결과를 보이는 것은 아닌데 수행접근목표를 지닐 경우 높은 성취를 보고하기도 한다. 그러나 수행목표와 성취의 관계에 대한 연구들의 결과가 일관되지 않고 이 목표는 시험불안과 같은 부정적 정서와 정적 상관을 보여 적응적이지 못하므로 숙달목표로 바꾸도록 지도하는 것이 바람직하다.

4) 자기결정성 이론

데시와 라이언(Deci & Ryan, 1985)에 의해 제안된 자기결정성 이론은 동기를 설명하는 지금까지의 이론 중 가장 포괄적이며, 기본심리욕구이론, 인지평가이론, 유기적 통합이론, 인과지향성 이론 등을 포함한다. 이 이론에서 말하는 자기결정성이란 자신의 욕구를 만족시킬 방법을 스스로 결정하려는 과정이다. 이 이론은 동기의 유형에 따라 자기결정성의 정도가 다르고 이에 따라 인지과정과 정서, 행동, 성취에 다른 영향을 미친다고 본다.

자기결정성 이론은 인간의 행동을 기본적으로 관계성, 유능감, 자율성에 대한 욕구에 의한 것으로 본다. 관계성에 대한 욕구는 매슬로우의 소속의 욕구와 비슷한데 어떤 집단에 소속되고자 하는 욕구로 다른 사람과 긴밀한 관계를 맺으며 존중받으려는 욕구다. 유능감에 대한 욕구는 타인과 관계 맺거나 일을 처리하는 것을 효과적으로 할 수 있기를 바라고, 더 나아가 자신이 상호작용하는 환경을 효과적으로 다룰 수 있다고 느끼고 싶어 하는 욕구다. 환경 속에서 유기체가 적응하며 살아가기 위해 유능성은 반드시 필요한 능력이라고 할 수 있다. 자율성에 대한 욕구는 자신의 일을 스스로 결정하고, 선택하는 자유를 갖고 싶어 하며, 내적 통제감을 느끼려는 욕구다.

이 세 욕구 중 가장 중요한 욕구는 자율성의 욕구로 내재적 동기는 이러한 자율성의 욕구에서 기인한다. 인간은 내재적 동기를 타고나지만 통제나 보상 등을 경험하면서 이러한 요소들이 내면화되고 자기조절과정의 일부가 되면서 다양한 유형의 외재적 동기들이 분화된다. 이에 따라 동기는 무동기와 다양한 외재적 동기, 내재적 동기로 세분화된다.

자기결정성 이론의 교육적 적용

1. 왜 특정 내용을 배우는 것이 중요한지 학습의 가치를 느낄 수 있도록 도와야 한다.
2. 학습에 흥미를 느낄 수 있도록 학습상황을 학생들이 좋아하는 활동과 연결시킨다.
3. 학생들에게 학습자료나 학습방법 등을 선택할 수 있는 기회를 부여하여 자율성을 경험하게 한다.
4. 학생 각자의 수준에 적절한 난이도의 과제를 제시하여 성공을 경험함으로써 유능감을 높인다.

5 동기 관련 개념

1) 자기개념

(1) 자기개념의 개념

자기개념은 자신에 대해 가지고 있는 종합적인 정신적 상을 의미하며, 자기 자신에 대한 도식 중에서 가장 포괄적인 성격을 지닌다. 자기개념은 자신의 능력에 대한 믿음과 가치에 대한 믿음으로 구성되어 있다. 자신의 능력에 대한 믿음은 어떤 것을 할 수 있다는 느낌으로 자신감이다. 자신의 가치에 대한 믿음은 자기존중감으로 스스로를 얼마나 가치 있는 사람으로 여기는지, 자신을 어느 정도나 존중하는지에 대한 신념이다. 자신감은 자기존중감의 가장 중요한 기반이 되는데 그 이유는 스스로가 능력이 크다고 생각하는 사람은 자신을 가치 있게 생각하는 경향도 높기 때문이다.

(2) 자기개념의 유형

자기개념은 위계적인 특징을 보이는데 최상위에 일반적 자기개념이 있고 일반적 자기개념의 하위에 학문적 자기개념, 사회적 자기개념, 신체적 자기개념 등이 위치한다. 학문적 자기개념의 하위에는 수학교과 자기개념, 국어교과 자기개념 등 특수한 영역의 자기개념이 위치한다. 일반적 자기개념은 자신에 관련된 가장 포괄적이고 일반적인 신념으로 하위의 자기개념의 총합과는 다르다. 일반적 자기개념은 안정성이 높아 쉽게 변화하지 않으나 구체적인 수준의 교과영역 자기개념은 안정성이 낮고 쉽게 변하는 특징을 지닌다.

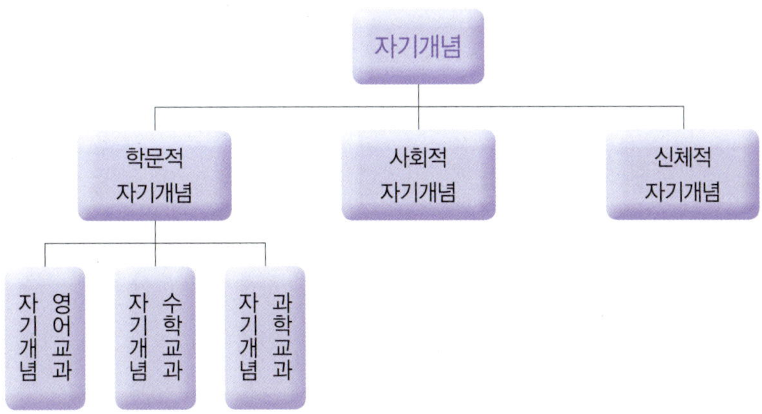

[그림 7-3] 자기개념 유형

2) 자기효능감

(1) 자기효능감의 개념

자기효능감은 "특정한 과제를 성공적으로 수행하기 위하여 요구되는 일련의 행동들을 조직하고 수행할 수 있는 능력에 대한 스스로의 판단"이다(Bandura, 1986). 자기효능감은 일반적인 의미의 유능감과 다른 개념으로 오히려 특정한 과제에 대한 유능감과 유사하다. 결과기대와도 다른데 결과기대는 과제수행 결과가 얼마나 성공적일 것인지, 즉 어느 정도의 점수를 얻을지, 어떤 강화를 받을지 등에 대한 것이라면, 자기효능감은 어떤 결과를 낼 수 있는 능력과 수단을 어느 정도나 지니고 있는지에 대한 믿음이다. 또한, 자기효능감은 이차방정식 문제를 푸는 것과 같이 구체적인 과제수행과 관련된다. 따라서 다른 자기도식에 비하여 구체적이고 상황특수적인 특징을 지닌다. 자기효능감은 정도의 문제로 긍정이나 부정으로 표현하지 않고 높고 낮음의 정도로 표현된다.

(2) 자기효능감의 기능과 원천

자기효능감은 새로운 행동을 습득하고 유지하는 데 기여한다. 실제 수행 후 그 결과를 해석하고 인과관계를 파악하는 과정에서 자신의 능력에 대한 인식과 사회적 비교, 과제수행 후 받는 피드백, 지각한 통제 가능성 등에 영향을 받는다. 즉, 자기효능감은 실질적인 수행결과 및 귀인과정과 결과기대 등에 의해 형성된다.

자기효능감의 대표적인 원천은 과거의 수행, 대리적 경험, 사회적 설득, 생리적 각성 등이다. 이 중 가장 강력한 원천은 과거의 수행으로 어떠한 학습과제에 대한 자기효능감은 과거에 동일한 과제를 얼마나 성공적으로 수행했는지에 따라 달라지며, 이미 성공적으로 수행한 경험이 있는 과제에는 높은 효능감을 보인다.

두 번째 원천은 대리적 경험으로 다른 사람이 그 학습과제를 얼마나 성공적으로 수행하는지 관찰하는 것을 통해 형성된다. 예를 들어, 평소에 자신과 비슷한 수준의 수학적 능력을 보이는 학생이 새로운 수학 과제를 성공적으로 수행하는 것을 보았다면 그 과제에 대해 자신도 성공할 수 있을 것이라는 높은 효능감을 보일 것이다. 이때 중요한 점은 모델이 되는 다른 사람이 자신과 유사성이 커야 한다.

효능감의 또 하나의 원천은 언어적 설득으로 주변의 중요한 타인인 부모나 교사에 의한 것이다. 예를 들어, 새로운 과제를 하려는 학생에게 교사가 "너는 이 과제를 잘 수행할 수 있을 거야, 힘내!"라고 말한다면 그 말을 들은 학생은 그 과제에 대해 높은 효능감을 가지게 될 것이다.

마지막 원천인 생리적 각성은 땀이 나거나 떨리는 것 등 생리적 상태에 대한 인식이 자기효능감 판단에 영향을 미치는 것이다. 예를 들어, 스트레스 상황에서 심장이 두근거리니까 이를 상황에 제대로 대처하지 못했기 때문으로 인식한다면 자기효능감이 떨어진다.

양육자와의 상호작용이나 학교에서 이루어지는 또래나 교사와의 상호작용 그리고 다양한 과제수행 시 경험하는 성공이나 실패 등은 자기효능감 형성에 영향을 미친다. 가정에서 아동이 어떤 새로운 것을 시도할 때 부모가 이를 지원하고 숙달하도록 허용한다면 높은 자기효능감 형성을 촉진할 것이다. 또한, 부모 스스로 노력하고 숙달을 위해 끈기 있는 행동을 하는 것을 보여 주게 되면 아동의 자기효능감은 더불어 높아지게 된다. 학교의 과제수행 상황에서 교사의 언어적 설득과 긍정적인 피드백을 경험하는 학생은 높은 자기효능감을 기를 수 있다. 또래가 과제수행 과정에서 성공하거나 실패하는 모습을 관찰하는 것을 통해 효능감도 영향을 받는다.

반두라(Bandura, 1997)에 의하면 자기효능감은 다른 어떤 정의적 특징보다 학업성취를 잘 예측할 수 있다. 심지어 과거의 수행보다 자기효능감이 성취를 예측하는 정도가 더 높게 나온다는 것이다. 자기효능감이 높으면 새로운 것을 배울 수 있는 도전적인 과제를 선택하고 그 과제에 적극적으로 참여한다. 또한, 과제수행을 위해 높은 노력수준을 유지하며, 어려움에 직면했을 때 쉽게 포기하지 않는다. 또한, 핀트리치와 드 그루트(Pintrich & De Groot, 1990)에 의하면 효능감이 높은 학생이 다양하고 깊은 수준의 학습전략과 자기조절 학습전략을 많이 사용한다.

자기효능감이론의 교육적 적용

- 개별 학생의 능력에 적절한 수준의 난이도의 과제를 제시하여 성공의 기회를 제시한다.
- 과제 난이도를 점진적으로 증진시킴으로써 숙달과 발전의 기회를 제공한다.
- 협동학습을 통해 비슷한 수준의 또래의 성취를 관찰할 기회를 제공한다.
- 효과적인 학습전략과 노력을 통해 성공할 수 있다는 것을 설득한다.
- 실패나 어려운 과제를 접할 때 긍정적으로 대처할 수 있도록 적응적 귀인을 하도록 한다.

3) 학습된 무기력

학습된 무기력은 자신의 행동을 통해서 결과를 통제할 수 없다고 생각하는 것으로, 학습된 무기력을 경험하는 사람은 성공을 위한 어떠한 시도도 하지 못하게 한다. 학습된 무기력은 과거에 실패를 되풀이하여 경험함으로써 형성된 것으로 아무리 노력해도 실패할 것이라고 생각하게 된 상태이다.

학습된 무기력 현상은 셀리그먼과 마이어(Seligman & Maier, 1967)가 개를 대상으로 전기충격 도피 실험을 하는 과정에서 밝혀낸 현상이다. 개들을 전기쇼크를 피할 수 있게 만들어 놓은 장치에 있는 집단과 어떻게 하더라도 전기쇼크를 피할 수 없는 집단, 전기쇼크를 받지 않은 집단으로 나누어 실험을 진행하였다. 전기쇼크를 피할 수 있는 집단(A)은 전기쇼크가 주어지면 나무판을 밀면 전기충격을 멈출 수 있었으나, 전기쇼크를 피할 수 없는 집단(B)은 어떻게 하더라도 전기쇼크를 피할 수 없었다. 통제집단(C)에게는 전기쇼크를 주지 않았다.

나중에 세 집단을 전기쇼크를 피할 수 있는 환경에 두었을 때, 전기쇼크를 피할 수 있었던 개들(A)과 전기쇼크를 받지 않았던 개들(C)은 쇼크를 피하는 방법을 발견하고 피했지만 전기쇼크를 피할 수 없었던 집단의 개들(B)은 저항하지 않고 그대로 쇼크를 받는 경향을 보였다.

학습된 무기력 실험(강아지 24마리 대상)

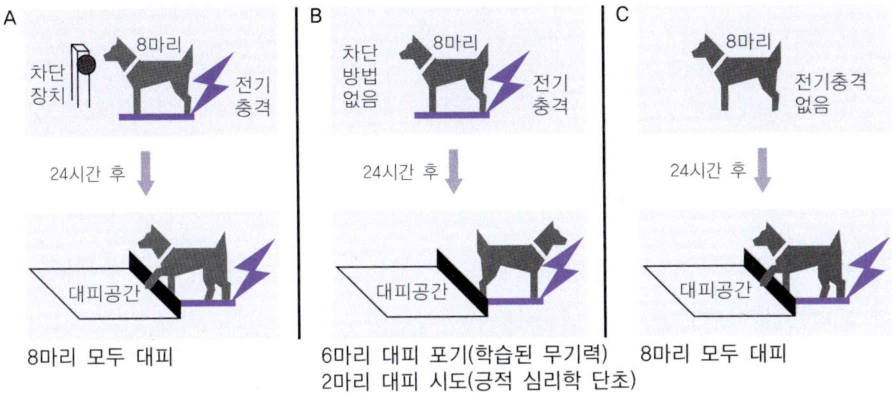

[그림 7-4] 학습된 무기력 실험

출처: 조선일보 weekly biz 2014년 10월 4일자(http://weeklybiz.chosun.com/site/data/html_dir/2014/10/03/2014100301777.html).

학습상황에서 경험하는 학습된 무기력도 이 실험과 마찬가지로 학업과정에서 실패를 되풀이하면서 노력을 통해서 성공하는 것이 어렵다고 믿게 된 것으로 자신의 학습행위를 통해서 학습결과를 통제할 수 없다고 생각하는 것이다. 이런 경우 새로운 것을 배우려는 시도를 하지 않게 된다.

학습된 무기력은 학생의 동기와 사고, 정서, 신체에 영향을 미친다. 학습된 무기력을 지닌 학생은 새로운 것을 배우려는 동기가 낮고 아무것도 시도하지 않으려 한다. 또한, 학습과제에 주의를 기울이는 능력도 떨어지게 되어 학습속도가 느려진다. 학습된 무기력을 지닌 학생은 학습실패에 대해서 자신의 지능과 같은 통제할 수 없고 안정된 요인에 귀인하는 경향을 보인다. 이런 학생은 정서적으로 우울감과 낮은 자기존중감을 느낀다. 이는 신체적인 부분에도 영향을 미쳐 체중 감소나 궤양 등으로 나타날 수 있다.

4) 흥미와 정서

(1) 흥미

흥미란 특정한 활동을 좋아하여 그 활동에 의도적으로 참여하려는 정서적 상태를 의미한다. 흥미는 학습상황에서 내재적 동기와 관련되는 중요한 정서다. 흥미에는 개인적 흥미와 상황적 흥미가 있다. 개인적 흥미는 한 개인의 상대적으로 안정적인 성격적 특성으로 호기심과 다르게 어떤 구체적인 활동이나 주제, 예를 들어 테니스나 자연과학, 컴퓨터 등과 직접적으로 관련이 있다. 이에 반해, 상황적 흥미는 환경이나 상황에 의해 유발되는 흥미로 과제의 내용이 흥미롭다거나 컴퓨터나 특정 미디어와 같이 흥미를 일으키는 환경에 의해 유발된다(Schunk, Pintrich, & Meece, 2013).

흥미는 개인의 기억, 주의, 이해력, 인지전략의 활용, 성취와 관련이 있다. 수행하는 과제에 대한 흥미가 높은 경우 과제에 더 깊은 주의를 기울이며, 내용을 더 잘 이해한다. 또한, 개인적으로 흥미를 가진 과제를 더욱 가치 있게 여기며, 부호화 전략이나 비판적 사고와 같은 인지전략과 시간과 노력의 조절과 같은 자기조절 학습전략을 더 많이 사용한다. 흥미가 높은 주제나 활동에 대한 관련 지식이 이미 활성화되어 있으므로 기억하고 학습하는 것이 쉬워져 성취도에도 긍정적 영향을 미친다.

흥미를 높이기 위한 교육적 적용

- 상황적 흥미를 유발하는 데 도움을 줄 수 있는 다양한 자료와 미디어를 이용한다.
- 학생들의 기존 상식과 어긋나는 사례 등을 제시하여 인지적 갈등을 유발함으로써 흥미를 높인다.
- 학생 개개인이 흥미를 느끼는 영역이 다르기 때문에 스스로 학습주제나 자료를 선택할 기회를 제공한다.

(2) 불안

불안은 마음이 편하지 않고 조마조마한 상태로 불쾌한 일이 예상될 때 느껴지는 정서적 상태다. 학습과 관련한 대표적인 불안현상은 시험불안으로 시험이나 이와 비슷한 평가상황에서 경험하며, 앞으로 일어날 부정적인 결과나 실패에 대한 걱정으로 인해 심리적·행동적으로 안정되지 못하는 반응이다. 불안은 상황에 대해서 계속 생각하고 결과를 예측하고 걱정하는 것과 같은 근심을 유발하며, 안절부절함이나 무기력감, 두려움과 같은 정서적 상태를 유발한다. 생리적으로도 발한, 심박수 증가, 호흡의 빨라짐, 긴장 등의 각성 증상을 유발한다.

학습과 관련된 가장 흔한 불안현상은 시험불안이다. 시험불안을 느끼게 되면 불안에 짓눌려 자신이 평소에 충분히 수행할 수 있는 과제를 시험상황에서 제대로 하지 못하게 됨으로써 성취에 부정적인 영향을 미친다. 불안에는 개인적 요소와 상황적 요소가 모두 영향을 미친다. 불안에 영향을 미치는 개인적 요소들을 보면 개인의 기질적 특성 자체가 불안을 일으키는 상황에 대해 민감하게 반응하는 경우가 있고, 수행하는 과제에 대한 낮은 자기효능감을 가지고 있을 때, 전문적 지식이 없을 때 불안을 더 높게 경험한다. 상황적인 요소도 불안 수준에 영향을 미치는데, 입사 시험과 같이 중요한 시험은 누구에게나 높은 수준의 불안을 느끼게 한다. 또한, 시간제한이 있는 시험과 익숙하지 않은 시험의 형태나 구조, 지나치게 높은 평가 기준 등이 불안 수준을 높인다.

불안과 학교학습과 관계를 보면 [그림 7-5]의 (가)와 같이 불안 수준이 너무 낮거나 높으면 성취가 낮고 적정 수준의 불안을 느낄 때 성취가 높다. 그러나 엄밀하게 보면 (나)와 같이 불안과 성취의 관계는 학습과제의 난이도에 따라 다르다. 난이도가 낮은 학습과제의 경우 불안 수준이 높을 때 실수를 덜 하게 하여 성취가 높지만, 난이도가 높은 학습과제는 긴장하지 않은 상태, 즉 불안 수준이 낮을 때 성취가 높다.

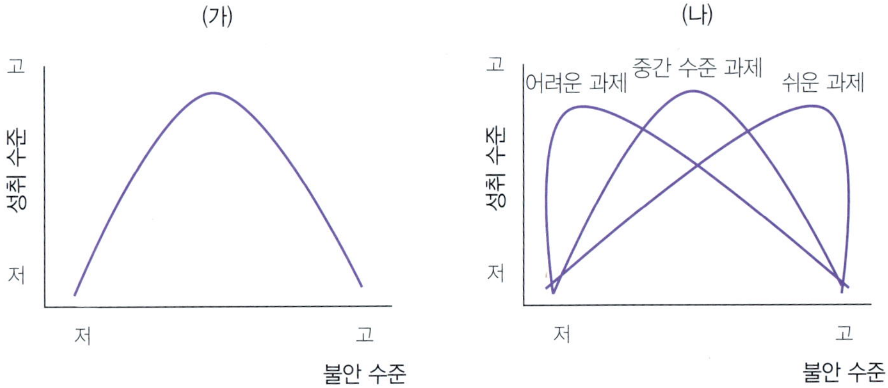

[그림 7-5] 불안 수준에 따른 성취 수준

학생의 불안 수준을 낮추기 위한 교육적 적용

- 학생이 자신의 역량을 제대로 발휘할 수 있도록 시간을 충분히 제공한다.
- 시험 문항의 난이도를 쉬운 것에서 시작하여 점진적으로 높여서 제시한다.
- 학생이 시험이나 시험문제에 대해 의견을 낼 수 있는 기회를 제공한다.
- 성적을 비교하거나 시험점수를 공개하지 않는다.
- 학생이 숙달지향목표를 추구할 수 있도록 기준을 설정한다.

제 3 부

학습에 대한 이해

제 8 장

행동주의 학습이론

학습목표

1. 행동주의 관점의 학습에 대한 기본 견해를 설명할 수 있다.
2. 파블로프의 고전적 조건형성을 학습에 적용할 수 있다.
3. 손다이크의 시행착오학습을 설명할 수 있다.
4. 스키너의 조작적 조건형성을 학습에 적용할 수 있다.
5. 행동주의 학습이론이 교육에 주는 시사점을 설명할 수 있다.

생후 9개월 된 알버트(Albert)는 흰쥐, 강아지, 사람 가면 등을 처음으로 접하면서 모든 대상에 대해 두려움 없이 호기심을 보이면서 놀았다. 알버트가 한창 놀고 있을 때 연구원이 망치로 쇠막대기를 마구 두드려 큰 소음을 내자 그 소리에 놀란 알버트는 울음을 터뜨리면서 무서워했다.
두 달 후 11개월이 된 알버트에게 다시 흰쥐를 보여 주었는데 만지려고 하였다. 연구원은 알버트가 흰쥐를 만지려고 할 때마다 쇠막대기를 두드려 큰 소음을 내면서 알버트를 놀라게 해서 흰쥐와 공포를 연합시켰다. 그 이후 알버트는 흰쥐를 보기만 해도 울음을 터뜨리며 공포감을 드러냈다. 결국, 알버트는 흰색 털이 있는 동물과 산타클로스 가면의 수염까지 모두 두려움을 느끼는 양상을 보였다.

위 이야기는 왓슨에 의해 실시된 '어린 알버트(Little Albert)' 실험으로 1920년에 「조건화된 정서적 반응(*Conditioned Emotional Reaction*)」 논문으로 발표되었다. 이 실험은 파블로프(Pavlov)가 개를 대상으로 실험한 고전적 조건형성원리를 왓슨이 인간에게 적용하였던 것으로, 중립자극이었던 흰쥐가 큰 소음과 연합하여 조건자극이 되어 조건화된 반응(공포)을 보이는 조건형성(conditioning)이 일어난 것이다. 그 후 알버트는 흰색 털이 달린 모든 것을 두려워하는 반응을 보였는데 이러한 현상을 자극의 일반화라고 한다.

이와 같이 왓슨은 알버트의 실험을 통해 인간의 정서가 고전적 조건화에 의해 학습이 가능하고, 인간의 행동은 특정한 자극과 조건만 주어지면 언제든지 행동을 통제하고 변화시킬 수 있다고 주장하였다.

1 학습에 대한 행동주의 관점

행동주의(behaviorism)라는 용어는 미국의 왓슨이 1913년 발표한 논문 「행동주의자의 관점에서 본 심리학(*Psychology as the Behaviorist Views It*)」에서 처음으로 선언하였다. 그는 심리학이 과학이 되기 위해서 객관적으로 관찰 가능한 행동만 다루어야 하며, 자극(Stimulus)과 반응(Response)의 패러다임으로 연구해야 한다고 주장하면서 행동주의를 뜻하는 S-R 패러다임을 제시하였다. 그는 당시 유행하던 정신분석학을 비판하고 무의식의 존재를 부정하면서 심리학을 행동을 통제하고 예측하는 객관적인 과학으로 재정의해야 한다고 주장했다. 모든 행동은 학습에 의해 변화시킬 수 있고, 적절한 조건에 자극을 준다면 충분히 결과(반응)를 통제 · 예측하게 만들 수 있다고 주장하였다.

왓슨은 "나에게 건강한 유아 12명을 준다면 그들을 의사, 변호사, 도둑 등으로 만들 수 있다."라고 말하였다. 이와 같이 그는 아동발달이 전적으로 환경에 의해 조작될 수 있는 조건형성에 의한 것이라는 극단적인 환경결정론자 입장을 취했다. 즉, 교육으로 대통령이나 거지도 만들 수 있다는 관점으로 인간의 발달을 선천적인 본성과 후천적인 양육 입장에서 볼 때 철저하게 양육을 선택한다. 찰흙을 조작하여 원하는 모양을 만들 수 있듯이 '인간은 만들어진다'고 보았다.

행동주의 심리학(behaviorism psychology)은 파블로프의 영향을 받아 왓슨, 손다이크, 스키너 등에 의해 발전되었다. 유기체로 하여금 주어진 자극(환경)과 관련된 반응(행동)을 계속 반복해서 유도함으로써 그 행동을 습득하게 할 수 있다고 전제하였다. 모든 현상은 원인과 결과의 관계, 즉 인과관계로만 이해하기 때문에 원인

왓슨(Watson)은 1878년 1월 미국 남쪽 캐롤라이나의 한 농가에서 태어났다. 퍼어먼(Furman) 대학교를 졸업하고 시카고 대학교 대학원에 입학하여 동물을 대상으로 심리학 연구를 하기 시작하였다. 1903년 시카고 대학교에서 「쥐의 미로 학습에 관한 연구」로 심리학 박사학위를 받고 바로 시카고 대학교의 교수로 임용되었다. 그 후 볼티모어의 존스 홉킨스(Johns Hopkins) 대학교로 옮겨서 왕성하게 학술활동을 하였으며, 1958년 9월 뉴욕에서 생을 마감하였다.

John B. Watson
(1878~1958)

이 되는 자극(S)과 결과가 되는 반응(R)의 관계를 밝히고자 한다. 기본적으로 유기체의 모든 행동은 자극과 반응의 연합이며, 조건형성(conditioning)의 결과라고 본다.

행동주의 심리학의 연구대상은 관찰 가능한 행동, 즉 객관적이고 수량적 측정이 가능한 외현적 행동을 대상으로 하였으며, 사고나 정서, 동기와 같은 유기체의 내적 과정은 측정이 불가능하기 때문에 블랙박스(black box)로 간주하여 연구대상에서 제외시켰다. 행동주의자는 인간행동에 대한 예측과 통제를 목표로 삼고 눈에 보이는 행동에만 관심이 있으며, 그 보이는 행동을 일으키는 자극을 알아내고자 한다. 자극을 알면 행동을 예측할 수 있기 때문이다. 따라서 '자극(S)과 반응(R)의 관계'를 규명하는 것을 연구과제로 삼았다.

이러한 관점에서 행동주의 학습이론을 'S-R이론'이라고도 한다. 즉, 학습을 '경험이나 연습의 결과로 발생하는 비교적 영속적인 행동의 변화'라고 정의한다. 이때 '행동'은 앞서 언급하였듯이 '관찰 가능한 행동'에 변화가 있을 때 학습이 일어났다고 보기 때문에, 내면적인 사고나 태도의 변화는 학습이 아니라고 본다. '영속적인 행동의 변화'는 '생득적 반응경향성에 의한 행동변화', '성숙에 의한 행동변화', '약물이나 피로에 의한 일시적 행동변화' 등과는 구별되는 의미이다.

이와 같이 행동주의에서 학습은 자극과 반응의 연합이며, 이는 외적 조건(환경)에 의해서 형성되는 조건형성이라고 본다. 인간은 반응적이고 수동적인 존재로서 환경에 의해 만들어지기 때문에 환경을 세분화시킬 수 있다면 인간이 어떻게 반응할 것인지를 예측할 수 있다는 것이다.

지금까지 학습에 관한 행동주의 관점을 살펴보았다. 다음 절에서부터는 행동주의 학습이론을 대표하는 고전적 조건형성, 시행착오학습, 조작적 조건형성에 대해 살펴보고자 한다.

2 파블로프(Pavlov)의 고전적 조건형성

- 사례 1: 영아가 처음 병원에 갔을 때에는 울지 않다가 간호사가 주사를 놓으면 운다. 몇 번의 경험을 한 영아는 어느 순간부터 간호사를 보기만 해도 울음을 터뜨린다.
- 사례 2: 유명 연예인이 어떤 상품의 광고 모델을 할 경우 상품의 판매량이 늘어난다.
- 사례 3: 신 과일을 보면 저절로 침이 고이는 반응을 한다.

사례 1은 처음에 중립자극이었던 간호사가 아픔과 연합하여 울음이라는 반응이 반복되고, 결국 간호사만 봐도 울음이라는 반응을 나타내는데 이때 간호사는 조건자극이 된 것이다.

사례 2는 광고한 상품을 볼 때에 유명 연예인과 연합되어 긍정적인 정서를 유발하고 그 결과 해당 상품을 사게 된다.

사례 3은 이전에 그 과일을 먹을 때마다 신맛을 자주 경험하였고 신 과일과 신맛이 연합되어 그 결과로 신 과일을 보면 저절로 침이 고이게 되는 것이다.

1) 고전적 조건형성의 원리

러시아의 생리학자이자 외과의사인 파블로프는 무조건반응을 일으키는 무조건자극(먹이)이 중립자극(종소리)과 연합되어 결국에는 중립자극 자체가 반응을 일으킬 수 있다는 고전적 조건형성(classical conditioning)의 원리를 발견하였다. 이때 조건형성(conditioning)이란 자극과 반응이 연관을 가지도록 만드는 것, 즉 조건에 의해 유도된 반응이 일어나도록 하는 것을 말한다.

파블로프가 개를 이용한 타액 분비 실험을 통해 고전적 조건형성의 원리를 발견하였다. 개를 마음대로 움직이지 못하도록 고정시킨 후에, 먹이가 아닌 다른 자극에 대해서도 침을 분비하는지 알아보기 위해 종소리를 들려주었다. 그리고 곧바로 개에게 먹이를 제공하였더니 개는 무조건반응인 침을 흘렸다. 이와 같은 과

Ivan Pavlov
(1849~1936)

파블로프(Pavlov)는 시골 목사의 아들로 태어나 그의 고향인 중앙 러시아의 랴잔에서 어린 시절을 보냈다. 1870년 상트페테르부르크 대학교에서 화학과 생리학을 공부했다. 상트페테르부르크의 임페리얼 의학 아카데미에서 의사 자격을 취득하고 1884~1886년에 독일 라이프치히에서 심장혈관 생리학을 연구한 후 러시아로 돌아와 1890~1924년 임페리얼 의학 아카데미의 생리학 교수로 일했다. 그는 동물을 대상으로 외과적 실험을 하면서 1890년부터 소화의 분비 활성에 대해 연구했다. 1904년 소화액 분비에 관한 연구로 노벨 생리학 의학상을 받았다.

정을 몇 번 되풀이하였더니 처음에는 개의 침 분비와는 아무런 관계가 없던 종소리만 들려주어도 개는 침을 분비하게 되었다. 즉, 개는 종소리에 반응하도록 조건형성이 된 것이다(권재환 외, 2010).

처음 개에게 주었던 먹이는 조건형성 전에도 개에게 침의 분비를 유발한 자극으로 무조건자극(unconditioned stimulusl: UCS), 침 분비 반응은 무조건반응(unconditioned response: UCR)이라고 한다. 종소리는 개가 처음에는 아무런 반응을 보이지 않던 중립자극(neutral stimulusl: NS)이었다가 조건형성의 과정을 거쳐서 결국 종소리만 듣고 침을 분비하는데 이를 조건반응(conditioned response: CR), 이때의 종소리는 비로소 조건자극(conditioned stimulus: CS)이 된 것이다.

이와 같이 개가 처음에는 침을 흘리는 반응을 하지 않았던 종소리(중립자극)가 조건형성 과정을 통해 종소리(조건자극)만 듣고 침을 흘리는 반응을 하도록 학습시키는 것을 고전적 조건형성이라고 한다.

2) 고전적 조건형성의 절차

무조건반응을 유발하는 자극(무조건자극, 먹이)과 아무런 관계가 없었던 중립자극(종소리)을 연합시킴으로써 이 중립자극이 무조건반응(타액 분비)을 유발하게 되는데, 이때의 중립자극(NS)은 조건자극(CS), 타액을 분비하는 반응은 조건반응(CR)이라고 한다. 따라서 조건반응은 무조건반응과는 달리 학습된 반응인 것이다.

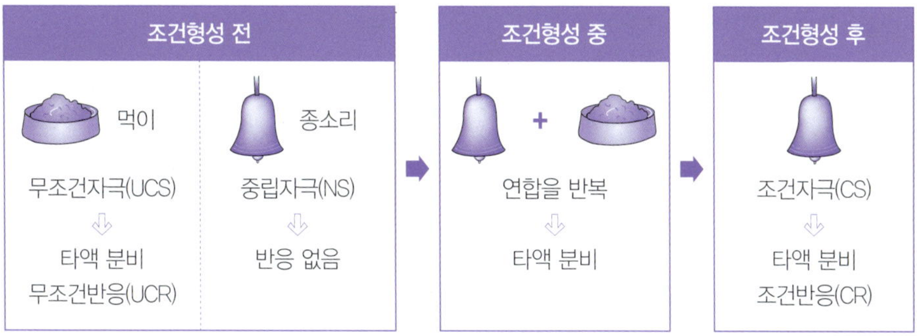

[그림 8-1] 고전적 조건형성의 절차

이와 같이 고전적 조건형성의 절차를 정리하면 다음과 같다.

첫째, 조건형성 이전의 과정은 다음과 같다. 먼저 종을 울려 준다. 이때 개는 종소리에 타액을 분비하지 않기 때문에 종소리를 중립자극(NS)이라고 한다. 또한, 굶주린 개에게 먹이를 준다. 개는 본능적으로 침을 흘리므로 이때의 타액 분비를 무조건 반응(UCR)이라고 한다.

둘째, 조건형성 중의 과정은 다음과 같다. 굶주린 개에게 종을 울려 주면서 거의 동시에 먹이를 준다. 개는 타액을 분비하게 되고 이러한 종소리와 먹이의 연합을 수차례 반복한다.

셋째, 조건형성 후의 과정은 다음과 같다. 종만 울려 준다. 이때 개는 먹이가 제공되지 않았음에도 불구하고 타액을 분비한다. 이때의 종소리는 조건자극(CS),

타액 분비는 조건반응(CR)이라고 한다.

앞서 사례로 제시한 왓슨(Watson)의 알버트 실험을 고전적 조건형성의 절차를 통해 설명하면 다음 [그림 8-2]와 같다.

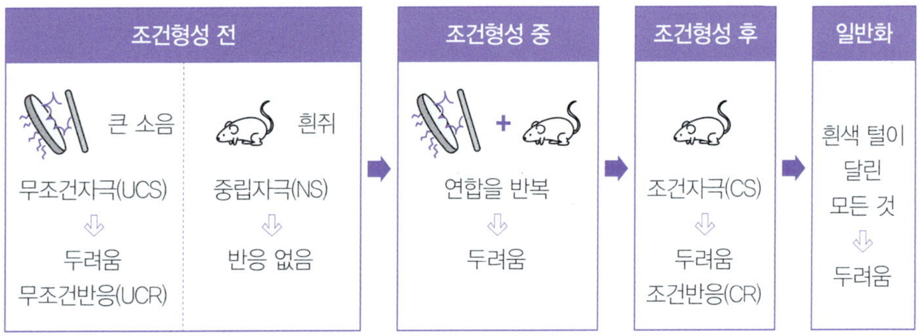

[그림 8-2] 알버트 실험

3) 주요 개념

(1) 변별(discrimination)

변별이란 자극들 간의 차이를 구별하여 각기 다르게 반응하는 현상이다. 종을 1번 칠 때는 먹이를 주지만 여러 번 칠 때는 주지 않는 행동을 반복한다. 그러면 종을 1번 칠 때에만 침을 흘리는 반응을 보이고 여러 번 칠 때에는 침을 흘리지 않는 데 이는 변별을 학습하였기 때문이다.

(2) 소거(extinction)

소거란 조건형성 후 무조건자극(먹이)을 제시하지 않고 조건자극(종소리)을 계속 제시하면 조건반응(침을 흘림)이 점차 사라지게 되어 나중에는 아무런 반응을 일으키지 않는 현상이다. 즉, 조건자극(CS)이 더 이상 조건반응(CR)을 이끌어 내지 못하는 것을 말한다.

(3) 자발적 회복(spontaneous recovery)

자발적 회복이란 소거가 이루어진 후 일정 시간이 지난 후 조건자극(종소리)을 다시 제시하면 조건반응이 일시적으로 나타나는 현상이다. 하지만 이때의 반응은 처음 조건형성이 되었을 때보다 약하게 된다.

(4) 자극 일반화(stimulation generalization)

자극의 일반화란 특정한 자극과 유사한 자극에도 동일하게 반응하는 현상이다. 조건화 과정에서 처음에 제시되는 조건자극과 유사한 자극(트라이앵글 소리, 쇳소리 등)에도 반응(침 흘림)을 보이는 것을 말한다. 이때 조건자극과 유사한 정도가 높을수록 일반화가 잘 진행된다.

4) 영향 요인

고전적 조건형성에서는 무조건자극(먹이)과 조건자극(종소리)이 제시되는 순서와 시간 관계가 중요하다. 조건자극이 무조건자극보다 약간 먼저 제시되었을 때 그리고 두 자극을 제시하는 시간 간격이 짧고 결합 횟수가 많을수록 효과적이다. 또한 동일한 조건자극을 사용하고 주어지는 먹이가 종소리보다 더 강력할수록 조건형성이 잘 이루어진다.

이와 같이 고전적 조건형성에 영향을 주는 요인을 정리하면 다음과 같다.

첫째, 순서의 원리이다. 조건자극(종소리)을 무조건자극(먹이)보다 먼저 제시하여야 한다.

둘째, 시간의 원리이다. 두 자극(종소리와 먹이) 간의 시간 간격이 거의 없이 즉각적으로 제공되어야 한다.

셋째, 일관성의 원리이다. 주어지는 조건자극(종소리)은 일관성이 있게 동일한 자극으로 제시하여야 한다.

넷째, 강도의 원리이다. 무조건자극(먹이)이 조건자극(종소리)보다 강력한 매력이 있어야 한다.

다섯째, 반복의 원리이다. 무조건 자극(먹이)과 조건자극(종소리)의 결합이 반복되는 횟수가 많으면 많을수록 효과적이다.

3 손다이크(Thorndike)의 시행착오학습

한 달 후에 있을 줄넘기 수행평가에서 좋은 평가를 받고 싶은 현서는 매일 저녁 줄넘기를 30분씩 연습을 했다. 처음에는 줄넘기가 발에 자꾸 걸리고 뛰는 것이 어려웠는데 점점 실력이 향상되었고 한 달 후에는 수행평가에서 우수한 평가를 받았다.

현서는 반복 연습(시행착오)을 통해 줄넘기 실력이 늘었고 우수한 평가(보상)를 받았다.

Edward Thorndike
(1874~1949)

손다이크(Thorndike)는 1898년 컬럼비아 대학교에서 받은 박사학위 논문 「동물의 지능: 동물의 연합과정에 대한 실험적 연구(*Animal Intelligence: An experimental study of the associative processes in animals*)」로 심리학 실험에 동물을 이용한 선구자 역할을 하였다. 1904~1940년 컬럼비아 대학교 교육심리학 교수로 재직하였다. 동물의 행동을 인간의 학습 과정에 적용한 그의 연구는 효과적인 학교교육 및 과학적 심리학의 토대를 세웠다.

1) 시행착오학습의 원리

시행착오학습(trial and error learning)은 손다이크(Thorndike)에 의해 확립되었다. 그는 학습의 기본형식을 특정 자극(Stimulus: S)에 대한 시행착오적인 반응(response: R)의 결합으로 보았기 때문에 그의 이론을 결합설 또는 연결주의(connectionism)라고 한다.

그는 동물의 지능이 있는지 알아보기 위해 쥐의 미로 실험과 고양이 문제상자 실험을 하는 과정에서 시행착오학습이론을 정립하였다.

쥐의 미로 실험은 미로의 끝에 먹이를 놓고 쥐가 탈출하는 시간을 재었다. 쥐는 시행착오를 통해 점점 탈출 시간이 단축되더니 나중에는 가장 빠른 지름길을 찾아서 탈출했다.

고양이를 자신이 고안한 문제상자(problem box or puzzle box)에 넣고 먹이를 볼 수 있도록 하였다. 고양이는 여러 가지 시행착오적 반응 끝에 우연히 페달을 밟거나 줄을 당기면 밖으로 탈출하여 먹이(보상)를 먹는다. 고양이는 탈출을 위한 시행의 횟수가 증가함에 따라 탈출 잠복 시간이 짧아지는데 이것을 시행착오학습이라고 하였다.

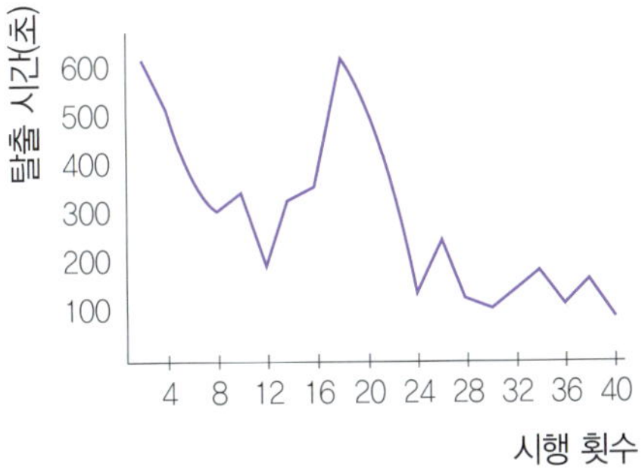

[그림 8-3] 손다이크의 문제상자와 탈출 시간

출처: https://lani10040320.tistory.com/93

손다이크는 고양이가 탈출을 위한 시행 횟수가 증가할수록 산만한 행동은 약화되고 정확한 반응이 강화된다는 것을 발견하였다. 그는 이러한 동물실험을 인간에게 적용하여 설명하고 있는데, 구체적인 목표나 문제를 해결하기 위해 시행과 착오를 되풀이하다가 우연히 목표에 도달하게 되면 실패적 반응은 약화되고 성공적 반응은 강화되어서 나중에는 시행착오 없이 목표에 도달할 수 있다고 강조한다. 그의 이론은 행동을 한 이후에 보상이 뒤따르는 행동은 증가하고 처벌이 주어지는 행동은 감소하게 된다는 스키너의 강화이론(reinforcement theory)에 영향을 주었다.

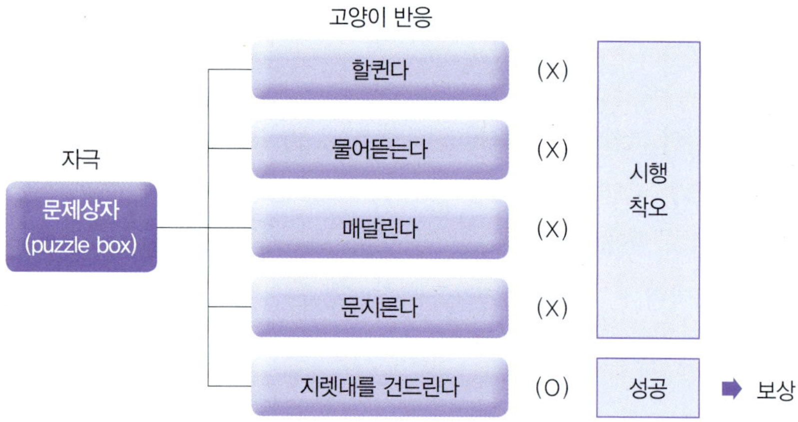

[그림 8-4] 시행착오 학습이론의 모형

출처: 권재환 외(2010).

2) 학습의 법칙

손다이크는 위의 일련의 실험을 통해 세 가지 학습의 법칙인 효과의 법칙, 연습의 법칙, 준비성의 법칙을 제시하였다.

(1) 효과의 법칙(law of effect)

효과의 법칙이란 만족한 효과를 얻은 행동은 같은 환경에서 그 행동을 반복하는 경향이 있다는 법칙이다. 유기체는 자신의 행동과 그 결과 사이의 관계를 학습하는 것으로 어떤 행동이 학습될지의 여부는 그 행동의 결과에 따라 좌우된다. 어떤 행동의 결과 만족스러운 보상이 주어지면 그 행동의 빈도는 증가할 것이다. 따라서 학습자가 공부하는 행동의 결과로 매력적인 보상을 한다면 더 열심히 공부한다는 의미이다. 탈출한 고양이에게 싱싱하고 맛있는 생선(매력적인 보상)을 준다면 탈출 시간이 점점 짧아진다는 것이다.

(2) 연습의 법칙(law of exercise)

연습의 법칙이란 학습을 했더라도 계속 연습을 해야 학습한 것을 잊어버리지 않는다는 법칙이다. 이는 반복하고 연습하면 학습의 효과가 높아진다는 것을 의미한다. 연습의 횟수가 증가할수록 자극과 반응의 연합이 강해지고 연습을 하지 않을수록 자극과 반응의 결합은 약해진다. 문제상자 안에 있는 고양이의 탈출 시도 횟수(연습)가 많을수록 탈출 시간이 짧아진다는 것이다.

(3) 준비성의 법칙(law of readiness)

준비성의 법칙이란 학습자의 태도, 동기, 의지, 사전학습 정도, 성숙도 등에 따라 학습의 효과가 달라진다는 법칙이다. 학습자의 준비 상태에 따라 자극과 반응의 결합이 달라질 수 있다. 문제상자의 고양이가 굶주려 있어서 먹이(보상)를 찾으려는 의지(준비성)가 강해야 적극적으로 문제상자(자극)에서 탈출(반응)을 시도하게 된다.

4 스키너(Skinner)의 조작적 조건형성

- 사례 1: 인규는 고교 야구선수이다. 그는 시합에 나갈 때마다 고1부터 착용한 자신의 야구 헬멧을 꼭 쓰고 경기를 한다. 헬멧은 낡고 흠집이 많았으나 그 헬멧을 착용하면 타격이나 수비에서 실수를 하지 않고 경기를 잘한다고 생각한다.
- 사례 2: 신호와 정지선을 잘 지켰다고 우연히 양심냉장고에 선정되어 선물을 받은 현준이는 운전할 때 신호와 정지선을 더욱 잘 지키게 되었다.
- 사례 3: 철수는 공부를 무척 싫어하는데 모바일 게임은 굉장히 좋아한다. 그래서 엄마는 철수가 엄마와 함께 공부를 1시간 한 후에만 30분간 모바일 게임을 할 수 있도록 허용했다.

사례 1은 일종의 징크스로서 인규가 낡은 헬멧을 쓰고 경기를 할 때 몇 번의 좋은 결과가 있었던 경험이 누적되어 특정 헬멧을 착용하고 경기를 해야 안정이 되고 좋은 결과가 나온다고 생각하는 것이다.

사례 2는 우연히 신호를 잘 지켰을 때 강화물이 특정 행동의 빈도를 높인 경우이다.

사례 3은 프리맥 원리(Premack principle)로서 선호하지 않는 활동(공부)의 빈도를 증가시키기 위해 선호하는 활동(게임)을 강화물로 사용하는 경우이다.

1) 조작적 조건형성의 원리

스키너(Skinner)는 행동을 크게 반응적 행동(respondent behavior)과 조작적 행동(operant behavior)으로 구분하였다. 파블로프의 고전적 조건형성은 어떤 자극에 따라 나타나는 반응적 행동을 학습하는 것이므로 유기체의 의도와 상관없이 이루어지는 학습이다. 반면, 조작적 조건형성(operant conditioning)은 유기체가 다양한 환경조건에서 능동적으로 조작적 행동을 함으로써 보상을 받거나 유리하게 적응

스키너(Skinner)는 행동주의의 대표적 인물로 꼽힌다. 러시아 생리학자 파블로프(Pavlov)의 조건형성 연구, 러셀(Russell)의 행동주의에 관한 논문들 및 행동주의 창시자 왓슨(Watson)의 사상을 통해 심리학에 매력을 느꼈다. 하버드 대학교에서 1958~1974년 은퇴할 때까지 심리학과 교수로 지냈다. 1936년 미니애폴리스(Minneapolis)의 미네소타 대학교(University of Minnesota) 교수가 되었고 이곳에서 『유기체의 행동(*The Behavior of Organism*)』(1938)을 썼다. 프로그램 학습을 고안하였으며, 그의 이론은 현재까지 심리학과 교육학에 많은 영향을 미치고 있다.

Burrhus F. Skinner
(1904~1990)

하는 것이다. 즉, 유기체의 자발적 반응에 대하여 강화(보상)를 함으로써 학습을 하는 것이다.

그는 유기체가 어떠한 반응을 한 후에 보상이 있느냐 없느냐에 따라 조작행동은 강해지거나 약화된다고 보고 자신의 이름을 딴 실험상자인 스키너 상자(Skinner box)를 고안하였다. 실험상자 안의 동물(흰쥐 또는 비둘기)이 지렛대를 누르면 먹이가 나온다. 먹이가 나오면 지렛대를 누르는 횟수가 점점 증가하게 되었다.

스키너 상자 실험은 유기체가 스스로 어떤 반응을 하고 그 반응이 긍정적 보상을 가져다주면, 그 후에도 그와 비슷한 반응을 나타낼 확률이 높아진다는 것을 보여 준다. 이와 같이 보상(reward)을 유기체의 특정 반응 뒤에 얻어지게 함으로써 반응 확률을 높이는 과정을 강화(reinforcement)라고 하였다(권재환 외, 2010).

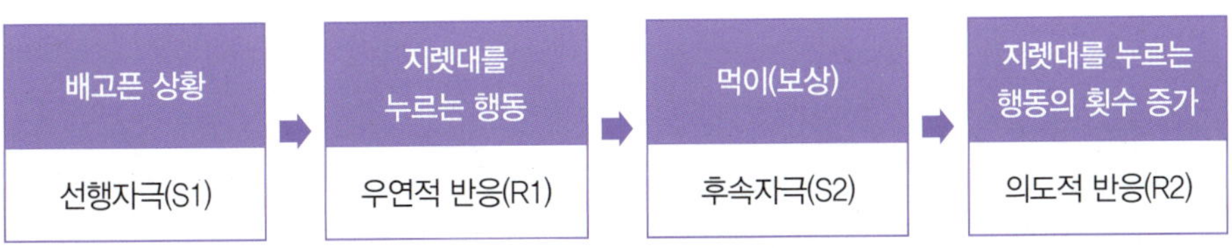

[그림 8-5] 조작적 조건형성의 원리

스키너는 학습을 비롯한 인간의 행동 대부분은 선행자극(antecedent stimulus)보다는 '보상'이나 '강화물'의 역할을 수행하는 후속자극(consequence stimulus)에 의해서 이루어진다고 보았다. 예를 들어, 학생들이 수업(선행자극)에 열중(반응)하는 것은 좋은 성적, 학업 마일리지, 장학금 등과 같은 보상(후속자극)에 의한 것이라고 할 수 있다.

이와 같이, 파블로프의 고전적 조건형성이 반응을 유발하는 자극에 관심을 두는 반면, 조작적 조건형성은 자극보다는 행동의 결과에 관심을 둔다.

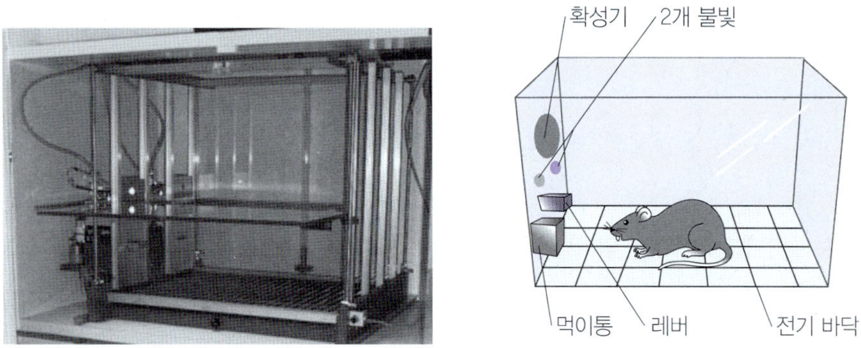

[그림 8-6] 스키너 상자

출처: https://ko.wikipedia.org/wiki

2) 강화

강화물(reinforcer)은 의도한 반응의 확률을 높여 주는 모든 자극을 말한다. 이러한 강화물(칭찬, 장학금, 먹거리 등)을 이용하여 의도한 반응(바람직한 행동)의 빈도를 증가시키는 방법을 강화(reinforcement)라고 한다.

(1) 정적 강화와 부적 강화

정적 강화(positive reinforcement)란 어떤 행동 후에 만족스러운 강화물(음식이나 칭찬)을 제공함으로써 행동의 빈도를 증가시키고 유지하는 것이다. 반면, 부적 강화(negative reinforcement)는 싫어하는 것(숙제나 청소)을 면제해 줌으로써 행동의 빈도와 강도를 높이는 것이다.

(2) 강화계획

강화계획에는 연속강화(continuous reinforcement)와 간헐강화(partial reinforcement)가 있다. 연속강화란 특정 행동을 할 때마다 강화물을 제공하는 경우이고 간헐강화란 가끔 강화물을 제공하는 경우이다. 연구결과에 의하면, 연속강화의 경우 강화물이 제공되지 않으면 그 행동을 빨리 중단하지만 간헐강화의 경우에는 그 행동을 천천히 중단하는 경향이 있다.

간헐강화는 강화물의 제공기준(간격/비율)과 제공시점(고정/변동)에 따라 네 가지 종류로 나누고 있다. 강화물을 시간을 기준으로 제공하면 간격강화, 횟수를 기준으로 제공하면 비율강화이다. 또한, 강화물을 예측 가능한 일정한 시점에서 제공하는 경우에는 고정강화, 예측이 어려운 시점에서 제공하면 변동강화이다. 연구결과, 고정강화계획보다는 변동강화계획의 소거가 더 어렵기 때문에 변동강화계획이 행동을 유발시키고 유지하는 데 더 효과적이다.

❶ 고정간격 강화계획

일정한 시간간격을 기준으로 설정하여 강화물을 제공하는 것이다. 예를 들어, 매달 17일에 받는 월급, 1주일마다 받는 용돈의 경우 이에 해당한다.

❷ 변동간격 강화계획

강화물이 제공되는 시기를 학생들이 예측할 수 없도록 설정하여 불규칙적인 시간간격에 의해 강화물을 제공하는 것이다. 예를 들어, 교수님이 쪽지 시험을 언제 볼지 모르는 경우, 낚시를 할 때 언제 물고기를 잡을지 모르는 경우 등이 변동간격 강화에 해당한다.

❸ 고정비율 강화계획

정해진 반응 횟수에 따라 강화물을 제공하는 것이다. 예를 들어, 10문제씩 풀 때마다 스티커를 한 장씩 주는 경우, 10만 원 구매할 때마다 사은품을 주는 경우가 이에 해당한다.

❹ 변동비율 강화계획

평균적으로 정해진 일정 횟수의 반응이 일어난 후 강화물이 제공되는 경우를 말하며, 행동의 발생확률을 가장 높이고 지속시킨다. 예를 들어, 1학기에 일기를 5번 검사하려고 하는데 언제 검사를 할지 모르는 경우 이에 해당한다.

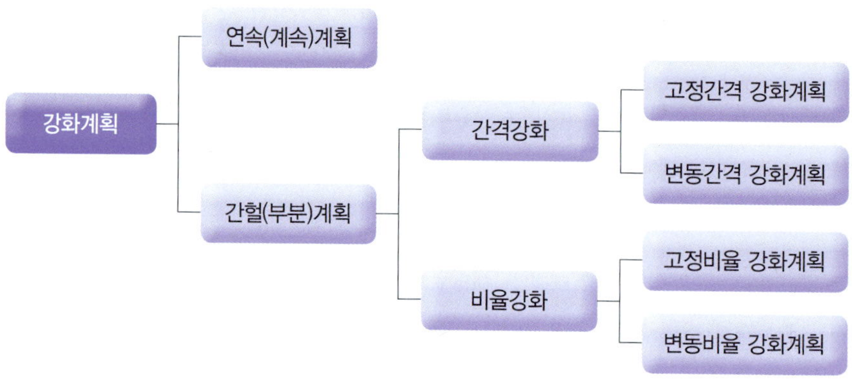

[그림 8-7] 강화계획 종류

3) 처벌

처벌(punishment)은 바람직하지 않은 행동의 빈도를 감소 · 제거시키는 방법이다. 여기에는 크게 수여성 벌과 제거성 벌이 있다. 하지만 많은 학자들이 벌보다는 긍정적 강화를 이용한 행동수정이 더 효과적이라고 말하고 있다.

(1) 수여성 벌

바람직하지 않은 행동을 감소시키기 위해 제공하는 꾸중, 체벌, 숙제, 화장실 청소 등 유기체가 선호하지 않는 자극(불쾌자극)을 제공하는 것이다.

(2) 제거성 벌

바람직하지 않는 행동을 감소시키기 위해 장난감, 용돈, 스티커, 포인트 등을 박탈하여 유기체가 좋아하는 자극(쾌자극)을 제거하는 것이다.

〈표 8-1〉 강화와 벌의 종류

제공 여부 \ 자극 유형	자극의 성질	
	쾌자극	불쾌자극
제공	정적 강화	수여성 벌
제거(박탈)	제거성 벌	부적 강화

출처: 오만록(2008).

4) 조작적 조건형성을 적용한 행동수정 기법

조작적 조건형성을 활용한 다양한 기법이 있는데 여기서는 정적 강화와 부적 강화, 벌을 제외한 몇 가지 기법에 대해서 살펴보고자 한다.

(1) 바람직한 행동의 증강 기법

❶ 차별강화(differential reinforcement)

여러 가지 행동 중에서 특정 행동에만 강화를 함으로써 그 행동을 증가시키는 방법이다. 예를 들어, 발표를 잘 하지 않는 학생에게 손을 들어 발표하는 행동을 증가시키기 위해서 손을 드는 행동을 할 때에만 강화를 하는 것을 말한다.

❷ 프리맥 원리(Premack principle)

선호하지 않는 행동을 해야 할 때보다 선호하는 행동을 강화물로 사용하여 선호하지 않는 행동의 빈도를 증가시키는 방법이다. 프리맥(Premack, 1965)이 발견한 원리로 "○○을 해라. 그러면 ○○ 하게 해 줄게."라고 한다. 예를 들어, 숙제를 다 끝내면 축구하는 것을 허락하는 경우에 숙제를 빨리 마치려고 노력한다는 것이다. 이때 '숙제'는 선호하지 않는 강화물, '축구'는 선호하는 강화물이어야 한다.

❸ 행동조성(조형, shaping)

정적 강화를 이용하여 목표행동을 점진적으로 형성하도록 하는 기법이다. 이는 지금까지 한 번도 해 본 적이 없는 새로운 행동을 가르치고자 할 때 유용하다. 목표행동을 작은 단위의 하위행동으로 세분화하여 가장 단순한 것부터 복잡한 순서로 위계적으로 설정하여 그 행동에 가까워질 때마다 강화를 주어 결국 행동목표에 도달하도록 하는 기법이다.

예를 들어, 물개가 지느러미로 박수를 치는 행동을 학습시키고자 한다. 박수를 치기까지 전체 행동을 잘게 쪼개어 작은 행동들을 위계적으로 설정한 다음 작은 행동을 할 때마다 물고기를 주고 그 행동을 충분하게 학습한다. 그리고 다음 단계의 작은 행동으로 나가는 방법을 이용하여 결국은 박수를 치는 목표행동에 이르게 하는 것이다.

❹ 토큰경제(token economy)

바람직한 행동을 할 때마다 토큰(쿠폰, 포인트, 스티커 등)을 주고 이를 강화물로 교환해 주는 것을 말한다. 예를 들어, 커피숍에서 커피를 마실 때마다 포인트를 지급해 주고 포인트 10개마다 무료 커피 한 잔을 강화물로 제공하는 경우 이에 해당한다.

(2) 문제행동의 감소 · 제거 기법

❶ 상반행동강화(reinforcement of opposed behavior)

문제행동과 상반되는 행동을 했을 때 강화하여 부적응행동을 감소 · 제거시키는 방법이다. 예를 들어, 교실에서 잡담을 자주 하는 학생이 잡담을 할 때에는 철저하게 무시를 하고 조용히 수업에 집중하고 있을 했을 때에만 칭찬을 하는 것이다.

❷ 타임아웃(격리, time out)

문제행동을 했을 때 일정 시간 동안 그 공간에서 격리시키는 것을 말한다. 예를 들어, 잘못된 행동을 했을 때 10분간 생각의자에 몸을 움직이지 않고 앉아 있으라고 하는 경우, 수업시간에 떠드는 학생을 경우 교실 뒤에 서 있게 하는 경우가 이에 해당한다.

❸ 반응대가(response cost)

문제행동을 했을 때 아동이 누릴 수 있는 특권이나 정적 강화물을 박탈함으로써 문제행동을 감소시키는 방법이다. 예를 들어, 숙제를 하지 않았을 때 컴퓨터 게임을 할 시간을 박탈하는 경우, 결석하였을 때 출석점수에서 점수를 깎는 경우가 이에 해당한다.

5 행동주의 학습이론의 교육적 시사점

1) 비판점

행동주의 학습이론의 한계점에 대한 비판을 정리하면 다음과 같다.

첫째, 인간행동에 있어서 환경의 결정론을 지나치게 강조한 나머지 인간의 내적 · 정신적 특성을 배제하고 있다는 비판을 받는다.

둘째, 학습에 있어서의 학습자의 동기나 흥미의 역할을 과소평가한다.

셋째, 목표달성은 점진적인 과정의 결과라고 함으로써 통찰에 의한 학습을 간과하고 있다.

넷째, 인간을 외적 환경에 의해 행동이 형성되는 반응적 · 수동적인 존재로 보았다.

다섯째, 동물의 행동과 인간의 행동은 질적으로 같다고 전제하고 동물실험 연구결과로 인간의 모든 행동을 설명하려고 한다.

2) 교육적 시사점

위의 비판점에도 불구하고 행동주의는 여전히 우리 생활 및 학교현장에서 보편적으로 사용되고 있으며, 효과적인 학습방법으로 인정받고 있다.

첫째, 인간의 행동을 과학적으로 설명하고 있다.

둘째, 학습지도의 개선을 위해 학습동기의 중요성을 최초로 제기하였다(준비성 법칙).

셋째, 실제 생활과 관련 있는 학습내용을 가르쳐야 함을 강조하였다(자극의 일반화).

넷째, 인간의 정서는 상당 부분 고전적 조건형성을 통해 학습될 수 있음을 시사한다.

다섯째, 행동수정기법을 동물 및 인간의 다양한 장면에 적용할 수 있다.

여섯째, 학생이 의도한 대로 바람직한 행동을 보였다면 적절한 보상을 제공해야 한다.

일곱째, 문제행동을 보인 학생은 처벌보다는 무시로 대응하고 올바른 대안행동을 가르친다.

여덟째, 행동을 수정하기 위해서는 그 행동을 소단계로 나누어 점진적으로 접근해야 한다.

제 9 장

사회인지주의 학습이론

학습목표

1. 사회인지주의의 등장 배경을 설명할 수 있다.
2. 학습에 대한 사회인지주의적 관점을 설명할 수 있다.
3. 관찰학습의 과정을 이해하고 학습에 적용할 수 있다.
4. 반두라의 관찰학습이 교육에 주는 시사점을 설명할 수 있다.

1 사회학습이론 등장

Albert Bandura
(1925~)

반두라(Bandura)는 1949년 밴쿠버에 있는 브리티시 컬럼비아 대학교에서 심리학으로 학사학위를 받은 후 1952년 아이오와 대학교에서 석사와 박사학위를 받고 1953년부터 현재까지 스탠퍼드 대학교 심리학과에서 재직 중이다. 1974년 미국심리학회(APA) 회장직을 거쳤으며, 1977년에 『사회학습이론(*social learning theory*)』 저서를 출간하였고 지금까지 수많은 연구와 상을 받았다.

반두라(Bandura)는 행동주의 조건형성의 기본 관점을 토대로 인지과정의 중요성을 인정하면서 사회학습이론(social learning theory)을 구축한 선구자이다. 반두라의 사회학습이론은 사회인지이론(social cognitive learning theory), 사회인지주의 학습이론으로 불리고 있다.

반두라의 사회학습이론은 1961년과 1963년에 보보인형 실험(Bobo Doll Experiment)을 통해 발표하였다. 당시 스탠퍼드 대학교 교수로 있던 반두라는 미취학 아동들(3~6세)을 대상으로 보보인형 실험을 했다. 보보인형은 오뚝이처럼 무게중심이 인형 아래에 있어서 치거나 해서 넘어져도 다시 일어나는 풍선 인형이다.

첫 번째 보보인형 실험은 '공격적 조건'과 '비공격적 조건'을 설정한 다음 아이들이 한 명씩 방 안으로 들어간다. 방에 들어가면 성인 모델이 있었고 아이에게 10분간 여러 가지 장난감을 가지고 놀게 한다. '공격적 조건'에서 성인 모델은 보보인형을 장난감 망치로 때리고 공격적 언어를 사용한다. '비공격적 조건'에서 성인 모델은 손가락 인형을 가지고 조용히 놀았다. 그렇게 아이는 같은 공간에서 성인 모델이 한 행동을 10분간 본 후에 아이를 다른 방으로 데리고 가서 혼자 여러 가지 장난감을 가지고 20분간 놀게 하였다.

그 결과, 공격적 조건의 장면을 본 아이들의 공격성이 더 높았으며, 동성 모델의 행동을 더 모방하는 경향이 있었고 여아보다는 남아에게서 공격성이 더 두드러졌다.

두 번째 보보인형 실험은 아이들을 세 그룹으로 나누어 각각 다른 영상물을 보여 주었다. 그 영상물은 모두 성인 연구원이 보보인형을 때리는 장면이었다. 첫 번째 그룹에는 성인 연구원이 칭찬과 선물(강화)을 받는 결말을 보여 주었고, 두 번째 그룹에는 성인 연구원이 혼나고 벌(처벌)을 받는 결말을 보여 주었다. 그리고 세 번째 그룹에는 보보인형을 때린 성인 연구원이 강화나 처벌 등 아무것도 받지 않는 결말을 보여 주었다. 영상물 상영이 끝난 후 각 집단의 아동들에게 영상 속에 나오는 동일한 인형을 주고 놀도록 한 다음 인형에 대한 아동들의 공격성을 측정하였다.

그 결과, 공격으로 인해 강화를 받은 것을 본 아동들이 가장 공격적이었고 벌을 받는 것을 본 아동들의 공격성이 가장 낮았다. 즉, 첫 번째 집단의 아동들은 대리적 경험에 의한 대리강화(vicarious reinforcement)를 관찰하였고, 두 번째 집단의 아동들은 대리처벌(vicarious punishment)을 관찰한 것이다.

반두라는 이러한 실험결과를 근거로 인간의 학습과정은 직접적인 강화에 의한 경험을 통해서 학습되기도 하지만 타인의 행동을 관찰만 하여도 이를 모방함으로써 새로운 행동을 학습할 수 있다는 대리학습(vicarious learning)을 주장하였다(권재환 외, 2010).

2 학습에 대한 사회인지주의 관점

1) 관찰학습

학습에 관한 사회인지이론의 관점은 행동주의 이론의 원리를 대부분 받아들이지만, 행동에 대한 사고 그리고 사고에 대한 행동의 영향을 강조하면서 행동에 대한 단서와 내적 정신과정의 영향에 더 많이 초점을 맞추었다(문은식 외, 2007).

행동주의의 조건형성이론들은 직접강화나 벌을 통해 학습이 이루어지는 반면에 반두라는 직접강화나 벌 없이도 일어나며, 사회적 상황에서 타인들의 행동을 단순히 관찰만 함으로써 학습이 일어날 수 있다고 주장하면서 이를 사회학습이론(social learning theory)이라고 하였다. 사회학습이론은 환경이 인간행동에 일방적으로 영향을 미친다는 행동주의 이론에 반대하며 개인을 둘러싸고 있는 환경과 행동의 상호성을 강조하였다(권대훈, 2015). 즉, 모델의 행동을 관찰함으로써 대리강화 또는 대리처벌을 통해서 학습할 수 있다고 보고 이것을 관찰학습(observational learning)이라고 했다. 사회학습이론은 이후에 사회인지 학습이론으로도 불리는데, 이는 학습이 일어나는 과정에서 학습자의 자기지각, 기대, 믿음 등 인지적 속성이 개입되기 때문이다(권대훈, 2015).

흔히 일상생활의 많은 부분이 관찰학습으로 이루어진 경우를 접할 수 있다. 새로운 기능, 수영, 운동 등을 학습시킬 때 먼저 모델의 시범을 본 후 따라 하도록 훈련시키는 것은 관찰학습을 응용한 학습방법이다. 또한, 관찰학습은 공포증 치료에도 응용된다. 예를 들어, 개를 무서워하는 아이에게 안전한 거리에서 개와 친밀하게 어울리면서 상호작용하는 모델의 모습을 자주 보여 주면 아이는 점차 개 공포증에서 벗어날 수 있다.

2) 상호결정론

상호결정론(reciprocal determinism)이란 개인과 환경, 행동이 능동적으로 상호작용을 하면서 서로 영향을 주고받는 상호 의존적 관계를 말한다. 즉, 환경(environment)과 개체(person)와 행동(behavior)은 서로 영향을 주고받는 양방향적 관계이다. 여기에서 학습자는 자신의 성장과 발달에 영향을 미치는 환경 조성에 적극적으로 참여하고 행동을 선택하는 능동적 존재이다.

환경이란 개인 외적 조건으로 상황, 모델, 물리적 배경 등을 말하고, 개체란 개인 내적 조건으로 기대, 목표, 자기효능감, 동기 등을 말하며, 행동이란 개인의 반응을 말한다. 이때 개인의 반응인 행동의 결과로 부여되는 강화나 벌은 기대를 형성하고 동기에 영향을 미치게 된다. 따라서 기대한 보상이 주어지지 않을 때는 실망하여 다음에는 그 행동을 하지 않을 수 있다.

예를 들어, 교사가 일기를 써 온 학생들에게 칭찬스티커를 주고 격려하는 행동을 몇 번 하다가 어느 날은 일기 검사를 하지 않더니 계속 일기 검사를 하지 않는다면 많은 학생들은 일기를 쓰지 않을 수 있다. 또한, 기대한 벌이 주어지지 않을 때도 교사가 원하는 행동을 하지 않을 수 있다. 따라서 교사는 일관성 있는 강화와 벌을 부여하고 학습자와 함께 규칙을 정하여 엄격하게 지킬 필요가 있다.

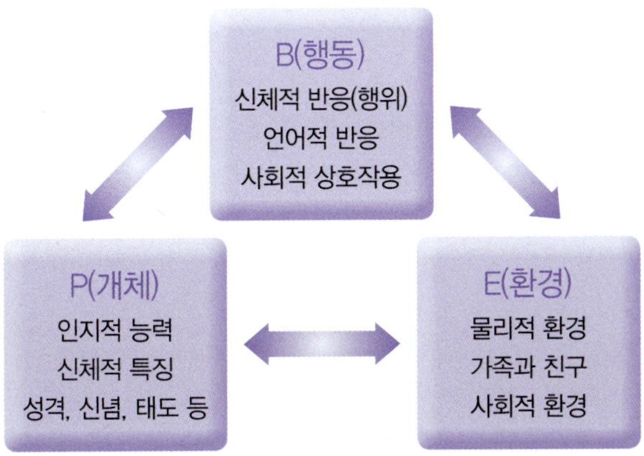

[그림 9-1] 반두라의 상호결정론

3) 자기조절과 자기강화

자기조절(self-regulation)은 스스로 목표와 계획을 세우고, 다양한 전략을 활용하여 계획을 실행하며, 그 결과를 평가하는 등 전 과정을 통제하는 것을 말한다. 자기조절학습은 목표가 학습에 있을 경우를 일컫는데, 학습자 자신이 설정한 목표에 도달하기 위해 계획을 점검하고 학습과정을 조절하면서 적극적으로 참여하여 유의미한 학습결과를 산출하는 학습을 말한다. 관찰을 한다고 모두 모방을 하는 것이 아니며, 관찰한 모델을 학습하기 위해서는 모방하고자 하는 모델의 행동을 스스로 선택하고 계획을 수립하며 실천하는 자기조절을 통해 가능하다.

자기강화(self-reinforcement)란 스스로 목표 수준을 정하고 이에 도달할 때 자신에게 강화물을 제공하여 보상하는 것을 말한다. 이는 자신의 행동이 자신의 기대나 기준에 얼마나 잘 맞는가에 따라 자신을 비판하거나 만족하는 반응을 보이는데 학습자의 내적 기준에 근거해서 보상 여부를 결정하게 된다. 자신의 행동에 만족스러워 긍정적 보상을 하면 자기강화, 비판하여 스스로 처벌을 하는 것을 자기처벌(self-punishment)이라고 한다.

이와 같이 인간의 행동은 자기강화와 자기처벌에 의해 조절되기 때문에 자기강화와 자기처벌이 자기조절의 핵심적 측면이다.

4) 자기효능감

자기효능감(self-efficacy)이란 특정 행동을 성공적으로 수행할 수 있다는 자신의 능력에 대한 신념이나 기대감을 말한다. 자신을 능력 있는 사람으로 판단하는 사람은 자신이 수행할 수 있다고 믿는 과업과 도전을 잘 해내고 역경에 직면했을 때 그 상황에 잘 대처해 나간다. 따라서 자기효능감이 높은 사람은 특정 과제에 대한 집중과 지속성을 통하여 성취 수준을 높일 수 있으며, 긍정적인 자아상(self-image)을 형성하는 데에도 도움이 된다. 예를 들어, 야구선수가 꿈인 초등학생이 있다고 가정하자. 그는 아직 야구선수가 되지는 않았지만 야구를 배우면서 자신이 소질이 있고 훌륭한 선수가 될 수 있다는 신념으로 인해 더욱 열심히 노력할 것이다.

자기효능감은 행동의 변화를 일으키는 데 중재 역할을 하며, 행동과 환경의 선택에 영향을 미친다. 어떤 상황에 직면하여 개인이 그 상황에 대처할 수 있는 능력이 없다고 여길 때는 그 상황을 회피하지만, 자신이 대처할 수 있는 능력이 있다고 여길 때는 자신감을 가지고 행동을 수행한다(Bandura, 1989).

자기효능감을 높이기 위해서는 첫째, 작은 목표부터 성공적 경험을 쌓으면서 자신감을 높이고 둘째, 유사 모델의 성공적인 수행을 관찰함으로써 자신도 그러한 과제를 수행할 수 있다는 기대감을 갖게 하여야 한다. 셋째, 수행에 대한 격려나 구체적인 피드백 및 자신의 강점을 언어적으로 표현해 주면 자기효능감이 상승한다. 넷째, 실패하였을 때에는 개선 가능한 것이라는 긍정적인 마인드를 통해서 정서적 불안에서 탈피할 수 있도록 해야 한다.

3 관찰학습의 과정

관찰학습(observational Learning)은 주의집중 과정(attentional process), 파지 과정(retention process), 운동재생 과정(motor reproduction process), 동기화 과정(motivational process)의 네 가지 하위과정에 의해 진행된다.

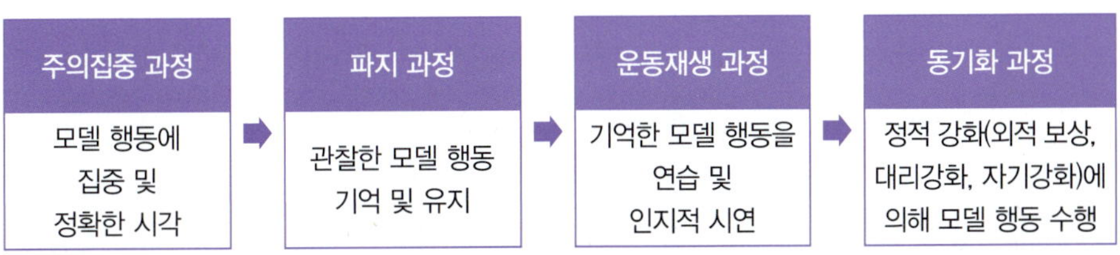

[그림 9-2] 관찰학습의 과정

1) 주의집중 과정

주의집중 과정은 관찰학습의 대상인 모델 행동에 집중하고 정확하게 지각하는 것을 말한다. 이 과정은 관찰학습의 가장 기본적인 단계가 되는데, 학습자(관찰자)가 모델의 행동에 주의를 집중하지 않는다면 관찰학습은 일어나지 않는다.

예를 들어, 처음으로 스키를 배운다고 하자. 스키를 잘 타는 강사 선생님이 먼저 시범을 보이면 주의집중해서 관찰해야만 그대로 따라 할 수 있는 것이다. 또는 멋지게 스키를 타는 모델을 보고 어떤 자세로 몸놀림을 하면서 타는지 집중하여 관찰하고 정확하게 지각하는 것도 스키를 배우는 첫 단계인 것이다.

따라서 관찰학습의 대상인 모델 행동이나 모델 그 자체는 학습자의 주의를 이끄는 힘이 있어야 한다. 학습자는 애정, 유사성(성, 연령, 인종 등), 모델의 사회적 호감(지위, 유능, 인기 등) 등이 높은 모델에게 더 주의를 잘 기울이는 경향이 있다. 즉, 현장에서 수업을 진행하는 교사는 학습자의 훌륭한 모델이 되기 위해 노력할 필요가 있다.

2) 파지 과정

파지 과정은 관찰학습의 대상인 모델 행동을 주의집중하여 기억한 정보를 인지적으로 저장하는 것으로, 모델 행동을 돌이켜 보면서 학생이 직접 연습해 보는 인지적 행위이다. 파지 과정에서는 관찰한 행동들을 보통 언어로 표상하여 기억하는데, 언어적 표현이 힘든 것은 이미지로 기억하게 된다. 만약, 학생들이 기억하지 못한다면 관찰학습은 일어나지 않는다. 파지 과정에서는 기억이란 시간이 지나면 사라지기 때문에 오랫동안 기억해야 하는 기억의 유지를 중요하게 여긴다.

또한, 파지 과정에서 중요한 것은 인지적 시연이다. 인지적 시연은 언어나 이미지의 형태로 기억하기만 하는 것이 아니라 마음속으로 그려 보는 것을 말한다. 즉, 스키를 타는 모습을 마음속으로 그려 보는 것이 기억을 더 오래 유지하는 데 도움을 주게 된다.

3) 운동재생 과정

운동재생 과정은 기억되어 있는 모델 행동을 본인의 신체로 직접 연습하고 교정하는 과정을 말한다. 관찰한 모방행동을 실제의 행동으로 재연하는 과정에서 이전 단계인 파지 과정의 인지적 시연은 중요한 기능을 발휘한다. 기억하고 있는 모델 행동의 심상이나 언어적 부호들이 단서가 되어 학습자가 실제 행동으로 해 보는 재생에 도움을 주기 때문이다.

또한, 학습자(관찰자)의 행동이 모델 행동과 일치되기 위해서는 연습이 필요하며, 이 과정을 반복함으로써 자신의 행동을 교정한다. 즉, 스키를 자신이 직접 타면서 모델 행동을 반복해서 연습하고 교정하는 것을 의미한다.

4) 동기화 과정

동기화는 실제 행동으로 실현하고자 하는 동기나 욕구의 과정을 말한다. 학습자가 모델의 행동을 집중해서 관찰(주의집중 과정)하여 기억(파지 과정)하고 연습을 통해 새로운 행동을 학습(운동재생 과정)했더라도 그 행동을 유발하는 강화요인이 없다면 다시 행동으로 나타나지 않는다.

이 과정에서 강화는 외적 보상을 통한 직접강화와 자기강화가 있다. 학습자가 모델의 행동을 모방함으로써 직접강화를 받거나 받을 것이라고 예상을 한다면 그 행동을 수행하려고 노력한다. 또한, 학습자 자신의 내적 기준에 따라 스스로 보상과 벌을 주는 자기강화에 의해 만족감이 수반되거나 긍정적 평가를 내리면 그 행동을 수행하기 위해 노력한다. 이때 스키너의 강화와 반두라의 강화는 다소 차이가 있다. 스키너는 학습을 습득하기 위해 강화가 필요하고 반두라는 습득된 학습을 실제로 수행하기 위해 강화가 필요한 것이다.

예를 들어, 스키를 타면서 만족감을 느끼거나 잘 탄다는 칭찬을 받는다면 다음 기회에도 스키를 타고 싶다는 동기가 유발된다는 것이다.

4 관찰학습의 교육적 시사점

반두라의 사회학습이론은 관찰학습의 중요성을 증진시켰다. 즉, 바람직한 모델을 제공하는 한편, 바람직하지 못한 모델은 제공하지 않도록 유의해야 한다. 또한, 학습자의 사회적 환경이 얼마나 많은 영향을 미치는지에 대해 인식시켰다. 학습자 스스로 자신에게 주는 만족감과 보상인 자기강화와 자신이 잘할 수 있을 것이라는 기대에 대한 신념인 자기효능감이 중요함을 시사한다.

반두라의 사회인지주의 학습이론의 교육적 시사점을 정리하면 다음과 같다.

첫째, 바람직한 모델을 제공해야 한다.

둘째, 학습자에게 말로 설명하는 것보다는 시범을 보이고 따라 할 수 있는 기회를 제공하는 것이 효과적이다.

셋째, 인간이 환경과의 접촉을 통한 상호작용으로 행동유형을 어떻게 발전시켜 나가는지 시사해 준다.

넷째, 자기강화와 자기효능감 등 인지적 요소의 중요성을 인식시켰다.

제 10 장

인지주의 학습이론

학습목표

1. 목적적 행동주의가 말하는 학습의 의미를 행동주의 학습의 의미와 구별할 수 있다.
2. 형태심리학의 조직 원리를 말할 수 있다.
3. 감각기억, 단기기억, 장기기억의 특징을 구분할 수 있다.
4. 각 인지과정의 특징을 말할 수 있다.
5. 인지과정을 촉진할 수 있는 전략을 수립할 수 있다.
6. 망각을 설명하는 이론을 이해하고 망각을 예방하기 위한 방안을 수립할 수 있다.
7. 정적 전이를 촉진할 수 있는 방안을 이야기할 수 있다.

일범이와 초롱이는 오늘 치룬 역사시험에 대해 이야기를 나누고 있다.

일범: 초롱아, 역사시험 잘 봤어? 나는 아무래도 망친 것 같아!
초롱: 그래? 오늘 시험문제들 수업시간에 선생님께서 다 설명해 주시고 강조했던 데서 나왔기 때문에 어렵지 않다고 생각했는데? 난 거의 모든 문제에 맞는 답을 한 것 같아.
일범: 좋겠다. 나는 수업시간에 선생님 말씀에 제대로 주의를 기울이지 않았고, 선생님 말씀을 듣는다고 해도, 무슨 뜻인지 제대로 생각하지 않아서인지 배운 내용이 전혀 기억나지 않았어.
초롱: 그렇다고 해도 시험공부 했을 것 아냐?
일범: 내 말이 그 말이야. 어제저녁에 시험 범위를 두 번씩 읽었단 말이야. 그런데 막상 문제를 보니까 답이 전혀 생각나지 않았어.
초롱: 중요한 사건들이 어떠한 시간적 흐름에 따라 일어났는지 먼저 전체적인 얼개를 짜고 각 얼개에 구체적 사항들을 연결해 나가면서 수업에서 선생님께서 강조했던 사항이나 이전부터 내가 알고 있던 것들과 관련지어 나가는 방법을 사용하니까 난 기억이 잘 났는데. 혹시, 네 공부 방법이 효과적이지 않았던 것이 아닐까?
일범: 그렇지만, 어떤 내용을 두 번 정도 읽으면 다 기억할 수 있어야 하는 것 아닐까?
초롱: 난 그렇다고는 안 보는데? 그 내용이 무엇을 의미하는지 깊이 있게 이해하고 또 전체적인 의미 관계를 파악하며, 더 나아가 내가 이미 알고 있던 내용들과 관련지어 보는 방법들을 활용할 때 제대로 된 학습이 가능하다고 봐.
일범: 그런가? 다음부터는 네가 이야기한 방법으로 공부해 보아야겠다.

인지는 정보를 획득하고 파지(경험해 얻은 내용을 다시 떠올릴 수 있게 저장한 것)하고 활용하는 것을 말한다. 이러한 인지과정에 대해 탐구하는 인지주의는 자극과 반응의 결합으로 설명하는 행동주의와 다른 관점을 취한다. 칸트가 주장한 구성론의 영향을 받은 인지주의자들은 눈에 보이는 변화에만 관심을 기울이지 않고 마음속에서 일어나는 변화에 관심을 가졌다.

인간은 환경적 자극에 영향을 받기는 하지만 자극에 대해 수동적으로 반응하는 존재가 아니라, 세상을 적극적으로 이해하고 이해를 바탕으로 능동적으로 대응하는 존재인 것이다. 즉, 인간은 환경에서 정보를 적극적으로 받아들이고, 이를 머릿속에서 처리하고, 문제를 해결한다. 따라서 인지주의는 주로 인간의 머릿속에서 어떠한 일이 일어나는지에 관심을 보이므로 지각, 기억, 추론, 지식, 개념형성, 문제해결, 언어 등 심리과정과 정신구조를 설명하기 위한 주제를 연구한다.

인지주의에서 학습은 특정한 자극에 대해 특정한 반응을 형성하는 것이 아닌 인지구조의 변화를 의미한다. 즉, 학습이 일어나기 전 개인의 인지구조와 학습이 일어난 후의 인지구조에는 차이가 있다는 것이다. 인지심리학은 개념, 도식, 원리, 통찰에 의한 문제해결 등이 학습된다고 본다.

인지주의는 인간을 환경을 적극적으로 해석하고 대응하는 능동적인 존재로 본다. 인간은 출생할 때부터 주변의 정보를 능동적으로 받아들이고 해석하며, 불확실한 점을 감소시키려 하며, 결과를 예측하고 환경을 통제하려고 노력하는 존재라는 것이다. 이러한 인간의 능동적 사고활동을 탐색하기 위해 인지주의자는 인간이 정보를 처리하는 인지과정을 분석한다. 따라서 연구방법 역시 실험법 외에도 소리 내어 생각하기와 같이 인간의 내적인 사고 변화를 탐색하는 다양한 연구방법이 활용된다.

인지주의 심리학자는 학습자가 문제를 해결할 때, 행동주의자가 생각하는 것처럼 여러 번의 시행착오를 통해 문제를 해결하는 것이 아니라, 문제에 대한 사고실험을 통해 해결책에 대한 통찰을 획득한다고 본다.

〈표 10-1〉 인지주의와 행동주의 비교

구분	인지주의	행동주의
학습의 개념	인지구조의 변화	자극과 반응의 연합에 의한 행동변화
학습자 특성	환경에 적극적으로 대응하는 존재	환경에 의해 조작되는 수동적 존재
탐구목적	인지과정 분석	자극-반응 관계 분석
연구방법	내적 사고 변화를 연구	동물실험 연구를 통한 행동변화 연구
문제해결	통찰, 인지과정	시행착오

1 톨만(Tolman)의 잠재적 학습

톨만(Tolman)은 행동주의자처럼 객관적인 과학을 추구하였는데, 학습이 일어날 때 환경 속에서 한 가지 신호가 어떤 다른 신호와 연합이 되는지를 밝히려 했다. 예를 들면, 수업 벨이 울리면 수업이 곧 시작되리라는 것을 학습하는 것이다. 톨만에게 학습은 어떤 행동을 하면 어떤 결과를 얻을 것이라는 기대를 형성하는 과정인 것이다. 이런 면에서 인지주의적 측면을 지니고 있다.

톨만은 학습과 수행을 구분하였다. 수행은 눈에 보이는 행동적 반응을 의미하는 데 반해 학습은 행동을 할 수 있는 잠재적 능력을 가지게 된 것을 의미한다. 우리는 평소 많은 것을 학습하여 알고 있지만, 항상 알고 있는 모든 정보를 이용해서 행동하는 것이 아니라 필요할 때만 그 정보를 이용하여 행동으로 옮긴다. 즉, 어떤 욕구가 생겼을 때 이 욕구를 완화시키기 위해서 학습한 것을 이용한다. 예를 들어, 학교 앞에 문방구가 있다는 것을 평소에 학습하여 알고 있지만 학교 앞을 지날 때마다 문방구에 들르지 않고 여러 번 지나칠 것이다. 그러다가 문구류를 사야 할 필요가 생기면 문방구에 들러서 필요한 물건을 살 것이다.

학습, 특히 잠재적 학습이란 학습은 이루어졌지만 직접 관찰할 수 있는 행동, 즉 수행으로 표현되지 않는 것을 의미한다. 톨만과 혼직(Tolman & Honzik, 1930)은 실험을 통해 잠재적 학습과 수행이 다름을 증명하였다.

쥐를 대상으로 수행된 미로찾기 훈련 실험에서 강화를 받지 않은 통제집단, 지속적으로 강화를 받은 집단, 강화를 받지 않다가 11일째부터 강화를 받았던 집단의 오류 빈도를 측정 · 비교하였다. [그림 10-1]에서 보여 주는 바와 같이 지속적으로 강화를 받은 집단의 오류 빈도는 지속적으로 감소하고 있다. 물론, 통제집단 역시 오류 빈도가 감소하였으나 그 변화율이 높지 않았다. 흥미로운 집단은 11일째부터 강화를 받은 집단으로 강화를 받기 전, 이 집단의 실험 초기 오류 빈도는 통제집단과 비슷한 수준을 유지하였는데, 11일에 강화를 받은 다음날부터 오류 빈도가 급격하게 낮아지기 시작해서 지속적으로 보상을 받은 집단보다도 오류를 덜 범하게 된 것을 알 수 있다.

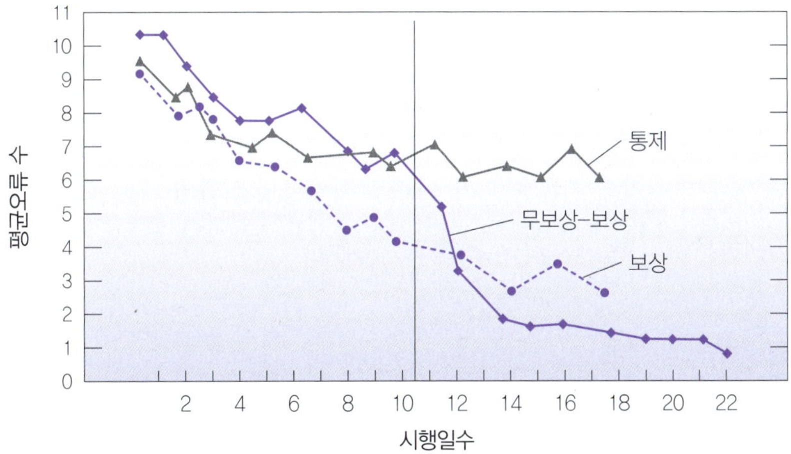

[그림 10-1] 잠재적 학습을 보여 주는 실험결과

톨만과 혼직(Tolman & Honzik, 1930)은 본 실험을 통해 어떤 반응의 학습이 일어났음에도 불구하고 그 반응을 보일 이유가 별로 없을 때에 행동반응으로 나타나지 않고 그 행동을 했을 때 보상을 기대하는 경우에 행동(반응)을 할 것이라는 점을 밝혔다. 또한, 행동주의자들이 주장하는 바와 같이 강화는 특정한 반응의 학습을 일으키는 것이 아니라 강화와는 독립적으로 일어난 학습을 수행, 즉 행동으로 일어나도록 유인한다는 것이다.

2 형태주의 학습이론

형태주의는 행동주의와 대립하던 인지주의 초기의 관점으로 지각과 학습에 대해 중요한 통찰을 제공했던 관점이다. 형태주의는 행동주의의 여러 전제에 대해 비판했는데, 유기체는 어떤 것을 지각할 때 외부에서 주어지는 자극에 포함되지 않는 머릿속에서 일어난 조직화의 결과물을 자신의 경험에 추가한다고 주장하였다. 형태(Gestalt)는 독일어로 전체적 윤곽, 배치 또는 패턴이라는 의미가 있다. 형태주의자는 우리가 세상에 대해 지각할 때 세계를 의미 있는 전체로 지각한다는 관점을 취했다. 무엇인가를 지각할 때 선, 색 등의 조각을 따로 보는 것이 아니라, 이것들이 이루고 있는 책상, 자동차, 고양이 등을 본다고 주장한다. 이러한 전체의 형태가 우리 지각의 기본 단위가 되므로 이것이 심리학의 기본 주제여야 한다고 생각하였다.

1) 형태주의의 견해

- 인식은 객관적 현실과 다르다. 즉, 우리는 어떠한 대상을 있는 그대로 지각하는 것이 아니라 우리의 의식에 의해 나름대로 의미를 만들어 인식한다. 다음에 진술하게 될 다양한 조직화 원리는 우리의 인식이 객관적 현실과 다르다는 것을 증명한다.
- 지각은 전체적이다. 즉, 어떠한 대상을 지각할 때 대상의 구성요소들을 따로따로 인식하는 것이 아니라 전체를 보고 그 대상을 파악한다.
- 전체는 부분의 합 그 이상이다. 전체는 단순한 부분들의 합이 아니라 부분들 간의 관계에 의해 조직화된 것이다. 음표들로 구성되어 있는 음악을 보면 단순한 음들의 무작위적인 조합이 아니라 음의 관계에 따른 멜로디의 새롭게 형성된 특성으로 단순한 음표들의 모음과는 다르다.
- 우리는 경험을 능동적으로 구조화한다. 우리는 대상을 있는 그대로 인식하는 것이 아니라 감각기관을 통해 들어온 자극을 능동적으로 해석하고 의미를 규정한다.

2) 지각의 유의미성

앞서 기술한 바처럼 형태심리학의 핵심은 지각이나 사고의 대상이 조직된 전체로 보인다는 것인데, 기본적인 조직은 도형과 이 도형을 둘러싸고 있는 배경으로 구성된다. 의미 있는 것은 전체의 배열이지 독립된 부분들이 아니다. 따라서 우리는 어떤 것을 지각할 때 개별적인 부분에 주의를 기울이기보다 전체에 주의를 기울인다. 우리의 뇌는 객관적인 자극을 어떤 의미를 가진 전체로 머릿속에서 변형시킨다. 이러한 능력은 타고나는 것이지만 지각은 경험과 훈련에 따라 바뀐다.

형태주의 이론가는 주로 인간의 지각활동에 대해 연구하였지만 후에 학습에 주안점을 두며 학습도 지각활동과 마찬가지로 경험을 재조직하여 사물, 사람, 사건을 다르게 지각하는 사고활동을 의미한다고 본다. 인간의 많은 형태의 학습은 통찰적인 특징을 지니는데, 아무것도 이해하지 못하는 상태에서 지식을 획득하는 상태로 빠르게 바뀐다는 것을 의미한다.

형태주의 이론가는 우리 의식의 역할에 대해 행동주의자와 다른 견해를 취했는데, 의미 있는 지각과 통찰은 의식적인 인식을 통해서 일어난다. 어떤 의미에서 우리는 물리적인 자극을 직접적으로 경험할 수 없다. 따라서 우리의 행동을 결정하는 것은 우리의 의식이나 우리가 생각하는 주관적 현실이다.

3) 조직 원리

형태주의 이론가는 사람들이 일정한 법칙을 사용하여 자신이 지각한 것을 조직하는 경향성이 있다고 주장하였다. 이러한 원리를 간결과 의미의 법칙이라 부르는데 우리가 지각하고 사고하는 모든 과정에서 적용되는 법칙이다. 이 법칙에 의하면 우리의 지각, 사고, 기억 등은 의미 있고 단순하며 완전해지려는 경향을 지니고 있다고 한다. 즉, 인간은 대상을 각각의 단절된 구성요소들의 합으로 인식하지 않고 간결하고 의미 있는 조직화된 전체로 지각하려고 한다.

(1) 전경과 배경 원리(도형과 배경 원리)

전경과 배경 관계 원리는 우리가 어떤 대상을 지각할 때 배경을 바탕으로 이와 구분되는 전경, 즉 도형으로 나누어질 수 있다고 가정한다. 크기, 모양, 색상, 고저 등과 같이 눈에 띄는 특징을 중심으로 전경은 주의를 기울이는 대상이고, 배경은 전경을 둘러싸고 있는 주위 환경이다. 만약, 전경과 배경을 구분하는 것이 모호할 경우, 이는 지각하는 사람이 어떤 것을 전경으로 인식하고 어떤 것을 배경으로 인식하느냐에 따라 그 결과가 달라질 것이다. [그림 10-2]에 제시된 그림들을 보면 이러한 우리의 지각 경향을 잘 이해할 수 있다. 이 그림들은 모두 전경을 검은색이 칠해진 부분으로 보는지 아니면 흰색이 칠해진 부분으로 보는지에 따라 전혀 다른 그림이 보이는 도형들이다.

[그림 10-2] 도형과 배경의 원리

[그림 10-3] 조직의 원리

(2) 근접성 원리

근접성 원리는 구성요소들이 시간적 · 공간적으로 서로 가까이 있는 정도에 따라 함께 속하는 것으로 간주되는 경향성을 말한다. 서로 인접한 음들을 음절 마디로 지각하기 때문에 멜로디로 지각될 수 있고 글이 어절로 지각되기 때문에 그 의미를 이해할 수 있다. '아버지가방에들어가신다'와 같이 글이 어절로 띄어쓰기 되어 있지 않으면, 가방에 들어가는 아버지를 말하는 것인지 방에 들어가는 아버지를 말하는 것인지 글의 내용을 정확하게 파악하기 어렵다. 우리가 외국어를 배우는 데 어려움을 겪는 이유도 어디서 끊어지는지 분간하기 어렵기 때문이다. [그림 10-3]의 첫 번째 그림의 선들은 9개의 독립된 선으로 지각할 수도 있지만, 대부분의 사람들은 각각 세 개의 선으로 구성된 세 묶음으로 볼 것이다.

(3) 유사성 원리

유사성 원리는 크기나 형태, 색깔 등이 비슷한 구성요소들을 함께 속하는 것으로 인식하는 경향성을 말한다. [그림 10-3]의 두 번째 그림을 볼 때 짧은 선 세 개 다음에 긴 선 세 개 또 짧은 선 세 개 다음에 긴 선 세 개의 묶음으로 지각할 것이다. 근접성 원리가 유사성 원리보다 그 영향력이 강한데 [그림 10-3]의 세 번째 그림을 보면 짧고 긴 선이 가까이 있기 때문에 다른 특성을 지녔어도 이를 하나의 묶음으로 지각하게 된다.

(4) 공통방향 원리(연속 원리)

공통방향 원리는 같은 방향으로 흐름을 만드는 것처럼 보이는 구성요소들은 함께 속하여 하나의 형태로 지각되는 경향성을 의미한다. [그림 10-3]의 네 번째 그림에서 선들은 하나의 모양을 만드는 것처럼 인식될 것이다. 이 원리는 규칙에 의해 순서가 정해지는 숫자 시리즈 등에도 적용될 수 있다. 2, 4, 8, 16이라는 숫자의 열에서 다음에 올 숫자는 규칙, 즉 패턴에 의하면 32가 된다는 것을 알 수 있다. 즉, 2의 제곱승을 순서대로 적는 것이 규칙이기 때문이다.

(5) 단순성 원리

단순성 원리는 사람들이 자신이 지각하거나 사고하는 대상들을 단순하며 규칙적인 특징으로 인식하고, 대칭적이고 균형을 이루는 좋은 형태를 만들어내는 경향이 있다는 것이다. [그림 10-3]의 다섯 번째 그림을 여러 크고 작은 도형들의 집합으로도 인식할 수 있지만 대부분의 사람은 하나의 평행사변형과 마름모가 겹쳐져 있는 것으로 인식할 것이다.

(6) 폐쇄성 원리

폐쇄성 원리는 모양이나 경험이 완전하지 않을 때 사람들은 이것이 완전해지도록 머릿속에서 채워 넣어 완전한 형태로 지각한다는 것이다. [그림 10-3]의 여섯 번째 그림을 보면 선이 이어져 있지 않아도 이 패턴을 완성하여 원으로 보는 경향이 있다. 이처럼 우리는 자신도 모르는 사이에 불완전한 형태의 대상을 더 단순하면서도 완결된 형태로 지각하는 경향이 있다.

형태이론은 우리의 지각의 특성을 밝히고는 있지만 사람들이 왜 또는 어떻게 이러한 지각의 특성을 보이는지 설명하지 못한다. 즉, 이 원리는 우리의 지각의 특성에 대한 이해는 돕지만 이에 대한 설명을 제공하지 않는다는 제한점이 있다.

조직 원리의 교육적 적용

- 전경과 배경 원리를 적용하여 학생들이 반드시 이해하고 기억해야 할 중요한 학습내용은 중요하지 않은 내용과 구분될 수 있도록 목소리 톤을 강조하거나 시각적으로 제시할 때 형태나, 크기, 색상 등을 구분되게 제시한다.
- 근접성과 유사성 원리를 적용하여 학습내용의 의미가 정확하게 이해될 수 있도록 같이 이해되고 기억되어야 하는 내용을 같이 제시해 준다.
- 단순성 원리를 적용하여 학습요소를 복잡하지 않고 유의미하게 단순화시켜 제시하여 이해가능성을 높인다.

4) 형태주의 학습의 원리

학습은 인지현상으로 문제를 깊이 생각한 후에 해결책을 '보게' 되는 것이다. 즉, 학습은 통찰에 의해 일어나므로 학습자는 문제를 해결할 때 문제해결에 필요한 모든 구성요소들에 대해 깊이 생각하며, 한 번은 이런 방식으로, 다음에는 다른 방식으로 그 구성요소들을 문제가 해결될 때까지 재구성한다. 이러한 과정을 통해 해결책은 갑자기 떠오른다. 문제는 해결되지 않은 상태와 해결된 상태 오직 두 상태만 있으며, 부분적인 해결 상태는 없다. 이러한 학습현상을 통찰학습이라 하는데, 시행착오나 강화의 반복을 통해 학습이 점차적으로 이루어진다고 보는 행동주의와 달리 통찰학습은 비약적이며 비연속적인 특징을 지닌다.

쾰러(Köhler)는 학습에 대한 자신의 생각을 입증하기 위해 다양한 실험을 하였는데, 그중 하나가 [그림 10-4]에서 제시하고 있는 우회문제 실험이다. [그림 10-4]에서 목표인 대상은 운동장에 있는데 창문 앞에서 그것을 보았다 하더라도 그것에 직접 도달할 수는 없고 우회해야만 대상에 도달할 수 있다. 병아리와 원숭이를 대상으로 이 실험을 했을 때, 병아리는 이 해결책을 찾아내는 데 큰 어려움을 겪었지만 원숭이는 문제의 해결책을 쉽게 찾을 수 있었다.

또 하나의 실험은 여러 개의 상자와 막대기를 결합해야만 천장에 있는 바나나를 따 먹을 수 있도록 해 놓은 장치의 문제를 침팬지가 해결하게 하였을 때 침팬지는 통찰을 통해 여러 요소를 결합하여 바나나를 따 먹을 수 있었다.

이러한 통찰에 의한 학습이 일어나는 경우 문제의 해결책을 찾는 데 어느 정도 시간이 경과된다. 이 시간 동안 유기체는 문제를 해결하는 방식에 대한 다양한 가설들을 수립하고 검증해 본다. 통찰이 일어나는 동안에 문제와 관련된 중요한 구성요소들에 대해 경험할 수 있어야 한다. 문제와 관련된 중요한 구성요소들을 충분히 탐색한 후 갑자기 문제의 해결책이 떠오르며, '아하' 하는 경험을 하게 된다.

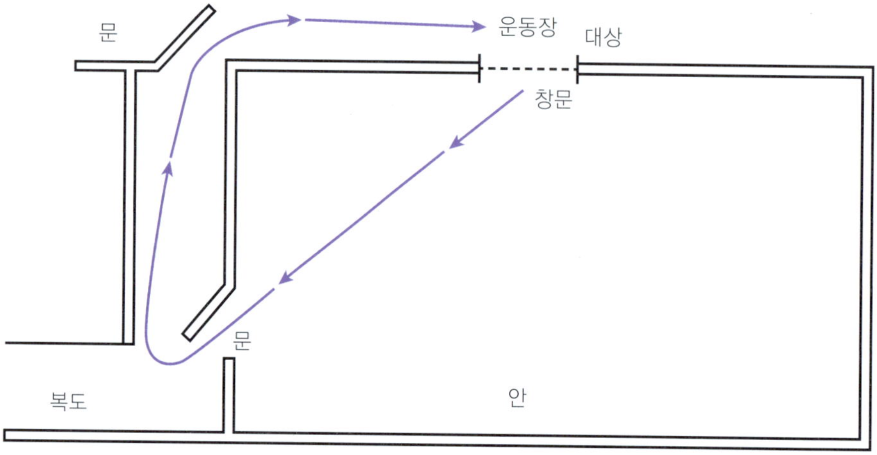

[그림 10-4] 통찰학습 실험

3 정보처리이론

정보처리이론은 인간이 어떻게 외부 정보에 주의를 기울이고, 그 정보를 부호화하여 학습하고 기억 속의 지식과 연결시키며, 기억 속에 정보를 저장하고 필요할 때 인출하는지 분석하는 데 초점을 맞춘다. 또한, 인간의 사고과정을 컴퓨터의 정보처리과정에 비유하여 설명을 시도하는 이론이다. 이 장에서는 우선 정보처리의 전제, 기억단계, 인지과정(/인지전략), 메타인지 등에 대해 살펴본다.

1) 정보처리의 기본 전제

행동주의자는 사람들은 자극이 주어지면 반응한다고 보지만 정보처리이론가인 마이어(Mayer, 1996, 2012)는 사람들이 환경에 주의를 기울이고, 지식을 구조화하며, 새로운 정보와 이미 알고 있는 정보를 관련지어 의미 있게 만든다고 본다.

정보처리이론가의 학습에 대한 몇 가지 전제를 살펴보면 다음과 같다.

- 인간은 학습과정에 능동적으로 참여한다.
- 학습에는 겉으로 드러나는 행동의 변화만이 아닌 정신적 연합의 형성도 포함된다.
- 어떤 정보를 수용하여 이에 대한 반응을 만들어 내기까지 정보처리는 단계적으로 일어난다.
- 정보처리단계에 따라 처리되는 정보의 형태나 표상은 다르다.
- 정보처리과정은 컴퓨터의 정보처리과정과 비슷하다.
- 정보처리는 지각, 연습, 사고, 문제해결, 기억, 망각 등의 인간의 사고활동과 관련 있다.

2) 정보처리적 접근

(1) 기억의 과정

초기 정보처리모형은 앳킨슨과 쉬프린(Atkinson & Shiffrin, 1968)이 창안하였는데 단기기억과 장기기억을 구분하고 있어서 이중장치기억모형이라고 불린다. 이 모형은 정보가 여러 기억의 저장소를 거쳐 처리되며, 정보가 하나의 저장소에서 다른 저장소로 전이될 때마다 인지과정이 작용한다고 한다. 이중장치기억모형은 [그림 10-5]와 같이 외부의 자극이 감각기관을 거쳐 이와 연결된 감각등록기라는 정보저장소에서 잠깐 머물고, 이 중 우리의 주의를 획득한 자극은 단기기억으로 전이된다. 단기기억에서 우리에게 의식되고 여러 인지적 처리가 일어나며, 시연이나 부호화를 거쳐 장기기억으로 전이된다. 장기기억에 저장된 자극(정보)이 활용되기 위해서는 단기기억으로 다시 인출된다고 이중장치기억모형은 정보처리과정을 설명한다.

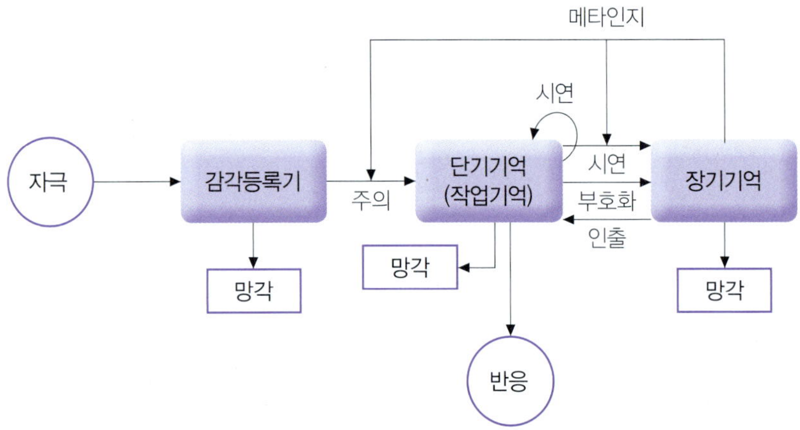

[그림 10-5] 이중장치기억모형

(2) 기억의 구조

❶ 감각등록기

이중장치기억모형에 의하면 정보처리는 환경으로부터 하나 이상의 감각에 자극, 즉 정보가 입력되면서 시작된다. 감각기관을 통해 유입된 정보는 이와 연결된 감각등록기에서 수용되어 감각형태로 잠시 저장된다(Wolfe, 2010). 여기에서 감각적인 정보에 대한 지각과 처리가 일어난다. 몇 개의 감각이 독립적으로 동시에 쓰일 수 있으므로 감각등록기는 동시에 활성화된다. 감각등록기의 대표적인 것은 시각정보를 저장하는 시각기억과 청각정보를 저장하는 반향기억이다. 감각등록기에서 시각기억은 1초 정도, 반향기억은 2~3초 정도 아주 짧은 시간 동안 저장된다. 반향기억이 더 오래 보존되는 것은 언어처리와 관계되는 것 같다. 사람들은 시각적 정보보다 청각적 정보를 더 잘 기억하는데 이를 제시양식효과라고 한다(문선모, 2008).

감각등록기에서 처리된 정보는 저장 시간이 짧아 우리가 의식할 수 없다. 대부분 소멸되거나 다른 정보로 대치되며, 우리의 주의를 획득한 정보만 단기기억으로 전이된다.

❷ 단기기억

단기기억은 우리가 의식하며 생각하고 있는 것과 거의 같다. 단기기억의 내용은 감각등록기에서 전이된 정보나 장기기억에서 인출된 정보로 이루어져 있다. 단기기억의 일부로 작업기억이 포함되는데 이 작업기억에서 인지적 처리가 일어난다. 즉, 작업기억에서는 단기기억에 들어온 정보에 대해 생각하거나 변형하거나 순차적으로 처리하는 활동 등이 일어난다. 단기기억은 그 용량과 저장 시간에 제한이 있다. 피터슨과 피터슨(Peterson & Peterson, 1959)의 실험에 따르면 3개의 자음(K, F, J)을 들려주고 즉시 세 자릿수에서 3씩 거꾸로 뺄셈을 하게 한 후 3~18초 뒤에 불빛을 신호로 하여 불빛이 제시되면, 앞서 제시되었던 철자를 회상하게 하였을 때 3초 지연했을 때는 80%, 9초 지연했을 때는 30%, 15초 지연했을 때는 20%를 회상할 수 있었다. 이 실험결과를 보면 단기기억은 약 5~20초 정도 정보를 저장할 수 있다. 단기기억의 정보를 유지시키기 위해서는 반복해야 하는데 이를 시연이라 한다. 단기기억의 용량은 연령에 따라 다른데 아동에서 성인으로 갈수록 더 많은 정보를 단기기억에 기억하고 처리할 수 있다.

우리가 일상적으로 처리하는 정보는 여러 단위로 구성되어 있는 데 반해 단기기억에서 처리할 수 있는 유의미한 정보단위(청크)로 적기 때문에 어려움을 겪을 수 있다. 예를 들어, 우리가 계산을 하거나 책을 읽을 때 처리해야 하는 수식이나 문장은 수많은 숫자와 기호 또는 철자와 단어로 구성되어 있어 한꺼번에 처리하기 어렵다. 이러한 단기기억의 제한은 청킹(chunking, 단위화)이나 자동화를 통해 극복할 수 있다.

청킹은 지각된 정보를 의미 있고 더 큰 단위로 묶는 과정이다. 예를 들어, 네 개의 숫자 2, 0, 1, 8을 2018년이라는 연도로 결합해 보는 것이다. 독립된 숫자로 기억하는 것보다 이렇게 묶어서 기억하는 것이 더 쉽다. 다음 철자를 기억한다고 생각해 보자.

고양이말책연필전화강아지책

이 글을 있는 그대로 단기기억에서 처리한다면 기억용량의 제한으로 인해 7개 정도의 음절만 기억할 수 있을 것이다. 그렇지만 이를 고양이, 말, 책, 연필, 전화, 강아지, 책과 같이 단어로 의미 있게 묶으면 제시된 철자를 모두 기억할 수 있을 것이다.

여기서 정보처리과정에 대해 주의나 의식적인 노력을 기울이지 않고 무의식적으로 처리하는 것을 자동화라고 한다. 즉, 글씨를 쓰거나 걸음을 걷는 것과 같이 처음 배울 때 노력과 주의집중이 필요한 활동이라도 많은 횟수를 되풀이하면 나중에는 특별한 노력이 없어도 처리할 수 있게 되는 것을 의미한다. 자동화되면 의식적으로 노력하거나 통제하지 않고도 신속하고 일관성 있게 과제를 수행할 수 있다. 자동화는 제한된 단기기억의 용량에도 불구하고 여러 복잡한 인지적 과제를 수행하는 데 도움을 준다. 앞서 언급한 글씨를 쓰거나 글을 읽는 것과 같은 기초기능의 자동화는 중요한 교육목표가 되는데 이러한 기능이 자동화되어야 글의 요지를 파악한다거나 수업을 들으면서 노트필기를 한다거나 할 수 있기 때문이다.

단기기억에서 처리된 정보는 장기기억으로 전이되거나 적절한 인지적 처리를 거치지 않은 정보는 소멸된다.

❸ 장기기억

단기기억에서 시연이나 부호화라는 특별한 인지적 과정을 거친 정보는 장기기억으로 전이된다. 장기기억은 정보를 장기간 보관할 수 있으며, 저장할 수 있는 정보의 양도 매우 커서 거의 무제한에 가깝다. 일상 활동을 할 때 비록 단기기억이 지속적으로 활성화되어 있다고 하더라도 우리가 기억이라는 말을 사용할 때의 대부분은 장기기억을 의미한다.

장기기억에는 책가방을 어디에 두었는지, 친구와 저녁 약속 시간은 언제인지와 같은 정보부터 우리가 어려서부터 배워 왔던 다양한 지식, 기능, 태도 등 일생 동안 경험하여 장기기억으로 전이된 모든 것이 저장되어 있다. 장기기억에 저장된 정보는 무선적 접근방식으로 저장이 되어 있는데 컴퓨터에 저장된 파일을 찾을 때 그 파일이 저장된 폴더로 바로 가서 찾을 수 있는 것처럼 특정 기준에 의해 저장되어 있는 정보를 찾기 위해서 모든 정보를 다 검색할 필요 없이 저장해 둔 그 위치로 가서 정보를 찾을 수 있는 것을 말한다. 장기기억 속의 기억들은 구조화된 지식체계로 되어 있으며, 서술적 지식과 절차적 지식으로 구성되어 있다.

장기기억에 저장된 정보는 시각이나 청각, 후각 등과 같은 감각적 기억도 있지만 대부분은 의미적 기억으로 구성되어 있다. 장기기억 속에는 처음 정보가 우리의 감각기관을 통해 들어올 때 형태 그대로 정보가 저장되어 있다기보다 변형되어 우리가 기억하기 좋게 나름대로 의미화되어 있다거나 기존에 장기기억에 있던 정보들과 결합되어 조직화되어 있다. 장기기억 속의 정보들은 서로 관련되어 있을 때 연합되어 있다. 장기기억에서 일어나는 조직화는 한 번만 일어나는 것이 아니라 새로운 관련 정보가 유입될 때마다 여러 번 재조직화된다.

장기기억에는 어마어마한 양의 정보가 들어 있기 때문에 단기기억으로 정보를 인출하는 것은 쉽지 않고 정보가 저장된 정확한 위치를 탐색해야만 인출이 가능하다. 장기기억의 정보를 쉽게 인출하기 위해서는 정보를 저장할 때 적절한 방법으로 저장해야 한다.

가. 서술적 지식(declarative knowledge)

서술적 지식은 사실에 관한 지식에 해당한다. 서술적 지식에는 세상에 대한 개인의 일반적인 지식이 포함되어 있다. 이를 의미적 기억이라 하는데, 이는 사실, 신념, 개념, 규칙, 원리 등을 포함한다. 예를 들어, 우리는 '대한민국의 수도는 서울'이라는 것을 알고 있고 '과일'은 '먹을 수 있는 나무의 열매'라고 기억한다. 서술적 지식 중 의미적 기억은 주로 언어적 형태로 장기기억에 저장되어 있으며 추상적이다.

서술적 지식은 개인사에 대한 기억에 해당하는 일화적 기억을 포함하는데, 지난 추석에 가족들과 무엇을 하였는지 기억하여 말할 수 있는 것이 이에 해당한다. 일화적 기억은 주로 특정 장소나 시간 등과 연합이 일어나는 반면 의미적 기억은 특정 장소나 시간 등과 연합되어 있지 않다.

도식은 대상, 사건이나 상황 등에 대해 정보를 조직화해 놓은 틀이라고 할 수 있다. 예를 들어, 개에 대한 도식은 개의 귀여운 생김새, 개가 짖는 소리, 개에 관한 지식,

개와 얽힌 추억 등이 모두 연결되어 조직화되어 있다. 모든 개인은 다른 경험을 하기 때문에 도식은 개인마다 다를 수밖에 없다. 도식은 감각적인 자료를 해석하고, 장기기억에서 정보를 인출하고, 행동적으로 환경의 요구에 대응하는 데 활용된다. 도식은 우리의 이해를 도와줄 뿐만 아니라 기억을 쉽게 해 준다.

나. 절차적 지식(procedural knowledge)

절차적 지식이란 어떠한 행위를 수행하는 방법에 대한 지식을 이야기한다. 절차적 지식은 서술적 지식과 다르게 의미로 기억되지 않고 언어로 표현할 수 없다. 수영을 하거나, 수학연산을 하거나, 말을 하고, 글을 쓰는 것 등이 모두 절차적 지식에 속한다. 절차적 지식은 실제 수행을 통해서만 증명될 수 있다.

(3) 인지과정(인지전략)

인지과정이란 정보처리체계로 유입된 정보에 주의를 기울이거나 재인하고 단기기억의 정보를 시연이나 부호화를 하여 장기기억으로 전이하며, 장기기억의 정보를 단기기억으로 다시 인출하는 과정 등의 정신과정을 의미한다. 메이어(Mayer, 2012)에 의하면 의미 있는 학습이 일어나기 위해서는 관련 정보를 선택하고, 적절하게 조직화하며, 새로운 정보를 장기기억 속의 기억들과 통합하는 과정을 거쳐야 한다. 이러한 과정을 인지전략이라고도 한다.

❶ 주의

주의는 감각등록기에 들어온 정보나 단기기억에 들어온 정보들 중 특정한 정보를 선택하여 집중하는 것을 의미한다(Matlin, 2009). 시끄러운 곳에서 옆 사람과 이야기할 때 다른 소리에는 주의를 기울이지 않고 옆 사람의 이야기에만 주의를 기울이면 그 사람의 이야기를 이해하는 데 어려움은 없으며, 다른 소리는 의식되지 않는 것이 선택적 주의집중이라 할 수 있다. 주의는 정보를 계속 받아들이기 위해 준비하고 있는 것을 의미할 때도 있다. 예를 들어, 교사가 학생들에게 수업에 주의를 기울이라고 말하면, 수업시간에 교사가 하는 말에 학생들이 주의를 기울일 준비를 하는 것이 이에 해당한다.

머릿속에서 목표를 달성하거나 인지과정을 동원하고 유지하는 데에 우리의 인지적 자원은 제한되어 있다(Grabe, 1986). 우리의 주의능력은 한계가 있기 때문에 주변 환경에서 주어지는 모든 자극에 동시에 주의를 기울이는 것은 불가능하다. 결국, 주의는 특정 자극에 집중될 수밖에 없다.

주의는 상향식과 하향식 두 가지 방식으로 일어난다. 상향식 주의란 특정 자극이 다른 자극에 비해 특이하거나 흥미롭기 때문에 우리의 주의를 끄는 것이며, 하향식 주의는 우리가 주변 환경의 특정 자극에 의도를 가지고 관심을 기울이기 때문에 일어나는 주의이다. 예를 들면, 조용한 밤에 방에서 책을 읽고 있는데 방문 밖에서 갑자기 이상한 소리가 들려온다면 그 소리에 관심을 집중하게 되는데 이것이 상향식 처리이다. 반면, 책을 읽기 위해 책 속 글들에 정신활동을 집중하는 것은 특정 자극에 주의를 기울일 목적을 가지고 관심을 집중하는 것이기 때문에 하향식 처리에 해당한다.

정보처리과정에서 주의는 작업기억에서 이루어지는 시연과 장기기억으로 정보를 전이하는 과정에, 그리고 새로운 정보와 장기기억 속의 기존 정보를 통합하는 과정에 영향을 미친다. 또한, 주의는 어떤 특정 정보에 주의를 기울일 때 이에 교란을 일으킬 수 있는 다른 정보는 여과하고 그 정보를 더 효율적으로 처리할 수 있도록 하는 증폭기로 기능한다. 이에 더해 인지적 과제를 수행하기 위해서는 일정 수준 이상의 생리적 각성이 필요하다. 주의는 교육현장에서 자주 듣는 말인데 이는 학업에 있어 주의가 중요한 역할을 하기 때문이다. 주의가 일어나지 않는다면 사고활동이 거의 일어나지 않는 것과 같다.

주의는 학습에 필수적이다. 어린이가 문자를 배울 때는 다른 문자와는 구별되는 각 문자의 독특한 속성을 학습하여야 한다. 'ㅂ'과 'ㅁ'을 구분하기 위해서는 사각형 위에 두 군데의 돌출된 부분이 있는지 없는지에 주의를 기울여야 한다. 교사로부터 배우기 위해서 교사의 목소리에 주의를 기울이고 다른 사람의 이야기나 다른 자극은 무시해야 한다. 교사의 말에 주의를 기울이지 않으면 학업성취는 보장되지 않는다.

주의능력은 제한되어 있고 쉽게 피로해지는 성질을 가지고 있으므로 끝없이 주의를 집중할 수는 없다. 따라서 학업에서 성공하기 위해서는 중요한 정보에 주의를 기울이며, 사소한 요소는 무시할 수 있는 능력이 매우 중요하다. 교사의 입장에서는 학생의 주의를 수업상황에 집중시키기 위해 상향식 처리나 하향식 처리가 일어날 수 있도록 자극하는 방안을 찾아야 한다.

주의집중전략의 교육적 적용

자료주도적 방안(상향식 처리유발 방안)

- 자료의 제시 특성으로 인해 주의를 집중하게 하는 방안을 말한다. 중요한 내용을 밑줄 긋기, 화살표시, 색연필로 칠하기, 확대, 축소, 별표 등으로 강조한다.
- 중요한 내용과 그렇지 않은 내용을 제시할 때 소리의 고저, 강약, 세기 등을 다르게 하여 말한다.
- 다양한 감각을 자극하는 수업매체를 활용하여 흥미를 유발한다.

개념주도적 방안(하향식 처리유발 방안)

- 학습자의 선행지식과 관련시켜 자료를 제시한다.
- 중요한 내용을 제시할 때는 이에 대해 미리 알리고 강조하면서 제시한다.
- 수업내용을 제대로 이해하고 있는지 수시로 질문한다.
- 학습자의 선행지식을 고려하여 학습내용을 계열화한다.
- 학습내용을 점차 난이도를 높여 가며 제시한다.

❷ 시연(rehearsal)

시연은 의식 속에 들어온 정보를 변형시키지 않고 있는 그대로 능동적으로 되풀이하는 것을 말한다. 학습을 할 때나 일상생활에서 다양한 형태로 시연을 활용하는데, 영어단어를 연습장에 되풀이하여 써가며 외운다거나, 국어 시간에 배운 시를 여러 차례 중얼거리며 암송하는 것이나, 현관 비밀번호를 듣고 나서 속으로 계속 반복하는 것 등이 모두 시연에 해당된다. 시연은 학생들이 공부할 때 많이 활용하는 대표적인 학습전략이다.

시연은 정보를 작업기억 속에 유지시키는 역할과 단기기억에 있는 정보를 장기기억으로 전이시키는 역할을 한다. 두 자릿수 덧셈을 할 때 일의 자릿수를 먼저 더한 후 십의 자릿수를 더할 때 일의 자릿수를 더한 값을 작업기억에서 계속 시연하고 있어야 십의 자리 덧셈이 끝났을 때 두 수를 합하여 답을 낼 수 있는데, 이는 작업기억 속에 정보를 유지하는 경우에 해당된다. 학습을 할 때 오래 기억해 두어야 하는 중요한 사실, 개념, 원리를 여러 번 되풀이하는 것은 장기기억으로 정보를 전이시키기 위한 것이다.

시연은 1차적 시연과 2차적 시연으로 구분된다. 1차적 시연은 유지형 시연이라고도 하는데 정보의 음운을 단순히 반복하는 것으로 일반적인 의미의 시연이다. 1차적 시연은 정보의 단순한 반복에 불과하기 때문에 작업기억 내에 정보를 일시 보존하는 기능이 주가 되며, 장기기억으로 정보를 전이하는 것이 어렵고 쉽게 망각이 일어난다. 이에 반해, 정교형 시연이라고도 하는 2차적 시연은 정보의 의미를 생각하고 선행지식과 정보의 관련성을 생각하면서 정보의 저장 및 인출이 쉽게 만드는 정교한 과정이 포함된 것이다. 예를 들어, 이삿짐센터 전화번호가 241-8282일 때, "이사 일(이사한 날)엔 빨리빨리"라는 식으로 관련지어 기억하는 것으로 매우 효과적인 기억전략이다.

시연은 우리 기억의 초두성 효과와 최신 효과를 적절하게 설명한다. 런더스(Rundus, 1971)는 학생들을 대상으로 20개의 명사로 이루어진 단어를 제시하고 이를 기억하게 하는 실험을 실시하였다. 한 단어를 5초 동안 제시하고 그 후 5초 동안 큰소리로 반복하게 한 후 제시되었던 단어를 회상해 보게 하였을 때, [그림 10-6]에 제시된 바와 같이 학생들은 초기에 제시되었던 단어와 마지막 부분에 제시되었던 단어들을 중간에 제시된 단어보다 더 많이 잘 회상하였다. 이를 계열위치효과라고 하는데 이 중 처음에 제시된 단어를 더 잘 회상하는 것을 초두성 효과라고 하고 마지막에 제시된 단어를 더 잘 회상하는 현상을 최신 효과라고 한다. 이 중 초두성 효과는 시연과 관련이 있는데 암송할 수 있는 시간을 5초밖에 주지 않아서 앞에 제시된 단어들은 뒤에 제시된 단어들보다 더 많이 암송할 기회를 얻었기 때문이다. 즉, 처음 제시된 단어들을 시연할 기회가 더 많았기에 학습이 더 잘 되었던 것이다. 최신 효과는 시연으로 설명되기보다 단기기억의 저장 시간과 관련하여 이해될 수 있는데 마지막에 제시된 단어들이 여전히 단기기억에 남아 있기 때문으로 볼 수 있다.

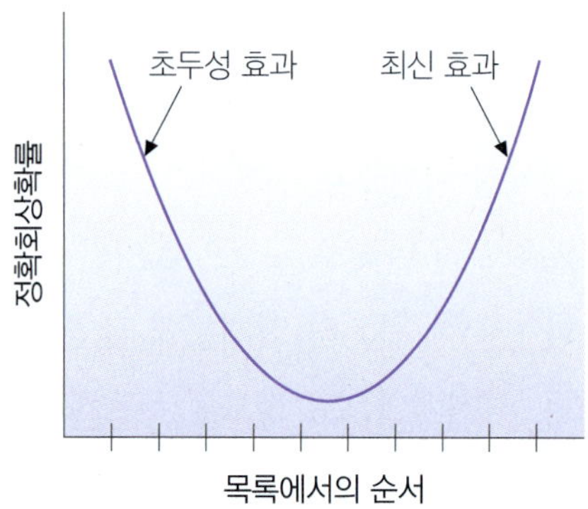

[그림 10-6] 자유회상검사의 계열위치효과

❸ 부호화(encoding)

부호화는 여러 감각을 통해 들어오는 정보를 처리하고 저장하기 위해 정보를 유의미하게 만들고 더 쉽게 기억할 수 있는 틀로 바꾸는 인지적 과정을 의미한다. 부호화에는 조직화와 정교화가 있다.

가. 조직화

조직화란 정보를 같은 범주에 속한 것들로 묶는 과정을 의미한다. 인지체계에 들어온 자극을 조직화하면 시연과 같이 있는 그대로를 기억하는 것보다 더 기억이 쉽다. 조직화하면 기억해야 할 정보의 덩이 수가 적어지기 때문에 장기기억에 전이가 쉽고 범주가 인출단서로 작용을 하기 때문에 인출이 쉽기 때문이다. 조직화가 얼마나 효과적일 수 있는지 다음의 예를 보면 쉽게 이해할 수 있을 것이다. 20초를 줄 테니 다음에 제시된 단어들을 기억해 보자.

염소 사과 망치 군인 버스 감 교사 말 니퍼 택시 포도 호랑이 요리사 렌치 기차

이 단어들을 모두 정확하게 기억하는 것은 어렵다는 것을 깨달을 것이다. 그러나 이 단어들을 5개의 범주(동물, 과일, 연장, 직업, 교통수단)로 묶어서 기억한다면 어렵지 않게 대부분의 단어를 정확하게 기억할 것이다.

조직화 전략을 사용하는 방법은 다양한데, 학습한 내용에 대해 마인드맵을 그려 보거나 텍스트의 내용을 도표로 그려 보거나 개념도, 조직도 등을 그려 보는 것 등이 모두 이에 해당한다. 이러한 방법은 정보를 재조직하여 적은 정보의 양만으로 많은 것을 의미하고 기억할 수 있게 한다.

나. 정교화

정교화란 새로운 정보가 가진 의미를 깊이 있게 따져 보거나 장기기억 속에 있던 선행지식과 관련을 짓는 과정이다. 정보와 연합된 기억을 함께 만들어 기억하는 방법은 그 정보를 기억해 내는 데 도움이 된다. 예를 들어, 책상에 앉는 사람을 보면 그 사람이 학습을 시작하려고 한다는 것, 책을 펴는 것, 필기도구를 챙기는 것 등을 정교화할 수 있다. 이정모 외(1999)에 의하면 이렇게 정교화는 인지체계로 유입된 새로운 정보를 우리가 알고 있는 선행지식과 관련짓게 하여 정보를 통합하고 기억하는 수단을 제공한다고 한다.

앤더슨과 레더(Anderson & Reder, 1979)는 의미적 정교화가 음운이나 시각적 정교화보다 훨씬 쉽다고 하였는데, 대부분의 정보를 기억하려 하는 사람들이 음운이나 겉모양을 기억하려고 하기보다 의미를 기억하려고 하기 때문이다. 이렇게 의미를 깊이 있게 생각하며 논리적으로 추론하는 것이나, 심상을 형성하는 것, 예를 들어 보는 것, 이미 알고 있는 것에 빗대어 생각해 보는 것(유추), 이미 알고 있는 것들과 비교하거나 대조해 보는 것 등이 모두 정교화에 해당한다. 또한, 정보를 장기기억에 기억하기 좋게 변형하여 사용하는 다양한 전략인 기억조성법 역시 정교화 전략이다. 정교화 과정에서 새로운 정보는 변형된다. 정교화는 기억될 정보를 선행지식과 관련짓기 때문에 이해가 쉽고, 선행지식이 인출단서 역할을 할 수 있

으므로 기억과 인출이 쉽다. 또한, 기억될 정보를 잊어버려도 정교화 과정을 되풀이하면 다시 기억할 수 있는 경우가 있다.

자신이 이미 알고 있는 것과 새로운 정보 사이에 유사성이 있을 때 다른 속성 또한 유사할 것이라고 추론해 보는 유추(유비추론, analogy)는 정교화 전략의 하나다. 예를 들면, 나무에서 열리는 먹을 수 있는 열매인 사과를 과일이라고 할 때, 배도 과일이라는 것을 배웠다면 배도 나무에서 열리는 먹을 수 있는 열매라는 것을 추론하는 것이다. 유추는 새로운 정보를 이미 알고 있는 사실과 연합되도록 하며, 추상적인 정보를 구체적인 정보로 바꾸어 주기 때문에 이해와 기억에 매우 효과적이다.

정교화는 정보를 단순하게 되뇌는 시연과는 다르다. 시연은 장기기억 속의 다른 정보와 관련짓는 깊은 수준의 정보처리가 일어나지 않으므로 인출단서가 풍부하지 않아 다시 기억할 때 효율성이 떨어진다. 다만, 정교형 시연은 정교화 과정의 하나라 볼 수 있다.

심상형성은 정교화 전략의 일종으로 기억할 정보들을 이미지로 변형하여 저장하는 방법이다. 예를 들어, 물고기, 연못, 파이프, 모자, 나무, 빵, 수염 등 일련의 단어를 기억하는 과제가 주어졌을 때, 빵이 주렁주렁 열린 나무가 곁에 서 있는 연못 속에 모자를 쓴 수염 난 물고기가 파이프를 물고 있는 장면을 떠올린다면 제시된 단어들을 다시 떠올려 보는 것이 쉬울 것이다. 언어적 방식으로 정보를 부호화하는 것과 달리 심상형성전략을 활용하였을 경우 언어적 방식과 시각적 방식 등 두 가지 방식으로 정보가 부호화되므로 인출단서가 많아지기 때문에 인출이 쉬워진다. 또한, 주어진 정보들 사이에 연합이 형성되어 기억을 촉진한다.

기억조성법(Mnemonics)의 예

정보를 기억하기 좋은 형태로 변형시켜 장기기억에 저장하는 기법인 기억조성법은 일반적으로 리스트 형태로 된 정보의 집합을 기억하기 위해 활용된다. 다음은 대표적인 기억조성법들이다.

두문자법

기억해야 할 항목의 첫 글자를 따서 두문자(acronym)로 만들어 기억하는 방법이다. 조선시대 역대 왕들의 이름을 외울 때 '태정태세문단세…'라고 외우고, 창의성 개발기법 중 여러 변형방식의 앞글자를 따서 'SCAMPER'라고 부르는 것 등이 두문자법을 활용한 것이다. 요즘 유행하는 '안 물어봤어, 안 궁금해'를 '안물안궁'이라고 하거나 '낄 데 끼고 빠질 데 빠져'를 '낄끼빠빠'라고 하는 것 등도 두문자법이라고 할 수 있다.

문장법

기억해야 할 항목들의 첫 글자를 따서 문장을 만드는 방법이다. 서예 글씨체를 고딕체부터 흘림체까지 순서대로 외울 때 경상도 말로 '전예~ 해행초예여'라고 외우거나 서양에서 태양계 행성 순서를 기억할 때 행성들의 첫 글자인 M, V, E, M, J, S, U, N, P로 'My very educated mother just served us nine pizzas'라는 문장을 만들어 암기하는 방법 등이 이에 해당한다. 또 다른 경우 항목의 쌍을 학습할 때도 활용되는데, 단어의 쌍 '할아버지-안경'을 '할아버지가 안경을 쓰고 신문을 읽으신다.'와 같은 문장으로 만들면 의미가 있어 더 잘 기억할 수 있다.

장소법

자신이 잘 이미지화할 수 있는 친숙한 장소를 정하고 기억해야 할 항목들을 그 장소 각 위치와 결합시켜 끼워 넣는 것이다. 예를 들면, 화학의 원소기호들을 암기하기 위해 학교에서 집에 오는 길목에 있는 각 지점과 원소기호를 연합시키는 것이다. 이렇게 하면 나중에 학교에서 집에 오는 길만 떠올리면 원소기호들을 순차적으로 떠올릴 수 있다.

핵심단어법

외국어 어휘를 학습하기 위한 수단으로 고안되었는데, 외국어 단어와 발음이 유사한 모국어 단어를 연합하고 그것에 대한 시각적 심상을 형성하여 기억하는 방법이다. 예를 들어, 프랑스어 'merci beaucoup'는 '대단히 감사합니다.'라는 의미를 지닌 말로 한국어로 '멸치볶음'과 유사하게 들린다. 따라서 멸치를 선물로 받아 고마워하며 볶아 먹는 장면을 심상으로 형성하여 기억하면 이 단어를 쉽게 떠올릴 수 있다.

> **운율법**
> 기억해야 할 항목에 운율을 연합시켜 기억하는 방법이다. 예를 들어, 필수아미노산 '아르지닌, 히스티딘, 아이소류신, 류신, 라이신, 메싸이오닌, 페닐알라닌, 트레오닌, 트립토판, 발린' 10개 항목을 기억할 때 동요 '달맞이' 노래에 맞추어 기억하거나 성경목록을 성경목록송으로 만들어 기억하는 것 등이 이에 해당한다.

❹ 인출(retrieval)

인출은 장기기억에 저장된 정보를 단기기억으로 전이시키는 과정이다. 만일, 교사의 소극적 의무에 대해 질문을 받는다면, 이 질문은 학생의 작업기억에서 '교사의 의무는 교사가 하거나 하지 말아야 할 일을 말한다.'라는 명제와 '소극적 의무란 하지 말아야 하는 것을 말한다.'라는 명제 형태로 분석된다. 이 명제들은 장기기억 속에서 활성화 확산을 통해 '교사의 정치 활동을 금지한다.', '교사의 쟁의 행위를 금지한다.', '교사는 영리업무나 다른 직업과 겸할 수 없다.' 등과 같은 관련 명제들을 활성화시켜 답을 찾는다. 정답을 찾으면 답을 말이나 글로 표현한다. 만약, 활성화된 명제가 답이 아닌 경우, 답을 찾을 때까지 활성화 확산이 일어난다(Anderson, 1990).

많은 경우 인출과정은 자동으로 일어나며, 전화번호나 가족의 이름 등은 명제의 분석과정 없이 회상한다. 그러나 만일 앞의 예와 같이 몇 개의 명제를 활성화하여 답을 찾아야 하는 경우 우리는 인출과정을 의식적으로 행하게 된다. 인출하려는 정보가 정확하게 장기기억 속에 저장되어 있지 않더라도 관련 명제를 인출하여 이를 기반으로 추론한다면 비록 시간이 오래 걸리지만 인출이 가능하다. 수학 공식을 공부하고 이를 주어진 문제에 적용하여 풀 수 있는 것이 이에 해당한다.

인출과정에는 인출단서가 영향을 미치는데, 인출단서는 부호화 과정에서 적절하게 형성될 수 있다. 인출단서란 장기기억에 저장된 정보를 이끌어 내기 위한 신호나 실마리를 의미한다. 인출단서는 장기기억에 저장되어 있는 단서와 관련된 정보를 활성화한다. 인출단서가 될 수 있는 것은 매우 다양한데, 앞서 조직화를 설명할 때 예를 들었던 범주의 목록이나, 정교화를 설명할 때 예를 들었던 유추 대상의 속성과 같은 부호화 단서들이 인출단서가 될 수 있다. 뿐만 아니라, 부호화하는 시점에서 일어났던 일, 들었던 음악, 맡았던 냄새, 당시의 감정, 온도, 정보의 위치 등도 모두 인출단서가 될 수 있다.

가. 부호화 특수성

부호화 특수성 가설에 따르면 인출은 부호화 방식에 따라 결정되는데, 정보가 부호화되는 방식에 따라 어떤 인출단서가 기억을 효과적으로 활성화할지 결정된다(Brown & Craik, 2000). 이 가설에 따르면 정보를 부호화할 때 사용되었던 단서와 같은 인출단서가 사용될 때 가장 효과적으로 인출이 일어난다(Baddeley, 1998; Suprenant & Neath, 2009).

톰슨과 툴빙(Thomson & Tulving, 1970)은 부호화 특수성을 검증하기 위해 실시한 실험에서 피험자들에게 24개의 목표단어를 '원하다–필요'와 같이 강하게 연합되는 단서단어와 '마당–추운'과 같이 약하게 연합되는 단서단어를 함께 제시하였다. 그 후 단서단어를 주고 그 단서단어와 연합된 목표단어를 회상하게 하였는데 부호화할 때 제시된 단서가 회상 시에도 단서로 제시되었을 경우 회상 수준이 높았고 그렇지 않을 경우 회상 수준이 낮은 것으로 나타났다. 또 다른 실험에서는(Matlin, 2009) 사람들에게 범주를 주고 각 범주의 구체적인 사례들을 기억하게 한 경우, 회상 시 범주 명칭이 주어지면 범주를 주지 않고 사례들을 기억하게 했을 때보다 구체적인 사례들을 더 잘 기억했다.

부호화 특수성은 맥락의존기억효과도 포함된다. 잠수부들에게 육지 또는 잠수 중에 단어목록을 암기하도록 한 후 이를 다시 회상하게 한 연구에서, 잠수부들은 육지에서 단어목록을 암기한 경우에는 육지에서 단어목록을 회상할 때 단어를 더 잘 기억해 냈고, 잠수 중에 단어목록을 암기한 경우에는 잠수 중에 단어목록을 회상할 때 단어를 더 잘 기억해 냈다.

맥락의존기억효과와 유사한 상태의존기억효과는 부호화 당시의 정서적 상태나 약물 상태가 인출 당시 상태가 일치하면 그렇지 않을 때보다 인출이 쉬운 것을 말한다. 학습할 때의 감정을 행복하거나 중성적인 상태로 조작한 후 검사를 수행했을 때 검사수행 시의 감정 상태가 학습할 때의 감정 상태와 일치하는 경우 검사점수가 더 좋았던 실험에서 상태의존기억효과가 검증되었다(Barlett & Santrock, 1979).

시연과 부호화 전략의 교육적 적용

- 집중적으로 시연하게 하지 않고 나누어서 시연하게 한다.
- 초두성과 최신 효과를 활용하여 중요한 내용을 수업 앞부분과 뒷부분에 제시한다.
- 학습과제가 대응되는 내용으로 구성되어 있을 때 비교해 보게 한다.
- 비교나 대비하는 내용으로 이루어진 학습과제를 표로 정리해 보게 한다.
- 개념을 설명할 때 이와 관련해 알고 있는 사례를 생각해 보게 한다.
- 학습한 내용을 어디에 어떻게 활용할지 생각해 보게 한다.
- 수업내용을 필기할 때 수업 중에 언급되는 주요 내용을 모두 기록한 후 재정리하며 관련 정보를 추가하게 한다.
- 학습한 내용을 정리하기 위해 마인드맵이나 개념도 등을 그려 보게 한다.
- 인출단서를 풍부하게 하기 위해 여러 번 나누어서 여러 장소에서 학습하게 한다.

(4) 상위인지(metacognition)

상위인지란 스스로의 사고활동에 대해 생각하고 의도적으로 조절하거나 통제하는 것을 의미한다. 플라벨(Flavell, 1985)은 상위인지를 인지에 대한 인지라고 불렀다. 예를 들어, 어떤 텍스트를 읽는 것이 인지활동이라면 이 텍스트를 읽을 때 대충 읽어야 하는지 꼼꼼히 읽어야 하는지를 결정하는 것은 상위인지 활동이다. 상위인지는 메타인지나 초인지로도 불린다.

상위인지는 관련된 두 개의 기능으로 구성되어 있다(Dimmitt & McCormick, 2012). 그 하나는 특정한 과제를 수행하기 위하여 필요한 기능, 전략, 자원이 무엇인지를 아는 것이고, 다른 하나는 과제를 성공적으로 수행하기 위해 기능, 전략, 자원 등을 언제, 어떻게 활용할지 아는 것이다. 전자에 해당하는 것은 요지를 찾는 것, 시연전략을 사용하는 것, 심상을 형성하는 것, 밑줄을 그어 보는 것, 개념의 예를 생각해 보는 것, 정보를 조직화해 보는 것 등이다. 후자는 점검활동이라 할 수 있는데, 자신이 읽고 있는 교재를 얼마나 이해하고 있는지 확인해 보는 것, 결과를 예측하는 것, 노력의 효과를 평가하는 것, 활동을 계획하는 것, 시간을 어떻게 분배할지 결정하는 것, 어려움을 극복하기 위해 다른 활동으로 바꿔보는 것 등이 이에 해당한다(Baker & Brown, 1984). 결국, 상위인지는 과제를 수행하기 위해 어떤 상황에서 어떤 지식이나 기능, 자원 등을 어떻게 사용할지 계획적이고 전략적으로 결정하는 과정을 의미한다(Schraw & Moshman, 1995).

상위인지적 인식은 개인(학습자)변인, 과제변인, 전략변인의 측면과 관련된다. 개인변인으로는 개인이 자신의 기억능력과 한계를 정확하게 평가하는 능력과 과거 자신이 과제를 얼마나 잘 수행했는지를 점검할 수 있는 능력 등이 이에 해당한다. 자신의 능력과 과거 수행에 대해 정확한 지식을 가지고 있을 때 개인의 정보처리 능력, 즉 학습능력은 높아진다. 학습과제의 난이도와 같은 특성을 아는 것도 상위인지적 인식의 일부인데, 범주화된 과제, 체계화된 이야기가 그렇지 않은 과제에 비해 기억하기 더 쉽다는 것을 알거나 사전과 소설은 다른 방식으로 읽어야 함을 아는 것 등이며, 이는 과제변인에 해당한다. 전략변인은 정보를 저장하거나 인출하는 데 적용하는 전략에 관한 지식으로 글을 읽을 때 핵심단어와 핵심문장에 밑줄을 긋는다거나 시연이나 조직화, 정교화 전략에 대해 아는 것이다.

상위인지의 교육적 적용

- 수업을 시작하기 전 학습내용과 관련하여 자신이 알고 있는 것과 모르고 있는 것이 무엇인지 확인하게 한다.
- 수업을 시작하기 전 구체적인 목표를 설정하여 이를 학생들에게 명확히 제시한다.
- 수업의 어떤 내용을 어떤 방법을 통해 학습할지 안내하고 학생들 스스로 결정할 수 있는 기회를 제공한다.
- 수업 중 제시하는 내용을 제대로 이해하고 있는지 수시로 점검한다.
- 학습한 바를 연습할 기회를 제공한다.
- 수업 중 다루어진 내용과 관련한 질문을 스스로 던지고 답을 찾아보게 한다.

4 망각

망각은 이미 경험한 일이나 알고 있던 정보를 다시 기억해 내는 데 실패하는 현상으로 지식이 소멸되거나 인출할 수 없는 것 등을 이야기한다. 망각을 설명하는 여러 가지의 관점이 있는데 다음에서 소멸설과 간섭설, 인출실패설에 대해서 알아본다.

1) 소멸설(흔적쇠퇴설)

소멸설은 인간의 인지체계에 들어온 정보 중 사용되지 않는 정보는 시간이 경과함에 따라 점차 망각된다고 보는 견해다. 에빙하우스(Ebbinghaus, 1964)는 무의미 철자를 만들어 피험자들이 무의미 철자 목록을 틀리지 않게 순서대로 기억할 수 있을 때까지 학습시키고 일정 시간이 지난 후 재학습하는 데 처음 걸렸던 시간보다 얼마나 줄어드는지를 측정하여 파지 기간과 학습량이 망각에 미치는 영향을 밝혔다. 이 실험을 통해 기억의 흔적은 사용하지 않으면 시간이 지나면서 점차 사라져 버린다는 점을 증명하였다. [그림 10-7]의 그래프를 보면 학습이 끝난 직후 망각이 가장 급속하게 일어나고 시간이 어느 정도 경과하면 망각은 천천히 진행된다.

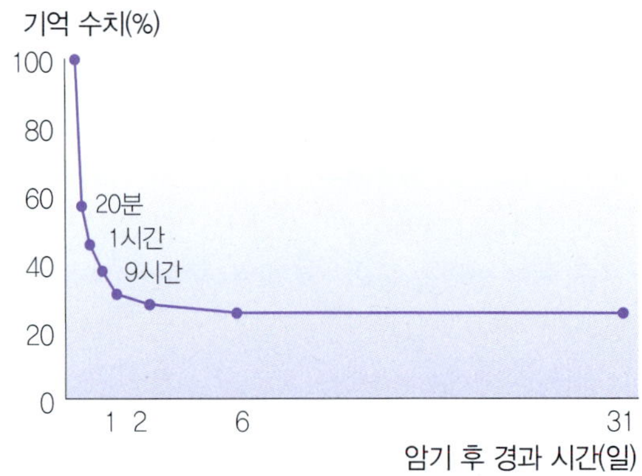

[그림 10-7] 자유회상검사의 계열위치효과

소멸설은 일반적으로 생각했을 때 그럴듯하지만 젠킨스와 달렌바흐(Jenkins & Dallenbach, 1924)의 실험을 통해 비판받았다. 이들은 두 집단의 피험자 중 한 집단은 이른 아침에, 다른 집단은 늦은 밤에 무의미 철자의 조합을 학습시켰다. 학습이 완전하게 이루어진 후 두 집단 모두에게 1, 2, 4, 8시간 후에 무의미 철자의 조합에 대한 회상검사를 실시하였다. 늦은 밤에 학습했던 집단은 잠을 자다 깨서 검사를 받았고, 아침에 학습했던 집단은 일상적인 활동을 하다가 검사를 받았는데, 아침에 학습했던 집단에 비해서 늦은 밤에 학습하고 잠을 자던 집단이 더 많은 것을 기억하고 있었다. 이 실험은 망각이 시간 경과에 의해 일어난다기보다 다른 정보의 간섭에 의해 일어난다는 것을 지지해 주는 것으로 소멸설을 비판하는 근거로 활용되었다. 일상의 삶에서도 소멸설이 망각을 설명하는 데 제한적이라는 것이 확인된다. 예를 들어, 어렸을 때 부모님과 놀이공원에 가서 놀았던 것은 선명하게 기억할 수 있지만, 지난주 목요일 점심으로 무엇을 먹었는지를 기억해 내는 데 어려움이 있는 것과 같이 단순히 시간 경과에 의해 기억이 점점 희미해지는 것으로 설명하는 것은 분명 한계가 있다.

2) 간섭설

망각을 설명하는 또 하나의 대표적인 이론으로 간섭설이 있다. 간섭설에서는 우리가 기억하고자 하는 정보가 머릿속에 공존하는 다른 정보들에 의해 간섭을 받아 인출이 어려워 망각이 일어나는 것이라고 한다. 예를 들어, 영어 시간에 주소라는 단어인 address를 배우고 나서 독일어 시간에 주소라는 단어인 Adresse를 배우고 나면 주소라는 단어의 철자가 잘 기억나지 않게 되는데 이것이 간섭현상 때문이라고 할 수 있다.

간섭에는 순행간섭과 역행간섭이 있다. 순행간섭은 앞서 배웠던 정보가 뒤에 배우는 정보의 인출을 방해하는 현상을 말한다. 예를 들어, 영화를 연달아 두 편을 보았을 때 앞서 보았던 영화의 줄거리와 주인공은 명확히 기억이 나는데 두 번째

본 영화의 줄거리와 주인공은 가물가물한 것이 순행간섭이다. 역행간섭은 나중에 학습한 정보가 앞에 학습했던 정보의 인출을 방해하는 현상을 의미한다. 이를테면 새로 이사 간 집 주소를 기억하는 대신 이전 집 주소를 기억하지 못하는 것이 이에 해당한다. 간섭은 먼저 학습했던 정보와 나중에 학습한 정보가 비슷할수록 더 많이 일어난다. 앞서 예를 든 주소라는 영어 단어와 독일어 단어는 철자 두 개만 다를 뿐으로 언뜻 보면 비슷해 보인다. 따라서 간섭이 쉽게 일어난다.

3) 인출실패설

인출실패설은 망각을 장기기억에 저장되어 있는 정보에 접근하는 데 실패해서 일어나는 현상이라고 본다. 인출이란 작업기억에서 장기기억에 저장된 정보를 활용하기 위해 장기기억의 정보에 접근하는 과정을 의미한다. 장기기억에 대한 설명에서 진술한 바와 같이 장기기억은 기억용량이 거대하고 기억보존도 거의 영구적이라고 보았을 때 필요한 정보를 기억하지 못하는 것의 일부는 인출실패로 설명할 수 있다. 인출실패는 장기기억 속에 저장된 정보를 이끌어 낼 인출단서(cue)가 없어서 나타나는 현상이기 때문에 단서의존적 망각이라고도 부른다. 툴빙(Tulving, 1974)은 소멸하거나 혼동하지도 않으며, 그대로 남아 있으나 접근할 수 없는 기억 속의 정보를 망각이라고 했다.

인출실패론을 뒷받침해 주는 것이 회상과 재인의 인출량 차이이다. 회상은 그림카드를 몇 장 보여 준 후 보았던 그림들이 어떤 것이었는지 아무것도 보여 주지 않고 말해 보게 하는 것처럼 단서 없이 장기기억 속 정보를 인출해 내는 것이다. 이에 반해, 재인은 그림카드를 몇 장 보여 준 후 이미 보여 준 카드들과 함께 다른 그림도 그려져 있는 카드들도 보여 주면서 그중에서 앞서 보았던 카드를 찾아내게 하는 것과 같이 주어지는 정보 중 장기기억 속에 저장된 정보를 선택하는 것이다. 사람들은 회상보다는 재인 상황에서 훨씬 더 많은 정보를 기억해 낸다.

인출실패로 인한 망각을 잘 보여 주는 현상의 하나로 설단현상이 있다. 설단현상

(tip of tongue phenomenon)은 분명히 알고 있는 정보인데도 명확하게 기억해 낼 수 없이 혀끝에서만 맴도는 현상을 의미한다. 예를 들어, 친구들과 같이 보았던 영화 이야기를 하는데 주인공 역을 했던 배우도 생각이 나고 줄거리도 기억이 나는데 영화 제목이 기억날 듯하면서 입에서만 맴돌고 분명히 떠오르지 않았던 경험이 있었을 것이다. 이것이 설단현상이다.

망각을 예방하거나 지연하기 위한 교육적 적용

소멸설 적용

- 소멸설에 의하면 기억은 시간이 지날수록 희미해지기 때문에 오랫동안 기억하고 싶은 중요한 정보는 자꾸 다시 되풀이해 준다.
- 장기기억에 정보를 저장할 때 쉽게 지워지지 않고 확실하게 기억하도록 중요한 정보를 강조한다.

간섭설 적용

- 정보들이 비슷할수록 간섭이 잘 일어나므로 망각을 예방하기 위해서는 앞서 배운 내용과 다음에 배우는 내용의 차별점이 부각되게 가르친다.
- 간섭을 약화시키기 위해서 기본이 되는 규칙과 원리를 가르치고 각 상황에 적용하도록 연습시킨다.

인출실패설 적용

- 인출실패에 의한 망각은 인출단서가 없거나 못 찾기 때문에 일어나는 것으로 부호화할 때 확실한 부호화 단서를 만들어 준다. 즉, 학습할 정보를 학생들에게 의미 있는 형태로 제시한다.
- 인출단서가 많을수록 인출이 쉬워지기 때문에 연습을 통해 다양한 맥락에서 학습하도록 유도한다.
- 학습했던 상황과 기억을 인출할 상황을 유사하게 해 준다.

5 전이

전이란 앞서 학습한 것(선행학습)이 나중에 학습하는 것(후행학습)에 또는 후에 학습한 것이 앞서 학습한 것에 영향을 미치는 현상이다. 한자 학습을 먼저 한 것이 나중에 공부하는 일본어 학습에 영향을 주는 것이 전이의 예에 해당한다. 학교교육은 학생들의 전이능력을 전제로 하고 교육을 진행하고 있다고 할 수 있는데, 세상에 존재하는 모든 지식과 기술을 다 가르칠 수는 없기 때문이다. 그래서 학교교육은 전이가 잘 되는 매우 중요한 지식이나 기술을 가르쳐서 나중에 유사한 지식이나 기술이 필요한 상황에서 폭넓게 활용할 수 있다고 가정하는 것이다.

1) 전이의 유형

(1) 정적 전이와 부적 전이

전이에는 정적 전이와 부적 전이가 있다. 정적 전이는 앞서 배운 선행학습이 뒤에 학습하는 후행학습을 촉진하는 것을 의미하며, 일반적으로 전이를 말할 때는 정적 전이를 의미한다. 수영에서 평영을 먼저 배우고 접영을 배울 때 평영을 배웠던 것이 접영학습에 도움을 주는 것이 그 예다. 부적 전이는 정적 전이와 반대로 선행학습이 후행학습을 방해하는 경우를 말한다. 사투리를 쓰는 사람이 표준말을 배우기 힘든 것이 부적 전이에 해당한다.

(2) 전향적 전이와 역행적 전이

전이를 전향적 전이와 역행적 전이로도 구분 가능하다. 전향적 전이란 선행학습이 후행학습에 영향을 주는 것을 의미하며, 역행적 전이란 반대로 후행학습이 선행학습에 영향을 미치는 것을 의미한다. 전향적 전이의 예는 앞서 진술한 예들이 이에 해당하며, 역행적 전이는 오늘 학습한 내용 덕에 지난 시간에 학습한 내용의 이해를 돕는 것이 그 예이다.

(3) 일반 전이와 특수 전이

일반 전이는 선행학습에서 학습한 지식이나 기술이 관련성이 낮은 후행학습에 영향을 미치는 것을 의미한다. 예를 들어, 생물 과목에서 대사를 설명하는 동화의 개념을 학습한 것이 심리학을 공부할 때 피아제의 지적 기능을 설명하기 위한 개념인 동화를 이해하는 데 영향을 미치는 것이 이에 해당한다. 특수 전이는 선행학습에서 학습한 지식이나 기능을 유사한 상황에서 적용하는 것을 의미한다. 수학에서 배운 연산학습이 사회 과목에서 두 나라 간 인구 차이를 계산할 때 영향을 미치는 것은 특수 전이에 해당한다.

2) 전이에 대한 설명

전이현상의 이유를 설명하는 관점에는 여러 가지가 있는데 여기서는 형식도야설, 동일요소설, 일반화설, 형태이조설을 소개한다.

(1) 형식도야설

형식도야설은 전이를 설명하는 가장 오래된 가설로 기억은 특정한 내용과 무관하게 일반적으로 적용되는 형식을 나타내므로 기억력이나 추리능력을 기르기 위해서는 특정한 교과를 학습해야 하고 감성을 기르기 위해 다른 특정 교과를 학습해야 한다고 주장한다. 형식도야설은 특정 교과를 통해 기억력이나 추리력이 단련되면 이 능력이 필요한 다양한 상황에서 자동적으로 능력이 발현된다고 본다. 일반 전이를 지지하는 관점이다.

어떠한 교과를 학교에서 가르쳐야 하는지를 결정할 때 교과 설정의 근거로 19세기까지 활용되었다. 특히, 라틴어나 수학과 같은 교과가 기억력이나 추리력, 논리적 사고능력과 같은 정신능력을 길러 준다고 보며, 수학을 잘하면 논리적 사고가 필요한 상황에서 자연히 논리적으로 사고한다고 주장한다. 이러한 형식도야설은 20세기에 들어오면서 심리학 실험을 통해 이를 반박한 제임스(James)나 손다이크(Thorndike) 등에 의해 비판받았으며, 현재는 부분적으로만 인정받고 있다.

(2) 동일요소설

동일요소설은 손다이크가 주장하였으며, 선행학습과 후행학습에 내용이나 기능, 방법 등에서 동일한 요소들이 포함되어 있으므로 전이가 일어난다고 보는 관점이다. 동일요소설에 따르면 수영에서 평영을 배운 것이 접영을 학습하는 것을 촉진하는 것은 동일한 요소가 두 수영법 모두에 포함되어 있기 때문이라는 것이다. 이 관점에 의하면 두 학습에 동일한 요소가 많을수록 전이가 더 잘된다. 이와 관련하여, 손다이크는 교수법 중 강의법에 대해 매우 비판적인 입장을 취했는데, 강의법으로 배운 지식이나 기능은 실제 상황과 다른 상황에서 학습이 이루어졌기 때문에 강의 상황과 동일요소가 거의 없는 상황에서는 전이가 일어나지 않아 배운 것을 적용하기 어려우므로 강의법은 교수법으로써 유용성이 떨어진다고 주장하였다.

(3) 일반화설

일반화설은 동일원리설이라고도 부르는데 선행학습과 후행학습 간에 원리가 유사하거나 같을 때 전이가 일어난다고 본다.

저드(Judd)는 초등학생들을 대상으로 진행한 실험연구에서 실험집단과 통제집단으로 학생들을 나누어 물속 12인치에 있는 표적을 맞히는 훈련을 시켰는데, 실험집단에는 빛의 굴절 원리를 가르쳐 주고 통제집단에는 이를 가르쳐 주지 않았다. 물속 12인치 표적 맞히기 훈련 후 물속 4인치 표적 맞히기를 시켰을 때 두 집단의 학생들은 물속 12인치 표적을 맞히는 정확도에서 차이가 없었으나 물속 4인치 표적 맞히기에서는 실험집단 학생들이 통제집단 학생들보다 표적을 훨씬 더 잘 맞혔다. 이는 실험집단 학생들이 통제집단 학생들과 달리 굴절의 원리를 이해하고 적용할 수 있었기 때문이다.

(4) 형태이조설

형태이조설은 주로 형태심리학자가 주장하는 전이설로 일반화설과 유사하지만 전이가 이루어질 때 하나의 학습에서 학습자료끼리의 관계가 발견되거나 이해될 때 그것이 다른 학습자료나 장면에 적용된다는 것이다.

형태이조설을 증명하기 위해 닭을 대상으로 표적반응 실험을 실시하였다. 선행학습 상황에서 밝기가 다른 2개의 표적을 주고 그중 더 밝은 표적을 선택할 때 모이를 주어 더 밝은 표적을 선택하도록 했다. 후행학습 상황에서는 선행학습에서 더 밝았던 표적과 한층 더 밝은 표적을 제시했을 때 닭은 한층 더 밝은 표적을 선택하였다. 이는 닭이 표적 간 밝기 관계에 대한 원리를 이해했기 때문으로 단순히 특정한 요소를 기억했다가 동일한 요소에 반응하는 것이 아니라는 것을 증명한다.

정적 전이를 촉진하기 위한 교육적 적용

- 폭넓은 일반 전이가 일어나는 것을 촉진하기 위하여 여러 영역의 학습을 통합하여 경험하게 한다.
- 단순한 사실보다 원리를 이해하면 전이가 촉진되므로 기본 개념과 원리를 명확하게 이해할 수 있도록 자극한다.
- 학습요소들 간의 관계를 깨달을 수 있으면 전이가 촉진되므로 학습요소들 간의 관계와 원리를 찾아내도록 고무한다.
- 학습한 원리나 법칙을 다양한 장면에서 적용해 보는 연습 기회를 제공함으로써 전이를 촉진한다.

제 **11** 장

구성주의 학습이론

학습목표

1. 학습에 대한 구성주의의 관점을 말할 수 있다.
2. 구성주의 교수-학습원리를 말할 수 있다.
3. 구성주의 교수이론들의 대표적 특징과 학습과정을 설명할 수 있다.

1 구성주의 등장 배경

김 선생과 이 선생은 수업시간 학생들의 태도에 대해 이야기를 나누고 있다.

김 선생: 우리 반 아이들은 수업시간에 말도 안 되는 질문을 던지고 어찌나 수업을 방해하는지 너무 힘이 들어요.

이 선생: 말도 안 되는 질문이 무엇을 의미할까요?

김 선생: 예를 들어, 우리가 살아가는 데 반드시 필요한 것을 설명하기 위해 로빈슨 크루소가 무인도에서 생존하기 위해 해야만 했던 일을 이야기하다 보면 갑자기 그 무인도는 어디에 있냐는 둥 하는 것을 물어보는 식이지요. 그런 질문들 때문에 수업 맥락이 자주 끊겨서 어려움이 있어요.

이 선생: 아~ 그렇군요. 선생님의 수업 장면이 상상되네요. 곤란하시겠어요. 그런데 제가 듣기에 학생들이 그런 질문을 하는 것은 섬이 북극에 가까운 곳인지, 적도에 가까운 곳인지, 아니면 사계절이 뚜렷한 온대 지방인지에 따라 필요한 것들이 다르다고 생각해서가 아닐까요?

김 선생: 듣고 보니 그럴 수도 있겠네요. 하지만 어쨌든 제가 설명해 주는 중요한 내용을 차분히 잘 듣고 기억해 주었으면 하는데, 정말 이루기 힘든 소망 같아요.

이 선생: 글쎄요. 단순히 몇 가지의 지식이나 기술을 듣고 기억하는 것이 학생들에게는 별 의미 없이 느껴지는 게 아닐까요? 결국, 이러한 지식이나 기술을 실제 삶에서 활용할 수 있는 능력을 길러 주는 것이 중요하지 않을까요?

김 선생: 그런가요? 하기는 학교에서 사용하기 위해 지식이나 기술을 배우는 것은 아니기는 하지요.

이 선생: 그래서 제 생각에는 차라리 학생들 자신이 난파선 생존자라고 생각하게 하고 난파선에서 가지고 갈 수 있는 것들 몇 가지와 무인도에 있는 것들 몇 가지를 제시해 주고 살아남기 위해 무엇을 할지 생각해 보고 말하게 했다면 어떨까 싶네요.

구성주의는 우리가 어떤 식으로 앎, 즉 지식을 습득하고 형성해 가는지 설명하는 인식론의 한 관점이다. 구성주의는 지식은 우리가 사회 속에서 살아가면서 당면한 현상을 자신의 사회적 경험과 배경을 바탕으로 이해를 구성한 결과물이라는 관점을 취한다. 이러한 구성주의는 최근에 부각된 이론이며, 이에 바탕을 둔 학습자 중심 교육방법이 요즘 학교현장에서 강조되고 있다. 구성주의는 학습자가 스스로 지식을 구성한다고 보는 관점으로 학습자를 환경과 상호작용하는 능동적 존재로 간주하고 있는 듀이, 피아제, 비고츠키, 브루너 등의 연구에 기초를 두고 있다.

구성주의에서 지식은 개인이 환경에 적응하며 살아가는 데 적합한 것을 말하므로 고정된 것이 아니라 끊임없이 수정되고 변화한다는 상대주의적 인식론에 기반을 둔다. 따라서 학습자의 자기이해와 학습상황에서의 주도적 참여를 강조한다. 이러한 구성주의적 접근은 지식 · 정보 중심의 복잡하고 예측할 수 없는 기술정보사회에서 요구되는 자기주도적 능력, 창의력, 문제해결능력 등 고등사고능력을 함양하는 데 효과적인 방법으로서 현대사회에서 그 중요성이 강조되고 있다.

2 학습에 대한 구성주의 관점

1) 학습은 해석과 재구성의 과정

구성주의는 객관주의(objectivism)와 대비되는 인식론이라고 할 수 있다. 객관주의는 지식은 그것을 지각하는 사람과 별개로 존재하는 독립된 실체로 모든 사람이 동일하게 인식할 수 있다고 가정한다. 앞서 살펴본 행동주의와 정보처리 관점은 객관주의에 근거하고 있다고 할 수 있다. 이에 반해, 구성주의는 지식이란 외부의 자극을 우리 마음속에서 경험을 통한 해석과정의 결과물로, 세상에 대한 객관적인 지식은 없으며, 학습은 이러한 해석과 재구성의 과정이라는 관점을 취한다.

2) 지식의 잠정성과 적합성

객관주의에서는 지식을 역사적 흐름이나 공간에 따라 변하지 않는 불변의 성격을 지닌 것으로 본다. 반면, 구성주의는 지식을 인식하는 사람이 능동적으로 구성하는 것으로 보며, 학습이 일어나는 사회, 문화, 역사, 개인의 경험, 상황적 성격이 학습의 과정에 영향을 미치기 때문에 지식은 고정불변의 진리가 아니라고 본다. 개인마다 경험과 신념이 다르므로 이를 바탕으로 구성한 지식도 개인마다 다를 수밖에 없어서 지식은 주관적이고 개인적인 특성을 지닌다. 따라서 객관주의가 지식이 진리인지 아닌지를 따지는 반면 구성주의는 적합성이나 타당성을 기준으로 판단한다. 구성주의는 하나의 진리나 정답보다 다양한 가능성을 인정한다.

3) 학습자의 능동적 지식 구성

객관주의는 학습자를 외부에서 주어지는 자극을 받아들이고 처리하는 존재라고 본다. 반면, 구성주의는 인간을 적극적인 학습자로 보며, 환경적 자극과 상호작용하여 능동적으로 지식을 구성한다고 주장한다.

4) 실제 세계의 복잡성 및 불확실성

행동주의나 인지주의와 같은 객관주의는 실험변인들 외에 다른 변인들은 통제된 실험실 상황에서 발견된 현상들과 행위규칙들을 실제 세계를 이해하는 데 적용할 수 있다고 보며, 세계를 규칙과 방법을 통해 규명할 수 있어 통제와 예언이 가능하다고 보지만 구성주의는 실험실 상황과 실제 세계는 다르고 지식이 형성되는 우리의 세계가 매우 복잡하고 예측하기 어려우며, 불확실한 것으로 전제한다.

〈표 11-1〉 구성주의와 객관주의 비교

구분	구성주의	객관주의
학습의 개념	외부의 자극을 재구성한 결과물	외부의 객관적인 정보를 인식하는 것
학습자 특성	능동적으로 지식을 재구성하는 존재	외부 정보를 처리 · 저장 · 반응하는 존재
지식의 성격	맥락에 따라 가변적 주관적/간주관적	시공을 초월하여 영속적 객관적
탐구목적	실제 맥락 속에서 사례분석	실험변인들의 관계 이해, 예측, 통제

3 인지적 구성주의와 사회적 구성주의

교육학적 논의에서 구성주의적 접근은 지식을 습득하는 주요 요인으로 개인의 인지적 작용을 강조하느냐 혹은 개인이 속해 있는 사회적·문화적·역사적 상황에 주안점을 두느냐에 따라 인지적 구성주의와 사회적 구성주의로 구분된다.

1) 인지적 구성주의

인지적 구성주의는 개인이 전적으로 지식을 구성한다고 가정하기 때문에 개인적 구성주의라고도 한다. 피아제는 지식은 학습자가 이미 인지구조 속에 지니고 있던 선행지식에서 도출되는 것으로 이를 변형하고 재조직하는 과정을 통해 구성된다고 하였다. 평형상태를 유지하려는 학습자가 환경적 자극을 이해하거나 적절히 대처할 수 없을 때 인지적 갈등이 일어나고 이를 해소하기 위해 동화와 조절의 과정을 통해서 다시 평형상태에 도달하고 이 과정에서 학습이 일어난다고 보는 관점을 취한다.

2) 사회적 구성주의

사회적 구성주의는 인지적 구성주의에 비하여 발달이나 학습을 촉진하는 요소로서 문화나 역사, 언어와 같은 사회적 환경, 또 이를 공유하고 있는 타인과의 상호작용을 강조한다. 대표적인 사회적 구성주의자인 비고츠키는 사람은 타인이나 사물 또는 여러 관습과 상호작용을 통해 자신의 학습경험을 변형시키고 사고를 형성한다고 하였다(Schunk, 2016). 따라서 학생의 학습을 촉진하기 위해서 아동이 스스로 할 수 있는 것과 타인의 도움을 받으면 할 수 있는 것의 차이인 근접발달영역 내에서 성인이나 유능한 동료가 지식이나 전략 등을 나누어 주며 과제를 수행하는 것을 돕도록 권장한다.

4 구성주의 교수-학습원리

구성주의 이론은 교수-학습에 광범위하게 적용될 수 있다.

- 구성주의에 의하면 학습은 학습자에 의해서 재구성되는 과정을 통해 일어나기 때문에 수업을 학습자 중심으로 운영하여 학습자가 지식을 능동적으로 구성할 수 있는 경험을 제공한다.
- 구성주의자는 학습을 외부 정보를 머릿속에 단순히 복사하는 과정으로 보지 않고 새로운 정보가 기존의 인지구조와 상호작용을 통해 인지구조가 변화하고 정보가 재구성되는 과정으로 본다. 그러므로 교사가 학습자의 사전지식을 파악하고 학습자가 이를 수업에 적극적으로 활용할 수 있도록 자극하면 학습을 촉진할 수 있다.
- 구성주의는 일반적으로 학교현장에서 학생들이 경험하는 구조화되고 단순한 과제는 일상생활의 문제를 해결하는 데 전이되기 어렵다고 본다. 그러므로 수업에서도 우리가 실생활에서 당면하는 복잡하고 비구조화된 실제적 성격의 과제를 해결하는 기회를 제공함으로써 전이력을 높이도록 한다.
- 구성주의는 학습자가 무엇을 얼마나 학습하느냐는 학습이 일어나는 구체적인 맥락에 의존한다고 보기 때문에, 실제 문제가 생기고 적용되는 사회 · 문화적 맥락과 비슷한 맥락 안에서 수업이 이루어지도록 하는 방안을 모색한다.
- 구성주의는 지식을 사회적 상호작용을 통해 구성되고 인정되는 간주관적인 것으로 전제하므로 협동학습을 중시한다. 뿐만 아니라, 협동학습을 통해 학습자는 사회적 도구와 다양한 견해 등을 접하는 기회를 제공받을 수 있다. 따라서, 수업 중에 학습자들이 협동학습을 할 수 있도록 돕는다.
- 구성주의는 교사를 단순히 정보를 전달하는 존재로 보기보다 학습자가 지식을 능동적으로 구성하는 과정에서 이를 촉진하고 도움을 주는 촉진자이자 조력자의 역할을 수행해야 한다고 본다. 학습 초반에 교사가 주도권을 가

지고 적극적으로 시범(demonstration) 등을 활용하여 수업을 이끌어가지만 학습이 진행될수록 학습의 주도권을 학습자에게 넘겨 학습자가 독립적으로 과제를 수행할 수 있도록 한다.

5 구성주의 학습 모델

1) 인지적 도제

인지적 도제는 전문가가 실제 상황에서 문제를 해결하거나 과제를 수행하는 것을 초보자가 관찰하며 지도받는 과정을 통해 지식과 기능을 습득하는 학습형태를 말한다. 전통적인 도제수업은 수공업 기술을 배우는 과정으로 기술을 배우는 초보자인 도제가 그 분야 전문가인 장인이 공예품을 만드는 과정을 관찰하고 모방하며 이 과정에서 전문가의 지도를 받아 전문지식과 기능을 익히는 형태의 학습이다. 인지적 도제는 이러한 도제교육의 방법을 인지적인 과제를 해결하고 고등사고능력을 개발하는 데 적용한 방법이다.

인지적 도제를 통한 교육은 초보자가 전문가와 함께 일함으로써 과제를 수행하는 데 중요한 지식과 기술을 전수받고 이를 자신의 인지구조와 통합하여 재구성하게 한다. 학교에서 가르치는 전통적인 교수방법으로는 실생활에서 만나는 문제를 해결하기 어렵기 때문에 직접 과제를 수행하고 이 과정에서 전문가의 지도를 받는 방법이 실제적 문제를 해결하는 데 도움을 줄 수 있다고 본다. 교육현장에서 전문가의 역할을 하는 사람은 부모, 교사, 유능한 동료 등이다.

인지적 도제의 교수과정은 모델링, 코칭, 발판화, 명료화, 성찰, 탐색의 과정을 통해 이루어진다.

- 모델링 단계에서는 학습자가 모델의 시범을 관찰하는 것을 통해 학습할 수 있도록 한다. 교사는 행동적 모델링과 인지적 모델링을 모두 이용할 수 있다.

행동적 모델링은 교사가 직접 몸으로 과제를 수행하는 것을 보여 주는 방법이고 인지적 모델링은 교사가 소리 내어 말하면서 과제를 수행함으로써 교사의 머릿속에서 일어나는 사고과정을 학생들이 모방할 수 있게 하는 것이다.

- 코칭 단계에서는 학습자가 인지과제를 수행하도록 하면서 학습자가 실수를 하거나 잘못된 추론을 할 때 바른 추론으로 인도하기 위한 질문을 던지거나 힌트를 제공하거나 다시 생각해 보도록 유도하여 도움을 준다.
- 발판화 단계에서는 학습자가 해결해야 하는 과제의 수준을 조절해 주거나 과제를 재구조화해 주는 등의 도움을 줌으로써 스스로 문제를 해결하도록 돕는다.
- 명료화 단계에서는 교수자의 도움은 중지된 상태로 학습자가 문제해결과정을 스스로 명확하게 해 보는 과정이다.
- 성찰 단계에서는 자신의 문제해결과정을 돌아보고 다른 학습자 등과 비교해 보는 단계이다.
- 탐색 단계는 학습한 지식이나 기능을 새롭게 활용할 수 있는 방법을 모색하는 단계이다.

인지적 도제 교수법은 실제 상황에서 전문가가 문제를 해결하는 전략을 초보자가 습득하고 내면화할 수 있도록 도와줄 수 있다는 장점이 있는 반면, 교사에게 구체화된 공식을 제공하는 교수 모델이 아니며, 전문가인 동시에 교수자로서 적절한 전문가를 찾기 어렵다는 문제가 있다.

2) 상황학습(Situated Learning)

구성주의 이론가는 학습장면과 배운 것을 적용하는 장면이 일치하거나 유사하지 않을 때 배운 것을 적용하지 못하기 때문에 죽은 지식이 된다고 주장한다. 전통적 교수법이 배운 것을 적용할 실제적 맥락과 상관없이 어떤 장면에도 적용될 수 있는 지식을 가르치려고 해 왔으나 이는 실제 상황에 전이가 불가능한 죽은 지식만을 학습자에게 가르치는 것뿐이라고 구성주의자들은 비판한다. 구성주의자는 어떠한 장면에서 활용하기 위한 지식이나 기술은 그 장면과 유사한 장면에서 학습해야 한다고 본다.

상황학습은 현실적인 상황에서 활용할 수 있는 지식이나 기능을 실제적인 맥락에서 학습하도록 실제 사례나 실제 상황을 수업에 활용하는 것이다. 이때 주어지는 상황은 인지적 상황, 사회적 상황, 공유적 상황 등이 모두 해당된다. 외국어를 배울 때 외국인들과 만나 이야기를 나누어 보도록 하거나 사칙연산을 배우기 위해 시장놀이를 해 보는 것 등이 이에 속한다.

상황학습은 실제 맥락 속에서 수업이 이루어지도록 하기 위해 비디오라는 매체를 활용한다. 동영상은 이야기식 전개로 진행되며, 학습과정은 학생들끼리 협동적 과정을 통한 학생 주도적 학습이 이루어진다. 실제적 성격을 띤 복잡하고 비구조화된 문제를 활용하며, 비슷한 주제의 다양한 응용이 가능하도록 구성된다.

3) 문제기반학습(Problem based learning)

문제기반학습은 관련 분야에 실재하는 복잡하고 비구조적인 문제들을 풀어가는 과정을 통해 그 문제에 대한 해결안을 찾거나 자신의 견해나 입장을 전개하여, 제시하고 설명하는 것을 목적으로 하는 학습이다. 문제기반학습의 목표는 단순히 문제해결안을 도출해 내는 데 그치는 것이 아니라 고등사고능력인 문제해결력이나 비판적 사고능력 등을 문제를 해결하는 과정에서 키우는 것에도 주안점을 두고 있다.

(1) 문제기반학습의 학습환경 특징

문제기반학습의 학습환경은 몇 가지 특징을 지닌다.

첫째, 복잡하고 비구조적이며 실제적 성격을 띤 문제를 출발점으로 하여 문제를 해결하는 과정을 통해 학습이 이루어지도록 하고 있다. 객관주의적 관점의 수업은 교사에 의해 선정되고 잘 구조화되어 있으며, 어느 상황에서도 적용 가능한 보편적인 특성을 지닌 교육내용을 다루는 반면, 문제기반학습에서 학생들이 다루는 문제는 우리가 현실에서 부딪히는 것으로 복잡하고 쉽게 정의내리기 힘들다. 그리고 이러한 문제를 해결하는 과정에서 관련 분야의 정보와 지식을 탐색하고 활용하며 적용하는 것을 연습하게 된다.

둘째, 문제기반학습의 학습환경은 학습자 중심이다. 교사는 문제나 사례를 선정하고 설계하며, 학습과정에서 조력자의 역할을 담당한다. 학습자는 문제를 정의하고 문제를 해결하며, 이를 정리하여 발표하고 반성하는 전 과정을 주도한다. 교육목표는 객관주의 교수처럼 구체적으로 수립되지 않고 막연한 수준에서 수립되며, 학습자가 학습을 하는 과정에서 점차 구체화한다. 뿐만 아니라, 어떠한 자원과 자료를 활용할지도 학습자가 결정하며, 평가 역시 교사와 학습자 본인, 동료 학습자까지 참여한다.

셋째, 협동학습을 강조한다. 문제가 제시되면 이 문제를 학생 각자가 독자적으로 해결해 나가는 것이 아니라 다른 학생들과 학습공동체를 이루어 해결한다. 협동학습과정을 통해 학생들이 소집단 안에서 각자 역할을 분배하고 공통의 목표를 이루기 위해 상호 협력하는 기술과 태도를 배울 수 있다. 또한, 생각을 나누는 과정에서 유능한 동료의 발판화를 통해 성장하며, 다양한 견해와 관점을 접하게 됨으로써 사고의 영역과 사고능력 등을 확장시킬 수 있다. 또한, 사고는 언어로 표현할 때 분명해지는데 협동학습과정에서 자신의 생각을 말로 표현하고 다듬으면서 아이디어를 명료화하고 정교화할 수 있다.

(2) 문제기반학습 과정

문제기반학습은 문제 제시, 가설 설정, 자료 탐색, 해결방안 개발, 효과성 평가의 과정으로 진행된다. 문제 제시 단계에서는 실제적이고 비구조화된 문제로 학습자 자신에게 필요하고 관련이 있어 실질적인 도움을 주는 문제여야 한다. 문제가 제시되면 학생들은 문제가 정확히 무엇을 뜻하는지 규명한다. 문제를 규명한 후 문제의 답이 무엇이 될 수 있는지 가설을 설정한다. 설정된 가설을 검증하기 위해 역할을 나누어 자료를 탐색하고 검증하며, 다시 모여서 자신의 생각을 다시 한번 정리한 후 해결방안을 찾아낸다. 그 후, 찾아낸 해결방안이 효과적인지 확인하기 위하여 문제해결에 적용해 본다. 이러한 과정을 통하여 해결방안의 효과성이 확인되면 이를 일반화한다.

4) 인지적 유연성

인지적 유연성이란 새로운 문제에 직면했을 때 다양한 측면에서 접근을 통해 적절한 해결책을 빠르게 적용하여 해결할 수 있는 능력을 의미한다. 인지적 유연성 이론은 객관주의 이론이 제안하는 단순화된 지식습득을 지양하고 복잡하고 불규칙한 특성을 지닌 지식을 구성하는 것을 목적으로 하는 학습 모델이다. 특정 학문 분야의 가장 초보적인 단계부터 복잡하고 비규칙적인 과제와 학습환경을 제공하여 고급지식단계에서도 순조로운 학습이 이루어질 수 있게 한다(강인애, 2000). 앞의 다른 학습 모델과 다르게 지식이 사회적 과정을 통해 구성된다는 점에 대해 관심이 적다.

(1) 인지적 유연성 이론을 적용한 수업의 특성

인지구조의 연합체를 형성하기 위해 주제 중심의 학습을 하며, 정보의 전달보다 지식의 구성을 강조하는 사례기반수업을 진행한다. 또한, 학습의 출발은 학생들이 충분히 다룰 수 있는 정도의 복잡성을 지닌 과제로 작게 세분화하되, 점차 복잡성의 정도를 높여 가는 방식을 사용한다. 학생들의 인지적 유연성을 높이기 위한 전략으로 사례와 관련된 다양한 소규모의 예를 여러 자료 형태로 제시해 준다. 또한, 하나의 문제를 여러 각도에서, 또 여러 순서로 되풀이하여 다루어 보는 방식을 통해 현실의 문제에 직면했을 때 학습한 것을 쉽게 적용할 수 있도록 한다. 이러한 접근법을 임의적 접근 또는 십자형 접근이라 부른다.

(2) 인지적 유연성 이론을 적용한 수업절차

인지적 유연성 이론을 적용한 학습과정의 출발은 사례를 기반으로 한 문제를 제시하는 것으로 지나치게 복잡한 과제인 경우 세분화해서 제시하며, 이러한 사례는 여러 지식 범주에 걸쳐 있어야 한다. 문제를 제시하면서 다양한 관련 사례를 같이 제시해 주어야 하는데 앞서 진술한 바와 같이 다양한 소규모 예를 여러 자료 형태로 제시해 주며, 이러한 예는 다양한 맥락을 포함하고 있어야 한다. 다음으로 문제를 해결하는 단계에서 학생들은 비순차적 접근을 통해서 순서를 재배치해 보고 다양한 관점에서 다차원전략을 활용하여 해결책을 고민하여 해결책을 도출해 낸다. 마지막으로 찾아낸 해결책을 문제해결에 적용해 보고 평가하며, 일반화를 위한 다양한 상황에 어떻게 적용될 수 있는지 고려한다.

구성주의 이론의 교육적 적용

- 학생주도적 학습활동을 준비한다.
- 학습의 출발을 실제적 성격을 지닌 복잡한 문제나 사례에서 시작하게 한다.
- 문제와 관련된 다양한 자료와 사례, 정보를 탐색할 수 있는 곳 등을 제시하거나 알려 준다.
- 문제해결전략이나 지식을 활용하는 방법 등을 시범을 보여 준다.
- 협동학습을 촉진하기 위해 학생들이 학습공동체를 구성하게 한다.

제 4 부

수업에 대한 이해

제 **12** 장

수업과 교수기술

학습목표

1. 수업의 개념과 수업설계에 대하여 설명할 수 있다.
2. 수업과정의 필수요소를 기술할 수 있다.
3. 효과적인 수업방법에 대하여 설명할 수 있다.

교생 실습 중인 정 선생님은 수업계획안을 작성하는 데 열심이다. 지난주 수업을 할 때 수업계획안이 수업에서 왜 중요한지를 몸소 체험했기 때문이다. 수업계획안이 꼼꼼히 작성된 수업을 진행할 때는 긴장도 덜 되고 아이들 앞에서 좀 더 당당해지는 느낌도 들었다. 그러나 그렇지 못했던 날은 걱정이 되어 불안하고 당황스러웠다. 수업계획안에 단원의 목표를 쓰고 수업진행 내용과 기대 효과를 적었다. 수업계획안을 다 쓰고 뿌듯해하고 있을 때쯤 교사 경력이 오래된 담임 선생님이 정 선생님의 계획안을 보며, "수업계획안의 내용에 충실한 것도 중요하지만 수업 중 학생들과의 상호작용을 통해 흥미를 유발하고 관심을 지속시켜 학생들이 수업내용을 이해하도록 하는 것이 더 중요해요."라고 말했다. 정 선생님은 이 말을 듣고 갑자기 혼란스러워졌다. '수업계획안을 더 자세히 써야 하나? 아니면 때에 따라서는 수업계획안대로 수업하지 않아도 된다는 뜻인가?'

1 수업의 기초

1) 교수와 수업

학교교육 활동에서 교육의 핵심은 교사의 교수와 학습자의 학습활동을 통해 학습자의 성취행동을 극대화하는 것이다. 교수는 교사와 학생이 함께하는 학습과 가장 관련이 깊은 활동이다. 이는 학습자의 입장에서 보면 학습이 되기도 한다.

좋은 수업이 이루어지기 위해서는 교수와 학습과 교재, 즉 수업내용이 일치되어야 한다. 그러나 수업내용(교재)이 준비되어 있어도 교사가 항상 수업내용을 모두 가르친다고 할 수 없으며, 학습자 역시 교사가 가르친 내용을 그대로 다 배우는 것도 아니다. 학습자는 때때로 교사가 가르친 바가 없어도 배우는 것도 있고 교재에 있는 것을 가르쳐도 배우지 않는 경우도 있다.

교육현장에서는 수업이라는 용어가 보편적으로 사용되며, 수업과 더불어 교수라는 용어가 혼용되고 있다. 영어로 '가르친다'는 의미의 단어는 'instruction'과

'teaching'인데 일반적으로 'instruction'은 '수업'으로 'teaching'은 '교수'로 번역되어 쓰이고 있다.

그러나 엄밀하게 말하면 이 두 단어는 차이가 있다. 가네(Gagné, 1974)는 "교사가 교사의 자격으로 하는 모든 활동을 교수라 하고, 학습지도, 생활지도, 학급경영 등 모든 활동이 이에 포함된다."라고 하였다. 따라서 교수는 매우 포괄적인 개념이다. 교수는 전문적 지식을 소유한 교사가 학습자에게 그 내용을 전달하기 위해 행한 의도적 행위라는 개념으로 수업을 하기 위한 준비, 계획, 실행(수업활동), 평가 등을 포함한 모든 활동을 말한다. 즉, 교수란 가르쳐 주는 것이란 뜻이며, 의도적이고 계획적인 교육을 본질로 삼는 학교교육의 주요 활동이라고 할 수 있다. 반면에 수업이란 학습이 일어나도록 학습자 외부에서 학습자의 내적 능력과 외적 조건의 체계적인 상호작용 또는 그것을 조성하는 것이다(Gagné, 1974). 즉, 수업은 학습의 내적 과정이 촉진될 수 있도록 교사가 수업의 목표를 명확하게 하여 이에 대해 주의를 집중시키고, 학습과제를 의미 있게 부호화하여 학습자의 기존 인지구조에 잘 관련하여 저장하도록 도와주고, 필요할 때 인출하여 효과적으로 수행하도록 도와주는 활동이다.

그런데 수업에서 학습자의 학습목표 달성을 위해 반드시 교사가 필요한 것은 아니다. 즉, 프로그램 학습자료, 시청각 매체, 컴퓨터 프로그램 등으로도 학습목표 달성을 위한 수업을 할 수 있으며, 교사와 학생 간의 인격적 상호작용이나 자료와 학생 간의 상호작용을 통해서도 학습목표가 달성될 수 있다. 수업은 그 내용상의 범위에서도 교수보다 훨씬 한정적이므로 생활지도나 학급경영 등은 수업의 개념에서 제외된다. 따라서 교수는 수업보다 더 포괄적인 관점으로 학습자의 모든 조건을 자극하고 비의도적인 부분까지 포함하는 반면 수업은 학습자의 지적 능력을 중점으로 자극하고 비교적 학습자의 의도적인 부분을 반영한다고 볼 수 있다(송인섭 외, 2013).

2) 수업과 학습

교사는 수업목표 내용과 가르친 내용을 학습자가 모두 학습하기를 기대하지만, 학생은 수업한 것을 왜곡하여 받아들이거나, 교사가 기대하지 않은 내용을 학습하거나, 교사의 기대보다 더 적게 학습하기도 한다. 왜냐하면, 수업의 과정과 학습의 과정이 여러 면에서 다르기 때문이다.

김종서(1973)는 수업과 학습의 차이를 몇 가지 기준으로 다음과 같이 구분하였다.

첫째, 수업에는 일정한 목표가 있어야 하지만 학습에는 목표가 있을 수도 있고 없을 수도 있다. 수업에 목표가 있어야 한다는 말은 수업이 의도적인 작용이라는 것이다. 반면에 학습은 의도적인 경우도 있고 아무 의도가 없는 상태에서도 이루어질 수 있다. 즉, 수업이 있는 곳에는 반드시 학습이 있으나 수업이 없는 곳(가정, 거리, 대중매체 등)에서도 학습이 이루어질 수 있다. 따라서 수업보다 학습이 더 넓은 개념이라고 할 수 있다.

둘째, 수업은 독립변수이고 학습은 종속변수이다. 즉, 수업은 작용하는 변수이며, 학습은 작용결과 나타나는 행동의 변화를 뜻한다. 좋은 수업이란 독립변수에서 예상되는 종속변수가 나타남을 의미한다. 그러나 수업목표가 분명치 않거나 작용하는 방법이 잘못되었을 때 또는 의도한 변인 이외의 변인이 너무 강할 경우 학습은 다른 방향으로 가는 경우가 많다.

셋째, 수업은 일의적(一義的)이지만 학습은 다의적(多義的)이다. 즉, 교사가 가르치는 것은 하나이지만 학생은 제각기 다르게 배운다. 학생들은 제각기 준비성이나 출발점 행동이 다르기 때문에 학생은 교사의 수업을 모두 다르게 학습한다.

넷째, 수업은 처방적이지만 학습은 기술적이다. 수업은 학생의 문제점을 찾아내어 이를 고치기 위한 처방적 행동이며, 목표에 접근하기 위한 처방적 행동이라고 할 수 있다. 그러나 학습은 학생의 행동변화 모습을 있는 그대로 기술할 뿐이다. 그러나 실제 교실 장면에서 학습내용이 잘 진단되어 기술되면 이에 따라 적절한 처방이 가해져 좋은 성과가 나오므로 양자는 서로 밀접하게 관련되어 있다고 볼 수 있다.

다섯째, 수업 연구는 있는 그대로의 수업 상태를 대상으로 하나, 학습 연구는 동물을 대상으로 하는 경우도 많다.

이와 같이 수업이란 목적성과 계획성을 가지고 학습자의 내외적 환경을 조성하는 것으로 가장 이상적인 관계는 교사가 수업한 것을 학습자가 모두 학습한 것이라고 볼 수 있다. 그러나 실제적인 관계는 수업한 것을 일부만 학습하고 나머지는 수업한 것과 관계없는 것을 학습한 경우가 많다. 따라서 좋은 수업은 학습의 밀도가 완전학습에 이르도록 전개되어야 한다(박아청, 1997).

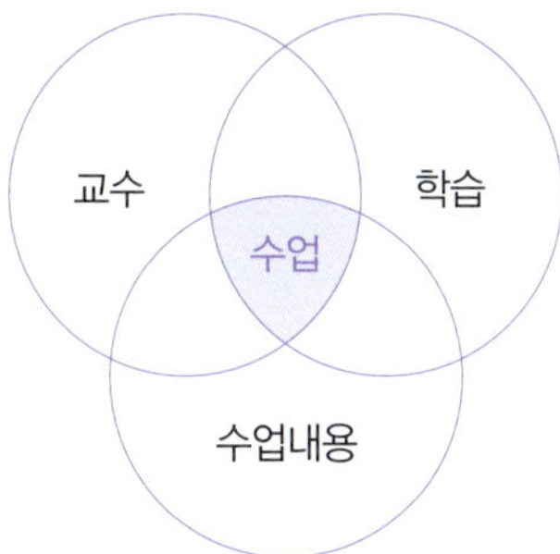

[그림 12-1] 수업의 개념

2 수업의 설계

수업설계(instructional planning or design)란 어떻게 가르치고 어떻게 배우게 될 것인가에 대한 계획을 수립하는 것이다. 교사가 수업에 대해 사전에 준비하는 것은 수업의 성패를 결정하는 중요한 열쇠이다. 의도적으로 실시되는 수업활동은 수업목표 달성을 위해서 가르치고 배우는 과정이므로 보다 체계적이고 구체적인 수업설계가 이루어져야 한다.

수업설계에서는 교사와 학습자가 접하는 환경적 상황, 학습자의 상호작용, 변화될 행동유형, 이 세 가지 핵심적 변인들을 고려해야 한다. 이때 환경적 상황이란 학습성과를 낳게 하는 여러 조건, 즉 수업 환경, 과제자료, 미디어 활용, 교사의 수업 행동 등을 마련하는 것이며, 상호작용이란 학습자가 이러한 상황 조건에서 주고받는 여러 활동을 의미한다. 변화될 행동유형이란 수업과정을 통해 학생들에게 일어나기를 바라는 학습성과로서 수업목표를 의미한다.

수업설계는 우선 수업의 단위 기간을 기준으로 장기적 설계, 중기적 설계, 단기적 설계로 나눌 수 있다.

첫째, 1년간 또는 한 학기 간 특정 교과목의 수업설계는 장기적 수업설계라고 할 수 있다.

둘째, 한 학기 내에 한 교과목에서 한 단원의 수업을 설계할 경우는 중기적 수업설계이다. 획일적으로 정하기는 어렵지만 여기서 단원이란 하나의 중심이 되는 주제를 바탕으로 하여 여러 개의 교수-학습주제와 활동을 묶어 놓은 것으로서 4~5개의 주제요소로 구성되는데 이는 대체로 4~5주간에 걸쳐 이루어지는 교수-학습량이다. 단원을 설정하는 이유는 교수-학습의 계속성을 확보하고, 학습자에게 제공되는 학습의 의미성을 극대화하며, 단원 안에서의 다양한 융통성을 신장시키기 위한 것이다. 단원에는 교수-학습단원과 자료단원이 있는데, 교수-학습단원은 교수자 개인이 특정한 대상의 학습자들을 위하여 가르치고자 계획하는 단원이며, 자료단원은 특정한 주제나 문제 중심으로 자료와 활동을 묶어 놓은 것이다. 여기서 주제란 단원하위요소로서 대체로 일주일간의 수업 분량을 의미한다.

셋째, 단기적인 수업설계는 단원하위요소를 단위로 나누어 수업을 설계하거나 각 체제 안에서의 매 시간별 수업설계를 하는 것이다. 일반적으로 교수자들이 실제로 학습지도안을 작성할 때의 수업(활동)계획안은 단기적인 수업설계, 즉 매 시간별 수업계획이나 또는 주제요소별 수업계획의 형태로 이해되고 만들어지는 경우가 많다(윤정일 외, 2002).

〈표 12-1〉 단위시간 기준 수업설계의 유형

단위시간별 유형	특징 및 유의점
연간 및 학기별 수업설계	• 장기적 수업설계 • 해당 과목의 기본특성, 목표와 내용, 지도방법 및 평가에 관한 일반적인 계획 수립 • 전체 교과내용을 연간 또는 학기 간에 걸쳐 균형 있게 배분 · 편성(계절의 특성, 학교 내외의 행사나 국경일 등도 고려)해야 함
단원의 수업설계	• 수업설계 시 그 단원의 설정 취지와 통합의 최종목표, 단원 내의 여러 주제 사이의 관련성, 각 주제의 특성 고려 • 단원 설정 취지를 중심으로 단원의 상위목표들을 구명하여야 함 • 단원에 포함된 각 주제의 수업시간 수와 교과서 쪽수 등 학년 간, 학기 간, 월간 수업계획 간의 관련성을 검토하여 편성해야 함
주제(단원하위요소)의 수업설계	• 주간 학습지도안 • 주제의 수업목표는 단원목표를 한 단계 하위 수준으로 상세화하여 명세적으로 설정하여야 함 • 주제의 학습지도 계획은 해당 주제를 가르치는 총 시간과 차시별 주요 학습내용과 활동을 명시해야 함 • 주제는 대략 일주일 정도의 양으로 정함이 바람직함
차시의 수업설계	• 본시 수업계획안 • 가장 미세한 단위의 수업설계(한 시간분) • 해당 수업 한 시간을 전개해 나가는 과정에서의 교수-학습활동 • 분명한 수업목표, 필요 시설, 교재, 학습자들의 준비물 등을 명시해야 함 • 수업의 형태를 밝히고 구체적인 교수-학습활동은 몇 개의 하위단위(도입-전개-정리) 등으로 구분하여 밝혀야 함 • 학습과정에서 예견되는 여러 가지 사고의 방향이나 질문을 준비하고 수업 전개에 따른 지도상 유의점, 강조점, 소요시간을 밝히는 것이 바람직함

1) 수업의 과정

수업과정은 연속적인 하나의 과정이다. 수업의 과정을 구성하는 요소는 수업목표, 학습자, 수업절차, 평가의 4가지 요소가 포함된다. 글레이저(Glaser, 1962)의 수업모형은 수업과정을 수업목표의 설정과 진술 → 출발점 행동 진단 및 확인 → 수업절차 선정 및 실행 → 학업성과 평가 그리고 각 단계로의 피드백을 포함한 5단계로 나누었다.

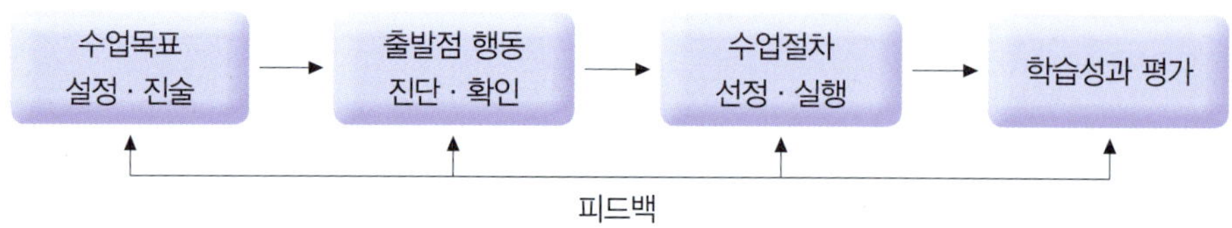

[그림 12-2] 글레이저의 수업모형

(1) 수업목표 설정과 진술

수업과정에 대한 계획에서 우선 선행되어야 하는 것은 수업목표를 정하는 것이다. 수업목표는 한 단위의 수업과정이 끝날 때 수업의 결과로 나타날 것이라고 예상되는 학생의 행동변화를 명시한 것이다. 일반적으로 수업목표는 교육이나 교육과정의 목적보다 시간상으로 비교적 단기적이다. 즉, 특정한 교수-학습과정을 통해서 학습자가 행동으로 보일 수 있는 행동의 성취 유형을 기술한 것이다. 따라서 수업목표는 수업 장면에서 좀 더 구체화하고 세분화된 행동 목표로 진술해야 하며, 수업과정의 마지막에 해당하는 평가의 기준이 되도록 해야 한다.

수업목표가 정확한 진술이 되기 위해서는 다섯 가지 조건으로 수업목표를 제시해야 한다(Mager, 1975).

첫째, 수업목표 진술은 학습자가 성취하게 될 행동이 무엇인지를 분명하게 명시하여야 하며, 그 행동은 가능한 한 세분된 단위의 기능이나 지식에 맞추어 구체적인 행동으로 분류하여야 하고 다양한 수준과 종류의 행동이어야 한다.

둘째, 수업목표 진술에서 종착행동은 행위동사(action verbs)를 활용하여 진술하여야 한다. 이때 행위동사는 수업 의도를 분명히 전달할 수 있는 명확한 의미의 용어여야 한다. 예를 들어, '알다', '이해하다'와 같이 뜻이 모호한 암시적 행위동사보다는 '쓴다', '차이를 설명하다' 등과 같이 분명하고 특수하며 구체적이고 명시적인 행위동사를 사용하여야 한다.

〈표 12-2〉 행동목표 진술 용어

명시적인 행동목표 용어	다의적으로 해석 가능한 행동목표 용어
• 쓸 수 있다. 읽을 수 있다. • 기록할 수 있다. 목록화할 수 있다. • 계산할 수 있다. 결과를 도출할 수 있다. • 정의할 수 있다. 설명할 수 있다. • 선정할 수 있다. 선택할 수 있다. • 조립할 수 있다. 완성할 수 있다. • 열거(나열)할 수 있다. 작성할 수 있다. • 비교(대조)할 수 있다. 구별할 수 있다. 해결할 수 있다.	• 알 수 있다. 이해할 수 있다. • ~을 신뢰할 수 있다. • 확인한다. 확신한다. • 인식할 수 있다. 함양한다. • 수용할 수 있다. 고양한다. • 즐긴다. 믿는다. 고려한다. • 충분히 인정할 수 있다. 기억할 수 있다. • 제고한다. ~의 의미를 파악할 수 있다.

셋째, 종착행동을 활용하여 수업목표를 진술할 때는 종착행동이 발생하는 조건(condition)을 제시하여야 한다. 이는 수업과정에서의 자극과 반응 부분을 분명하게 표현해야 함을 의미한다. 이때 자극은 주어진 자료 또는 상황 조건 등을 의미하며, 반응은 그러한 특정 자극에 의해 생성되는 행동이다.

넷째, 수업목표 진술에서는 학습내용과 기대되는 학습자의 행동이 동시에 진술되어야 한다[예: 수의 뺄셈(내용)을 계산할 수 있다.(행동)].

또는 수업과정에서 의도하는 종착행동(terminal behavior)과 실행 조건, 성취 정도를 판정할 수 있는 정확한 성취준거(performance criterion)가 포함되어야 한다[예: 신호등이 있는 건널목에서(조건), 신호등의 색깔을 구별하여(성취준거) 다음에 해야 할 행동을 말할 수 있다.(행동)].

수업목표를 조건, 준거, 행위동사로 분명하게 진술하면 학습자가 수업과정에서 자신의 진전과 향상을 평가할 수 있는 장점이 있고, 교수자 역시 수업목표에 비추어 수업과정을 검토하여 수업의 효과나 성취 정도를 쉽게 알 수 있다.

다섯째, 수업목표 진술은 교수자가 무엇을 가르치느냐보다는 학습자가 무엇을 할 수 있느냐는 측면에서 진술되어야 한다[예: 소리의 원리를 알려 준다.(×) → 소리의 원리를 설명할 수 있다.(○)].

(2) 출발점 행동의 진단과 확인

수업과정에서 수업의 출발점을 지시해 주고 수업을 효과적으로 이끌기 위해서는 학습자의 특성을 파악하여 이를 근거로 학습지도 계획을 세우는 것이 바람직하다. 수업목표 도달에 필요한 학습자의 선수학습 정도를 평가하는 것을 출발점 행동(entering behavior) 진단이라고 한다. 여기서 출발점 행동이란 수업이 시작되기 전에 진단되어야 하는 학습자의 특성으로 선행학습의 정도, 적성, 지능 등의 인지적 요인과 학습자의 동기, 흥미, 자아개념, 학습 습관이나 태도 등의 정의적 요인을 말한다. 출발점 행동과 선수학습 수준을 진단하고 확인하는 것은 효과적인 수업과 수업자료를 개발하여 수업과정에서 학습자와 교사, 수업 프로그램 간의 유대를 공고히 하는 과정이다. 진단결과가 만족스럽지 못한 개인에게는 보충 과정을 제공하여 필요한 선수학습을 습득하도록 해야 한다.

(3) 수업절차의 선정과 실행

수업절차는 교사가 학습자에게 가르치고자 하는 내용을 직접 가르치는 교사의 수업전개 활동을 의미한다. 이는 교수-학습활동이 본격적으로 펼쳐지는 단계이다. 이 단계에서는 수업현장에 필요한 수업전개의 구체적인 단계와 절차를 계획하고 학습과제와 학습목표에 따라 교재를 재구성하고, 교과내용에 적합한 교수매체, 학습자료, 교과내용에 따른 다양한 교수방법을 선정하거나 활용하며, 적절한 시간계획에 따라 실제로 수업을 진행한다.

한 차시 수업은 도입, 전개, 정리의 단계로 구분하여 진행된다. 도입 부분에서 교사는 주로 학생의 동기유발, 학습목표 확인, 학습활동 안내를 실시한다. 전개 부분에서는 주요 학습활동을 정리하며, 정리 부분에서는 마무리 활동, 학습내용 정리, 다음 차시 학습 예고 및 준비물 안내 등을 한다.

이는 수업활동의 핵심적 단계이다. 수업 중에는 형성평가를 통해 수업목표의 달성 여부를 확인하고 교사는 그 결과를 통해 교과목이나 학습 집단의 특성에 따른 개인차를 고려하는 수업방법을 적용할 수 있다.

(4) 학업성취의 평가

평가는 수업과정 모형의 마지막 단계이다. 일반적으로 교육평가는 교수-학습과 관련하여 시행 목적과 시점에 따라 진단평가, 형성평가, 총괄평가로 나눌 수 있다. 진단평가는 대개 수업을 시작하기 전에 활용하는 것이고, 수업이 실행되는 과정에는 형성평가와 총괄평가가 활용될 수 있다.

3 효과적인 교수기술

효과적인 수업이란 학생의 학습을 극대화하는 수업을 말한다. 많은 교사들은 보다 효과적인 수업을 위해 늘 어떻게 가르칠 것인가에 대해 고민한다. 그런데 학생은 가르치는 내용이 비조직화되어 있을 때보다는 조직화되어 있을 때, 정보의 전달·습득 과정이 수동적이기보다는 능동적일 때, 수업이 일회적이기보다는 목표지향적일 때 더욱 효과적인 성취를 이룬다(임규혁 외, 2007). 오랜 연구결과 학습자의 학습성과를 높이기 위해 실제 수업 중 교사가 사용하는 효과적인 교수기술은 교사의 학습목표 설정, 태도, 조직화, 의사소통, 초점 맞추기, 피드백, 모니터링, 질문하기, 복습과 종결 등으로 구분할 수 있다(Brophy, 2006c; Good & Brophy, 2008; Eggen & Kauchak, 2010). 교사가 수업에 활용하는 교수기술(teaching skill)은 사실 따로 구분될 수 없는 복합적인 것이다. 그러므로 이러한 기술이 수업 중 적절하게 사용되어야 한다.

1) 명확한 학습목표 설정

명확한 학습목표는 교사들이 학습활동을 실행할 때 길잡이가 된다. 학습목표란 학습주제나 과정과 관련하여 학생이 알아야 할 것 또는 할 수 있어야 할 것을 규정한다. 효과적인 교수계획과 관련하여 블룸(Bloom, 1956)은 교육의 목표분류체계를 제안하고 학습자의 내적 특성을 인지적(cognitive) · 정의적(affective) · 심리운동적(psychomotor) 영역으로 구분하였다. 인지적 영역을 구성하는 기본적인 목표는 다음과 같다.

- 지식(knowledge): 이전에 본 어떤 정보를 있는 그대로 기억할 수 있는 능력(목표 진술 표현: 기억한다, 나열한다, 정의한다 등)
- 이해(comprehension): 교사가 전달한 내용을 있는 그대로 설명할 수 있는 능력(설명한다, 번역한다, 비교한다, 구별한다 등)
- 적용(application): 특정한 문제를 해결하기 위해 일반적인 개념을 사용하는 능력(연관한다, 계산한다, 조직한다, 변환한다 등)
- 분석(analysis): 어떤 개념을 하위 단위로 세부적으로 나누는 능력(추론한다, 추출한다, 요점을 말한다 등)
- 종합(synthesis): 서로 다른 아이디어를 결합하여 새로운 것으로 창조하는 능력(창조한다, 디자인한다, 예측한다 등)
- 평가(evaluation): 학습자료가 특정한 상황에 적용될 때 그 가치를 판단하기(지지한다, 비판한다, 정당화한다 등)

정의적 영역의 목표는 학생의 흥미, 태도, 불안, 동기, 포부 수준, 자아개념, 인성 등과 관련된 교육내용에 관한 목표 수준을 말한다. 정의적 영역의 교육목표 분류는 학생이 정의적인 행동을 단순히 받아들이는 수준부터 인격화(내면화)하는 수준까지 5단계로 분류할 수 있다. 높은 단계의 정의적 수업목표로 올라갈수록 다른 사람의 느낌, 태도, 가치에 좌우되지 않고 스스로의 결정이나 가치판단에 따른다.

- 감수: 환경 속에 있는 어떤 현상이나 자극에 주의를 기울이는 것(알아차릴 수 있다, 들을 수 있다 등)
- 반응: 경험의 결과로 어떤 새로운 행동을 보이는 것(감동을 느끼고 박수칠 수 있다, 연습할 수 있다 등)

- 가치화: 어떤 것에 분명히 참여거나 몰두하는 것(의견을 말할 수 있다, 토의할 수 있다 등)
- 조직화: 새로운 가치를 그 사람의 가치체계 속에 통합하는 것(의견을 결정할 수 있다, 구분할 수 있다 등)
- 인격화(가치의 내면화): 새로운 가치에 따라 지속적으로 일관성 있게 행동하는 것. 정의적 목표의 가장 높은 수준(보여 줄 수 있다, 결정할 수 있다 등)

심리운동적 영역은 수업목표를 단순한 모방에서 능숙하게 해내는 순응까지 5단계로 분류하였다. 심리운동 영역에서는 단계가 높아질수록 좀 더 복잡하고 빠른 운동기능을 요구한다(Harrow, 1972; Moore, 1992; 신명희 외, 2014 재인용).

- 모방: 학생들이 관찰 가능한 행동을 보고 나서 그대로 따라 하는 것
- 조작: 학생들이 시각적인 모델 없이 설명을 듣거나 읽고 특정 행동을 하는 것
- 정확: 학생들이 어떤 행동을 정확하게 하는 것. 자신의 행동을 조절하여 실수가 없도록 해야 함
- 연합: 학생들이 여러 단계의 행동을 순서에 따라 정확하게 행동하는 것
- 순응: 학생들이 배운 기술이나 행동을 능숙하게 해내는 것. 학생들은 배운 행동을 자동적으로 할 수 있어야 함

이러한 목표는 난이도에 따라 다르게 적용될 수 있다. 예를 들어, 지식과 이해는 비교적 낮은 수준의 학습과정에 적용되고 나머지는 보다 높은 수준의 학습과정에 적용되며, 과목에 따라 다르게 적용될 수 있다.

효과적인 수업계획을 위해 교사는 위에 제시한 목표 수준의 분류체계와 학생들의 흥미와 능력 등을 함께 염두에 두어야 한다. 또한, 교과내용에 대한 세부 계획을 세울 때 학생들에게 학습할 내용에 대한 간략한 소개와 더불어 학습내용의 의미에 대해 명확하고 다양한 설명을 곁들여 줌으로써 중요한 개념을 효과적으로 소개하는 것이 중요하다.

2) 태도

교사의 태도가 기술은 아니지만, 긍정적인 교사의 태도는 효과적 수업의 기초가 된다. 교사가 학생에게 자상함을 보이고, 학생과 공감대를 형성하며, 학생에 대한 높은 기대를 가지며, 교수에 대한 높은 열정을 가지고 학생에게 모델링의 전형이 되려는 의식을 가질 때 학생의 동기 수준을 높게 끌어올릴 수 있다. 이러한 교사의 태도는 결국 학생의 학업성취에도 영향을 미치게 된다(Driscoll, 1978; Otteson & Otteson, 1980; Brophy, 2004).

반면, 교사가 비판적인 태도로 학생을 대할 때 끊임없는 비판을 받는 학생은 점차 자신감을 상실하게 되어 결국 학업성취도의 저하로 이어진다(Rosenshine, 1971). 그러므로 교사가 다양한 교수기술을 사용하기에 앞서 적극적이고 능동적인 태도를 지니고 있어야 한다.

3) 조직화

조직화(organization)는 수업시간의 배분과 활용의 문제와 관련이 있다. 수업활동의 진행방법에 따라 지정된 수업시간의 활용이 달라진다. 교수에서 보다 조직화된 형태로 수업을 이끌어가는 교사는 그렇지 않은 교사보다 학생의 학업성취에 보다 큰 영향을 준다는 다양한 연구결과(Bennett, 1978; Rutter et al., 1979)가 있다. 수업의 조직화는 정시에 수업 시작하기, 수업자료 준비하기, 학습절차 개발하기를 포함한다. 이들 요소는 학급 관리의 문제를 예방하는 데 도움이 되고 강의 시간을 극대화한다(Bohn, Roehring, & Pressely, 2004).

이때 유의할 점은 심리적으로 불안 정도가 높은 학생들은 지극히 구조화되고 조직화된 교사중심 수업체제에서 더 효과적으로 학습하는 반면, 심리적 불안 정도가 낮은 학생들은 상호작용을 중시하는 개방적 수업체제에서 더 효과적으로 학습한다(Tobias, 1973)는 점이다. 따라서 교실 관리 및 수업내용의 조직화에 있어서 학생들의 심리적 특성을 고려할 필요가 있다.

〈표 12-3〉 조직화의 구분

구분	내용
관리상 조직화 (managerial organization)	교실 관리의 측면으로 학생의 문제행동을 예방하고 학습을 향상시키는 것과 관련 예: 수업을 정확히 정시에 시작하기, 사전에 자료 준비하기, 교수 진행 절차 설계하기, 수업 이외의 혼란 최소화하기 등
개념상 조직화 (conceptual organization)	학생에게 분명하고 논리적인 유형으로 개념을 제시하는 것 예: 내적으로 구조화된 방법으로 개념 제시하기, 교과에 대한 교사의 지식을 학생에게 논리적으로 명확하게 표현하기, 추상적 개념의 이해를 위한 원칙-사례-원칙의 설명방식 등

4) 의사소통

교실 수업에서 교사는 자극을 제시하고 이에 대한 학습자의 반응을 이끌어 낸다. 자극을 효과적으로 제시하는 것 자체가 하나의 의사소통이다. 교사 자신도 이러한 수업 중 의사소통의 중요성을 인식하고 있으나 이를 잘 실행하는 것이 쉬운 일은 아니다. 효과적인 의사소통방법의 몇 가지 측면을 살펴보면 다음과 같다.

① 정확한 술어의 사용하기와 모호한 술어(아마도, 어쩌면, ~일지 모른다, 기타 등등, 십중팔구는, 대개는, ~일 수도 있고 … 등) 피하기

예 "이번 수업을 통해 여러분은 어쩌면, 자신을 이해할 수 있을지도… 음… 모릅니다. 이번 단원의 주요 개념을 이해하기 전에 여러분은 몇 가지의 개념을 … 자신을 이해하기 위해서 먼저 배우는 게 좋아요."(피해야 할 의사소통의 예)

② 잘 연결된 수업: 주제가 명확하고 초점이 있는 교수를 의미한다. 숙련된 교사는 단계에 따라 수업을 진행하며, 주제와 연관되지 않은 내용에 사용되는 시간을 최소화한다(Burbules & Bruce, 2001; Leinhardt, 2001; Eggen & Kauchak, 2010 재인용).

예 "오늘 수업이 끝날 즈음에 여러분은 여러 단어를 통해서 모르는 단어의 의

미를 알 수 있게 될 거예요. 이것을 우리는 문맥이라고 부르는데 이것은 여러분이 알지 못하는 단어의 뜻을 이해해야 할 때 사용할 수 있는 거예요."

③ 전환신호의 사용: 가르치고 있는 하나의 주제가 끝나고 새로운 주제가 시작된다는 것을 알리는 언어표현이다. 전환신호는 학생들에게 수업이 개념적 이동(새 주제로의 이동)을 하고 있음에 주의를 기울이고 그것에 대해 준비하게 해 준다.

예 "동물은 등뼈가 있느냐 없느냐에 따라 척추동물과 무척추동물로 나눌 수 있지요. 우리는 지난 수업에서 척추동물의 특징과 종류에 대해 배웠어요. 오늘은 다음 주제로 동물 중 무척추동물의 특징에 대해 배울 거예요."

→ 위 예에서와같이 전환신호를 사용하는 것은 기존의 정보구조에서 새로운 정보구조로 바꿀 때 인지적 전환을 돕고, 갑작스러운 주제 변화로 인한 혼란을 줄일 수 있게 해 준다.

④ 강조하기: 학생들에게 수업 중 중요한 정보에 주의를 기울이게 하는 언어적 · 음성적 신호를 말한다(Jetton & Alexander, 1997). 즉, 학생들이 중요한 정보에 경각심을 갖도록 하는 것이다.

예 김 교사가 "동물은 등뼈가 있느냐 없느냐에 따라 척추동물과 무척추동물로 분류할 수 있어요."라고 말할 때 '등뼈'에서 소리 높여 힘주어 말했다면 음성적 강조를 사용한 것이다. "자~ 지금부터 주의하여 들으세요."라고 말한다면 언어적 강조를 사용한 것이다. 이 밖에도 초점을 재차 강조하기와 같은 방법 역시 학습자의 내용에 대한 이해 수준을 향상시킬 수 있다. 이와 같은 반복은 추상적 규칙이나 원리와 개념을 복습할 때 특히 중요하다(Brophy & Good, 1986; Shuell, 1996).

5) 초점 맞추기: 주의 끌기와 유지하기

수업 전반에 걸쳐 학습자의 주의집중을 이끌어 내고 유지하기 위해서 사용되는 기술인 초점 맞추기는 다음의 세 가지 유형으로 구분할 수 있다(임규혁 외, 2007).

〈표 12-4〉 초점 맞추기의 유형

유형	의미와 내용
도입부 초점 맞추기 (introductory focus)	수업의 시작 부분에 학생들의 주의집중을 이끌어 내는 시발적인 자극(예: 유머 사용)
감각 초점 맞추기 (sensory focus)	주의집중 유지 자극 구체적이고 흥미 있는 물건이나 그림, 정확한 모형이나 자료, 칠판에 쓰인 정보 등(예: 풍선 들고 발표하기)
학문 초점 맞추기 (academic focus)	중요하게 다루는 주제에 지속적으로 관심이 머물게 하는 것 여러 가지 주제를 다루는 경우에도 수업주제의 흐름에 따른 일관성 있는 전개로 주제에 대한 지속적인 관심이 머물도록 하는 것. 수업의 주제를 혼란스럽게 하는 주제를 끼워 넣지 않아야 한다(예: "지금 우리는 '날씨'에 대해 먼저 이야기를 나누고 있어요.").

6) 피드백

학습자는 어떤 주제나 과제를 수행하든지 자신의 수업 수준에 대한 정보가 필요하다. 피드백은 학습자가 그들의 언어적 대답과 글로 쓴 작업에 대한 정확성 혹은 적절성에 대해 받는 정보로 학습자가 자신의 사전지식에 대한 정확성을 평가할 수 있도록 하며, 지식구조의 타당성에 대한 정보를 제공하고 기존의 이해를 정교화하도록 돕는다. 피드백의 목적은 기존의 이해와 학습목표 사이의 차이를 좁히는 데 있다(Brosvic, Epstein, Dihoff, & Cook, 2006; Hattie & Timperley, 2007; Eggen & Kauchak, 2010 재인용).

효과적인 피드백 특징은 다음과 같다(Brophy & Good, 1986; Moreno, 2004).

① 학습자의 응답에 대해 즉시 혹은 곧바로 제공한다.
② 구체적이다.
③ 학습자에 대한 정확한 정보를 제공한다.
④ 정서적으로 긍정적 어조를 띈다.

구어적 피드백의 예를 들어 보자.

- 사례 1) 수학 시간에 정 교사는 칠판에 도형을 그려 놓고 학생들에게 물었다.

  정 교사: 수영아, 칠판에 그려진 이 도형은 어떤 종류의 도형이니?

  수영: 사각형이요.

  정 교사: 정확하지 않은데... 답을 아는 사람?

  지우: 정사각형이요.

  정 교사: 맞았다.

- 사례 2) 김 교사도 옆 반에서 수학 시간에 같은 내용을 수업하였다.

  김 교사: 선생님이 칠판에 붙여 놓은 도형이 어떤 종류인지 아는 사람?

  정아: 직사각형이요.

  김 교사: 이 도형의 변들의 길이를 살펴보는 것이 좋을 것 같은데?
  (김 교사는 잠시 기다렸다가) 정아야, 다시 한번 대답해 보겠니?

  정아: 아! 도형의 변들의 길이가 모두 같은 것 같아요. 그러면… 정사각형이요.

구어적 피드백(verbal feedback)은 질문과 대답 과정에서 전달되는 것으로 '좋아', '맞았어'와 같은 간단한 반응부터 대답의 정확성과 수준에 따라 확장된 반응에 이르기까지 다양하게 제공될 수 있다. 위 예에서 정 교사와 김 교사는 모두 즉각적인 피드백을 주었다. 그러나 사례 1)에서 정 교사는 수영이에게 정확한 정보를 주지 않았다. 이에 비해 사례 2)에서 김 교사는 도형의 개념에 대한 이해를 돕는 구체적인 정보를 주었다.

이 밖에도 학생에게 피드백할 때 교사의 정서적 느낌도 중요하다. 모질거나 비판적이거나 비꼬는 피드백은 학생의 심리적 안전과 관계에 대한 정서를 손상시키며, 동기와 학습을 모두 떨어뜨릴 수 있다(Schunk, Pintrich, & Meece, 2008).

문어적 피드백으로는 보고서, 평론, 서면으로 작성한 질의서 등이 있다. 교사는 학생의 수행에 대해 짧은 메모와 의견을 적어 피드백을 제공하기도 한다. 상세히 쓰는 피드백은 시간이 걸리는 일이기 때문에 대개 간단하고 개략적으로 구어적 피드백과 절충하여 사용하는 것이 보다 효과적이다(임규혁 외, 2007).

7) 모니터링

모니터링이란 수업이 진행되는 동안 교사가 수업과정 상황을 이해하기 위하여 학생들의 언어 행동과 비언어 행동을 모두 지속적으로 관찰하는 것을 의미한다. 교사는 토론 준비 시간이나 미술 시간에 학생들 사이를 돌아다니며 계획된 모니터링을 통해 학생들의 활동준비를 격려하거나 조언할 수 있다. 또 교사는 계획된 모니터링뿐만 아니라 수시로 주의 깊게 학생들의 학습수행 수준을 모니터링할 필요가 있다. 만약, 교사가 학습내용을 설명한 이후 학생들이 고개를 갸웃거리거나 작은 소리로 웅성거리는 소리가 들린다면 학생들에게 설명한 내용을 설명해 보게 하여 학생의 상태를 확인할 필요가 있다(Goetz, Alexande, & Ash, 1992).

8) 질문하기

질문은 상호작용을 촉진하기 위해 교사가 가진 가장 효과적인 기술이다.

효과적인 질문은 다음 네 가지의 특징을 가진다(Eggen & Kauchak, 2011).

〈표 12-5〉 효과적인 질문의 특징

특징	내용
질문 빈도	• 학습활동 동안 교사가 주는 질문 수 • 학생의 관심과 성취 증대. 학습자의 통제감과 자율성 증진 • 유능한 교사는 더 많은 질문을 하며 학습목표에 초점을 맞춘 질문을 함
골고루 질문하기	• 학급에서 학생의 호명을 가능한 한 동등하게 하는 과정 • 선 질문 후 호명으로 모든 학생이 답을 생각하게 만들고 주의집중력을 높임
촉진하기	• 학생이 올바른 답을 하지 못한 뒤 교사가 적절한 학생의 응답을 이끌어 내기 위해 사용하는 추가 질문 혹은 진술 • 사실지식을 요구하는 질문에서 촉진하기는 효과가 없음 • 개념적 · 과정적 · 메타인지적 지식을 학습하거나 인지과정을 사용할 때 효과적
대답 기다리기	• 학생을 지명하기 전후의 잠시 동안의 침묵 • 질문 후 응답할 학생을 선택하기 전 몇 초간 침묵(모든 학생에게 경각심 유발), 호명 후 학생이 생각할 시간을 몇 초 준다. • 일반적으로 3~5초가 이상적

인지적 질문의 경우 블룸의 교육목표 분류에 따른 질문의 유형을 분류하면 〈표 12-6〉과 같다. 이러한 질문은 한 가지 정답을 요구하는 수렴적 질문과 여러 가지 답이 인정되는 확산적 질문으로 나눌 수 있으며, 과목에 따라 쓰이는 질문의 유형이 달라진다.

〈표 12-6〉 인지적 영역에서의 교육목표에 따른 질문

범주	질문의 예
지식 (Knowledge)	• ○○을 정의하시오. • ○○나라의 수도는? • 교과서 내용에서 무엇을 알 수 있는가?
이해 (Comprehension)	• ○○을 자신의 말로 설명하시오. • ○○와 ○○을 비교하시오 • ○○의 주요개념은 무엇인가?
적용 (application)	• ○○에는 어떤 원칙이 기술되어 있는가? • ○○의 면적을 계산하시오. • ○○을 풀기 위해 ○○의 규칙을 적용하시오.
분석 (analysis)	• 다음의 내용 중 사실과 의견을 구분하시오. • 실험에서 무엇이 화학적 변화를 일으켰는가?
종합 (synthesis)	• 만약, 인간의 유전자 복제가 합법화된다면 어떤 일들이 일어날까?
평가 (evaluation)	• 어떤 미술작품이 더 훌륭하다고 생각하는가? 그 이유는 무엇인가?

출처□Woolfolk(1993). p. 450; 임규혁□임웅□2007□p. 312. 재인용.

질문의 적절한 수준은 학습목표에 달려 있으며, 하나의 질문만 따로 떼서 생각하기보다는 물어볼 일련의 질문을 함께 고려해야 한다.

교사는 질문을 통해 학생의 사고를 자극하고, 학생 간의 관계 형성을 도와주며, 기초적인 학습내용의 습득을 강화하고, 소극적인 학생들의 수업 참여를 촉진하며, 산만해진 학생들의 주의를 집중시키고, 학생들의 자기평가를 강화시킬 수 있다. 교사는 질문을 통해 학습내용과 동시에 학습과정도 가르치게 된다(Kindsvatter, Wilen, & Ishler, 1988). 학생들은 문제를 해결하는 과정 속에서 비판적으로

사고하는 것을 배우게 된다. 특히, 주제에 대한 학생의 배경지식과 관련된 질문일수록 학생들은 더 많은 것을 익히게 된다(King, 1994).

9) 복습과 종결

복습(review)은 학생들이 이미 배운 것을 요약하고 다음 학습활동에서 배울 내용과 서로 연관시킬 수 있도록 도와주는 활동이다. 이를 통해 학생들은 학습의 연계성을 갖게 되고 학습내용을 보다 구체적으로 준비할 수 있게 된다. 복습은 주로 수업의 시작과 끝부분에서 수행되지만 언제라도 요점을 정리할 필요가 있을 때 수행 가능하다. 수업의 시작과 함께 수행되는 복습은 학생들이 현재 수업내용을 이해하기 위한 사전지식을 회상하는 데 도움이 된다.

종결(Closure)은 수업 마지막에 수행되는 복습의 한 형태이다. 종결의 목적은 학생들이 배운 것을 의미 있는 도식으로 조직하도록 돕는 것이다. 그것은 학습된 주요 내용이 요약되고 서로 다른 주제를 함께 묶고 새롭게 구조화되어 완성된다. 학생들의 학습 수준이 높을 때 효과적인 정리로는 학생들로 하여금 개념의 또 다른 사례를 확인하게 하거나, 원리 · 일반화 · 새로운 상황에 규칙 적용하기와 같은 것이 있다. 문제해결을 가르칠 때 그 문제를 해결하는 데 관련된 사고를 요약하게 하는 것도 효과적인 정리이다(Eggen & Kauchak, 2011).

10) 교육적 시사점

첫째, 수업이란 학습자로 하여금 수업목표에 도달할 수 있도록 학습자의 환경을 체계적으로 조정하는 과정으로 목적과 계획을 가지고 학습자의 환경을 조성하는 것이다. 교수활동의 조화는 학습활동이 학습목표와 일치하고 평가가 이들과 일관되도록 만든다. 그러므로 수업을 하는 동안 평가를 준비하도록 하고, 수업을 계획할 때 조화를 이루는 것이 중요하다.

둘째, 수업의 과정에서 출발점 행동의 진단은 학습자가 이미 습득하고 있는 학습내용과 학습자의 인지적 · 정의적 특성을 진단함으로써 실제 수업상황에서 학습자의 개인차를 고려한 수업을 진행해야 함을 알려준다. 아울러 수업 각 단계 간의 유기적 관계를 위한 피드백을 통해 수업의 과정을 보다 체계화할 수 있다.

셋째, 교사의 학습에 대한 높은 기대, 본보기 되기와 열정, 그리고 배려는 학생의 성취를 높이는 교사의 태도이다. 긍정적인 태도를 보이는 것이 학생들의 동기와 성취를 높일 수 있다.

넷째, 효과적으로 조직하기란 교사가 수업을 정시에 시작하고 수업자료를 준비하며, 잘 확립된 절차를 유지하는 것이다. 수업시간을 최대화하기 위해 수업자료를 신중하게 계획하고 조직하며, 수업 외의 혼란을 최소화하여 명확하게 의사소통해야 한다.

다섯째, 수업에서 초점 맞추기는 학생들의 주의를 유지하고 피드백은 그들의 학습 진전에 대한 정보를 제공한다. 문제와 시연, 그리고 영상을 사용하여 수업 중 집중할 수 있도록 한다. 모든 학습경험을 통해 피드백을 제공해야 한다.

여섯째, 복습은 학생들의 기존 지식을 활성화하고 공고히 하도록 도우며, 질문은 지식을 인지적으로 활성화하도록 한다. 교사는 질문을 통해 복습을 이끌어 내야 하며, 짧은 복습과 함께 각 수업을 시작하고 정리하는 것이 좋다. 질문의 빈도와 학업성취와의 관계에 관한 연구들(Brophy & Evertson, 1976; Coker, Lorentz, & Coker, 1980)에서는 효과적인 교사가 더 많은 질문을 한다고 하였다. 그러나 단순히 질문의 빈도가 높다고 하여 효과적인 학업성취가 이루어지는 것은 아니다. 동기화가 잘 되지 않는 학생이나 수업 참여에 소극적인 학생에게는 질문 후 생각할 시간을 주고 모든 학생에게 골고루 질문을 던져 수업에 관심을 갖도록 해야 한다. 아울러 학생들이 대답하지 않을 경우 평소 성적에 반영하는 등 수업에 모두 동참할 수 있는 방안을 마련하여야 한다.

제 **13** 장

생활지도와 학교상담

학습목표

1. 생활지도의 개념과 내용을 설명할 수 있다.
2. 생활지도의 핵심적 과정으로 상담의 의미를 설명할 수 있다.
3. 학교상담의 중요성을 인식할 수 있다.
4. 상담이론에 대한 기본원리를 이해하고 상담활동에 적용할 수 있다.

1 생활지도

1) 생활지도의 개념

생활지도란 영어로 'guidance'를 번역한 것으로 학교교육에서 교과교육과 행정 업무를 제외한 정의적 측면에서 이루어지는데 '어떤 문제 혹은 어려움을 해결하기 위한 목적으로 권위 있는 사람의 충고나 정보'를 의미한다(Oxford Dictionaries, 2018). 실제로 학교에서 교육적 맥락으로 이루어지는 생활지도는 주로 문제행동을 나타내는 학생을 '지도', '훈육', '처벌'과 같은 활동에 치우치는 경향이 있었다. 그리하여 교칙을 위반하는 학생을 '생활지도 대상 학생'이라는 명분을 두고 생활지도가 이루어지기도 했다. 그러나 최근에는 생활지도란 학생 개개인이 일상생활에서 당면하는 문제, 즉 학교, 가정 및 사회에서 최대한의 적응과 발전을 이룰 수 있도록 자기이해, 자기지도의 능력을 배양해 주는 조직적인 조력활동이라고 말할 수 있다.

2) 생활지도의 필요성

사회의 급격한 변화와 함께 다양한 직업의 탄생 및 전문화 등의 요구는 학교에 개성 중심의 인간교육 실천과 적응을 위한 전문적인 지도를 요청하게 되었다. 학교에서 생활지도의 필요성은 지속적으로 강조되고 있으며, 이러한 이유를 요약하면 다음과 같다.

첫째, 과학의 급속한 발달이다. 21세기 정보화 사회는 공동생활보다 개인 위주의 생활을 중시하게 되었으며, 학생을 사회적 · 심리적으로 폐쇄된 공간에 머물게 하고 있다. 이러한 결과 정서적 유대감의 결여, 정체성의 혼란은 물론이고 공동체적 덕성의 상실에 따라 일탈 행위와 학교폭력 등이 청소년 문제로 심각하게 대두되고 있다. 생활지도는 이러한 문제를 예방하고 공동체에서 규범적으로 생활할 수 있도록 도움을 줄 수 있다.

둘째, 직업 세계의 변화이다. 산업의 고도성장으로 직업의 종류와 성격에 커다란 변화가 일어났다. 과거에는 단순하고 수동적인 작업이 요구되었으나 현대에는 자동화 설비, 프로그래머, 인공지능으로 인해 직업 분야가 더욱 전문화 · 세분화되고 있다. 따라서 학교는 생활지도를 통하여 학생 개인의 적성과 흥미, 능력에 적절한 체계적인 직업 안내를 제공할 필요가 있다.

셋째, 사회 양상의 변화이다. 오늘날 물질문화의 급속한 발달에 상응하지 못한 정신문화의 문화지체현상이 나타남으로써 한국사회는 갈등 상황에 놓이게 되었다. 특히, 개인주의와 집단주의 간의 갈등, 도덕주의와 물질주의 간의 갈등, 평등과 권위와의 갈등 등이 지배적인 상황에서 삶의 의미와 정체감의 발견 측면에서 합리적 결정과 선택이 요구되는 생활지도가 필요하다.

넷째, 대도시의 공동생활이다. 인구의 도시 집중으로 고층 아파트 등 자연과 유리된 도시환경은 인간의 정서를 메마르게 한다. 빈번한 이사는 자녀교육 문제, 새로운 지역과 직장에의 적응 문제 등을 야기한다. 그리하여 공동생활에 대한 행정부의 지침에 민감하게 관심을 보이며, 공인으로 규칙을 준수할 줄 알아야 하고, 개개인에게 필요한 보호조치, 법적 · 행정적 조치에 대한 정보도 알아야 한다.

다섯째, 가정의 변화이다. 가족 구조와 가사 역할의 성격에도 큰 변화가 일어나고 있으며, 가전제품의 보급과 인공지능이 탑재된 로봇 도입으로 혁신적 변화가 예고되고 있다. 여성은 육체적 노동에서 해방되어 사회참여활동이 많아졌고 극소수의 자녀를 양육하는 현실에서 육아관, 자녀교육관, 가족관을 새롭게 세워야 하는 시대가 도래되었다. 성 의식에서도 새로운 도덕적 가치관이 선택되어지고 결혼관도 많은 변화가 있었다. 따라서 가정을 포함한 지역사회와 학교 간의 유기적인 협력이 이루어지는 교육활동을 가정 · 지역사회에까지 연결하여 지도가 이루어지도록 가정 · 지역사회와 학교 간의 협력을 위한 생활지도가 필요하다.

이처럼 현대사회에 접어들면서 학교 장면에서 학생에 대한 생활지도와 상담활동이 더욱 필요하게 되었다. 이러한 필요를 반영하여 2009년도부터 교육과학기술부는 학교 부적응 학생을 위한 지원을 늘리고 전문상담교사 및 인턴교사를 전국 중 · 고등학교에 배치하도록 하는 등의 노력을 지속적으로 기울이고 있다.

3) 생활지도의 목표

생활지도의 목적은 학생 개개인이 자기 자신을 이해하도록 돕는 것이다. 다시 말하면, 학생 개개인이 자신의 노력으로 자신의 성장 가능성으로의 능력과 잠재력을 최대한으로 발전시키도록 도와 자기지도능력을 함양하는 데 있다. 이를 위한 구체적인 목표는 다음과 같다(김충기, 1998).

① 자신에 대한 이해: 학생이 있는 그대로의 자신을 발견하고 이해할 수 있도록 하여 자신이 처한 상황에서 보다 효율적인 판단과 선택을 할 수 있도록 돕는다.

② 환경에 대한 이해: 합리적인 의사결정을 위해 주어진 환경, 예를 들어 가정, 학교, 사회, 국가 등을 현실적인 여건에 비추어 정확하게 파악할 수 있도록 돕는다.

③ 문제해결능력의 함양: 학생이 당면한 학업, 진로, 생활습관, 대인관계 등의 문제를 스스로 해결할 수 있는 능력을 갖추도록 돕는다.

④ 선택할 수 있는 힘의 배양과 적응: 학생이 부딪히는 문제 혹은 갈등 상황에서 스스로 선택할 수 있도록 다양한 정보를 제공하고 의사결정과정을 통해 대안을 탐색하여 현명한 의사결정을 돕는다.

⑤ 전인적인 발달과 인성의 함양: 생활지도의 궁극적 목적은 학생의 자아실현에 있으므로 학생이 지적 · 정의적 · 신체적으로 조화롭게 발달하여 바른 품성을 가지고 자신에게 적절한 인생을 설계할 수 있도록 돕는다.

결국, 생활지도는 궁극적으로 자신에 대한 이해를 토대로 환경을 이해하고 다양한 문제 혹은 갈등 상황에서 현명한 선택을 도울 수 있도록 지도하는 것이다.

4) 생활지도의 영역

생활지도는 학생의 전인적인 인간 형성에 관심을 갖기 때문에 그 영역은 학생의 모든 생활과 관련이 되어야 한다. 생활지도의 영역은 다음과 같다.

(1) 학업지도

학업지도는 학생이 자신의 개성, 흥미, 능력에 부합되는 학습활동을 전개하는데 필요한 정보나 자료를 제공하여 학생 개개인의 가능성을 최대한으로 계발하도록 돕는 활동이다. 이 교육지도의 분야에는 학과 또는 과정의 선택, 학교생활의 적응, 특별활동의 선택, 학업부진, 학습방법 등에 대한 지도가 포함된다.

(2) 진로지도

진로지도는 각 학생이 자신의 진로에 대한 의식을 고취하고 자신의 적성에 맞는 진로 결정과 그 목표달성에 필요한 활동들을 실행할 수 있도록 돕는 영역이다. 진로지도는 개인의 중요한 미래의 방향을 선택 · 준비하도록 돕는 의사결정의 과정으로서, 여기에는 크게 진학지도와 직업지도가 포함된다.

진로지도의 목표는 첫째, 개인이 자신의 진로에 대한 의식을 갖도록 하며, 현실에 대한 이해를 바탕으로 자신의 직업적 적합성을 파악하도록 한다. 둘째, 진학과 직업의 선택을 위한 방향을 탐색하는 동시에, 직업 세계에 대하여 깊은 이해를 갖도록 한다. 셋째, 개인으로 하여금 자신과 환경에 대한 이해를 기초로 하여 자신의 생애를 계획하도록 한다. 넷째, 자신의 진로계획을 실행하기 위한 최선의 노력(진학 또는 취업)을 하도록 돕는다. 오만록(2004)은 진로지도(진로상담)의 목표로, 자신에 관한 보다 정확한 이해 증진, 직업 세계에 대한 이해 증진, 합리적인 의사결정능력 증진, 정보탐색 및 활용능력 함양, 일과 직업에 대한 올바른 가치관 및 태도 형성 등을 들었다.

한편, 진로지도를 효율적으로 실행하기 위해서는 먼저 지도 대상자와 관련된 정보를 다양하게 수집해야 하며, 다음으로 진로에 관련된 정보를 확보하여야 한다. 끝으로, 진로지도를 활성화하기 위한 방법으로는 진로지도 프로그램의 강화(진로지도 시간의 정규화, 교과와 진로지도의 연계, 진로상담의 강화), 진로지도 역량을 높이기 위한 현직교육의 강화, 진로지도를 위한 행·재정적 지원 강화, 관련 기관과의 협력체제 확립 등이 이루어져야 한다(주영흠·박진규·오만록, 2002).

(3) 인성지도

인성지도는 성격지도 또는 인격지도를 의미하며, 개인의 건전한 인성발달을 돕기 위한 지도활동이다. 건전한 인성 형성을 위한 지도와 더불어 지나친 내·외향성이나 우월감·열등감, 정서적 불안, 욕구불만, 불건전한 습관과 태도 등 개인적·심리적 부적응 문제에 관한 지도가 포함되는 개별적인 생활지도 활동이 요구된다.

(4) 사회성지도

사회성지도란 학생이 유능한 사회인으로 성공적인 삶을 영위할 수 있도록 사회적 생활 태도와 시민으로서의 자질을 배양하도록 하는 조력지도이다. 여기에서는 시민으로서 지켜야 할 준법정신 함양, 사회적·도덕적 협동정신 함양, 책임과 의무 수행을 위한 정신 함양, 대인관계의 유지 및 증진, 예의범절 준수, 대인 교제, 타인 존중, 봉사활동 등에 관심을 갖게 한다.

(5) 건강지도

건강지도란 개인의 신체적 발달의 유지와 증진을 위한 조력을 말한다. 가정생활에 있어서는 식사 문제, 수면·청결 문제 등 올바른 생활습관과 위생 관념에 대한 지도를 하며, 학교생활에 있어서는 학생에게 일반적인 보건 지식, 전염병 예방법, 적당한 운동 등에 대한 지도를 한다. 사회생활에 있어서는 공중위생의 관념에 대한 지도를 함으로써 건강하게 사회활동을 할 수 있도록 도와준다.

(6) 여가선용지도

여가선용지도란 개개인이 여가를 유효적절하게 이용하도록 조력하는 것을 말한다. 근로시간의 단축과 아울러 여가시간 증가에 따라 여가시간을 유효적절하게 이용하는 지도가 필요하게 되었다. 여가시간의 선용적 활용은 개인의 인간적 성장과 더불어 신체적 · 정신적으로 새로운 활력을 얻게 되므로 필요한 영역이다.

(7) 가정생활지도

가정생활지도란 학생이 가족 구성원으로서 가정에서 자신의 중요성을 인식하게 하고 가족 구성원, 특히 부모와의 관계에서 원만성을 유지하도록 지도한다. 부모와 자녀 간의 민주적인 인간관계는 무엇보다 중요하므로 가정 문제로 고민하거나 가정생활에서의 갈등으로 인한 부적응 상태에 학생이 적응하도록 특별한 상담과 지도를 해야 한다.

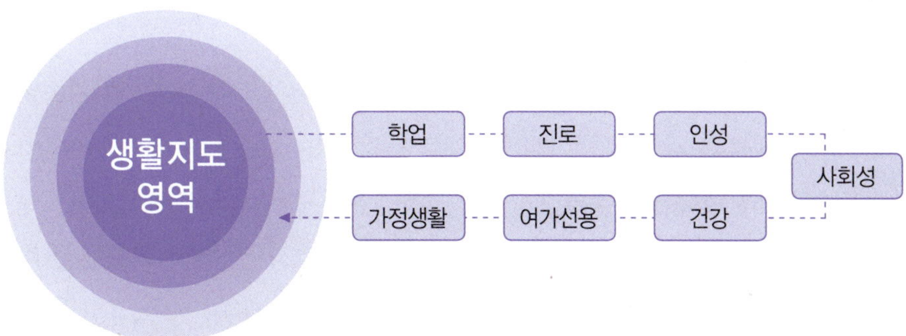

[그림 13-1] 생활지도의 영역

5) 생활지도의 실천과정으로서 상담활동

체계적이고 효율적인 생활지도 실천과정으로서 상담활동이 이루어지기 위해서는 학생조사활동(inventory service), 정보제공활동(information service), 상담활동(counseling service), 정치활동(placement service), 추수활동(follow-up service) 등의 활동이 상호 유기적으로 실천되어야 한다. 이를 구체적으로 살펴보면 다음과 같다.

[그림 13-2] 생활지도의 실천과정으로서 상담활동

(1) 학생조사활동

학생조사활동(inventory service)은 학생을 이해하기 위한 생활지도의 기초적인 단계로서 학생을 이해하는 데 필요한 자료들을 수집 · 분석하는 활동을 말한다. 학생조사활동의 대상은 가정환경, 지능, 적성, 흥미, 학교 성적, 특별활동, 교우관계, 성격, 건강, 장래희망, 교외활동 등이다. 학생조사활동에서의 수집할 자료는 객관적이고 신뢰도가 높아야 하며, 수집된 자료는 문제해결에 필요한 사실과 요인이 포함되어야 할 뿐만 아니라 다양한 방법과 기술에 의하여 정보를 수집하고, 수집된 자료는 다음의 활용을 위해 잘 기록 · 보관되어야 한다.

학생조사방법에는 가정환경조사, 이전 생활기록부 확인, 학생면담, 부모면담,

교우면담, 표준화 검사법(심리검사법), 관찰법, 질문지법, 면접법, 사례연구법, 사회성측정법, 투사법 등이 있다.

(2) 정보제공활동

정보제공활동은 정보활동(information service)이라고도 한다. 즉, 학생, 부모, 교사에게 필요한 정보를 수집해서 제공하는 활동을 말한다. 장래의 계획이나 의사결정을 할 때 자기와 자기를 둘러싼 환경을 이해하는 데 필요한 자료를 제공해 줌으로써 자신의 문제를 자율적으로 처리할 책임감을 기르게 하는 것이다. 따라서 이들의 성숙도, 필요, 흥미, 능력 등을 고려하여 유효적절한 정보를 제공해 주는 일은 중요하다. 학생에게 제공되는 진로정보를 그 성격에 따라 교육정보, 직업정보, 개인적 · 사회적 정보 등으로 구분해 설명하면 다음과 같다(홍경자, 1986).

❶ 교육정보(educational information)

교육정보는 교육활동, 즉 학생의 학업활동에 필요한 모든 정보를 말한다. 이러한 교육정보에는 이수해야 할 교육과정, 특별활동, 상급학교 입학 조건, 학생생활에 관련되는 문제와 조건 등 현재와 미래의 교육활동 및 기회에 관한 유용하고도 타당한 모든 자료가 포함된다. 이러한 자료는 학생이 자기의 교육계획을 합리적으로 세우고 교육과 학습의 기회를 최대한으로 활용하기 위해 필요한 정보이다.

❷ 직업정보(occupational information)

직업정보란 학생에게 모든 직업적 기회에 관한 정보와 더불어 직업 세계의 분석, 취업에 필요한 자격 조건, 작업환경, 보수, 승진, 현재 또는 앞으로의 채용 및 증원 계획, 그리고 더 필요한 정보의 원천, 장래성 등이 포함된다.

❸ 개인적·사회적 정보(personal-social information)

개인적 · 사회적 정보란 개인의 이해와 사회적 적응을 돕는 데 필요한 정보를 의미한다. 이것은 학생 개개인이 자신을 보다 잘 이해하고 타인과의 관계를 발전시키는 데 필요한 정보이다. 여기에는 대체로 신체발달과 관련된 외모, 동기 · 욕구 및 행동에 관한 정보, 개인 정서에 관한 정보, 인성 및 정신 건강에 관한 정보, 사회관계에 관한 정보, 남녀의 역할 및 성에 관한 정보 등이 포함된다. 이를 적절하게 제공해 줌으로써 학생이 사회에서 낙오되지 않고 성공적으로 적응하도록 도와준다.

(3) 정치(placement) 및 추수지도

학교생활지도에서 정치(placement)란 학생을 개인의 능력에 맞는 학급에 배정하는 것, 개인의 흥미와 관심에 맞는 특별활동이나 과외활동에 배치하는 것 등이다. 예를 들면, 실업계 고교에서는 학생의 희망과 능력에 맞추어서 현장실습기관을 선정하고 배치하는데 이것이 정치활동의 일환이다. 그렇지만 계획적 정치를 했다고 해서 그 학생이 영원히 그 집단에 맞는 것은 아니다. 추수평가를 하여 그가 그곳에 계속 있어야 할지 다른 곳으로 옮겨야 할지를 정해야 한다. 이것이 추수지도이다. 예를 들면, 실습효과를 평가하여 평가결과가 나쁘면 다른 실습기관으로 옮겨 주는 것이 해당된다.

2 학교상담

학교에서 이루어지는 모든 상담을 학교상담이라고 한다. 우리나라에서는 담임교사가 일단 자기 반 학생들을 상담하거나 교과담당교사가 상담을 하는 경우가 대부분이다. 최근에는 전문상담교사가 배치되어 별도의 상담활동을 하고 있으나 상담학 지식을 바탕으로 한 상담업무의 독립성이 약하다. 상담자로서 담임교사는 학습 문제, 진로 문제, 교우 관계에서 발생한 문제에 대하여 전체 학생 혹은 학급에 대한 이해를 기본으로 학생상담을 더욱 효율적으로 진행할 수 있다.

학교상담에서 교사는 학생의 학습습관이 바르게 형성되도록 돕고 목표한 학업

성취를 도울 수도 있으며, 학생 개인에게 직업에 대한 정보를 제공해 줄 수 있을 뿐만 아니라 다양한 진로와 직업 세계 등을 안내하는 상담활동을 진행할 수 있다. 또한, 교과 외 활동을 통하여 사회에서 발생하는 다양한 문제와 인간관계를 경험하는 과정에서 자신과 타인, 나아가 사회에 대한 이해의 폭을 넓히도록 도와줄 수도 있다. 이를 위하여 가정과 학교 간에 학생에 대한 정보를 교환하고 학생능력, 행동특성, 가정환경 등과 각종 조사활동 등을 통해 필요한 자료수집활동 등이 요구된다.

1) 상담의 개념과 목표

상담(counseling)은 특정의 문제를 가진 내담자(client)와 그 문제의 해결에 필요한 심리학적 전문훈련을 받은 상담자(counselor) 간 대면적 관계(face to face)를 통해 개인적이고 전문적인 인간관계를 맺음으로써 문제를 해결하거나 환경에 유능하게 대처할 수 있는 체계적 활동이다. 즉, 전문적인 훈련을 받은 상담자는 도움이 필요한 사람에게 도움을 주는 사람이며, 내담자란 도움이 필요하여 도움을 받기 위해 찾아가거나 의뢰된 사람을 의미한다.

학교상담자는 전문상담자가 갖추어야 할 광범위한 지식과 다양한 상담기술을 익히고 훈련을 통해 학생, 학부모, 교사에게 다양한 서비스를 제공한다. 그러므로 학교상담자가 학교에 왜 있는지, 상담자가 무엇을 하는지 알릴 필요가 있으며, 학생·학부모·교사에게 학교상담이 전문적 서비스 활동임을 명확하게 설명할 수 있어야 한다. 또한, 학교상담자는 학생·학부모·교사에게 하는 면대면 상담과 행정적 기록 유지, 출석 모니터링을 통해 교실에서의 적응행동에도 도움을 준다.

상담의 궁극적인 목표는 인간으로 하여금 자신의 잠재력을 최대한으로 발휘하도록 돕고, 일상생활에서 보다 건강하고 행복한 삶을 누릴 수 있도록 도와주는 것이라고 할 수 있다. 상담의 일반적 목표에 대한 구체적 내용은 다음과 같다.

(1) 행동변화의 촉진

상담은 개인의 행동변화가 촉진되도록 돕는다. 대부분의 상담이론과 모형에서는 좀 더 생산적이고 만족스러운 삶을 영위할 수 있도록 내담자의 외현적 · 내현적 행동변화를 촉진시키는 데 그 목표를 두고 있다.

(2) 적응기술의 증진

상담은 개인이 생활사태에 적응하는 데 필요한 기술을 습득하고 증진하도록 돕는다. 특히, 청소년은 적응에 여러 가지 어려움을 겪을 수 있다. 이들은 아직 성장 과정에 있으면서 여러 가지 변화를 경험한다. 즉, 신체와 정서 및 인지능력 등에 있어서 변화의 소용돌이 속에서 생활하고 있다. 이들은 상담을 통하여 변화된 상황에 현명하게 적응하기 위한 기술들을 함양하여야 한다.

(3) 의사결정기술의 함양

상담은 개인이 자신의 문제를 해결하는 데 필요한 의사결정을 현명하게 내릴 수 있도록 돕는다. 우리의 삶은 선택과 결정의 연속이고, 합리적인 의사결정을 필요로 한다. 상담은 최선의 합리적인 의사결정을 이루어 가는 과정이라고 할 수 있다.

(4) 인간관계의 개선

상담은 각 개인으로 하여금 사회생활에 유용한 인간관계를 보다 바람직하게 개선 · 변화시키도록 돕는다. 인간은 사회적 존재이기 때문에 원만한 대인관계를 유지 · 증진하지 못하면 결코 행복한 사회생활을 영위하기 어렵다. 이에 상담활동에서는 바람직한 인간관계의 형성과 증진에 필요한 지식과 기능을 함양하는 데 중점을 두기도 한다.

(5) 잠재능력의 개발

상담은 각 개인이 타고난 잠재능력을 충분히 인식하고 개발하여 최대한의 자아실현을 이루도록 적극적으로 지도한다. 상담에서는 먼저 내담자로 하여금 자기 탐색을 통하여 자신의 능력과 특성을 발견할 수 있는 기회를 제공하며, 이를 토대로 자신의 잠재력을 개발하기 위한 구체적인 계획수립과 그 실행을 적극적으로 장려한다.

(6) 자아정체감의 확립

상담은 각 개인이 자신의 진솔한 특성과 모습을 인식하여 자아정체감을 확립하도록 돕는다. 아울러, 이를 토대로 자신을 긍정적으로 변화시키는 데 필요한 현재와 미래의 책임에 관하여 깊은 통찰을 하도록 돕는다.

(7) 긍정적 자아개념의 형성

상담은 개인이 자신에 대하여 긍정적인 태도와 신념을 갖추도록 지도한다. 개인이 자신에 대하여 긍정적인 태도를 갖게 되면 모든 일에 자신감을 갖고 그 성취를 위해 적극적으로 노력할 뿐만 아니라 타인과도 원만한 관계를 유지하게 된다.

(8) 건전한 가치관의 확립

상담은 개인이 건전한 가치관을 형성하도록 돕는다. 개인이 갖는 인생관과 철학적 신념은 사회생활에서 매우 중요한 역할을 한다. 개인은 그가 갖고 있는 가치관에 토대를 두고 사고하고 행동하기 때문이다.

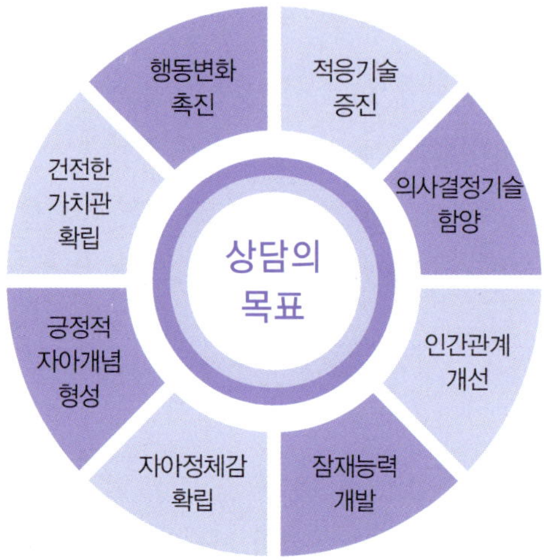

[그림 13-3] 상담의 목표

2) 학교상담의 특수성

일반적 상담에 비하여 학교에서 이루어지는 학교상담은 학생을 대상으로 문제의 예방과 교육 및 성장상담을 중심으로 학생이 당면한 스트레스에 잘 적응할 수 있도록 대처하는 능력 및 문제사태를 조기 발견하여 예방하는 과정에 초점을 맞추어 진행된다. 일반적 상담에 비하여 학교상담의 특징은 다음과 같다(한국청소년정책연구원, 2010).

첫째, 학교라는 공간에서 이루어진다.

둘째, 학생의 행동과 태도의 변화를 요하는 문제와 사고 및 심리적 갈등의 문제를 주로 다루면서도 때로는 정보제공과 의사결정을 돕는 문제를 다룬다.

셋째, 문제를 가진 학생의 변화에 초점을 두고 있다.

따라서 학교상담은 문제가 있는 학생과 전문교육을 받은 상담자 간의 일대일 또는 집단 관계를 맺어 변화를 위한 목표를 갖고 배우고 익혀 나가는 과정이라고 할 수 있다. 그러나 학교현장에서 학생상담의 주체는 단지 전문상담사만이 아니라 학생들과 상호작용하는 모든 교사를 포함한다. 따라서 상담에 대한 일반교사의 역할은 매우 중요하다. 그 이유는 다음과 같다.

첫째, 전문적인 심리적 조력을 필요로 하는 문제 이외에도 학습 문제, 진로 문제, 교우 관계에서 발생한 문제와 같이 학생 전체나 학급에 대한 이해를 기본으로 하는 학교상담은 학급교사 혹은 교과담당교사가 더 효율적으로 진행할 수 있다.

둘째, 학생상담은 학교의 모든 학생을 대상으로 하는 조력활동으로 학교에서 학생의 성장과 적응을 위하여 전문화된 서비스와 함께 포괄적 지도가 병행되어야 한다.

따라서 학교상담에서 교사는 교과수업을 통해 학생의 학습습관 형성을 돕고 목표한 학업성취를 이룰 수 있도록 도와주어야 하며, 학습부진 혹은 학습장애를 발견하고 전문가와 연계할 수 있는 능력을 갖추어야 한다. 또한, 개인상담이나 수업을 통하여 일반적인 직업정보를 제공해 줄 수 있을 뿐만 아니라 직업 세계에 대한 안내 등을 통한 진로상담 등을 실시한다면 보다 효과적인 성장을 도울 수 있을 것이다. 이와 관련하여 학생상담에 대한 윤리는 다음과 같다.

첫째, 비밀유지의 원칙이다. 먼저, 학교상담자는 학생 자신의 가치와 신념을 탐색하도록 격려되어야 하며, 상담 관계에서 얻어진 기록과 정보에 대한 비밀을 유지하여야 한다. 비밀유지는 상담 관계를 더욱 신뢰 있게 만들어 주기도 하지만 최근 개인정보 보호가 중요하게 대두되면서 개인의 비밀을 유지하는 책임이 더욱 강조되고 있다.

둘째, 부모공유의 원칙이다. 학생이 이용하는 서비스에 대하여 부모에게 알려 주고 부모가 관여할 수 있도록 하여 미성숙한 학생이 건강하게 성장할 수 있는 가정의 기반을 확보할 수 있다.

셋째, 동료 및 전문가 협회와의 연계 원칙이다. 교사는 상담과 관련된 교육전문가, 학교간호사, 특수교사, 심리학자 등이 제공하는 프로그램의 효과를 정확히 판단하고 적절하게 부모와 학생에게 소개할 수 있다.

넷째, 학교와 지역사회에 대한 정보공유 원칙이다. 학교상담자는 학교의 분위기를 파악하고 학교행정 담당 교사에게 학생의 복지, 교육 프로그램 혹은 학교 환경에서의 잠재적 위험요소를 알려줄 필요가 있다. 이를 통하여 미연에 사고를 예방할 수 있는 기회를 갖는다.

다섯째, 상담자 자신에 대한 책임 원칙이다. 학교상담자는 학생에게 신뢰할만한 관계를 유지하며, 자신의 전문능력 신장을 위해 지속적으로 노력하고 자신이 더 이상 효율적인 조력이 어려울 시에는 즉시 다른 전문가나 기관에 의뢰하여야 한다.

결국, 일반상담에 비해 학교상담은 미성숙한 학생을 대상으로 실시되므로 부모와의 정보 공유, 담임교사 및 지역사회의 협력체계 구축이 무엇보다 중요하다.

3) 상담이론

(1) 정신분석적 상담

정신분석학은 오스트리아의 신경과 의사인 프로이트에 의해 창시되었다. 따라서 정신분석학적 상담은 프로이트의 정신분석학에 기초하여 성립되었다. 정신분석학은 인간행동에 대한 기본가정으로 심리적 결정론, 무의식, 성적 추동, 어린 시절의 경험 등을 들고 있다. 우리의 행동은 우연히 일어나지 않으며, 과거의 경험, 특히 어린 시절의 경험과 관련되어 있으나 이를 현재 지각하지 못할 수도 있다고 가정한다.

프로이트는 건강한 사람은 자아(ego)를 중심으로 원초아(id)와 초자아(superego)의 욕구를 적절하게 해소하지만, 무의식적 갈등은 자아의 기능을 약화시킨다고 주장하였다. 이러한 무의식적 갈등이 심화되는 이유는 성적 · 공격적 욕구의 억압으로 원초아(id)가 강력해질 때(신경증적 불안), 초자아가 과도하게 경직된 윤리의식과 완벽주의를 요구할 때(도덕적 불안), 현실적 문제의 해결을 위한 심리적 부담이나 스트레스로 인하여 자아의 기능이 약화될 때(현실불안)이다. 정신분석적 상담은 내담자의 과거 경험으로부터 발생한 심리적 갈등과 상처를 의식화함으로써 승화와 힐링을 경험하게 하고 이로 인하여 건강한 자아를 회복하는 데 초점을 둔다.

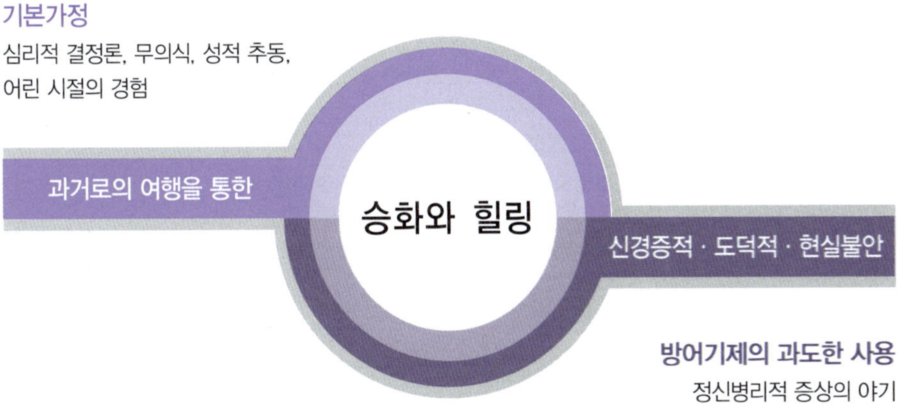

[그림 13-4] 정신분석학의 기본가정과 정신병리적 증상

자아가 약화될 때 우리는 정신장애를 유발할 수 있으며, 신경증적 · 도덕적 · 현실불안을 느낄 때 자아를 보호하기 위해 방어기제를 사용한다. 우리가 흔히 사용하는 방어기제는 억압, 대치, 합리화, 투사, 퇴행, 동일시, 신체화, 승화 등이 있다. 억압, 대치, 합리화는 신경증적 방어기제이며, 미성숙한 방어기제로는 퇴행, 동일시, 신체화 등이 있다. 방어기제는 자아의 갈등으로 인한 불안을 감소하기 위하여 이용되지만 너무 자주, 부적절하게 사용 시에는 정신병리적 증상을 야기할 수 있다. 대표적인 방어기제를 살펴보면 〈표 13-1〉과 같다.

〈표 13-1〉 방어기제의 예시

방어기제	예시
억압	어릴 적 성폭행의 기억을 하지 못한다.
합리화	내가 네 머리를 망치로 치는 것은 네 머리에 파리가 있기 때문이다.
대치	부모에게 야단맞고 개를 걷어찬다.
승화	난독증에 걸린 사람이 위대한 만화가로 성공하다.
투사	내가 남을 경멸하는 것은 상대방이 나를 경멸하기 때문이다.
동일시	나는 이순신 장군의 얼굴과 용맹함을 닮았어.
퇴행	내 이름이 기억나지 않아요.
반동형성	할머니를 계단에서 밀치고 싶지만, 현실은 공손히 돕는다.
신체화	학원에 갈 때마다 배가 아프다.

억압

합리화

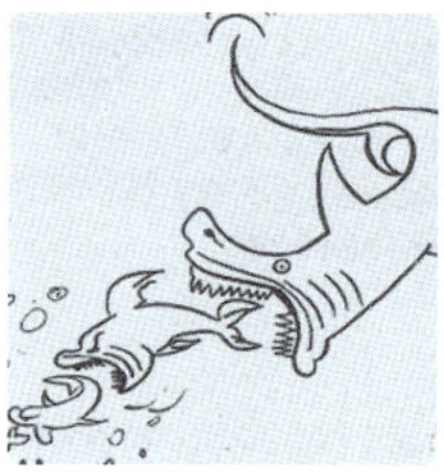

대치

승화

투사

동일시

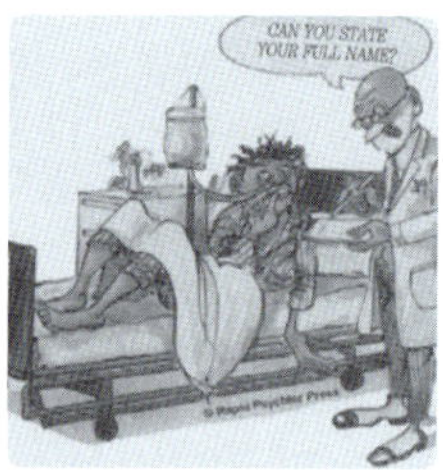

퇴행

반동형성

[그림 13-5] 대표적 방어기제

방어기제의 잦은 사용이나 부적절한 사용은 정신병리적 증상을 야기시켜 불건강한 심리상태 혹은 행동으로 나타날 수 있는데 이러한 내담자의 치료를 위한 정신분석적 방법들은 다음과 같다.

첫째, 자유연상이다. 자유연상이란 편안한 상태에서 마음에 떠오르는 생각을 솔직하게 이야기하도록 하는 것이다. 자유연상을 통해 내담자는 자신의 현재 갈등과 관련 있는 이야기 혹은 의식된 상태에서는 말할 수 없는 이야기를 할 수 있고 이를 통해 상담자는 내담자의 과거 갈등을 지각하게 할 수 있다.

둘째, 꿈의 분석이다. 프로이트는 꿈을 무의식에 이르는 왕도라고 하였다. 상담자는 꿈에 나타난 내용을 분석하여 현재와 연계하여 해석할 수 있다.

셋째, 해석이다. 정신분석에서 해석은 가장 핵심적인 요소로서 자유연상, 꿈, 전이, 저항, 치료 관계 속에 내재된 내담자의 행동의 의미를 상담자가 지적하고 이에 대한 의미를 설명해 주는 것이다. 해석은 자아를 새로운 자료와 통합시켜 더 깊은 무의식의 과정을 밝히는 데 있다.

이러한 전문적 정신분석기법은 학교의 일반적 상담이라기보다는 오랜 수련을 거친 전문성을 갖춘 상담자에 의해 진행될 수 있다. 그러나 교사가 정신분석적 상담의 기본원리를 이해함으로써 학생들의 행동을 파악하는 데 과거의 경험, 특히 어릴 적의 경험과 부모와의 관계 등에 주목한다면 현재 문제의 원인을 좀 더 심층적으로 분석하는 데 도움을 받을 수 있을 것이다.

(2) 합리적 · 정서행동 상담(Rational Emotive Behavior Therapy: REBT)

합리적 · 정서행동 상담은 인지주의에 근거한 것으로 미국의 심리학자 엘리스(Ellis)에 의해 주장되었다. 인지주의는 인간의 행동을 사고과정으로 설명하려는 것이다. 엘리스는 비현실적이고 비논리적인 사고방식, 인간의 비합리성에서 파생되는 비합리적 신념으로 인해 심리적 장애가 발생한다고 보았다. 그는 인간의 정서와 행동을 설명하는 ABC 모델을 제시하였다 A(Activating events)는 어떤 정서 혹은 행동을 유발하는 자극으로 시험에 떨어지거나 타인에게 비판받을 것 같은 촉발사건 혹은 선행사건(Antecedent) 또는 역경(Adversity) 등을 의미한다. B(Belief)는 A를 해석하고 평가하는 데 사용하는 신념으로 합리적일 수도, 비합리적일 수도 있다. C(Consequences)는 A에 대한 반응으로 개인이 나타내는 정서적 행동의 결과이다. 엘리스는 인간의 심리적 장애를 해결하기 위하여 ABC 모델에 DEF를 추가하였는데 D(Disputing)는 내담자가 지니는 신념의 합리성을 평가하고 비합리적 신념을 합리적으로 변화시키는 과정이며, E(Effective philosophy)는 내담자가 비합리적 신념을 포기하고 합리적 신념을 발견하여 새로운 신념체계를 형성하는 과정이다. 마지막으로 F(Feeling)는 내담자가 합리적 신념을 발견하고 삶에 대한 효과적인 철학을 가짐으로써 새로운 감정과 행동이 생기는 과정이다. 이러한 과정을 요약하면 다음과 같다.

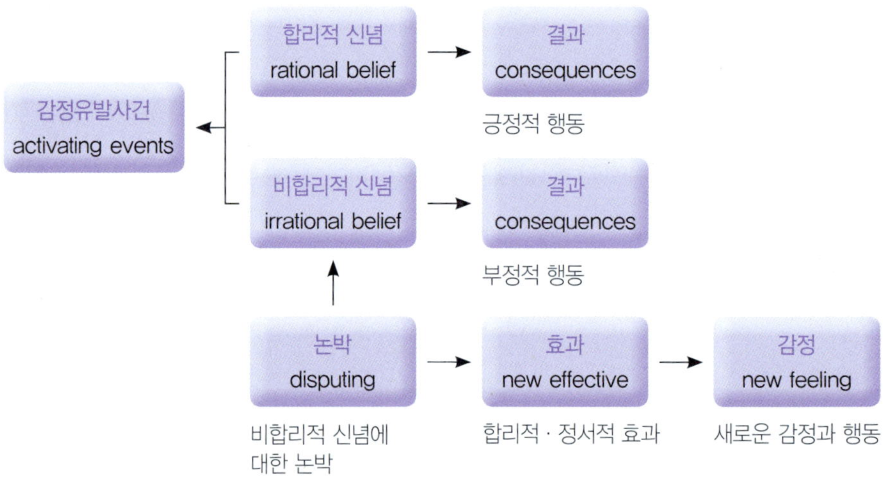

[그림 13-6] 합리적 · 정서행동 상담과정

이와 같이 상담자는 내담자를 고통스럽게 하는 비합리적 신념을 찾아내어 논박함으로써 합리적 신념을 가지게 하고 좀 더 적응적인 감정, 행동, 인지로 변화시키는 것이라고 할 수 있다. 엘리스가 제시한 비합리적 신념은 다음과 같다.

〈표 13-2〉 엘리스의 비합리적 신념의 유형 및 내용

유형	내용
유형 1 인정의 욕구	자신은 주위의 모든 사람으로부터 사랑과 인정을 받아야만 한다는 믿음이다. 물론, 모든 사람의 사랑과 인정을 받는 것은 바람직한 일이긴 하지만 그것은 이루어질 수 없기 때문에 비합리적이다. 만일, 개인이 이것만을 위해 노력한다면 그는 타인 지향적이 되고 더 불안해하고 자아패배감에 빠지게 된다.
유형 2 지나친 자기 기대감	자신이 가치 있기 위해서는 모든 영역에서 완벽하게 유능하여 반드시 성공을 거두어야 한다는 믿음이다. 인간은 한계와 약점을 지닌 불완전한 존재로 모든 면에서 성공한다는 것은 불가능하므로 이러한 생각은 비합리적이다. 이를 위한 강박적인 노력은 열등감, 삶에 대한 무력감, 실패에 대한 끊임없는 두려움을 낳게 된다.
유형 3 비난 성향	자신에게 해를 끼치거나 악행을 저지르는 사람은 일반적으로 야비하고 비열한 나쁜 사람이며, 이들은 반드시 비난과 처벌을 받아야 한다는 믿음이다. 이는 선악 판단에 대한 절대적 기준이 없다는 점과 그것이 인간의 비합리적인 편견에 의한 경우가 많기 때문에 비합리적이다. 일반적으로 비난과 처벌이 반드시 행동을 바람직한 방향으로 이끌지는 못하며, 따라서 합리적인 사람은 자신은 물론 다른 사람도 비난하지 않는다.
유형 4 좌절적 반응 경향	어떤 일이 뜻대로 되지 않을 때 인생은 끔찍하고 아무런 가치가 없다는 믿음이다. 현실적으로 모든 상황이 우리가 원하는 대로 될 수는 없으며, 간혹 욕구가 좌절되는 것은 정상적이므로 받아들일 수 있어야 한다. 장기간에 걸친 좌절은 정서적 혼란을 가져올 수 있으며, 이에 합리적으로 대처하는 방법은 상황을 있는 그대로 받아들이는 것이다.
유형 5 정서적 무책임	인간의 불행은 외적인 조건에 의한 것이며, 그로 말미암은 슬픔이나 불안정에 대해서는 아무도 어쩔 수 없다는 믿음이다. 대부분의 장애는 외적 조건보다 심리적인 경우가 많다. 정서적 혼란이 어떤 사태에 대한 자신의 평가와 내면화된 언어로 구성된 것임을 알게 된다면, 자신의 노력에 의해 장애를 통제하거나 바꿀 수도 있다.
유형 6 과잉불안	어떤 일이 위험하고 두렵게 느껴질 때에는 그것에 대해 신경을 써야 하고, 그런 일이 일어날지도 모른다는 가능성을 항상 마음에 품고 있어야 한다는 믿음이다. 어떤 위험에 대한 발생 가능성을 반복적으로 생각하게 되면 그 위험이 실제 이상으로 과장되는 경향이 있으며, 그 결과 개인은 계속적인 불안과 두려움을 갖게 되고 이러한 불안과 두려움은 실제 위험을 대처하는 데 방해가 될 뿐만 아니라 그 위험을 자초하는 경우가 많다.
유형 7 문제회피	삶의 어려움이나 자기가 져야 할 책임은 직면하는 것보다 회피하는 것이 더 쉽다는 믿음이다. 이는 순간적인 위안은 줄 수 있으나 자신감의 상실을 포함한 불만과 기타 문제를 일으키기 때문에 비합리적이다. 합리적인 사람은 불필요한 고통스러운 일을 지적으로 피하지만, 해야 할 일은 불평 없이 해치운다.
유형 8 의존성	사람은 다른 사람에게 의지하여야 하며, 자신이 의지할 수 있는 더 강한 누군가가 필요하다는 믿음이다. 사람은 어느 정도는 타인에게 의존하고 있으나 강한 의존심은 독립성, 개체성, 자아 등의 상실을 가져오며, 합리적인 사람은 독립심과 책임을 추구하지만 도움이 필요할 때면 언제든지 구하고 또 받는다.

유형	내용
유형 9 무력감	개인의 과거 경험은 그 사람의 현재 행동을 결정하며, 사람은 과거의 영향에서 벗어날 수 없다는 믿음이다. 과거의 경험이나 사태가 현재의 행동을 결정하는 경우도 있지만 반대로 과거에는 필요했던 행동이 현재에는 필요하지 않을 수도 있고 과거의 문제해결책이 현재에는 적절하지 않을 수도 있으므로 비합리적이다. 합리적인 인간은 과거가 중요함을 인정하나 과거의 영향을 분석하여 현재 상태에 임한다.
유형 10 지나친 타인 염려	사람은 다른 사람의 문제나 곤란함에 대해서도 크게 신경을 써야 한다는 믿음이다. 타인의 문제는 자기 자신과 아무런 관계가 없을 때가 많으므로 타인의 문제에 대해 지나치게 심각하게 생각한다는 것은 비합리적이다. 타인의 문제에 대해서 흥분하거나 화를 낸다고 해서 그들의 행동을 변화시킬 수 있는 것도 아니고 오히려 자신이 불안정하게 됨으로써 자신의 희생만을 초래하게 된다.
유형 12 완전무결주의	모든 문제에는 언제나 완전한 해결책이 있으며, 그것을 찾지 못하면 큰일이라는 믿음이다. 그러나 어떤 문제에 대한 완전한 해결책은 없으며, 따라서 이러한 생각은 비합리적이다. 완전한 해결책을 찾는 일은 끊임없는 고민과 불안을 낳을 뿐이며, 합리적인 사람이라면 최선 혹은 가장 적절한 해결책을 받아들인다.

(3) 인간중심상담: 내담자 중심 상담

인간중심상담은 로저스(Rogers)에 의하여 지시적 상담에 대한 반동으로 개발되었다. 인간중심상담의 주요개념으로는 실현경향성, 지금-여기 등이 있다. 실현경향성이란 인간은 자신의 잠재력과 가능성을 실현시키려는 타고난 경향성을 가졌다는 것이다. 따라서 인간은 어떤 문제가 발생했을 때 자신의 내재적 가능성으로 이를 해결할 수 있다. 또한, 정신분석학과 달리 인간중심상담은 현재를 가장 중시하며, 지금-여기(here and now)가 인간의 행동을 결정하는 유일한 요소라고 여긴다. 현재의 내가 실현경향성과 일치하지 않을 때 인간은 심리적 문제를 발생시킬 수 있다. 따라서 인간중심상담의 목표는 내담자 스스로 성장과정에서 자신을 정확하고 긍정적으로 지각하도록 도와주어 그들이 현재의 문제점을 해결하고 과거 경험을 극복하여 앞으로의 삶에 직면할 수 있도록 하는 것이다(이장호 · 정남운 · 조성호, 2001).

이러한 가정에 근거하여 로저스(Rogers, 1951)와 카커프(Carkhuff, 1969)는 상담자가 취해야 할 일곱 가지 태도와 수준으로 상담의 기본원리를 다음과 같이 제시하였다(오만록, 2004).

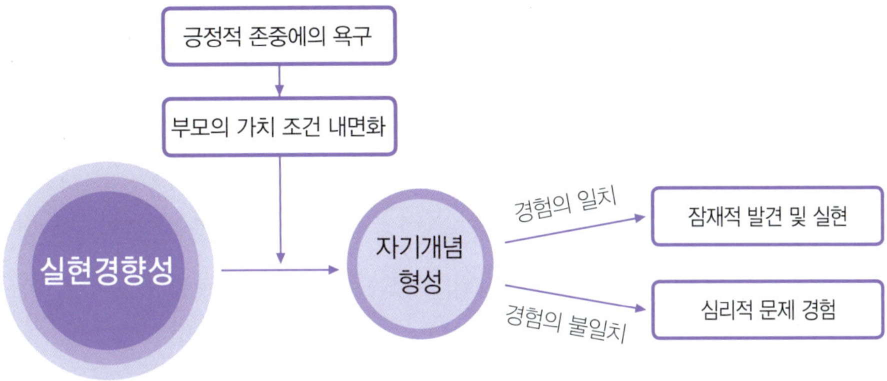

[그림 13-7] 인간중심상담에서 심리적 문제의 발생과정

❶ 공감적 이해(empathic understanding: 감정이입적 이해)

상담 장면에서의 공감적 이해는 상담자가 내담자의 사적인 세계(private world)를 마치 자신의 것처럼 느끼는 것을 말한다. 상담자는 내담자의 분노, 두려움, 혼돈을 마치 자신의 것처럼 느끼면서도 상담자 자신의 분노, 두려움, 혼돈을 내담자의 그것에 관련시키지 않는 것이 바로 공감적 이해이다. 상담자는 내담자가 어떻게 느끼고 생각하고 있는가를 상담자 자신의 개념 틀을 개입시키지 않고 내담자의 내적 준거체제(internal frame of reference)에 따라 정확히 이해하여, 왜곡 없이 의사소통을 해야 한다.

이러한 과정에서 상담자는 내담자가 명백하게 표현한 표면적 감정과 명백하게 표현되지 않은 내면적 감정을 충분하게 이해하고 표현하여, 내담자의 심층적인 자기 탐색(self-exploration)을 촉진시켜야 한다.

패터슨(Patterson, 1977)에 의하면, 공감적 이해는 최소한 다음의 세 단계를 포함하여야 한다. 첫째, 내담자는 상담자가 자신의 사적인 세계로 들어오는 것을 기꺼이 허용하고, 자신의 지각과 감정 그대로를 상담자에게 표현하면 상담자는 이에 주의를 기울여야 한다. 둘째, 상담자는 내담자가 표현 · 전달하는 것을 내담자의 내적 준거체제의 관점에서 왜곡 없이 정확하게 이해해야 한다. 셋째, 상담자는 내담자의 감정과 지각을 있는 그대로 이해하였다는 것을 내담자에게 의사소통을 통해서 전달하여야 한다. 이러한 과정을 통하여 상담자는 내담자를 그의 입장에서 이해하려고 노력하면서, 내담자와 더불어 느끼고 경험함으로써 내담자로 하여금 자신의 내면적 심리를 자유롭게 표현 · 탐색하여 진정한 자기이해를 하도록 도와야 한다.

이와 함께 카커프(Carkhuff, 1969)는 내담자 뒤에 숨어 있는 감정을 찾아내서 공감적 반응을 보이는 것이 중요하다고 하였는데 상담자가 제공하는 '공감적 이해'의 정도를 다섯 가지 수준으로 구분하여 나타내면 다음과 같다.

단계(수준)	반응 내용
수준 1	상담자가 상대방(내담자)의 언어 및 행동표현의 내용에서 벗어나거나 주의를 기울이지 않아 내담자의 표면적 감정과 사고조차 인식하지 못한다. 상담자가 내담자의 개념 틀에서 내담자를 이해하는 것이 아니라 내담자의 감정과 사고를 왜곡하여 의사소통을 하는 것을 의미한다. 이는 내담자와의 의사소통이 손상 또는 파괴됨을 의미한다.
수준 2	상담자가 상대방(내담자)이 표현한 표면적 감정이나 사고에 반응하기는 하지만 자신의 개념 틀에 의존하기 때문에 내담자의 사고와 감정에 일치한 의사소통을 하지 못한다. 내담자가 표현한 것 중에서 일부는 언급하고 일부는 삭제한 체 의사소통을 하는 수준이다.
수준 3	상담자가 상대방(내담자)이 표현한 것과 본질적으로 같은 정서와 의미를 표현하여 상호교류적인 의사소통을 하는 수준을 의미한다. 상담자는 명백하게 표현한 내담자의 표면적 감정과 사고를 정확히 인식하여 자신의 개념 틀에 의한 왜곡 없이 의사소통을 한다. 내담자의 표면적 감정을 정확히 이해하여 반응하기는 하지만 보다 내면적인 감정에는 반응하지 못하고 있다. 그렇지만 대인관계 기능을 촉진할 수 있는 기초 수준이다.
수준 4	상담자가 상대방(내담자)이 스스로 표현할 수 있었던 것보다 더 내면적인 감정을 표현하면서 의사소통하는 수준을 의미한다. 상담자는 언어적으로 명백히 표현되지 않는 내담자의 내면적 감정과 사고까지도 인식하여, 이를 자신의 개념 틀에 의해 왜곡 없이 의사소통을 한다. 내담자가 말로 표현한 것보다 더 내면적인 감정을 표현해 줌으로써 내담자가 이전에 표현할 수 없었던 감정을 표현하게 하거나 경험하게 한다. 즉, 상담자는 내담자가 표현한 것 외에 좀 더 깊은 수준의 감정과 의미를 첨가하여 의사소통하는 수준이다. 이 4수준부터 의사소통이 촉진된다.
수준 5	상담자가 상대방(내담자)이 표현할 수 없었던 감정의 내면적 의미를 정확하게 표현하거나 내담자의 내면적 자기탐색과 완전히 같은 몰입 수준에서 내담자가 표현한 감정과 의미에 첨가하여 의사소통하는 수준을 의미한다. 상담자는 이를 왜곡 없이 충분히 표현하여 내담자의 깊은 수준의 자기탐색을 촉진시키고 내담자가 이전에는 깨닫지 못했던 인간 존재의 의미를 탐색하도록 한다. 내담자가 누구인지 정확히 인식하고 내담자의 가장 깊은 감정까지 포용하여 정확한 공감적 이해를 통하여 의사소통하는 수준이다.

이와 함께 카커프는 공감해 주기를 '촉진적 의사소통의 기술' 또는 '변별능력'이라 하였으며, 상담자는 아래와 같은 수준의 변별능력을 습득해야 한다고 하였다. 상담자의 어떤 반응이 좋은 반응인가를 점수로 나타내어 5단계로 제시하면 다음과 같다.

단계(수준)	반응유형
1.0	주제를 다른 방향으로 돌린다. 예) 엉뚱한 질문, 동문서답
2.0	상대방이 말한 것 중에서 약간은 언급하고 약간은 언급하지 않는다(삭제적).
3.0	상대방이 말한 모든 조건이 언급되어서 최소한의 촉진적 수준을 유지한다. 이야기된 내용에 더 첨가된 것도 삭제된 것도 없다.
4.0	상대방이 말한 모든 조건이 언급되었고 어떤 것은 충분히 언급되어, 보다 깊은 관계로 이끌어 간다(첨가적).
5.0	상대방이 말한 모든 조건이 충분히 동시에 계속적으로 언급된 최상의 반응이다.

예시	저는 친하게 마음 터놓고 이야기할 친구가 없어요.
1.0	넌 사회성이 없어서 그 모양이야!
2.0	친구와 허물없이 지내지는 못하더라도 공부에 재미를 붙이면 되잖아?
3.0	마음을 터놓고 이야기 나눌 친구가 없어서 걱정하고 있구나.
4.0	마음에 맞는 친구와 깊은 우정을 나눌 수 있으면 좋겠다는 말이지?
5.0	마음에 맞는 친구와 깊은 우정을 나눌 수 있는 방법에 대해서 알아보기로 할까?

또한, 카커프는 공감의 수준을 기초적 수준과 고차적 수준으로 나누고 기초적 수준의 정확한 공감은 3.0~3.5이고, 고차적 수준의 정확한 공감은 4.0~5.0이라고 하였다. 의사소통기술 변별 척도를 제시하면 다음과 같다.

수준		의사소통기술	예시
기초적 수준	3.0	감정에 반응하기 (you feel _____.)	"○○가 느끼는 것은 _____라는 거지?" "그러니까 _____하게 느끼지요?"
	3.5	감정과 내용에 반응하기 (you feel _____ because _____.)	"_____ 하니까 당신은 _____하게 느끼는군요." "_____ 할 때 _____ 하는 감정이 들지요?"
고차적 수준	4.0	개인적인 문제점을 규명하기 (you feel_____, because you can't _____.)	"○○가 _____ 할 수 없기 때문에 _____ 하다는 말이지요?"
	5.0	목표에로의 단계를 솔선하기 (your first step is _____ and your next step is _____.)	"자, 우리 그 점에 대해서 같이 생각해 볼까요?"
		추가: 강화의 제시	"○○가 첫 단계를 끝내고 나면 내가 ○○와 두 번째 단계를 논의해 줄게." "○○가 각 단계를 무난히 시도해 보면 ○○는 할 수 있을 거야."

❷ 무조건적 존중(unconditional positive regard)

무조건적 존중은 상담자가 내담자에 대하여 따뜻한 배려의 태도를 갖는 것을 말한다. 이때의 배려는 비소유적인 자세로서 내담자의 특정 행동을 조건으로 하지 않고, 내담자를 한 인간으로서 인정하여 존중하는 것이다. 즉, 내담자를 하나의 독립된 인간으로 수용하여 그로 하여금 자신의 감정을 느끼고 주체적으로 자신의 경험을 가질 수 있고, 거기에서 자기 나름대로 고유한 의미를 발견하도록 허용하는 태도를 말한다.

무조건적 존중은 근본적으로 인간의 가치와 존엄에 대한 인식에 그 기초를 두고 있다. 상담자는 내담자가 어떤 행동을 하였고 어떤 문제를 지니고 있든 그의 존재를 인정하고, 계속 성장 · 발달할 필요가 있는 소중한 인간으로 수용하고 존중하여야 한다. 상담자의 존중적인 태도는 내담자의 특정 행동에 의존하지 않는다는 점에서 무조건적이라고 할 수 있다. 상담자는 조건적인 태도로 내담자를 수용해서는 안 된다. 상담자는 비평가적인 자세로 내담자의 감정과 사고 및 행동을 수용하고, 이를 내담자에게 전달하여야 한다. 그러나 여기에서 유념할 것은 상담자가 비평가적인 태도를 보인다는 것이 상담자가 내담자의 모든 행동을 옳다고 인정하거나 용서한다는 것을 의미하는 것은 아니라는 사실이다. 상담자는 상담과정에서 자신의 가치관이나 윤리를 결코 포기해서는 안 된다. 내담자를 존중한다는 것은 상담자가 그의 인간적 가치와 잠재적 발달 가능성에 대하여 깊은 배려를 갖는 것이다.

상담자가 제공하는 '무조건적 존중'의 정도를 다섯 가지 수준으로 구분하여 나타내면 다음과 같다.

단계(수준)	반응유형
1.0	• 상담자는 내담자의 감정과 경험 및 잠재능력을 전적으로 무시한다. • 내담자가 건설적으로 행동할 능력이 없음을 명백하게 표현한다. • 내담자에 대한 존중과 긍정적 관심이 모두 결여되어 있다.
2.0	• 상담자는 내담자의 감정과 경험 및 잠재능력을 거의 인정하지 않는다. • 내담자의 감정에 대하여 그저 의례적인 반응을 보이면서 무관심하다.
3.0	• 상담자는 내담자의 감정과 경험 및 잠재능력에 대하여 최소한의 존중을 표한다. • 내담자가 자신의 문제를 건설적으로 다룰 수 있음을 인정한다.
4.0	• 상담자는 내담자의 감정과 경험 및 잠재능력에 대하여 깊은 존중과 긍정적 관심을 표현한다. • 내담자로 하여금 한 인간으로서의 자유로움을 느낄 수 있도록 깊은 존중과 관심을 전달한다.
5.0	• 상담자는 내담자의 감정과 경험 및 잠재능력에 대하여 깊은 존중과 관심을 표현한다. • 상담자는 내담자가 표현한 것을 넘어서 그의 인간적 가치에 몰입하여 의사소통을 한다.

예시	아빠는 저에 대하여 너무 관심이 없어요. 성적이 떨어졌는지 올랐는지 아무런 관심이 없으신 것 같아요. 제가 공부하는 데 전혀 신경을 안 쓰시는 것 같아요.
1.0	제 할 일도 제대로 못 하면서 무슨 불만이 그렇게 많니?
2.0	아빠가 너에게 관심이 없다고... 네 일은 네가 알아서 하는 거야.
3.0	아빠가 너에 대하여 관심을 좀 더 가졌으면 좋겠다는 말이지.
4.0	그래. 아빠가 너에게 신경을 써 주시지 못했구나.
5.0	아빠가 제대로 뒷받침을 못 해 주었는데도 지금까지 열심히 공부하느라 고생이 많았구나.

❸ 진솔성(gennuineness: 순수성)

상담이 제대로 이루어지기 위해서는 상담자가 내담자와의 관계 속에 통합되고 일치될 필요가 있다. 즉, 상담자는 내담자와의 인간관계에서 어떤 가면을 쓰거나 허구적인 태도에서 벗어나 진솔한 자기가 되어야 한다. 상담자가 내담자와의 관계에서 경험하는 것을 충분하고 정확하게 인식하여 솔직하게 표현할 때 내담자는 진실되고 일치성을 보이게 되는 것이다.

상담과정에서 상담자의 내면적 경험 및 그에 대한 인식과 표현이 모두 일치되어야 내담자의 긍정적 인성 변화가 보다 촉진될 수 있다. 상담자는 내담자에 대하여 언어적 표현과 비언어적 표현을 일치시켜야 한다. 반면, 부정적 감정은 솔직하게 표현하되, 건설적으로 표현하여 내담자와의 관계를 악화시키지 않아야 한다. 상담자가 제공하는 '진솔성'의 정도를 다섯 가지 수준으로 구분하여 나타내면 다음과 같다.

단계(수준)	반응유형
1.0	• 상담자는 자신이 느끼는 감정과 명백히 불일치한 언어적 표현을 한다. • 상담자의 진실된 반응은 오직 부정적이므로 내담자에게 파괴적인 영향을 준다고 간주한다.
2.0	• 상담자는 자신의 감정과 사고를 진실하게 표현하기보다는 의례적이고 관행적인 방식으로 표현한다. • 상담자의 솔직한 반응은 부정적이라고 생각하여 내담자와의 인간관계 발전이나 탐색에 대하여 건설적으로 활용하지 못한다.
3.0	• 상담자의 감정과 언어적 표현이 불일치하지는 않지만 그렇다고 아주 진실된 반응을 하는 것도 아니다. • 상담자는 내담자에 대한 자신의 진실된 관여를 표현하지 않는다.
4.0	• 상담자는 긍정적 감정이나 부정적 감정을 솔직하고도 건설적으로 표현하여 내담자와의 인간관계 발전이나 탐색의 기초로 활용한다. • 내담자에 대한 자신의 진실된 인간적 관여를 전달하나, 충분하게 표현하지는 못한다.
5.0	• 상담자는 긍정적이거나 부정적인 감정을 아주 진솔하게 건설적이고 교육적 방식으로 표현한다. • 내담자에 대한 자신의 진실된 인간적 관여를 아무 거리낌 없이 자유롭고 충분하게 표현하여 내담자의 자기 탐색을 촉진시킨다.

예시	오늘 수업 끝나고 친구랑 게임했어요. 가지 않으려고 했는데, 친구가 가자고 해서 갔다 왔어요.
1.0	넌 그렇게 잘못된 애들과 친구로 지내니? 학생이 무슨 게임이야?
2.0	게임 같은 것 하지 말고 정신 차리고 공부나 해.
3.0	게임을 좋아하는 친구를 너무 좋아하는 것 같아 걱정이구나.
4.0	게임을 하는 친구로 인하여 네가 공부를 소홀히 할까 봐 걱정이구나.
5.0	지금은 공부를 열심히 해야 할 시기이고, 게임 외에 공부와 관련된 다른 것을 했으면 좋겠는데, 걱정이 되는구나.

❹ 구체성(concreteness)

구체성이란 상담과정에서 내담자가 표현하는 감정과 경험에 대하여 상담자가 명확하고 구체적인 반응을 보이는 것을 말한다.

상담을 하는 도중에 대화가 끊어지기도 하고 침묵이 지나치게 흐르기도 한다. 이런 경우에는 대화의 실마리가 필요하다. 직접적인 질문과 반영(reflect)은 대화의 실마리를 풀면서 자신의 감정이나 태도 또는 사고에 관하여 성찰하도록 하는 것이다. 또 객관적인 자료 활용 등에 이르기까지 다양한 형태로 표현될 수 있는데, 이는 내담자로 하여금 관련 문제에 대하여 충분히 탐색하게 하는 일종의 촉매 역할을 하게 된다.

일반적으로 구체성은 첫째, 상담자의 반응을 내담자의 감정과 경험에 보다 접근시키며, 둘째, 상담자로 하여금 내담자를 정확하게 이해하게 하며, 셋째, 내담자로 하여금 특정 문제영역에 주목하게 한다(Carkhuff & Berenson, 1967). 상담자의 구체성은 내담자의 문제해결과 건설적인 행동 국면을 촉진하는 수단으로 작용한다. 상담자가 제공하는 '구체성' 정도를 다섯 가지 수준으로 구분하여 나타내면 다음과 같다.

단계(수준)	반응유형
1.0	• 상담자는 내담자의 문제상황에 대하여 오직 추상적이고 일반적인 수준에서 반응을 보인다. • 상담자는 문제상황과 관련된 내담자 자신의 감정과 경험 및 행동에 대하여 논의하려는 시도를 일체 하지 않는다.
2.0	• 상담자는 문제상황과 관련된 내담자 자신의 감정과 경험 및 행동에 대하여 언급하나 모호하고 추상적인 수준에서 이루어진다.
3.0	• 상담자는 내담자로 하여금 문제상황과 관련된 감정과 경험 및 행동을 구체적으로 표현하도록 하나 개인적으로 의미 있는 내용들이 충분히 명료하게 다루어지지 않는다.
4.0	• 상담자는 내담자로 하여금 문제상황과 관련된 내담자의 감정과 경험 및 행동을 구체적으로 표현하고 이들이 충분히 구체적이고 명료하게 탐색될 수 있도록 의사소통을 이끌어 나간다.
5.0	• 의사소통과정에서 문제상황과 관련된 내담자 자신의 감정과 경험 및 행동이 아주 충분히 구체적으로 논의되고 상담자는 내담자의 긍정적 변화를 촉진시키기 위하여 깊은 수준의 탐색을 적극적으로 조장한다.

⬇

예시	아빠랑 도대체 말이 안 통해요. 저를 전혀 이해하지 못하시고, 너무 나무라세요.
1.0	말이 안 통하는 것은 옛날이나 지금이나 언제나 있는 거란다.
2.0	아빠들은 워낙 자녀들에게 원칙을 잘 가르치시지.
3.0	아빠가 너의 어떤 점을 이해하시지 못하는 것 같니?
4.0	아빠가 뭐라고 말씀하셨기에 나무란다는 생각을 하는 거니?
5.0	네가 아빠께 뭐라고 말씀드렸는데 그러니?

❺ 해석(interpretation), 직면(confrontation: 맞닥뜨리기)

상담의 목적인 치료의 변화를 도모하는 데는 해석과 직면이 있다. 단정적인 직면과 해석은 바람직하지 않으므로 질문 형태로 주어져야 한다. 질문을 통해서 내담자가 상담자의 해석과 직면에 대해서 생각·검토해 보게 하기 위함이다. 상담자가 전해 주는 해석과 직면이 정확하지 못하거나 지나치거나, 내담자가 수용할 수 없거나 소화할 수 없을 때 내담자는 그것을 거부할 수 있다.

직면은 내담자 자신이 모르고 있는 내용 또는 인정하기를 거부하는 생각과 느낌에 대하여 상담자가 짚고 넘어가거나 내담자의 불일치성(discrepancy: 모순점)

을 지적하는 것을 말한다. 특히, 내담자의 불일치성에는 첫째, 현실적 자아(real self)와 이상적 자아(ideal self) 간의 불일치, 둘째, 언어적 표현과 비언어적 표현(행동) 간의 불일치, 셋째, 상담자의 내담자에 대한 지각과 내담자 자신의 경험에 대한 언어적 표현 간의 불일치 등이 포함된다. 이와 같이 직면은 상담자가 내담자의 감정과 태도 및 행동상의 불일치성이나 모순점을 지각하여, 이를 명료하게 지적함으로써 내담자로 하여금 새로운 통찰과 행동변화를 촉진시키게 한다. 그러나 직면은 내담자에게 도전감을 주고 내담자를 공격하기 위하여 활용되어서는 안 된다. 이는 고차적 수준의 공감적 이해(advanced accurate empathy)의 형태로 이루어져야 하며, 내담자의 말과 행동, 사고와 감정, 자아 간의 불일치를 명확히 인식시켜야 한다. 그래야 내담자는 자기와 다른 사람들 그리고 세계에 대한 대안적이고 보다 객관적인 인식과 관점을 갖게 된다. 즉, 직면은 내담자의 부정적 측면이나 약점을 지적하는 것이 아니라, 내담자가 인식하지 못하고 있거나 활용하지 못하고 있는 인간적 자질이나 잠재적 가능성을 명확히 인식시켜 인간적 성장과 발달을 촉진시키기 위한 것이다(Patterson, 1974). 상담자가 제공하는 '직면'의 정도를 다섯 가지 수준으로 구분하여 나타내면 다음과 같다.

단계(수준)	반응유형
1.0	• 상담자는 내담자의 감정과 사고 및 모순에 대하여 전혀 언급하지 않는다.
2.0	• 상담자는 내담자의 감정과 사고 및 행동의 모순에 대하여 모호하게 언급한다.
3.0	• 상담자는 내담자의 감정과 사고 및 행동의 모순을 지적하나, 직접적이고 구체적이지 못하다. • 상담자는 모순점에 대하여 단순한 질문만 하고, 이를 명확하게 내담자에게 지적하지 않는다.
4.0	• 상담자는 내담자의 감정과 사고 및 행동의 모순을 직접적이고 명확하게 지적한다.
5.0	• 상담자는 내담자의 감정과 사고 및 행동의 모순을 아주 명료하게 지적하여, 그로 하여금 보다 깊은 자기탐색을 하도록 촉진한다.

예시	저는 다른 사람들이 싫어할까 봐 어려운 부탁을 거절하지 못해요. 그렇지만 다른 사람들이 저를 어떻게 생각하건 상관없어요.
1.0	어려운 부탁을 해도 거절을 못 한다고?
2.0	들어주기 어려운 부탁을 거절할 때 마음이 불편한 것만은 아니로구나.
3.0	어려운 부탁을 거절하자니 싫어할까 봐 신경은 쓰이고 다른 사람들이 너를 어떻게 생각할 것인가는 상관이 없다는 말이니?
4.0	너를 싫어할까 봐 들어주기 어려운 부탁도 거절하지 못한다고 하면서도, 너를 어떻게 생각할 것인가에 대해서는 상관이 없다고 들리는데 무슨 말이지?
5.0	싫어할까 봐 어려운 부탁도 거절하지 못한다면서 너를 어떻게 생각하든 상관이 없다고 했는데 이해가 안 되거든. 이해가 되도록 설명해 주겠니?

❻ 자기노출(self-disclosure: 자기개방)

자기노출은 자신의 현재나 과거에 대한 긍정적 · 부정적인 이야기를 하는 것, 즉 내담자가 자신의 문제해결에 도움이 되는 자신에 관한 정보나 경험을 공개(노출)하는 것을 말한다. 이때 상담자는 자신도 내담자와 비슷한 경험을 한 바 있다고 밝히기도 한다. 이러한 자기노출은 앞에서 논의한 '진솔성'(순수성)의 한 측면이라고도 간주할 수 있는데 상담자의 개인적인 만족을 위하여서가 아니라, 어디까지나 내담자의 성장 · 발달과 문제해결을 위하여 이루어져야 한다. 상담자의 자기노출과 내담자의 자기노출은 다르다. '진솔성'의 경우와 마찬가지로 촉진적 혹은 치료적 자기노출이라는 관점에서 개념화되어야 한다. 내담자의 성장과 발달과 문제해결을 고려하지 않은 상담자의 일방적인 자기개방은 내담자에게 부정적인 영향을 미칠 수 있다. 상담자가 제공하는 '자기개방'의 정도를 다섯 가지 수준으로 구분하여 나타내면 다음과 같다.

단계(수준)	반응유형
1.0	• 상담자는 자신의 감정, 사고, 행동, 경험에 관한 정보 공개를 적극적으로 회피한다. • 상담자가 자신의 정보를 부득이 공개할 경우에는 내담자의 요구와 관심에 의하지 않고, 오직 자신의 요구에 의해서 함으로써 내담자에게 부정적인 영향을 미친다.
2.0	• 상담자는 내담자의 감정, 사고, 행동, 경험에 관한 정보 공개를 적극적으로 회피하지는 않지만, 결코 자진해서 자기노출을 하지는 않는다. • 내담자의 질문에 대해서 소극적인 태도로 자기공개를 하지만, 내담자가 구체적으로 질문한 것 이상의 정보는 제공하지 않고, 간단하고 모호하며 피상적으로만 정보를 공개한다.
3.0	• 상담자는 내담자의 요구와 관심을 존중하여 자신의 감정, 사고, 행동 경험에 관한 정보를 스스로 공개하나, 이때 제공되는 정보는 구체적이고 명료하지 못하여 상담자 자신의 독특한 개성을 확실히 드러내지는 못한다.
4.0	• 상담자는 내담자의 요구와 관심을 존중하여 자신의 감정, 사고, 행동, 경험에 관한 정보를 자유롭고 자발적으로 제공하며, 이때 제공되는 정보는 충분히 구체적이고 명료하여 상담자 자신의 독특한 개성을 분명하게 드러낸다.
5.0	• 상담자는 내담자의 요구와 관심을 존중하여 자신의 감정, 사고, 행동, 경험에 관한 극히 사적인 정보까지도 기꺼이 공개하며, 이때 제공하는 정보는 충분히 구체적이고 명료하며, 또한 상세하다. 이를 통하여 상담자는 내담자와 신뢰 관계를 형성하며, 내담자의 자기탐색을 촉진시킨다.

⬇

예시	저는 공부하기 싫어 죽겠는데 부모님은 공부 공부 하세요. 선생님은 공부를 좋아했어요?
1.0	선생님은 너처럼 죽도록 싫어하지는 않았어.
2.0	공부가 좋아서 하는 것은 아니잖니?
3.0	나도 꽤 공부하기 싫었을 때가 있었단다.
4.0	공부하기 싫을 때도 많았지. 부모님이 공부하라고 할 때는 엄청나게 하기 싫었어. 특히, 학교에서 친구와 말다툼이 있는 날, 머리가 복잡해 죽겠는데 내 마음에 대해 궁금해하시기보다는 "웬 짜증 난 얼굴이니? 어서 가서 공부나 해! 이렇게 한가하게 있으면 어떡하냐."라고 하실 때는 미칠 것 같았지.
5.0	공부를 한다고 했는데도 성적이 잘 안 나올 때는 정말 속이 상했어. 그럴 때는 학교도 가기 싫었지. '공부는 나하고 거리가 멀어. 공부 체질이 아니야.' 라고 생각하고 공부를 때려치우고, 다른 일을 할까도 생각했지. 그러나 공부를 통해서만이 내 뜻을 이룰 수 있다는 판단을 했어. 가까스로 마음을 돌리고 공부를 좋아해 보려고 복습을 시작했지. 하루 1시간 정해서 ...

❼ 즉시성(immediacy)

즉시성은 상담과정에서 지금-여기(here and now)에서의 인간관계에 일어나고 있는 것에 관하여 직접적이고 공개적으로 논의하는 것을 말한다. 유능한 상담자는 과거나 미래에 얽매이지 않고 지금 이 순간의 상황에 초점을 맞추어 의사소통을 한다.

이와 같이 즉시성은 상담과정에서 내담자가 상담자와의 관계에 대하여 어떤 표현을 할 때 상담자가 이를 민감하게 인식하고, 직접적으로 이에 대한 반응을 보이면서, 현재 상황에 관하여 논의하는 것을 말한다. 상담자가 제공하는 '즉시성'의 정도를 다섯 가지 수준으로 구분하여 나타내면 다음과 같다.

단계(수준)	반응유형
1.0	• 상담자는 내담자가 자신과의 관계를 표현하는 것에 관심을 전혀 보이지 않는다. • 상담자는 내담자의 표현에 대하여 전적으로 부적절한 반응을 보인다.
2.0	• 상담자는 내담자가 자신과의 관계에 대해 표현하는 것에 거의 관심을 보이지 않는다. • 상담자는 내담자의 표현에 대하여 대체로 부적절한 반응을 보인다.
3.0	• 상담자는 내담자가 자신과의 관계에 대하여 표현하는 것에 관심을 보여 내담자의 표현에 대체로 적절한 반응을 보이나, 그 내용이 직접적이거나 구체적이지 못하다.
4.0	• 상담자는 내담자가 자신과의 관계에 대하여 표현하는 것에 큰 관심을 보여 내담자의 표현에 적절한 반응을 보이는데, 그 내용은 직접적이고 구체적이다.
5.0	• 상담자는 내담자가 자신과의 관계에 대하여 표현하는 것에 적절한 반응을 보이는데, 그 내용은 대단히 직접적이고 명료하여 내담자의 깊은 수준의 자기탐색을 촉진한다. • 상담자는 내담자와 자신과의 관계에 대해 명백한 해석을 내리는 데 주저하지 않는다.

⬇

예시	아빠는 집안일보다 바깥일에 더 관심이 있으신 것 같아요.
1.0	너 요즘 공부 열심히 하니?
2.0	공부나 신경 써라. 아빠 하는 일에 애들이 끼어드는 것이 아니야.
3.0	아빠가 집안일에 관심이 적어 섭섭한 마음을 갖고 있구나. 아빠가 집안일을 도와주면 좋겠다는 생각을 하고 있구나.
4.0	집안에서 일어나는 소소한 일들에 대해서 주의를 기울려 달라는 말이지?
5.0	아빠가 가족들과 도란도란 이야기 나누면서 관심도 보이고 허드렛일도 함께 하면 좋겠다는 말이지?

제 5 부

교육평가에 대한 이해

제 **14** 장

교육평가

학습목표

1. 교육평가에서 사용되는 측정, 평가, 총평의 개념을 비교하여 설명할 수 있다.
2. 규준참조검사와 준거참조검사의 차이점을 구분할 수 있다.
3. 교육평가 문항유형별 장점과 단점을 제시할 수 있다.
4. 평가도구가 갖추어야 하는 네 가지 질적 요건의 특성을 설명할 수 있다.

1 교육평가의 개념

교육평가(educational evaluation)는 교육목적에 대한 가치나 수준에 대해 판단하는 행위를 말한다. 교육평가의 정의는 강조하는 입장에 따라 크게 목표달성중심, 의사결정중심, 가치판단중심의 세 가지 정의로 나눌 수 있다(김진규, 2002).

첫째, 목표달성중심의 교육평가는 타일러(Tyler)가 제시한 대로 교육목표가 달성되었는가를 판단하는 것에 초점을 두는 입장이다. 따라서 교육평가는 교육과정과 교수 프로그램에 비추어 교육목표가 얼마만큼 달성되었는가를 판단하는 행위라고 정의된다(Tyler, 1949).

둘째, 의사결정중심의 교육평가는 스터플빔(Stufflebeam)과 크론바흐(Cronbach)가 제시한 대로 교육과 관련된 의사결정을 위한 정보를 수집하고 제공하는 활동으로 보는 입장이다. 즉, 교육평가는 체계적으로 수집된 정보를 바탕으로 교육에 대한 가치판단을 내리는 것으로 정의된다.

셋째, 가치판단중심의 교육평가는 스크리븐(Scriven)과 스테이크(Stake)가 제시한 대로 교육이나 수업과 관련된 특정 대상의 가치를 판단하는 과정과 그 결과물이라고 보는 입장이다. 이 정의에서는 평가의 기준을 먼저 설정하고 그에 비추어 대상의 가치, 유용성, 효과성, 효율성 등을 판단하게 된다.

위의 세 가지 정의를 종합하자면, 교육평가란 '교육목표의 달성 정도나 교육과정의 효율성을 판단하기 위하여 학습자의 행동변화 및 학습과정에 관한 정보를 체계적으로 수집하고 이를 이용하여 교육과정과 결과, 교육목적에 대한 가치판단을 내리는 일'이라고 정의할 수 있다.

교육평가와 관련되어 혼용되고 있는 몇 가지 개념이 있는데 바로 측정, 평가, 총평이다. 각각의 개념은 목적, 과정, 결과를 바라보는 관점이 다르므로 구분해서 살펴볼 필요가 있다.

1) 측정

측정(measurement)은 초기의 실험심리학, 심리측정운동, 검사이론에서 출발한다. 교육측정운동의 선구자라고 불리는 손다이크는 "존재하는 모든 것은 양(量)으로 존재하기 때문에 모두 측정할 수 있다."라고 가정하였다. 즉, 거리, 무게, 온도, 능력과 같은 대상은 재고자 하는 속성이 존재하기 때문에 얼마든지 측정할 수 있다는 것이다. 따라서 측정은 어떤 대상이나 사건에 대해 체계적인 규칙에 따라 객관적인 수치를 부여하는 것을 의미한다.

측정관의 특징은 다음과 같다(황정규 외, 2016).

첫째, 측정관은 이 세계의 모든 실재(reality)는 고정불변의 안정성이 있고 인간의 인식과는 독립된 객관적 형태이자 누구든 관찰할 수 있는 형태로 존재한다고 가정한다. 따라서 정확하고 정밀한 측정을 강조하게 된다.

둘째, 측정관은 전체 행동 중 특정한 행동특성을 어느 시점에서 표본한 것이기 때문에 개인의 반응점수에서 신뢰도, 즉 측정에 오차가 있는가 없는가에 주된 관심을 갖는다.

셋째, 측정관은 신뢰성 있고 객관성 있는 측정을 위해서 측정 절차나 방법의 표준화를 요구한다. 그렇게 되면 어느 상황, 어느 시점에서 그 누가 측정해도 동일한 결과를 얻게 되기 때문이다.

넷째, 안정성을 가정하는 측정관의 시각에서 환경은 안정성을 위협하고 변화를 촉진하여 측정의 정확성을 저해하는 방해변인으로 간주된다. 따라서 환경의 영향력을 통제하고 최소화하려고 한다.

다섯째, 측정을 통해 도출된 결과는 주로 선발, 분류, 예언, 실험에 활용한다. 이를 위해 보다 정확한 측정단위를 요구하고 단일점수나 지수로 표시한다. 이 점에서 측정은 효율적이고 간편하게 이용할 수 있다.

측정대상은 직접 측정할 수 있는 것과 간접 측정만 가능한 대상으로 구분된다. 예를 들어, 길이나 무게는 가시적인 대상이므로 각각 자나 저울을 사용하여 직접 측정이 가능하다. 그러나 지능, 성격, 태도와 같은 잠재적 특성(latent trait)은 직접 측정이 불가능하므로 검사도구를 사용하여 간접적으로 측정할 수밖에 없다.

앞에서 언급한 대로, 측정관은 우리가 재려고 하는 대상이 고정적이고 안정적이며, 관찰할 수 있는 객관적인 형태로 존재한다고 가정한다. 따라서 측정의 목적은 대상을 오차 없이 정확하고 정밀하게 측정하고 숫자를 부여하여 수량화하는 것이다. 예를 들어, '키가 크다', '나이가 어리다'라는 말에서 큰 키나 어린 나이의 기준은 개인마다 다르기 때문에 동일한 사람의 속성이라도 보는 이에 따라 다르게 표현될 수 있다. 따라서 측정을 통해 '키가 180cm', '나이가 15세'라고 수량화한다면 언어적 표현에 따른 모호성과 막연성을 배제할 수 있고 판단에 따른 실수의 원인을 줄일 수 있다(성태제, 2014).

측정은 본질적으로 가치중립적인 특성을 갖는다. 대상을 측정하여 수량화한 값은 좋다/나쁘다와 같은 가치를 갖고 있지 않으며, 대상을 구별하고 비교하기 위한 속성일 뿐이다.

측정을 위해서는 일반적으로 다음의 절차를 거쳐야 한다(성태제, 2014).

첫째, 측정하고자 하는 대상을 선정한다. 측정대상은 사람이 될 수도 있고 사물이 될 수도 있다.

둘째, 규명된 측정대상의 측정하고자 하는 행위나 속성을 구체화한다. 측정대상이 사람의 경우에는 키, 몸무게, 100m를 달리는 데 걸리는 시간 등이 측정의 행위나 속성이 되고, 사물인 경우에는 무게, 크기, 부피 등이 측정의 속성이 된다.

셋째, 측정단위에 수를 할당하는 기본규칙을 설정한다. 이때 필요한 것이 대상을 측정하는 기준, 즉 척도(scale)의 설정이다.

척도는 특성에 따라 명명척도, 서열척도, 동간척도, 비율척도의 네 가지로 구분된다.

첫째, 명명척도(nominal scale)는 성별, 혈액형, 지역, 인종과 같이 사물을 구분 및 분류하기 위해 사용하는 척도로, 관찰된 개체가 같은지 다른지에 대한 정보만을 제공한다. 명명척도는 사물 하나에 이름을 부여한다는 점에서 일대일 대응의 특성을 갖는다. 명명척도는 대상이 서로 같다/다르다에 대한 정보만을 제공하기 때문에 통계적 의미가 없다는 한계점이 있다. 학자에 따라서는 명명척도는 척도에 포함시키지 않아야 한다는 주장도 있다.

둘째, 서열척도(ordinal scale)는 등수, 올림픽 메달 순위와 같이 사물이나 사람의 순서 또는 상대적 서열을 표시하는 척도이다. 1등과 2등 사이, 3등과 4등 사이의 등위는 1등으로 동일하지만, 점수 차이는 동일하지 않은 것처럼 서열척도는 측정단위의 간격 간에 동간성이 유지되지 않는다. 서열척도는 서열이 증가할 때 측정치가 계속 증가하거나(단조증가함수) 계속 감소하는(단조감소함수) 특징을 보인다.

셋째, 동간척도(interval scale)는 온도, 서기 년도, 주가지수처럼 동일한 측정단위 간격에 동일한 수적 차이를 부여하는 척도이다. 동간척도는 온도와 같이 임의영점과 가상적 단위를 지니고 있고 측정단위 간격을 동일하게 나누어 동간성을 유지한다. 온도를 측정할 때 0℃는 온도가 없음을 의미하는 것이 아니라 물이 어는 점을 임의로 0℃라고 약속한 것이므로 이를 임의영점이라고 한다. 동간척도는 서열성과 동간성을 지닌다. 따라서 덧셈과 뺄셈은 가능하나 곱셈과 나눗셈은 불가능하다. 일기예보에서 '오늘 기온은 어제보다 5℃ 높아지겠다.'라고 표현할 수는 있지만, '오늘 기온은 어제보다 2배 높다.'라고 표현할 수 없는 이유이다.

넷째, 비율척도(ratio scale)는 길이, 무게, 시험점수와 같이 절대영점과 가상적 단위를 지니고, 측정단위 간격이 동일하여 동일한 간격에 동일한 수적 차이를 부여하는 척도이다. 따라서 무게를 측정할 때 0g이라고 한다면 이는 무게가 없는 절대영점을 의미한다. 비율척도는 서열성, 동간성, 그리고 비율성을 지닌다. 따라서 비율척도는 사칙연산과 통계 처리가 모두 가능하다.

2) 평가

1930년대에 접어들면서 교육측정의 한계점들이 드러남에 따라 타일러(Tyler) 등의 제안으로 평가관이 파급되어 교육측정이라는 용어 대신에 교육평가라는 용어를 사용하기 시작하였다. 평가(evaluation)란 측정보다 더 폭넓은 개념으로, 대상에 대한 정보를 수집하여 사물 또는 그 속성에 대한 가치(value)를 판단하는 과정이다. 평가는 양적 기술의 측정뿐만 아니라 질적 기술을 포함하며, 측정한 것과 그것의 중요성, 합목적성 등 다른 정보와 합성하여 양적 · 질적 기술에 대한 가치판단까지를 포함하는 활동이다. 평가는 측정을 통해 얻은 자료에 대한 해석까지 포함한다는 면에서 목적 지향적이고 가치 관련적인 활동이라고 볼 수 있다(한국교육심리학회, 2000).

3) 총평

총평(assessment)은 머레이(Murray)가 최초로 사용한 용어로, 사정(査定), 전인격 평가라고 불리기도 한다. 총평이란 인간의 특성을 다양한 방법을 동원하여 종합적으로 평가하는 방법이다. 총평은 단일한 검사나 도구로 얻은 자료만을 사용하는 것이 아니라, 관찰, 구술, 면접 등 다양한 방법에 의해 개인에 대한 정보를 수집하여 종합적으로 평가하는 것을 말한다. 우리에게 잘 알려진 총평으로는 대학 입학사정관제도가 있다. 입학사정관이 학생을 선발할 때 학생부 등 계량적인 성적뿐만 아니라 개인 환경, 특기, 대인관계, 논리력, 창의력 등의 비계량적인 요소를 함께 고려한다는 점에서 총평에 해당된다. 또한, 심리평가(psychological assessment)는 총평이 아닌 평가나 검사라는 용어로 해석하여 사용하지만, 피검자에 대한 면접, 심리검사, 행동관찰 등의 다양한 자료를 통합하여 개인의 총체적인 특성이나 상태에 대해 의사결정을 내린다는 점에서 총평에 해당한다고 볼 수 있다.

이상에서 살펴본 대로 측정, 평가, 총평은 관점, 개념과 특징에서 차이가 있음을 알 수 있다. 자료 수집을 위해 동일한 검사도구를 사용하더라도 어느 관점을 취하는가에 따라 목적, 기능, 역할이 달라지며, 전혀 다른 시각에서 접근하게 될 것이다. 그러나 실제 교육 상황에서 이 세 가지 관점은 상호 보완적인 위치에 있음을 고려해야 할 것이다.

2 교육평가의 기능

교육평가의 기능에 대해 학자마다 다양한 방식을 사용하여 분류 · 제시하였으나 김대현과 김석우(2015)의 분류기준을 중심으로 교육평가의 기능을 다섯 가지로 정리하여 살펴보고자 한다.

첫째, 교육평가는 학습자의 학업성취도를 평가하는 기능을 한다. 교육은 목표지향적 활동이므로 교육평가는 학업성취도를 통해 학습자가 목표를 어느 정도 달성했는가를 확인하는 활동이다. 즉, 학습자의 교육목표 달성도에 관한 정보를 수집하는 것이 교육평가의 주요 기능이다.

둘째, 교육평가는 학습 곤란점의 진단과 치료 기능을 수행한다. 교육평가는 교육활동이 전개되는 과정에서 개별 학습자 또는 학급 전체가 직면하고 있는 문제점을 적시에 발견하여 그에 따른 적절한 조치를 마련해 줌으로써 교육과정이 보다 효과적 · 효율적으로 원활하게 운영될 수 있도록 조력해야 한다.

셋째, 교육평가는 교육 프로그램의 교육적 효과를 평가한다. 교육 프로그램에는 교육과정, 수업 계열과 절차, 수업자료, 학급조직 등의 다양한 개념이 포함된다. 교육평가는 이러한 교육 프로그램의 결과를 분석하여 질을 평가하고 이를 바탕으로 추후에 프로그램의 질적 개선을 위한 피드백을 제공할 수 있다.

넷째, 교육평가는 개별 학습자의 진로지도를 위한 자료수집 기능을 수행한다. 학습자의 학업능력, 정서, 흥미, 성격에 대한 자료와 더불어 학습자를 둘러싼 가정, 학급, 사회 등의 환경과 관련된 자료를 광범위하게 수집하여 장래 진학지도와 취업지도의 밑거름으로 사용할 수 있다.

다섯째, 교육평가는 교육의 제반 문제를 이해하고 정책의 방향을 수립하는 기능을 한다. 특히, 전국 단위 평가 연구나 국가 간 학력 비교 연구를 통해 전체 학습자 또는 국민이 반드시 습득해야 할 기본능력 수준을 확인할 수 있는데 이는 교육정책 및 일반정책을 수립하는 데 도움을 준다. 교육평가의 기능은 초·중·고등교육에 국한되지 않고 더 나아가 일반 사회교육을 평가하는 것까지 포괄하고 있다.

3 교육평가의 유형

교육평가의 유형은 구분기준에 따라 다양하게 세분화된다. 구분기준에 따른 교육평가 유형은 〈표 14-1〉과 같다. 이 중에서 평가 기능, 평가 기준, 평가 대상에 따라 구분한 평가유형에 대해 구체적으로 살펴보고자 한다.

〈표 14-1〉 구분기준에 따른 교육평가 유형

구분기준	평가 유형
평가 기능	진단평가, 형성평가, 총괄평가
평가 기준	규준지향평가, 준거지향평가
평가 영역	지적 영역 평가, 정의적 영역 평가, 심동적 영역 평가
평가 방법	양적 평가, 질적 평가
평가 수준	최소 필수 학력평가, 최대 성취 학력평가
평가 시간	속도검사, 역량검사
평가 대상	능력참조평가, 성장참조평가

1) 평가 기능에 따른 구분

평가를 교수-학습과정 중 어느 단계에서 어떤 목적으로 사용하였는가에 따라 진단평가, 형성평가, 총괄평가로 구분된다. 학습내용을 일종의 정보로 간주하고 수업과정을 컴퓨터의 정보처리과정에 유추한 글레이저(Glaser)의 모형은 가장 대표적인 수업모형으로 꼽히며, 학교현장에서 자주 인용되어 왔다. [그림 14-1]과 같이 수업과정은 수업목표의 설정, 출발점 행동의 진단, 수업절차, 그리고 학습성과 평가의 네 단계로 진행되며, 각 단계에 대한 피드백을 통해 산출에 대한 평가와 수정이 이루어진다. 수업과정의 네 단계 중 2, 3, 4단계에서 각각 진단평가, 형성평가, 총괄평가가 이루어진다. 모형의 각 단계에서 이루어지는 평가를 구체적으로 살펴보면 다음과 같다.

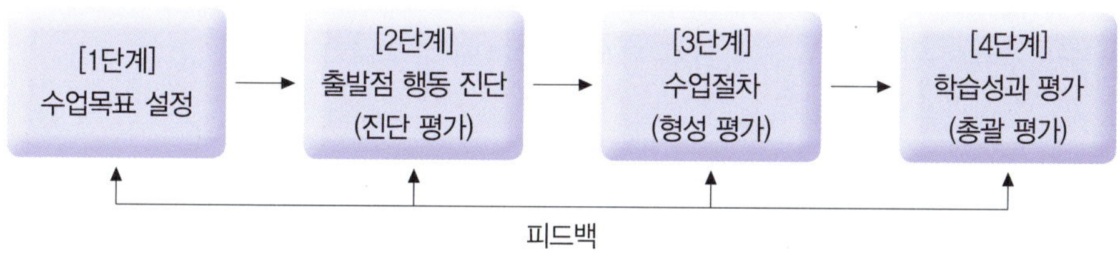

[그림 14-1] 글레이저의 수업모형 단계별 평가

(1) 진단평가

글레이저 수업모형의 2단계에서 실시되는 진단평가(diagnostic evaluation)는 교수-학습이 시작되기 전에 학습자의 출발점 행동(entry behavior)을 진단하기 위한 투입(input)평가이다. 여기서 출발점 행동이란 학습내용의 이해에 필요한 기초능력이나 특성을 의미한다. 진단평가에서는 주로 사전학습 정도, 지능, 적성과 같은 인지적 요소와 태도, 흥미, 동기와 같은 정의적 요소를 평가한다. 진단평가는 학습자의 능력과 특성을 사전에 파악하여 학습자를 능력 수준에 맞게 배치하거나 선수학습 결여 여부를 판정하고 학습부진 여부를 진단하여 교육목표 및 계획을 수립하는 데 그 목적을 둔다.

진단평가는 다음과 같은 기능을 수행한다.

첫째, 수업목표와 관련하여 선수학습에 부족한 부분을 진단하고, 정도에 따라 학습결손에 대한 교정과 보충학습을 할 수 있는 자료를 제공한다.

둘째, 정해진 수업시간에 할 학습과제를 어느 정도 달성하고 있는가를 파악하여 심화학습 대상을 변별한다.

셋째, 교수변인 외의 조건과 관련된 학습부진의 원인을 찾아 사전에 처방안을 마련해 줄 수 있다.

넷째, 진단평가 결과를 통해 학습자에게 부족하다고 진단된 능력을 파악하여 결핍된 능력의 계발을 위한 대안적인 교수전략 수립에 반영할 수 있다.

학습자의 출발점 행동을 진단하기 위한 도구로 각종 준비도 검사, 자기 보고서, 관찰법, 면담, 적성검사, 지필검사 등이 다양하게 활용된다.

(2) 형성평가

형성평가(formative evaluation)는 글레이저 수업모형의 3단계인 교사의 수업전개 활동 중에 실시되는 과정(process)평가이며, 학습자가 학습내용을 얼마나 잘 이해하고 있는지를 수시로 점검하는 방식으로 이루어진다. 형성평가는 교육과정과 수업방법을 개선하기 위해 실시하는 평가이다. 따라서 학습자의 학습 정도에 대한 판단보다는 수업시간마다 교수-학습의 개선을 위해 이루어지는 학습과정의 일부로 간주된다.

형성평가는 다음과 같은 기능을 수행한다.

첫째, 형성평가는 교육목표를 기준으로 학습자가 무엇을 달성하였고 무엇은 달성하지 못했는지에 대한 정보를 알려 준다. 따라서 학습자 자신이 학습 곤란을 겪고 있는 부족한 부분을 파악하고 개선하는 데 도움을 준다.

둘째, 형성평가는 학습자에게 학습에 대한 보상과 강화를 제공할 수 있다. 수업

전개 활동 중에 정해진 목표에 도달한 학습자는 자신의 성취를 확인함으로써 성취감과 자신감을 갖게 되며, 이후 학습에 대한 동기를 유발하게 된다.

셋째, 형성평가 결과에 따라 학습속도를 조절할 수 있다. 특히, 위계적으로 조직되어 있고 분량이 많은 학습과제의 경우 수시로 진전 상황을 점검하여 속도를 조절할 수 있다. 마찬가지로 학습자가 어렵다고 느끼는 부분에 대해서는 교사가 수업 진행속도를 늦추거나 배분 시간을 늘리고 추가 설명을 제공할 수 있다.

넷째, 형성평가는 교수-학습방법을 개선한다. 특히, 교사 자신의 교수법에 대한 피드백을 제공하는 역할을 한다. 형성평가 결과를 근거로 자신의 교수방법 효과성에 대해 구체적으로 분석하고 개선점을 모색하여 즉각적으로 수업에 반영할 수 있다.

형성평가 실시를 위해 필답시험, 구두 질문, 교사가 제작한 검사도구나 전문가가 개발한 검사 등이 주로 사용된다. 그러나 학자에 따라 수업 중간에 교사의 설명에 대해 보이는 학습자의 반응(예: 고개 끄덕임, 눈의 반짝임 등)을 관찰하는 것도 일종의 형성평가로 보기도 한다.

(3) 총괄평가

글레이저 수업모형의 4단계에서 실시되는 총괄평가(summative evaluation)는 한 단위의 학습과제 또는 한 교과가 끝났을 때와 같이, 비교적 장기간에 걸친 교수-학습과정이나 프로그램 종료 후 정해진 수업목표를 달성했는가의 여부를 종합적으로 판정하기 위한 성과(output)평가이다. 총괄평가의 주목적은 학습목표에 비추어 학습자의 학습 정도에 대한 판단을 내리는 것이다. 학교에서 정기적으로 실시하는 중간시험, 기말시험, 학년말시험 등이 총괄평가에 해당된다.

총괄평가는 다음과 같은 기능을 수행한다.

첫째, 총괄평가로 학습자의 성적을 결정한다. 즉, 학습자의 학업 수행 행위 전체에 관한 포괄적인 내용을 평가하고 그 결과에 따라 성적이나 평점을 부여한다.

둘째, 총괄평가의 결과로 학습자의 장래 성적을 예측할 수 있다. 따라서 학교 현장에서는 총괄평가 결과를 진로진학상담이나 생활지도 시 자료로 활용하기도 한다.

셋째, 총괄평가의 결과는 학습자의 자격 인정 근거로 활용된다. 일정한 교수-학습과정을 마친 학습자에게 자격을 부여할 경우 기준에 부합하는지를 판단하기 위해 총괄평가 결과를 활용할 수 있다.

넷째, 총괄평가는 집단 간 성적 비교 자료로 활용될 수 있다. 예를 들어, 학교 간 비교, 국가 간 학력 비교와 같이 집단 간 학습성과를 비교하기 위한 정보를 제공한다.

2) 평가 기준에 따른 구분

평가를 통해 도출된 원점수는 피검자의 반응을 합산한 점수일 뿐 그 자체로는 점수의 의미를 해석할 수 없다. 따라서 검사점수에 가치를 부여하고 해석하기 위해서는 평가 기준이 필요하다. 사용한 평가 기준에 따라 두 가지로 구분되는데, 규준지향평가는 비교집단의 규준(norm)을 기준으로 판단하는 평가인 반면, 준거지향평가는 검사개발자가 설정한 절대적인 준거(criterion) 또는 학습목표를 기준으로 판단한다. 구체적으로 살펴보면 다음과 같다.

(1) 규준지향평가

규준지향평가(norm-referenced evaluation)는 점수를 비교집단의 규준에 비추어 해석하는 평가방법이다. 여기서 규준(norm)이란 원점수의 상대적 위치를 설명하기 위해 쓰이는 척도로서 모집단을 대표하는 표본에서 산출된 평균과 표준편차로 만들어진다. 따라서 규준지향평가에서는 자신이 속한 집단에서 다른 학생들의 점수에 따라 원점수의 상대적 위치가 결정되기 때문에 원점수 자체는 어떤 의미를 갖지 못한다. 예를 들어, 이번 국어시험에서 어떤 학생의 점수가 80점이라고 할 때, 원점수 80점만을 가지고는 해석을 내릴 수가 없다. 만약, 그 학생이 속한 학급의 국어 평균점수가 90점이라면 원점수인 80점은 상대적으로 학급 평균보다 낮은 성적이 된다. 마찬가지로 학년 전체의 국어 평균점수가 70점이었다면 전체 학년에서는 평균보다 높은 성적으로 해석할 수 있다. 이처럼 원점수의 가치가 규준에 따라 상대적으로 결정되기 때문에 규준지향평가를 흔히 상대평가라고도 한다.

규준지향평가의 특성은 다음과 같다.

첫째, 규준지향평가는 상대비교평가를 통해 원점수의 상대적 위치를 파악하는 것을 목적으로 한다. 따라서 평가결과 학습자가 속한 집단에서의 상대적 위치, 능력 비교, 선발이나 우열 등에 대한 정보를 제공하고 수준별 반 편성 등 의사결정의 자료로 활용된다.

둘째, 규준지향평가로 정확한 개인차의 변별이 가능하다. 평가도구의 객관성과 엄밀한 성적 표시 방법을 채택하여 여러 개인의 상대적인 비교를 기초로 이루어지는 평가이기 때문이다. 그러나 학습자가 어떤 영역에서 학습 기능이 부족한지에 대한 정보는 제시해 주지 못한다.

셋째, 학습자 간 개인차 변별을 위해 쉬운 것부터 어려운 것까지 다양한 난이도의 문제를 출제한다. 따라서 학습자들의 점수분포는 평균을 중심으로 한 좌우 대칭 형태의 정상분포(normal distribution)를 가정한다.

넷째, 규준지향평가는 평가도구의 신뢰도를 강조한다. 따라서 점수를 오차 없이 정확하게 측정하였는가에 중점을 둔다.

(2) 준거지향평가

준거지향평가(criterion-referenced evaluation)는 주어진 목표에 비추어 구성원의 성적을 해석하는 평가방법이다. 주어진 학습목표 또는 검사개발자가 설정한 절대적인 기준점을 절대적 준거(criterion)로 삼아 학습자 개개인의 목표 도달 여부와 그 정도를 판단하기 때문에 절대평가라고도 한다. 여기서 준거는 곧 최저기준(cut-off score)을 의미한다. 최저기준이 정해진 운전면허 자격시험 또는 간호사 면허 취득 등을 위한 각종 국가고시가 대표적인 준거지향평가이다. 따라서 학생의 성취결과는 그 자체만으로 학생의 능력을 평가하는 절대적인 의미를 가지게 된다.

준거지향평가의 특성은 다음과 같다.

첫째, 준거지향평가는 학습자가 무엇을 얼마만큼 알고 있고 무엇을 모르는가를 밝히는 절대평가이다. 즉, 평가결과는 학습자가 평가를 통해 측정하고자 하는 능력이나 특성을 가지고 있는가의 여부를 보여 준다.

둘째, 개인의 성취점수를 정해진 준거에 비추어 직접적으로 해석할 수 있다. 그러나 피험자의 성패 당락을 분류할 준거점수(cut score)를 어느 수준으로 설정할 것인가의 어려움이 따르며, 교육목표를 누가 어떻게 정하는가에 따라 해석이 달라진다.

셋째, 규준지향평가와 달리 학습자들의 점수분포는 정상분포가 아닌 부적 편포(negatively skewed distribution)를 이상적으로 여기기 때문에 교육의 본질에 보다 충실할 수 있다. 그러나 검사결과의 통계적 활용이 불가능하다.

넷째, 준거지향평가는 평가도구의 타당도를 강조한다. 원래 측정하려고 의도했던 교육목표를 얼마나 충실하게 측정하고 있느냐에 중점을 둔다.

이상에서 설명한 규준지향평가와 준거지향평가의 차이점을 표로 정리하면 다음의 〈표 14-2〉와 같다.

〈표 14-2〉 규준지향평가와 준거지향평가 비교

종류 / 내용	규준지향평가	준거지향평가
교육관	선발적 교육관	발달적 교육관
평가목적	피험자 서열화	학업성취도 도달 확인
점수해석 기준	규준(norm)	준거(criterion)
문항 난이도	다양한 수준	적절한 수준
비교내용	피험자와 피험자	피험자의 능력과 준거
기록	퍼센타일(%), 표준점수(Z점수, T점수)	원점수, 준거점수
활용	분류, 선별, 배치 등 행정적 기능	자격 부여, 교수적 기능 강조

4 교육평가의 문항유형

교사는 수업의 목적에 맞는 평가방법이나 도구를 선택하고 평가를 위한 문항을 제작할 수 있는 전문적인 능력을 가지고 있어야 한다. 여기에서는 평가도구의 유형을 크게 선택형 문항과 서답형 문항으로 구분하여 살펴보고자 한다. 선택형과 서답형에 해당되는 세부적인 문항유형은 〈표 14-3〉과 같다.

〈표 14-3〉 문항의 유형

유형	구분
선택형	진위형, 선다형, 연결형
서답형	단답형, 완성형, 논술형

1) 선택형

선택형(selection-type-item)이란 지시문 및 문두와 함께 여러 개의 답지를 제시해 놓고 그중에서 하나를 고르는 문항 형태이다. 선택형 문항은 일반적으로 진위형, 선다형, 연결형으로 구분된다.

(1) 진위형

진위형(true-false form)은 제시된 진술문에 피험자가 진위(옳고 그름)를 판단하게 하는 문항 형태이다. 진위형 문항은 여러 학습목표를 포함하는 많은 문항을 단시간에 출제할 수 있다는 점에서 문항 제작이 용이하며, 빠르고 객관적인 채점이 가능하다.

진위형 문항을 제작할 때에는 다음 사항을 유의해야 한다.

첫째, 한 개의 문항은 하나의 내용만을 포함해야 한다. 한 개의 문항 안에 여러 내용을 포함하는 경우에는 정확한 내용의 측정이 곤란하다.

둘째, 부정문은 가능한 한 줄이고, 특히 이중부정 표현을 지양한다. 부득이한 경우에는 부정어에 밑줄로 표시해야 한다.

셋째, 가능한 한 단순한 문장으로 간단명료하게 질문한다. 따라서 문장 형태는 겹문장이나 연속문장보다 홑문장을 사용해야 한다.

넷째, 답의 단서가 되는 절대적 어구(절대, 항상, 반드시, 결코)나 일반적 어구(흔히, 때때로, 대체로)는 추측 가능성을 높일 수 있으므로 사용하지 않는 것이 좋다.

(2) 선다형

선다형(multiple choice form)은 한 문항에 답지를 둘 이상 마련하여 이들 중 답을 택하게 하는 문항유형이다.

선다형 문항을 제작할 때에는 다음 사항을 유의해야 한다.

첫째, 문두를 간결하고 단순하게 서술하여 질문이 무엇을 묻는지를 명확하게 진술한다.

둘째, 정답은 분명하게, 오답은 매력적으로 제작한다.

셋째, 질문 내용에서 정답을 고를 수 있거나 오답을 제거할 수 있는 단서를 주지 말아야 한다.

넷째, 답지의 형태나 길이는 서로 비슷하게 제작하되, 길이가 다를 경우 짧은 답지부터 배열하는 것이 원칙이다.

다섯째, 정답의 번호가 특정 번호에 치우치지 않게 골고루 배치한다. 또한, 정답의 위치도 규칙성이 발견되지 않도록 다양하게 배치해야 한다.

(3) 연결형

연결형(matching form)은 전제에 대한 질문의 정답을 답지에서 찾아 연결하는 문항 형태이다. 연결형 문항의 장점은 문항 제작이 비교적 간편한 데 반해 다룰 수 있는 내용이 포괄적이다. 또한, 검사와 채점의 객관도와 신뢰도가 높은 편이다. 반면, 단점은 연결이 진행되면서 점차 연결 수가 줄어듦에 따라 추측에 의한 정답 가능성이 커진다는 점이다.

연결형 문항을 제작할 때에는 다음 사항을 유의해야 한다.

첫째, 전제보다 답지의 수가 2~3개 정도 많게 제시하여 마지막으로 남은 답지가 자연적으로 정답이 되지 않도록 해야 한다.

둘째, 전제와 답지의 문항은 최대한 계열성 있게 배열한다. 대개 전제는 글자순으로 배열하고, 답지는 논리적→시간적→공간적으로 배열하는 것이 원칙이다.

셋째, 전제나 답지 수를 적절히 제한하는 것이 좋다. 일반적으로 전제는 5개, 답지는 7~8개가 적당하다. 답지가 지나치게 많은 경우에는 학습자가 혼란스러워하거나 싫증을 느낄 수 있다.

2) 서답형

서답형(supply-type-item)이란 학습자에게 문두만을 제시하고 학습자로 하여금 답을 직접 써넣도록 하는 형식의 문항이다. 서답형 문항은 일반적으로 단답형, 완성형, 논술형으로 구분된다.

(1) 단답형

단답형(short-answer form)은 간단한 단어, 어구, 수, 기호 등을 제한된 형태로 써넣는 문항 형식이다. 단답형 문항은 문항 제작이 용이하고 광범위한 내용의 측정이 가능하다는 장점이 있다.

단답형 문항을 제작할 때에는 다음 사항을 유의해야 한다.

첫째, 명료한 내용으로 질문하고, 간단한 형태의 답이 나올 수 있도록 문항을 제작한다.

둘째, 수치나 계산 문제의 경우 학습자에게 기대하는 정확성의 정도나 절차 수준을 명시하는 것이 좋다.

(2) 완성형

완성형(completion form)은 질문을 위한 문장에 여백을 두어 적합한 단어나 부호를 적어 넣도록 하는 유형이다. 완성형 역시 단서가 없으므로 추측에 의한 정답 가능성을 배제할 수 있다는 점이 장점으로 꼽힌다.

완성형 문항을 제작할 때에는 다음 사항을 유의해야 한다.

첫째, 진술문 가운데 중요하고 의미가 있는 부분만 지워 두고, 여백의 수를 적절히 제한한다.

둘째, 정답이 짧은 단어나 기호로 응답되도록 질문한다.

셋째, 진술문 가운데 답을 암시하는 내용이 없도록 유의해야 한다. 특히, 조사의 경우 받침이 있는 글자로 끝나는 경우와 그렇지 않은 경우 모두에 해당하는 조사를 함께 표시해야 한다(은/는, 을/를, 이/가).

넷째, 여백은 질문의 후미에 두는 것이 바람직하다.

(3) 논술형

논술형(essay form)은 주어진 질문에 제한 없이 여러 개의 문장으로 응답하는 형태이다. 논술형 문항의 장점은 피험자의 모든 정신능력 측정에 적절하며, 특히 분석력, 조직력, 문제해결력, 작문능력 등 다양한 고등정신능력 측정이 가능하다는 점이다. 또한, 문항 제작이 상대적으로 용이하다. 반면, 논술형 문항은 검사 내 출제 문항 수의 제한으로 광범위한 영역의 측정이 어려울 수 있고 채점에 노력과 시간이 많이 소요된다. 또한, 학습자 개인의 문장력이나 글씨체 등이 채점에 영향을 줄 수 있고 동일한 답안지라도 채점자 간 일관성, 신뢰도 확보가 어렵다는 단점이 있다.

논술형 문항을 제작할 때에는 다음 사항을 유의해야 한다.

첫째, 질문의 요지가 분명하고 구조화되어야 한다. 만약, 질문이 모호한 경우 출제자가 원치 않는 답이 제시될 위험이 있다.

둘째, 문항은 난이도 순으로 배열한다. 일반적으로 응답자의 검사 불안이 높아지지 않게 쉬운 문항에서 어려운 문항의 순서로 나열하는 것이 원칙이다.

셋째, 학습자가 응답전략을 세울 수 있도록 문항별 배점을 제시하는 것이 좋다.

넷째, 채점의 객관성을 높이기 위해 가능하면 구체적인 채점기준(rubric)을 미리 마련해 두어야 한다.

참고문헌

강인애(2000). 왜 구성주의인가?. 서울: 문음사.

강태훈 · 고현 · 곽유미 · 류영숙 · 박신희 · 송준석 · 이정원 · 조중현(2017). 생활지도와 상담. 서울: 공감플러스.

강현석 · 주동범(2012). 현대 교육과정과 교육평가(2판). 서울: 학지사.

곽호완 · 박창호 · 이태연 · 김문수 · 진영선(2008). 실험심리학 용어사전. 서울: 시그마프레스.

구광현 · 가영희 · 이규영(2013). 교육심리학(제3판). 서울: 동문사.

권대훈(2015). 교육심리학의 이론과 실제(3판). 서울: 학지사.

권재환 · 김경희 · 오만록 · 이명주 · 이성주(2010). 교육의 이해. 서울: 학지사.

권준모(2001). 심리학과 교육(개정판). 서울: 학지사.

김대현 · 김석우(2015). 교육과정 및 교육평가(4판). 서울: 학지사.

김석우 · 최태진 · 박상욱(2016). 교육연구방법론(2판). 서울: 학지사.

김아영(2010). 학업동기: 이론, 연구와 적용. 서울: 학지사.

김재춘 · 부재율 · 소경희 · 채선희(2002). 예비-현직교사를 위한 교육과정과 교육평가. 경기: 교육과학사.

김정섭 · 신경숙 · 유순화 · 이영만 · 정명화 · 황희숙(2015). 교육심리학. 서울:시그마프레스.

김종서(1973). 교수과정의 분석. 서울 : 교육출판사.

김진규(2002). 교육과정과 교육평가. 서울: 동문사.

김춘경(2016) 상담학사전. 서울:학지사.

김충기(1998). 교육심리와 생활지도. 서울: 동문사.

문선모(2008). 학습이론: 교육적 적용. 경기: 양서원.

문은식 · 박선환 · 정미경(2007). 교육심리학. 고양: 공동체.

________________(2015). 교육심리학(2판). 고양: 공동체.

문정화 · 하종덕(1999). 또하나의 교육 창의성. 서울: 학지사.

박아청(1997). 현대의 교육심리학(3판). 서울: 학문사.

변창진 · 최진승 · 문수백 · 김진규 · 권대훈(2001). 교육평가. 서울: 학지사.

서미옥(2015). 교육심리학의 이해와 적용. 경기: 공동체.

서울대학교교육연구소(2014). 교육학용어사전(전정판). 서울: 하우동설.

성태제(2007). 교육평가의 기초. 서울: 학지사.

_____(2014). 교육평가의 기초(2판). 서울: 학지사.

성태제 · 시기자(2006). 연구방법론. 서울: 학지사.

송명자(2008). 발달심리학. 서울: 학지사.

송인섭 · 정미경 · 김혜숙 · 최지은 · 박소연 · 이희연 · 김영아 · 김누리 · 김효원 · 김희정(2013). 교육심리학. 경기: 양서원.

신명희 · 강소연 · 김은경 · 김정민 · 노원경 · 서은희 · 송수지 · 원영실 · 임호용(2014). 교육심리학(3판). 서울: 학지사.

____(2018). 교육심리학

(4판). 서울: 학지사.
신종호 · 김민성 · 최지영 · 허유성 · 이지은(2015). 교육심리학. 경기: 교육과학사.
오만록(2004). 교육심리학. 경기: 교육과학사.
_____(2008). 교육심리학(2판). 경기: 교육과학사.
오윤선(2017). 교육심리학. 서울: 창지사.
윤영선(2000). 상관분석. 경기: 교육과학사.
윤정일 · 허형 · 이성호 · 이용남 · 박철홍 · 박인우(2002). 신교육의 이해. 서울: 학지사.
이달석(1997). 교육심리학. 서울: 학지사.
이성진(1996). 교육심리학: 그 학문적 성격과 과제. 교육심리연구, 10(1), 25-43.
이성진 · 이찬교 · 정원식(1990). 교육과 심리. 서울:한국방송대학교 출판부.
이성진 · 임진영 · 여태철 · 김동일 · 신종호 · 김동민 · 김민성 · 이윤주(2009). 교육심리학서설(제3판). 교육과학사.
이신동 · 최병연 · 고영남(2011). 최신교육심리학. 서울: 학지사.
이용남 · 강만철 · 김계현 · 방선욱 · 송인섭 · 이신동 · 이재신 · 최진승(1999). 신 교육심리학. 서울: 학지사.
이용남 · 신현숙(2017). 교육심리학(2판). 서울: 학지사.
이장호 · 정남운 · 조성호(2001). 상담심리학의 기초. 서울: 학문사.
이정모 · 김문수 · 김민식 · 유명현 · 김정오 · 박태진 외(1999). 인지심리학. 서울: 학지사.
임규혁(1996). 학교학습 효과를 위한 교육심리학. 서울: 학지사.
임규혁 · 임웅(2007). 학교학습 효과를 위한 교육심리학(2판). 서울: 학지사.
임승권(1993). 교육의 심리학적 이해. 서울: 학지사.
임정훈 · 한기순 · 이지연(2014). 교육심리학. 경기: 양서원.
임창재(2005). 수업심리학(개정2판). 서울: 학지사.
장미경 · 김근영 · 정태연(2014). 발달심리. 서울: 한국방송통신대학교출판문화원.
장미옥 · 이정식 · 김종혁(2009). 딱딱한 사고 말랑말랑한 표현. 경기: 공동체.
전용신(1971). 고대-비네 검사. 서울: 문헌사.
정범모(1968). 교육과 교육학. 서울: 배영사.
정옥분(1999). 청년 발달의 이론. 서울: 양서원.
정옥분(2002). 아동발달의 이해. 서울: 학지사.
조규판 · 주희진 · 양수민(2016). 교육심리학. 서울: 학지사.
주영흠 · 박진규 · 오만록(2002). 신세대를 위한 교육학개론. 서울: 학지사.
최경숙(2011). 아동발달심리학. 경기: 교문사.
최경숙 · 송하나(2010). 발달심리학. 경기: 교문사.
한국교육심리학회(2000). 교육심리학 용어사전. 서울: 학지사.
한국교육평가학회(2004). 교육평가용어사전. 서울: 학지사.
한국청소년정책연구원(2010). 학생상담 및 생활지도 매뉴얼(교사용). 한국청소년정책연구원 연구

보고서.

허승희 · 이영만 · 김정섭(2015). *교육심리학*. 서울: 학지사.

홍경자(1986). *성장을 위한 생활지도*. 서울: 탐구당.

황정규 · 서민원 · 최종근 · 김민성 · 양명희 · 김재철 · 강태훈 · 이대식 · 김준엽 · 신종호 · 김동일 (2016). *교육평가의 이해*(2판). 서울: 학지사.

Amabile, T. M. (1989). *Growing up creative: Nurturing a lifetime of creativity*. New York: Crown Publishing Group.

Anderson, J. R. & Reder, L. M.(1979). An elaborative processin explanation of depth of processin. In L. S. Cermak & F. I. M. Craik (Eds.), *Levels of processing in human memory*. Hillsdale, NJ: Erlbaum.

Anderson, J. R.(1990). *Cognitive Psychology and its implications*(3rd ed.). New York, NY: Freeman.

Atkinson, R. C. & Shiffrin, R. M.(1968). Human memory: A proposed system and it's control processes. In K. W. Spence & J. T. Spence(Eds.), The psychology of learning and motivation: Advances in research and theory(Vol. 2, pp. 89–195). New York, NY: Academic Press.

Babad, Inbar, & Rosenthal. (1982). Article in Journal of Educational Psychology 74(4):459–474 · August 1982 . by dropping out, the so–called 'Golem effect'

Baddeley, A. (1998). *Human memory: Theory and practice*(rev. ed.). Needham Heights, MA: Allyn & Bacon.

Baker, L. & Brown, A. L. (1984). Metacognitive skills and reading. In P. D. Pearson (Ed.), *Handbook of reading research*(pp. 353–394). New York, NY: Longman.

Bandura, A. & Wood, R. (1989). Effect of perceived controllability and performance standards on self–regulation of complex decision making. *Journal of personality and social psychology*, *56*(5), 805.

Bandura, A. (1977). *Social learning theory*. Englewood Cliffs, NJ: Prentice Hall.

__________ (1986). *Social foundations of thought and action: A social cognitive theory*. Englewood Cliffs, NJ: pRENTICE–Hall.

__________ (1989). Social cognitive theory. In R. Vasta (Ed.), Annals of Child Development, 6. Six theories of child development(pp. 1–60). Greenwich, CT: JAI Press.

__________ (1997). *Self-efficacy: The exercise of control*. New York: Freeman.

Bartlett, J. C. & Santrock, J. W. (1979). Affect–dependent episodic memory in young children. *Child Development*, *50*, 513–518.

Bennett, S. (1978). Recent research on teaching: A dream, a belief, and a model. *British Journal of Educational Psychology*, *48*, 27–147.

Berk, L. E. (1994). *Child development*(3rd ed.). Boston: Allyn & Bacon.

Bloom, B. S. (1964). *Stability and change in human characteristics*. New York: Wiley.

__________ (1956), Taxonomy of Educational Objectives, Handbook 1. Cognitive Domaign. NY: David Mickay.

Bohn, C. M., Roehring, A. D., & Pressley, M. (2004). The first days of school in the classrooms of two more effective and four less effective primary-grades teachers. *Elementary School Journal*, *104*(4), 269-288.

Borkowski, Dietmeyer, Howsepian, & Saenz(1992)

Bowlby, J. (1969). Attachment and loss. Vol. 1: Attachment. New York: Basic Books.

Bronfenbrenner, U.(1995). The bioecological model from a life course perspective: Reflections of a participant observer. In P. Moen, G. H. Elder. Jr., & K. Luscher(Eds.), *Examining lives in context*(pp.599-618). Washington, DC: American Psychological Association.

Brophy, J. & Evertson, C. (1976). *Learning from teaching: A developmental perspective*. Boston: Allyn and Bacon.

Brophy, J. & Good, T. L. (1986). Teacher behavior and student achievement. In M. Wittrock (Ed.), *Handbook of research on teaching*(3rd ed.). pp.328-375. New York: Macmillan.

Brophy, J. (2004). *Motivating students to learn*(2nd ed.). Boston: McGraw-Hill.

________ (2006c). Observational research on generic aspects of classroom teaching. In P. A. Alexander & P.H. Winne(Eds.), *Handbook of educational psychology*(2nd ed., pp.755-780). Mahwah, NJ: Erlbaum.

Brosvic, G. M., Epstein, M. L., Dihoff, R. E., & Cook, M. J. (2006) Feedback facilitates the acquisition and retention of numerical fact series by elementary school students with mathematics learning disabilities, *The Psychological Record*, *56*, 35-54.

Brown, S. C. & Craik, F. I. M. (2000). Encoding and retrieval of information. In E. Tulving & F. I. M. Craik (Eds.), *The Oxford handbook of memory*(pp. 93-108). New York: Oxford University Press.

Burbules, N. & Bruce, B. (2001). Theory and research on teaching as dialogue. In V. Richardson (Ed.), *Handbook of research on teaching*(4th ed., pp.1102-1121). Washington, DC: America Educational Research Association.

Burt, C. & Williams, E. l. (1962). The influence of motivation on the results of intelligence tests. *British Journal of Psychology*, *15*, 129-136.

Campbell, D. T. & Stanley, J. C. (1963). *Experimental and quasi-experimental designs for research*. Chicago: Rand McNally.

Carkhuff, R. R. & Berenson. G. B. (1967). *Beyoud Counseling and Theraphy*. NY: Holt, Rinehart and Winston, Inc.

Carkhuff, R. R. (1969). *Helping and Human Relations*. NY: Holt, Rinehart and Winston, Inc.

Cattell, R. B. (1963). Theory of fluid and crystallized intelligence: A critical experiment. *Journal of Educational Psychology*, *54*, 1-22.

Cherry, E. C. (1953). Some experiments on the recognition of speech with one and two ears. *Journal of the Acoustical Society of America*, *25*, 975-979.

Chi et al.,(1981). *The International Handbook on Innovation*.

Coker, H., Lorentz, C., & Coker, J. D. (1980). Teacher behavior and student outcomes in the Georgia study. Paper presented at the annual meeting of the American Educational Research Association, Boston.

Covington, M. V. (1992). *Making the grade: A self-worth perspective on motivation and school reform*. New York: Cambridge University Press.

Craik, F. I. M. & Tulving, E. (1975). Depth of processing and the retention of words in episodic memory. *Journal of Experimental Psychology: General*, *104*, 268-294.

Cronbach, L. & Snow, R. (1977). *Aptitudes and instructional methods*. New York: Irvington.

Cropley, A. J. (1992) *More ways than one: Fostering creativity*. Norwood, NJ:Ablex.

Csikszentmihalyi, M. (1985). Emergent motivation and the evolution of the self. In D. A. Kleiber & M. L. Maehr(Eds.), *Advances in motivation and achievement*(Vol, 4, pp. 93-119). Greenwich, CT: JAI Press.

Csikszentmihalyi, M. (1990). *Flow: The psychology of optimal expereince*. New York: Harper Collins.

Dacey, J. (1989). Discriminating characteristics of the families of highly creative De Bono. E.(1985). The CoRT thinking program. In R. W. Segal, S. F. Chipman, & R. Gkase(Eds.) Thinking and learning skills, 2. Reserch and open questions. Hillsdale, NJ: Lawrence Erlbaum Assiciation Publishers.

De Bono. E.지음, 송관한 · 양성진 옮김(1994). 여섯 색깔 생각의 모자. 서울: 한울.

De Charms, R. (1968). *Personal Causation: The internal affective determinants of behavior*. New York: Academic Press.

Deci, E. L. & Ryan, R. M. (1985). *Intrinsic Motivation and Self-determination in Human Behavior*. New York: Plenum.

Dempster & Perkins (1993). Revitalizing classroom assessment: Using tests to promote learning. *Journal of Instructional Psychology*, *20*(3), 197-203.

Dewsbury, D. A. (1992). Comparative psychology and ethology: A reassessment. *American Psychologist*, *47*, 208-215.

Dimmitt, C. & McCormick, C. B. (2012). Metacognition in education. In K. R. Harris, S. Graham, & T. Urdan(Eds.), APA educational psychology handbook, Vol. 1: Theories, constructs, and critical issues (pp. 157-187). Washington, DC: American Psychological Association.

Driscoll, J. B. (1978). The effects of a teacher's eye contact, gestures, and voice intonation on student retention of factual material. Unpublished doctoral dissertation, University of Southern Mississippi, Hattiesburg.

Driscoll, M. P. (2000). *Psychology of learning for instruction*(2nd ed.). Boston: Allyn & Bacon.

Dunn, R. & Dunn, K. (1992). *Teaching secondary students their individual learning styles*. Boston: Alyn & Bacon.

Dweck, C. (1999). *Self-theories: Their role in motivation, personality, and development*. Philadelphia: Taylor & Francis.

Ebbinghaus, H. (1964). *Memory: A contribution to experimental psychology*. New York, NY: Dove. (Original work published 1885)

Eberle, B. (1971). *Scamper*. Buffalo, NY: DOK Publishers.

Eggen, P. D. & Kauchak, D. (2010). Educational Psychology: Windows on Classrooms(8th ed.). Boston: Allyn & Bacon. 신종호 · 김동민 · 김정섭 · 김종백 · 도승이 · 김지현 · 서영석 역(2011). 교육 심리학: 교육실제를 보는 창(제8판). 서울: 학지사.

____________________ (2004). *Educational Psychology: Windows on classroom* (6th ed.). Upper Saddle River, NJ: Pearson Education.

Festinger, L. (1957). *A Theory of Cognitive Dissonance*. Stanford, CA: Stanford University Press.

Flavell, J. H. (1985). *Cognitive development*(2nd ed.). Englewood Cliffs, NJ: Prentice Hall.

Gagné, R. M. (1974). *Essentials of learning for instruction*. Hinsdale, IL: Dryden Press.

Garbarino, J. & Kostelny, k. (1992). *Child maltreatment as a community problem*. Child Abuse and Neglect, 16, 455-464.

Gardner, H. (1983). *Frames of mind: The theory of multiple intelligence*. NY: Basic Books.

________ (1999). Are there additional intelligence? The care for naturalist, spiritual and existential intelligences. In J. Kane(Ed.), *Education, Information, and Transformation*. Englewood Cliffs, NJ: Prentice-Hall.

Gardner, L. J. (1972). Deprivation dwarthsm. *Scientific American*, *227*, 76-82.

Garger, S. & Guild, P. (1984). Learning style: The crucial difference. *Curriculum Review*, *23*, 9-12.

Getzels, J. W. & Jackson, P. W. (1962). *Creativity and intelligence*. New York: Wiley.

Gilligan, C. (1982). *In a difference voice: Psychological theory and women's development*. Cambridge. MA: Havard University Press.

Glanz, E. C. & Hays, R. W. (1968). *Groups in Guidance*. Boston: Allyn and Bacon.

Glaser, R. (1962). *Training research and education*. Pittsburgh, PA: University of Pittsburgh Press.

Glover, J. A. & Ronning, R. R. (Eds.) (1987). *Historical foundations of educational psychology*. New York: Plenum Press.

Godden, D. R. & Baddeley, A. D. (1975). context-dependent memory in two natural environments: On land and underwater. *British Journal of Psychology*, *66*, 325-332.

Goetz, E. T., Aiexander, P.A., & Ash, M. J. (1992). *Educational psychology: A classroom perspective*. New York: Macmillan.

Good, T. L. & Brophy, J. E. (2008). *Looking in classrooms*(10th ed.). Boston: Ally & Bacon.

Gordon, W. J. (1961). *Synetics*. New York: Harper & Row.

Gottesman, I. I. (1963) Gentic aspects of intelligent behavior. In. N. Ellis(Ed.), *Handbook of mental deficiency*. New York: McGraw-Hill.

______________ (1974). Developmental genetics and ontogenetic psychology: Overdue detente and propositions from a matchmaker. In A. Pick (Ed.) *Minnesota symposium on child psychology*. Minneapolis: University of Minnesota Press.

Grabe, M. (1986). Attentional processes in education. In G. D. Phye & T. Andre (Eds.), Cognitive classroom learning: Understanding, thinking, and problem solving(pp. 49-82).

Guilford, J. P. (1959). Three faces of intellect. *American Psychologist*, *14*, 469-479.

Hardy, R., Eliot, J., & Burlingame, K. (1987). Stability over age sex of children's responses to Embedded Figures Test. *Perceptual and Motor skill*, *64*, 399-406.

Harlow, H. F. & Zimmerman, R. R. (1959). Affectional responses in the infant monkey. *Science*, *130*, 421-432.

Harrow, A. (1972). *A taxonomy of the psychomotor domain: A guide for developing behavioral objectives*. New York: Mckay.

Hattie, J. & Timperley, H. (2007). The power of feedback. *Review of Educational Research*, *77*(1), 81-112.

Herrnstein, R. J. & Murray, C. (1994). *The Bell Curve: Intelligence and class structure in American life*. New York: Free Press.

Hetherington, E. M. & Clingempeel, W. G. (1992). Coping with marital translations: A family systems perspective, Monographs of the Society for Research in child Development, 57(2-3, Serial No. 227).

Horn, J. L. & Cattell, R. B. (1982). Whimsy and misunderstandings of gf-gc theory: A comment on Guilford. *Psychological Bulletin*, *91*, 623-633.

Hull, C. L.(1943). *Principles of Behavior: An introduction to behavior theory*. New York: Appleton-Century-Crofts.

Hymes, J. J. (1958). *Before the child reads*. Evasron, Ⅲ: Row, Peterson and Col.

J. P. De Cecco (1968). *The psychology of learning and instruction: Educational psychology*. Englewood Cliffs, NJ:Prentice-Hall.

Jenkins, J. G. & Dallenbach, K. M. (1924). Obliviscence during sleep and waking. *American Journal of Psychology*, *35*, 605-612.

Jetton, T. & Alexander, P. (1997). Instruction importance: What teachers value and What students learn. *Reading Research Quarterly*, *32*, 290-308.

Jonassen, D. (1999). Designing constructivist learning environments. In C. M. Reigeluth(Ed.), I*nstructional-Design Theories and Models*. Vol. II: A new paradigm of instructional theory(pp. 215–239). Mahwah, NJ: Lawrence Erlbaum Associates.

Jones, B. & Duffy, J. (1982). An analysis of performance by preschool children on the KRISP and on a length discrimination task. *Acta Psychologica*, *52*, 197–211.

Kagan, J., Moss, H., & Sigel, I. E. (1963). Psychological significance of styles of conceptualization. In J. C. Wright, & J. Kagan(Eds.), *Basic cognitive process in children*(pp.73–112). Chicago: The University of Chicago Press.

Kindsvatter, R., Wilen, W., & Ishler, M. (1988). *Dynamics of effective teaching*. New York: Longman.

King, A. (1994). Guiding knowledge construction in the classroom: Effects of teaching children how to question and how to explain. *American Educational Research Journal*, *31*, 338–368.

Kohlberg, L. (1958). *The development of modes of Thinking and Choices in Years 10 to 16*. Ph. D. Dissertation, University of Chicago.

Kohlberg, L. (1973). The claim to moral adequacy of a highest stage of moral judgment. *Journal of Philosophy*, *70*(18), 630–646.

Kolb, D. A. (1985). *The learning style inventory: Technical manual*. Boston: McBer & Company.

Leinhardt, G. (2001). Instructional explanations: A commonplace for teaching and location for contrast. In V. Richardson (Ed.), Handbook of research on teaching (4th ed., pp. 333–357). Washington, DC: American Research Association. Instructional dialogues. *Cognition and Instruction*, *23*(1), 87–163.

Lepper, M. R., Greene, D., & Nisbett, R. E. (1973). Undermining children's intrinsic interest with extrinsic reward: A test of the "overjustification" hypothesis. *Journal of Personality and Social Psychology*, *28*, 129–137.

Lorenz, K. Z. (1952). *King Solomon's ring*. New York: Crowell.

Mager, R. F. (1975), *Preparing instructional objectives*. Belmont, CA: Fearon.

Marcia, J. E. (1966). Development and validation of ego identity status. *Journal of Personality and Social Psychology*, *3*, 551–558.

Marcia, J. E. (1987). The identity status approach to the study of ego identity development. In T. Honess & K. Yardley (Eds.), *Self and Identity: Perspectives Across the Lifespan*(pp. 161–171). New York: Routledge.

Marcia, J. E., Kroger, J., & Martinussen, M. (2010). Identity status change during adolescence and young adulthood: A meta-analysis. *Journal of Adolescence*, *33*, 683–698.

Maslow, A. H. (1954). *Motivation and Personality*(3rd ed.). N. Y.: Harper & Row.(Reprinted 1987 by Harper & Row, Publishers, Inc.)

Matlin, M. W. (2009). *Cognition*(7th ed.) Hoboken, NJ: Wiley.

Mayer, R. E. (1996). Learners as information processor: Legacies and limitations of educational psychology's second metaphor. Educational Psychologist, 31, 151-161.

__________ (2012). Information processing. In K. R. Harris, S. Graham, & T. Urdan (Eds.), APA Educational Psychology Handbook. Vol. 1: Theories, constructs, and critical issues(pp. 85-99). Washington, DC: American Psychological Association.

Messer, S.(1976). Reflection-impulsivity: A review. *Psychological Bulletin, 83*, 1026-1053.

Miller, G. A. (1956). The magical number seven, plus or minus two: Some limits of our capacity for processin information. *Psychological Review, 63*, 81-97.

Mischel, W. & Ayduk, O. (2004). Willpower in a cognitive-affective processing system: The dynamics of delay of gratification. In R. F. Baumeister & K. D. Vohs ...

Mischel, W. (1986). *Introduction of personality*(4th ect.). New York: Holt, Rinehart & Winston.

Moore, K. (1992). *Classroom teaching skills*(2nd ed.). New York: McGraw-Hill.

Moreno, R. (2004). Decreasing cognitive load for novice students: Effect of explanatory versus corrective feedback in discovery-based multimedia. *Instructional Science, 32*, 99-113.

Olson, M. H. & Hergenhahn, B. R. (2009). *학습심리학*(8판, 김효창, 이지연 역). 서울: 학지사.

Osborn, A. F. (1963). *Applied imagination: Principles and Procedures of creative problem-solving*. New York: Charles Scribner's.

Otteson, J. & Otteson, C. (1980). Effects of teacher gaze on children's story recall. *Perceptual and Motor Skill, 50*, 35-42.

Owens, K. (1993). *The world of the child*. New York: MacMillan Publishing Co.

Patterson, C. H. (1974). *Theories of Counseling and Psychotherapy*. NY: Harper and Row Publisher.

____________ (1977). *An Introduction to Counseling in the School*. NY: Harper and Row Publisher.

Perkins, D. N. (1981). *The mind's best work*. Cambridge, MA: Harvard University Press.

Peters, S. G. (1966). Classroom application of research on self-regulated learning. *educational psychology, 36*(2).

Peterson, L. R. & Peterson, M. J. (1959). Short-term retention of individual verbal items. *Journal of Experimental Psychology, 58*, 193-198.

Piaget (1960). *Psychology of Intelligence*. Paterson, NJ: Littlefield, Adams.

_____ (1963). Piaget's Theory. In.P.H.Mussen(ED.), *Handbook of child psychology*. New York: Wiley.

_____ (1973). *The Psychology of intelligence*. Totowa, N. j.: Littlefield & Adams.

Pintrich, P. R. & De Groot, E. (1990). Motivational and self-regulated learning components of classroom academic performance. *Journal of Educational Psychology, 82*, 33-40.

Premack, D. (1965). Reinforcement Theory. In D. Osherson & H. Lasnik(Eds.), *An Invitation to Cognitive Science*. Cambridge, MA: MIT Press.

Rogers, C. R. (1963). The actualizing tendency in relation to "motives" and to consciousness.

In M. R. Jones(Ed.), *Nebraska symposium on motivation*(Vol. 11, pp. 1–24). Lincoln, NE: University of Nebraska Press.

Rogers, D. R. (1951). *Client-centered Therapy*. Boston: Houghton Mifflin.

Rosenshine, B.(1971). *Teaching behaviors and student achievement*. London: National Foundation for Educational Research in England and Wales.

Rosenthal, T. L. & Jacobson, L. (1968). *Pygmalion in the Classroom*. New York: Holt, Rinehart & Winston.

Rotter, J. (1966) Generalized expectancies for internal versus external control of reinforcement. *Psychological Monographs*, *80*(1), 1–28.

Runco, M. & Okuda, S. (1988). Problem discovery, Divergent thinking and the creative process. *Journal of Youth and Adolescence*, *17*, 211–220.

Rundus, D. (1971). Analysis of rehearsal processes in free recall. *Journal of Experimental Psychology*, *89*, 63–77.

Rutter, M. (1996). *Handbook of infant development*(2nd ed.).New York:Wiely.

Rutter, M., Maughan, B., Mortimore, P., Ouston, J., & Smith, A. (1979). *Fifteen thousand hours*. Cambridge, MA: Harvard University Press.

Salkind, N. J. (1985). *Theories of human development*. New York: John Wiley & Sons.

Sanchez & Valcarcel (1999). Science teachers' views and practices in planning for teaching, Journal of Research in Science Teaching, 1999–ERIC.

Schraw, G. & Moshman, D. (1995). Metacognitive theories. *Educational Psychology Review*, *7*, 351–371.

Schunk, D, H., Pintrich, P. R., & Meece, J. L. (2013). 학습동기: 이론, 연구 그리고 교육(서울대학교 학습창의센터 · 대표역자 신종호 역). 서울: 학지사(원저출판 2008).

Schunk, D. H. (2016). 학습이론: 교육적 관점(7판, 노석준 · 최병연 · 차현진 · 장경원 · 오정은 · 소효정 역). 파주: 아카데미프레스(원저출판 2016).

Seifert, K. L. & Hoffnung, R. J. (1991). *Child and adolescent development*(2th ed.). Boston: Houghton Mifflin.

________________ (2000). *Child and Adolescent development*(5th ed.). Boston: Houghton Mifflin.

Seligman, M. E. P. & Maier, S. F. (1967). failure to escape traumatic shock. *Journal of Experimental Psychology*, *74*, 1–9.

Shertzer, B. & Stone, S. C. (1980). *Fundamentals of Counseling*. Boston: Houghton Mifflin.

Shuell, T. (1996). Teaching and learning in a classroom context. In D. Berliner & R. Calfee (Eds.), *Handbook of educational psychology*, 726–764. New York: Macmillan.

Shulman, L. S. (1986). *Paradigm and research programs for the study of teaching*. In M. C.

Shunk, D. H., Pintrich, P. R., & Meece, J. L. (2008). *Motivation in education: Theory, research, and applications*(3rd ed.). Upper Saddle River, NJ: Merrill/Pearson.

Snyderman, M. & Rothman, S.(1987). Survey of expert opinion on intelligence and aptitude testing. *American Psychologist, 42*, 137-144.

Sternberg, R. J. & Lubart, T. I. (1995). *Defying the Crowd: Cultivating creativity in a culture of conformity*. New York: Free Press.

Sternberg, R. J. & Williams, W. M. (2002). *Educational psychology*. Boston: Allyn & Bacon.

Sternberg, R. J. (1998). Applying the triarchic theory of human intelligence in the classroom. In R.J. Sternberg & W. M. william(EDs.), Intelligence, Instruction, and assessment, vol.2.(rev.ed.). Alexandria, VA: Association for Supervision and Curriculum Development.

______________ (2007). Who are bright children? The cultural context of being and acting intelligent. *Educational Researcher, 36*(3), 143-155.

Suprenant, A. M. & Neath, I. (2009). *Principles of memory: Essays in cognitive psychology*. New York, NY: Taylor & Francis.

Thomson, D. M. & Tulving, E. (1970). Associative encoding and retrieval: Weak and strong cues. *Journal of Experimental Psychology, 86*, 255-262.

Thorndike, R. L. & Hagen, E. P. (1977). *Measurement and evaluation in psychology and education*. New York: John Wiley & Sons.

Thurstone, L. L. & Thurstone, T. G. (1941). Factorial studies of intelligence. Psychometric Monographs, No.2.

Tobias, S. (1973). Distraction, response mode, anxiety, achievement from CAI.

Tolman, E. C. & Honzik, C. H. (1930). Introduction and removal of reward, and maze performance in rats. *University of California Publications in Psychology, 4*, 257-275.

Tolman, E. C., Ritchie, B. F., & Kalish, D. (1946). Studies in spatial learning. 11. Place learning versus response learning. *Journal of Experimental Psychology, 36*, 221-229.

Torrance, E. P. (1995). *Why fly?: A Philosophy of creativity*. Norwood, NJ: Ablex publishing Co.

Traxler, Arthur E., & Robert, D. North. (1966). *Techniques of Guidance*. NY: Harper & Row, Publishers.

Tulving, E. (1974). Cue-dependent forgetting. *American Scientist, 62*, 74-82.

Tyler, R. W. (1949). *Basic Principles of Curriculum and Instruction*. Chicago: University of Chicago Press.

Urban, K. K. (1996). 창의성-요소적 접근모델. 인간발달연구, 24(1), 5-27.

Vygotsky(1979). *Mind in society: The Development of higher mental processes*. Cambridge, MA: Harvard University Press.

Waddington, C. H. (1966). *Principles of development and differentiation*. New York: Macmillan.

Walberg, H. J. & Haertel, G. D. (1992). Educational psychology's first century. *Journal of Educa-*

tional Psychology, 84(1), 6−19.

Weiner, B. (1974). Achievement motivation as conceptualized by an attribution theorist, In B. Weiner(Ed.), *Achievement Motivation and Attribution Theory*(pp. 3−48). Morristown, N. J.: General Learning Press.

_________ (1994). Integrating social and personal theories of achievement striving. *Review of Educational Research, 64*, 557−573.

_________ (1986). *An Atrributional Theory of Motivation and Emotion*. New York: Springer−Verlag.

Westby, E. L. & Dawson, V. L. (1995). Creativity: Asset or burden in the classroom? *Creativity Research Journal, 8*, 1−10.

Witkin, H. & Goodenough, D. (1977). Field dependence and interpersonal behavior. *Psychological Bulletin, 84*, 661−689.

Wittrock, M. C. (1992). An empowering conception

Wolfe, P. (2010). *Brain matters: Translating research into classroom practice*(2nd ed.). Alexandria, VA: ASCD.

Woolfolk, A. E. (1993). *Educational psychology*(5th ed.). Boston: Allyn & Bacon.

_____________ (2007). *Educational Psychology*(10th ed.). Boston: Allgn & Bacon.

http://chedulife.com.au. 박광하의 생명과학 이야기.

Naver. http://blog.naver.com/PostView.nhn?blogId=dbrmaster&logNo=220616360030 검색일자, 2018. 1. 15

Oxford Dictionaries (2018). https://www.oxforddictionaries.com/

Wikipedia. http://en.wikipedia.org/wiki/Kohlberg%27s_stages_of_moral_development. 검색일자, 2018. 1. 12

저자 소개

● 곽유미

(재)광주평생교육진흥원 기획연구실장

전) 동강대학교 유아교육과 교수

교육심리, 생활지도및상담, 심리검사및측정, 발달심리,

대학원에서 행동수정 등을 가르치고 있다.

● 김경

전남과학대학교 교수

한국부모교육AP협회 부모교육 지도자

한국열린교육학회 이사

현재 간호학과에서 교육학개론, 교육심리 등 교직과목을 가르치고 있다.

● 김경희

목포과학대학교 교수

한국부모교육AP협회 부모교육 지도자

한국통합놀이심리상담협회 통합놀이심리상담사 1급

한국통합놀이심리상담협회 학술이사

한국상담학회 광주전남상담학회 이사

현재 간호학과에서 교육학개론, 교육심리, 생활지도 및 상담 등 교직과목을 가르치고 있다.

● 김수정

현) 목포대학교 교수학습지원센터 전문연구원
전) 목포과학대학교 유아교육과 교수
교육심리, 학습심리, 교육방법 및 교육공학,
대학원에서 동기와 태도의 교육적 이해, 교수이론 등을 가르치고 있다.

● 이유미

고구려대학교 교수
한국부모교육AP협회 이혼 · 별거 가정의 부모역할 지도자
한국청소년상담원 부모교육전문가
현재 유아교육과에서 교육심리, 생활지도 및 상담 등 교직과목을 가르치고 있다.

● 차영희

광주여자대학교 교수
한국상담학회공인 수련감동 상담사(23호)
한국상담심리학회공인 상담심리전문가 1급
한국모래상자치료전문가, 가족상담전문가 · 수련감독
한국통합놀이심리상담협회 수련감독(supervisor)
AP 한국 본부 Trainer
유아교육과에서는 교육심리, 유 · 아동행동지도 및 유 · 아동 상담, 부모 교육을,
상담임상대학원에서는 학교생활지도세미나, 가족상담, 고급발달심리학, 상담의 과정과 실제의 과목을 가르치고 있다.

교육심리학

초판 1쇄 발행 2019년 8월 10일
초판 2쇄 발행 2022년 7월 4일

지 은 이 | 곽유미 · 김경 · 김경희 · 김수정 · 이유미 · 차영희

펴 낸 이 | 김기섭
편 집 인 | 이혜란
펴 낸 곳 | 창지사 www.changjisa.com
08589 서울시 금천구 가산디지털 1로 83 파트너스타워 1차 9층
전화 (02)719-2211~3
팩스 (02)701-9386
등 록 | 1977년 4월 28일 · 제1-421호

ISBN 978-89-426-1145-4 (93370)

값 22,000원

「이 도서의 국립중앙도서관 출판예정도서목록 (CIP) 은 서지정보유통지원시스템 홈페이지 (http://seoji.nl.go.kr) 와 국가자료공동목록시스템 (http://www.nl.go.kr/kolisnet) 에서 이용하실 수 있습니다 .(CIP 제어번호 : CIP2019030275)」